BEGINNING 2

YONSEI ACADEMIC KOREAN

Vocabulary & Grammar

초급II

연세 대학한국어 어휘·문법

연세대학교 한국어학당 편

연세대학교 출판문화원

머리말

국내 최고의 명성으로 한국어 교육의 50년 전통을 이어 온 연세대학교 언어연구교육원 한국어학당에서는 한국어 교육의 질을 높이기 위해 그 동안 많은 교재를 편찬해 왔다. 최근 한국 내 대학, 대학원에서 수학하고 있거나 진학하고자 하는 외국인이 증가함에 따라 학문을 목적으로 하는 한국어 교재에 대한 학습자들의 요구가 높아지고 있다. 이에 따라 연세대학교 언어연구교육원 한국어학당에서는 대학 수학을 목적으로 하는 외국인 유학생들을 대상으로 한국어와 한국 문화를 교육할 수 있는 새로운 교재를 출간하게 되었다.

이 교재는 대학 생활에 필요한 의사소통 기능을 집중적으로 향상시킬 수 있는 [대학 생활을 위한 한국어] 시리즈와 대학에서의 수학 능력을 집중적으로 향상시킬 수 있는 [대학 강의 수강을 위한 한국어] 시리즈로 되어 있다. [대학 생활을 위한 한국어] 시리즈는『대학 생활을 위한 한국어 초급 1』,『대학 생활을 위한 한국어 초급 2』,『대학 생활을 위한 한국어 중급 1』,『대학 생활을 위한 한국어 중급 2』로 되어 있으며, [대학 강의 수강을 위한 한국어] 시리즈는『대학 강의 수강을 위한 한국어 중급 1』,『대학 강의 수강을 위한 한국어 중급 2』, 그리고『대학 강의 수강을 위한 한국어 고급』으로 되어 있다.

[대학 생활을 위한 한국어] 시리즈는 한국어 학습 단계별로 요구되는 내용을 주제로 말하기, 듣기, 쓰기 능력을 향상할 수 있도록 다양한 과제와 활동으로 구성된 분리형 교재이다. 그리고 [대학 강의 수강을 위한 한국어] 시리즈는 대학 수학에서 요구되는 기능과 장르를 중심으로 말하기, 듣기, 쓰기, 읽기 능력을 향상할 수 있도록 실용적인 과제와 활동으로 구성된 분리형 교재이다.

그리고 이렇게 의사소통 기능을 중심으로 분리된 교재와 함께 각 단계에서 기본적인 언어능력 습득을 위한 어휘 문법 교재가 필요한바 이번에 어휘 문법 교재를 출간하여 대학 수학을 목적으로 하는 학습자를 대상으로 하는 교재인 [연세 대학한국어 어휘·문법] 교재를 완성하게 되었다. 이번에 출간하는 [연세 대학한국어 어휘·문법] 시리즈는 초급 1, 초급 2, 중급 1, 중급 2, 고급의 5단계로 구분되는데 각 단계에서 필수적으로 인식되는 어휘와 문법을 설명하고 연습을 제시하여 학습자가 혼자서도 한국어 어휘와 문법을 익힐 수 있도록 하였다.

[대학 생활을 위한 한국어]와 [대학 강의 수강을 위한 한국어], [연세 대학한국어 어휘·문법] 교재 시리즈가 연세대학교 언어연구교육원 한국어학당에서 공부하는 학생들뿐만 아니라 한국 내에서 대학, 대학원 수학을 목적으로 하고 있는 모든 한국어 학습자들에게 도움이 되기를 바란다.

연세대학교 언어연구교육원
한국어학당 교재편찬위원회

Surface

The Yonsei University Institute of Language Research Education, Korean Language Institute, which boasts a 50-year history as the nation's most highly acclaimed Korean language educational facility has compiled many resources in order to raise the bar on the quality of Korean language education. Recently, through the increased enrollment of foreign students as well as foreign students who desire to study in Korean universities and graduate schools, the demand for Korean language resources has increased. For this reason, The Yonsei University Institute of Language Research Education, Korean Language Institute has published a new textbook that aims to teach Korean language and culture to foreign international students who wish to attend a Korean university.

These books include the "Korean Language for University Life" series which aims to help students intensively enhance the communication skills needed in college life and the "Korean Language for College Lectures" series which aims to help students intensively improve their scholastic aptitude. The "Korean Language for University Life" series is composed of "Korean Language for University Life Beginner 1," "Korean Language for University Life Beginner 2," "Korean Language for University Life Intermediate 1," and "Korean Language for University Life Intermediate 2." The "Korean Language for University Lectures" series is composed of "Korean Language for University Lectures Intermediate 1," "Korean Language for University Lectures Intermediate 2," and "Korean Language for University Lectures Advanced."

The "Korean Language for University Life" series provides instruction on level-by-level study of the Korean language and is divided into speaking, listening, and writing for each theme and includes various assignments and activities. The "Korean Language for University Lectures" series is a textbook that is centered on the skills and genres needed to take college courses in Korean and is separated into speaking, listening, writing, and reading sections that include practical assignments and activities.

In addition to these separate textbooks that aim to enhance communication skills, the need for vocabulary and grammar books to help students acquire the basic language abilities at each level was recognized. For this reason, the "Yonsei Academic Korean Vocabulary & Grammar Beginning 2" series was compiled for students who wish to take college courses in Korean. The "Yonsei Academic Korean Vocabulary & Grammar Beginning 2" series includes five levels-Beginning 1, Beginning 2, Intermediate 1, Intermediate 2, and Advanced. Each level includes essential vocabulary and grammar explanations as well as practice questions so that Korean language learners can learn Korean vocabulary and grammar on their own.

We hope that the "Korean Language for University Life," "Korean Language for University Lectures," and "Yonsei Academic Korean Vocabulary & Grammar Beginning 2" series will not only help the students who are studying at the Yonsei University Institute of Language Research Education, Korean Language Institute, but also benefit all of the Korean language learners who hope to study in Korean universities or graduate schools.

Yonsei University Institute of Language Research and Education
Korean Language Institute Textbook Compilation Committee

前書き

国内最高の名声で韓国語教育の50年の伝統を続けてきた延世大学言語研究教育院韓国語学堂がくどうでは韓国語教育の質を高めるためにこれまで多くの教材を編纂してきた。近頃、韓国内の大学や大学院で修学していたり進学しようとする外国人が増加するにしたがって、学問を目的とする韓国語教材に対する学習者たちの要求が高まっている。そこで延世大学言語研究教育院韓国語学堂では大学修学を目的とする外国人留学生たちを対象に韓国語と韓国文化を教育することができる新しい教材を出版することになった。

この教材は大学生活に必要なコミュニケーション機能を集中的に向上させることができる[大学生活のための韓国語]シリーズと大学での修学能力を集中的に高めることができる[大学講義受講のための韓国語]シリーズの2つからなっている。[大学生活のための韓国語]シリーズは「大学生活のための韓国語初級1」、「大学生活のための韓国語初級2」、「大学生活のための韓国語中級1」、「大学生活のための韓国語中級2」があり、[大学講義受講のための韓国語]シリーズは「大学講義受講のための韓国語中級1」、「大学講義受講のための韓国語中級2」、そして「大学講義受講のための韓国語高級」がある。

[大学生活のための韓国語]シリーズは韓国語学習の段階別に求められる内容をテーマに、会話、聞き取り、作文能力が向上するように多様な課題と活動で構成された分離型教材だ。そして[大学講義受講のための韓国語]シリーズは大学修学の際に求められる機能とジャンルを中心に、会話、聞き取り、作文、読解能力が向上するように実用的な課題と活動で構成された分離型教材だ。

そして、このようにコミュニケーション機能を中心に分離された教材と併せて各段階で基本的な言語能力の習得のための語彙文法教材が必要なところ、このたび語彙文法教材を出版し、大学修学が目的の学習者を対象とする教材である'延世大学韓国語語彙文法'教材を完成することになった。このたび出版する[延世大学韓国語語彙文法]シリーズは初級1、初級2、中級1、中級2、高級の5段階で区分されるが、各段階で必須と認識される語彙と文法を説明して練習を提示し、学習者が独学でも韓国語の語彙と文法を身につけることができるようにした。

[大学生活のための韓国語]と[大学講義受講のための韓国語]、[延世大学韓国語語彙文法]教材シリーズが延世大学言語研究教育院韓国語学堂で勉強する学生たちだけではなく、韓国内で大学や大学院修学を目的とするすべての韓国語学習者たちの役に立つことを願う。

延世大学 言語研究教育院

韓国語学堂 教材編纂委員会

序言

国内最富盛名、传承了韩国语教育５０年优良传统的延世大学语言研究教育院韩国语学堂以提高韩国语教育的质量为己任，编写了大量优质的教材。近年来，随着在韩国国内的大学以及研究生院学习或计划入学的外国人的增加，对以求学为目的的韩国语教材的需求也与日俱增。因此，针对以进入大学学习为目的的外国留学生，延世大学语言研究教育院韩国语学堂出版了一套进行韩国语和韩国文化教育的新教材。

本教材由《大学生活韩国语》系列和《大学听课韩国语》系列组成。《大学生活韩国语》系列用于集中提高大学生活中所需的沟通能力，由《大学生活韩国语初级1》、《大学生活韩国语初级2》、《大学生活韩国语中级1》和《大学生活韩国语中级２》组成。《大学听课韩国语》系列用于集中提高大学听课能力，由《大学听课韩国语中级1》、《大学听课韩国语中级２》和《大学听课韩国语高级》组成。

上述两套教材均属于分类型教材。《大学生活韩国语》系列以学习韩国语的各阶段中所需的内容为主题，由提高口语、听力和写作能力的各种作业和活动构成。《大学听课韩国语》系列以在大学学习的过程中所需的技能和类型为中心，由提高口语、听力、写作、阅读能力的实用的作业和活动构成。

另外，上述教材是以沟通能力为中心进行的分类，因此需要一套与此对应的、能够让学习者掌握基础语言技能的词汇语法教材。所以，此次还出版了一套词汇语法方面的教材，进而完成了面向以进入大学为目标的学习者的“延世大学韩国语词汇语法”教材。此次出版的《延世大学韩国语词汇语法》系列由初级１、初级２、中级１、中级２和高级５个阶段组成。每个阶段针对学习者应掌握的基础词汇和语法，提供了详细的说明和练习，帮助学习者掌握韩国语的词汇和语法。

最后，希望《大学生活韩国语》、《大学听课韩国语》和《延世大学韩国语词汇语法》系列教材能够为延世大学语言研究教育院韩国语学堂的学生以及计划进入韩国国内的大学以及研究生院的所有的韩国语学习者提供帮助。

延世大学语言研究教育院
韩国语学堂教材编辑委员会

- 『연세 대학한국어 어휘·문법 초급Ⅱ』는 총 10개의 과로 각 과는 4개 항씩 총 40개의 항으로 이루어져 있다.
- The 'Yonsei Academic Korean Vocabulary & Grammar Beginning 2' consists of 10 chapters and each chapter includes 4 lessons (total 40).
- 「延世大学韓国語語彙文法初級Ⅱ」は全10個の課で、各課は4つの項ずつ、全40個の項で成り立っている。
- "延世大学韩国语词汇语法初级Ⅱ" 共有10个单元、每单元4个板块，共由40个单元组成。

- 『연세 대학한국어 어휘·문법 초급Ⅱ』는 학습자가 초급 단계에서 알아야 할 주제를 중심으로 그에 필요한 어휘와 문법을 제시하고 연습할 수 있게 함으로써 학습자들의 어휘력과 문법 능력을 향상시킬 수 있도록 구성하였다.
- The 'Yonsei Korean Vocabulary & Grammar for University Students Beginning 2' presents vocabulary and grammar based on topics essential in the elementary level so that learners can improve their proficiency of vocabulary and grammar.
- 「延世大学韓国語語彙文法初級Ⅱ」は学習者が初級段階で知っておくべきテーマを中心に、それに必要な語彙と文法を提示して練習できるようにすることによって学習者の語彙力と文法能力を向上させられるよう構成した。
- "延世大学韩国语词汇语法初级Ⅱ" 为提高学习者的词汇能力和语法能力，本书以常用主题为中心，收录了学习者应必备的词汇及语法知识，并设有大量的练习题。

- 각 항은 제목, 학습 목표, 삽화, 대화, 어휘, 문법, 활동의 순서로 이루어져 있다.
- Each lesson is in the order of the title, objective, illustration, dialogue, vocabulary, grammar, and activities.

- **각 항의 제목, 학습 목표, 본문 대화가 제시된다.**

  각 항의 제목은 대화 중에서 학습 목표로 제시된 문법이 사용된 주요 문장으로 제시하였다.
  학습 목표에는 학습자들이 각 항에서 학습해야 할 어휘와 문법을 중심으로 제시하였다.
  삽화는 대화 상황과 관련된 것으로 학습자들이 대화 내용을 이해하는 데 도움을 주고자 하였다.
  대화는 각 과의 주제와 관련된 것으로 각 항의 어휘와 문법을 아우르는 전형적이고 대표적인 상황을 설정하고자 하였으며 2개의 대화 쌍으로 이루어져 있다.

- **The title of each lesson presents a main sentence that includes vocabulary and grammar related to the topic.**

  The learning objective presents vocabulary and grammar that learners should study in each lesson.
  The learning objective presents vocabulary and grammar that learners should study in each lesson.
  Illustration is related to the dialogue situation and helps learners to understand the contents in the dialogue.

The main dialogue consists of 2 question-and-answer sets which are the most typical and representative situations related to the vocabulary and grammar of the unit.

- 各項はタイトル、学習目標、イラスト、対話、語彙、文法、活動の順序で成り立っている。
  各項のタイトルは対話の中で学習目標で提示された文法が使用された主要な文章で提示した。
  学習目標には学習者が各項で学習しなければならない語彙と文法を中心に提示した。
  イラストは対話の状況と関連するもので学習者が対話の内容を理解するのに手助けをしようとした。
  対話は各課のテーマと関連するもので各項の語彙と文法を合わせる典型的で代表的な状況を設定し、2つの対話のペアで成り立っている。
- 每个板块按照题目、学习目标、插画、对话、词汇、语法和活动的顺序排列。
  各版块的题目取自利用对话中作为学习目标出现的语法点来完成的句子。
  学习目标中给出学习者将要学习的词汇及语法。
  插画与对话语境相关，帮助学习者理解对话的内容。
  对话与各单元的主题相关，展现出能够体现各板块的词汇及语法的典型对话，由 2 个话论对组成。

- **어휘는 대화에 나오는 새 어휘와 주제 어휘로 나누어 제시하였다.**
  새 어휘는 영어, 중국어, 일어로 병기하였고 예문으로 용례를 익힌 후에 단순 연습과 유의미한 연습을 하도록 구성하였다.
  주제 어휘는 각 항의 주제와 관련된 어휘를 제시하고 단순 연습과 유의미한 연습을 하도록 연습문제를 실었다.
  『연세 대학한국어 어휘·문법 초급 Ⅱ』에 제시된 어휘는 총 586개이다.

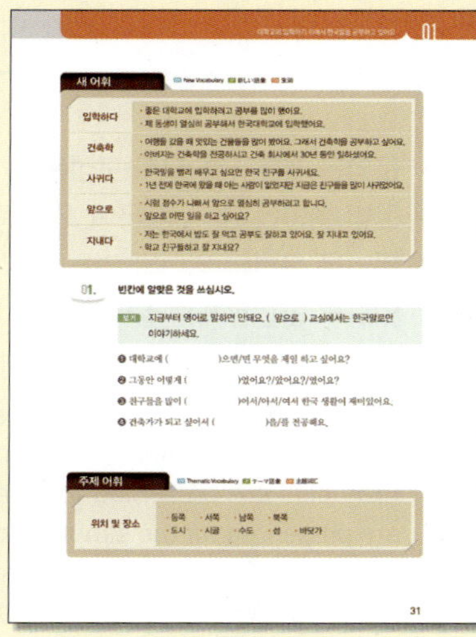

01

새 어휘

입학하다	· 좋은 대학교에 입학하려고 공부를 많이 했어요. · 제 동생이 열심히 공부해서 한국대학교에 입학했어요.
건축학	· 여행을 갔을 때 멋있는 건물들을 많이 봤어요. 그래서 건축학을 공부하고 싶어요. · 아버지는 건축학을 전공하시고 건축 회사에서 30년 동안 일하셨어요.
사귀다	· 한국말을 빨리 배우고 싶으면 한국 친구를 사귀세요. · 1년 전에 한국에 왔을 때 아는 사람이 없었지만 지금은 친구들을 많이 사귀었어요.
앞으로	· 시험 점수가 나빠서 앞으로 열심히 공부하려고 합니다. · 앞으로 어떤 일을 하고 싶어요?
지내다	· 저는 한국에서 밥도 잘 먹고 공부도 잘하고 있어요. 잘 지내고 있어요. · 학교 친구들하고 잘 지내요?

01. 빈칸에 알맞은 것을 쓰십시오.

지금부터 영어로 말하면 안돼요. (앞으로) 교실에서는 한국말로만 이야기하세요.

❶ 대학교에 (　　　　)으면/면 무엇을 제일 하고 싶어요?
❷ 그동안 어떻게 (　　　　)었어요?/았어요?/였어요?
❸ 친구들을 많이 (　　　　)어서/아서/여서 한국 생활이 재미있어요.
❹ 건축가가 되고 싶어서 (　　　　)을/를 전공해요.

주제 어휘

위치 및 장소	· 동쪽 · 서쪽 · 남쪽 · 북쪽 · 도시 · 시골 · 수도 · 섬 · 바닷가

31

- **Vocabulary shows two parts: words for the dialogue and the thematic vocabulary.**
  New vocabulary are translated in English, Chinese, and Japanese. You learn the usage of the vocabulary from the examples and then practice both simple and intensive questions.
  The thematic vocabulary presents the vocabulary for each unit's theme and related words and includes practice questions for simple and intensive practice.
  This textbook includes 586 vocabulary words.
- 語彙は対話に出てくる新しい語彙とテーマ語彙に分けて提示した。
  新しい語彙は英語、中国語、日本語で併記して、例文で用例を習った後に基礎練習と応用練習をするよう構成した。
  テーマ語彙は各項のテーマと関連する語彙を提示して、基礎練習と応用練習をするよう練習問題を掲載した。
  「延世大学韓国語語彙文法初級2」に提示された語彙は全586個である。
- 词汇部分分成对话中出现的生词及主题词汇2大部分，提供给学习者。
  生词部分用英语、汉语、日语三种语言标记，然后通过例句掌握其用法，最后再做一些简单的练习和应用型练习。
  主题词汇部分先提出与各板块的主题相关的词汇，然后给出一些简单的练习和应用型练习。
  "延世大学韩国语词汇语法初级2" 中收录的词汇共计586个。

일러두기 | How To Use This Book | 凡例 | 编写说明

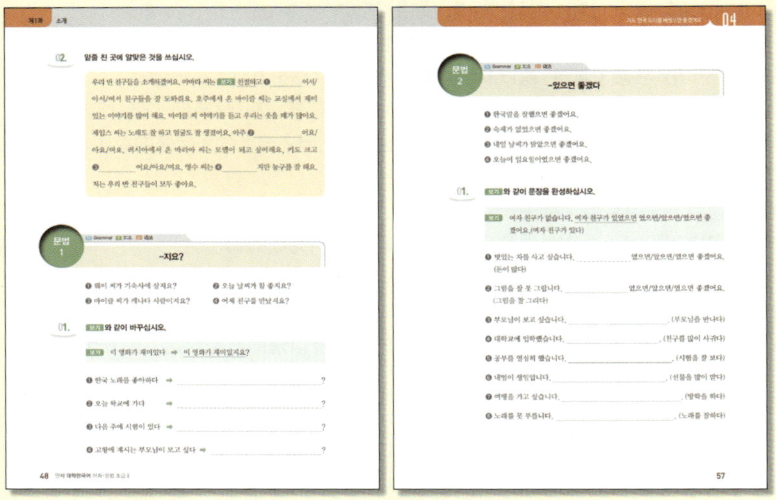

- **문법은 예문, 연습으로 구성된다.**
  문법 설명은 영어, 중국어, 일어로 제시된다.
  문법은 문법의 의미와 기능을 익힐 수 있는 예문을 제시하였고, 단순 연습과 유의미한 연습을 할 수 있도록 연습문제를 실었다.
  『연세 대학한국어 어휘·문법 초급 Ⅱ』에 제시된 문법은 각 항마다 2개씩 총 80개이다.
- **The grammar includes examples, and practices.**
  The grammar explanation is translated in English, Chinese, and Japanese.
  Examples are presented to learn the meaning and functions of the grammar. Practice questions are presented for the simple and more significant practice.
  This textbook includes 80 grammar structures (2 in each chapter).
- 文法は文法説明、例文、練習で構成される。
  文法説明は英語、中国語、日本語で提示される。
  文法は文法の意味と機能を習える例文を提示して、基礎練習と応用練習ができるよう練習問題を掲載した。
  「延世大学韓国語語彙文法初級Ⅱ」で提示された文法は各項ごとに2個ずつ、全80個である
- 语法部分由语法说明、例句和练习3部分组成。
  语法说明用英语、汉语、日语三种语言展现出来。
  语法部分给出了能够熟练掌握语法意义与功能的例句，并给出了一些简单的练习和应用型练习。
  “延世大学韩国语词汇・语法初级Ⅱ” 中收录的语法知识点共计80个（每个版块各收录2个语法知识点）。

- **각 항의 마지막에는 활동이 있다.**
  활동은 학습한 2개의 문법을 사용하여 의사소통을 할 수 있도록 구성하였다.
- **Each lesson includes activities in the end.**
  Activities facilitate communication by using the two grammar structures we have learned.
- **各項の最後には活動がある。**
  活動は学習した2つの文法を使用してコミュニケーションができるよう構成した。
- **每个版块的最后都有一个活动内容。**
  活动内容部分让学习者使用已学过的2个语法知识点进行交流。

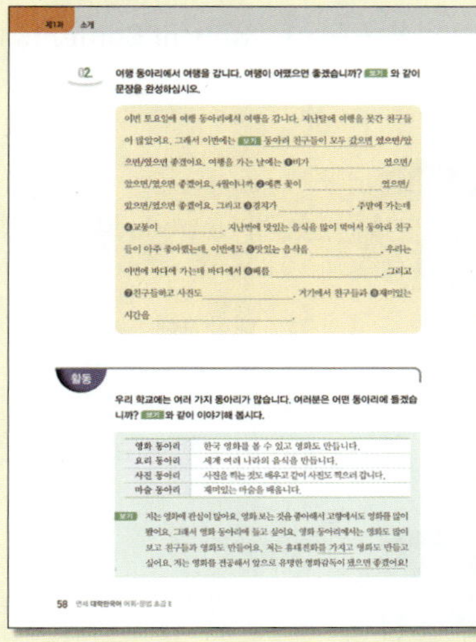

- 어휘 색인에는 각 과에서 다룬 어휘가 가나다 순으로 정리되어 해당 과와 항이 함께 제시된다.
- The index presents the list of new vocabulary, thematic vocabulary, and grammar covered in each lesson in the Korean alphabetical order.
- 語彙と文法索引には各課で扱われた新しい語彙とテーマ語彙、文法をそれぞれ가나다の順で整理して提示した。
- 词汇和语法索引部分，将各单元的生词、主题词汇和语法按照“가나다”顺序进行排列。

차 례 | CONTENT | 目次 | 目次

내용 구성

과	항	제목	학습목표	새 어휘	주제 어휘		문법	활동
1과 소개	1	대학교에 입학하기 위해서 한국말을 공부하고 있어요	• 자기소개 관련 어휘를 익혀서 활용할 수 있다. • '-기 위해서', '못' 표현을 익혀서 활용할 수 있다.	입학하다, 건축학, 사귀다, 앞으로, 지내다	자기 소개	이름, 국적, 가족, 형제, 외동딸, 외동아들, 고향, 나이, __년생, 태어나다, 학과, 취미, 직업, 꿈	• -기 위해서 • 못	자기 소개하기
	2	아름다운 도시니까 꼭 한번 가 보세요	• 위치 및 장소 관련 어휘를 익혀서 활용할 수 있다. • '-어 보다', '만큼' 표현을 익혀서 활용할 수 있다.	가깝다, 도시, 아름답다, 한번	위치 및 장소	동쪽, 서쪽, 남쪽, 북쪽, 도시, 시골, 수도, 섬, 바닷가	• -어 보다 • 만큼	고향 소개하기
	3	성격이 맞아서 금방 친해졌어요	• 성격 및 외모 관련 어휘를 익혀서 활용할 수 있다. • '-지요?', '-어지다' 표현을 익혀서 활용할 수 있다.	생활, 방 친구, 도와주다, 똑똑하다, 성격이 맞다, 금방, 친하다	성격 및 외모	친절하다, 마음이 넓다, 마음이 따뜻하다, 성격이 좋다, 성격이 밝다, 멋있다, 뚱뚱하다, 날씬하다, 키가 크다, 키가 작다	• -지요? • -어지다1	친구 소개하기
	4	저도 한국 요리를 배웠으면 좋겠어요	• 동아리 종류 관련 어휘를 익혀서 활용할 수 있다. • '을/를 가지고', '-었으면 좋겠다' 표현을 익혀서 활용할 수 있다.	동아리 활동, 요리, 동아리에 들다, 여러 가지, 재료, 전통, 관심	동아리 종류	탈춤 동아리, 국악 동아리, 사진 동아리, 영화 동아리, 등산 동아리, 태권도 동아리, 여행 동아리, 마술 동아리, 연극 동아리, 만화 동아리	• 을/를 가지고 • -었으면 좋겠다	들고 싶은 동아리에 대해서 이야기하기
2과 학교생활	1	조교님 덕분에 많은 것을 알았습니다	• 수업 관련 어휘를 익혀서 활용할 수 있다. • '덕분에', '불규칙동사(ㄷ동사, ㄹ동사)' 표현을 익혀서 활용할 수 있다.	조교, 외국인, 출석, 보고서, 중요하다, 발표하다	수업	휴강, 출석하다, 결석하다, 지각하다, 중간시험, 기말시험, 시험을 보다, 과제물	• 덕분에 • 불규칙 동사1	고마운 사람에 대해서 쓰기
	2	게시판만 보지 말고 홈페이지에 들어가 보세요	• 정보 찾기 관련 어휘를 익혀서 활용할 수 있다. • '-으니까', '-지 말고' 표현을 익혀서 활용 할 수 있다.	과 사무실, 게시판, 정보, 별로, 홈페이지, 알려 주다	정보 찾기	입학 정보, 아르바이트 정보, 취업 정보, 생활 정보, 개인 정보, 정보를 찾다, 정보를 교환하다, 홈페이지에 들어가다, 검색하다	• -으니까 • -지 말고	정보 찾기 방법에 대해서 말하기
	3	한국 친구에게서 도움을 받을 수 있어요	• 멘토링 프로그램 관련 어휘를 익혀서 활용할 수 있다. • '이나', '에게서' 표현을 익혀서 활용할 수 있다.	멘토링 프로그램, 매주, 신청하다, 도움, 실력, 늘다	멘토링 프로그램	멘토링 프로그램, 신청서를 쓰다, 선착순, 성별, 연락처, 주 1회, 오리엔테이션, 참석하다	• 이나1 • 에게서	한국어 공부 방법에 대해서 말하기
	4	지금 안에서 수업하는 중이에요	• 예절 관련 어휘를 익혀서 활용할 수 있다. • '-는 중이다', '-는 줄 알다' 표현을 익혀서 활용할 수 있다.	조용히, 저희, 떠들다, 수업하다, 죄송하다	예절	학교 예절, 생활 예절, 인사 예절, 식사 예절, 방문 예절, 언어 예절, 전화 예절, 윗사람, 어른, 아랫사람, 존댓말, 반말, 예절을 지키다, 예의가 없다	• -는 중이다 • -는 줄 알다1	한국 예절과 자기 나라 예절을 비교해서 말하기
3과 학교 편의 시설	1	우선 아이디부터 만드세요	• 복사실 관련 어휘를 익혀서 활용할 수 있다. • '부터', '에다가' 표현을 익혀서 활용할 수 있다.	빌려 가다, 필요하다, 복사하다, 우선, 아이디, 비밀번호, 누르다, 복사기, 버튼	복사실	복사실, 복사하다, 용지, 부수, 단면, 양면, 확대, 축소	• 부터 • 에다가	복사 경험에 대해서 쓰기
	2	편하게 음악 감상도 할 수 있어요	• 멀티미디어센터 이용 관련 어휘를 익혀서 활용할 수 있다. • '-게', '-을래요?' 표현을 익혀서 활용할 수 있다.	시설, 감상, 미디어실, 무료, 상영하다	멀티 미디어 센터 이용	멀티미디어센터, 영화 감상, 음악 감상, 외국어 학습, 자료, 열람하다, 상영하다, 헤드폰을 쓰다, 촬영하다, 동영상을 만들다	• -게 • -을래요?	학술정보관 이용 경험에 대해서 이야기하기

과	항	제목	학습목표	새 어휘	주제 어휘		문법	활동
	3	학교 버스는 한 시간마다 있어요	• 학교 버스 이용 관련 어휘를 익혀서 활용 할 수 있다. • '마다', '으로 해서' 표현을 익혀서 활용할 수 있다.	캠퍼스, 이용하다, 편리하다, 고속도로, 자세히	학교 버스 이용	출발하다, 도착하다, 예약하다, 예약을 취소하다, 왕복, 예약 문자메시지, 신분증, 운행 시간, 운행하다	• 마다 • 으로 해서	학교에 오는 방법에 대해서 이야기하기
	4	새로 지은 건물의 지하 1층에 있어요	• 학교의 체육 시설 관련 어휘를 익혀서 활용할 수 있다. • '불규칙동사(ㅎ동사, ㅅ동사)', '-는 걸 보면' 표현을 익혀서 활용할 수 있다.	새로, 짓다, 지하, 인기가 많다, 회원 등록, 그렇다	체육 시설	체육관, 운동장, 축구장, 농구장, 야구장, 탁구장, 테니스장, 수영장, 사물함, 탈의실, 샤워실	• 불규칙 동사2 • -는 걸 보면	학교 체육시설 이용 경험에 대해서 쓰기
4과 모임	1	지난번에 갔던 식당에서 할 거야	• 개강 모임 관련 어휘를 익혀서 활용할 수 있다. • '반말(-어)', '-었던' 표현을 익혀서 활용할 수 있다.	개강 모임, 지난번, 기억이 나다, 동기, 후배, 잊다	개강 모임	개강 모임, 개강하다, 학기 초, 학기가 시작되다, 종강 모임, 종강하다, 학기 말, 학기가 끝나다, 이야기를 나누다	• 반말1 • -었던	개강 · 종강 모임에 대해서 계획하기
	2	케이크는 내가 사 가지고 갈게	• 생일 파티 관련 어휘를 익혀서 활용할 수 있다. • '반말(-는다, -니?)', '-어 가지고' 표현을 익혀서 활용할 수 있다.	생각, 초, 동갑, 과자, 음료수, 비밀	생일 파티	파티하다, 풍선을 불다, 생일 카드를 쓰다, 생일 축하 노래를 부르다, 촛불을 끄다, 폭죽을 터뜨리다, 박수를 치다, 케이크를 자르다, 생일 선물을 주다	• 반말2 • -어 가지고	생일 파티에 대해서 쓰기
	3	내일 한 시까지 모두 모여라	• 과제 모임 관련 어휘를 익혀서 활용할 수 있다. • '반말(-어라)', '-고말고요' 표현을 익혀서 활용할 수 있다.	조, 차례, 연습하다, 선배, 빠지다, 뵈다	과제 모임	조, 조장, 조원, 일을 맡다, 내용을 정리하다, 피피티(PPT)를 만들다, 발표자, 발표하다	• 반말3 • -고말고요	과제 모임에 대해서 이야기하기
	4	뒤풀이를 하는 한국 문화에 대해서 들은 적이 있어	• 뒤풀이 관련 어휘를 익혀서 활용할 수 있다. • '에 대해서', '반말(-자)' 표현을 익혀서 활용할 수 있다.	공연, 뒤풀이, 행사, 문화, 기회	뒤풀이	뒤풀이, 2차, 술자리, 분위기, 즐겁다, 건배하다, 한잔하다, 회비를 내다	• 에 대해서 • 반말4	뒤풀이 모임에 대해서 이메일 쓰기
5과 쇼핑	1	다른 구매 사이트에 비해서 값이 훨씬 싸	• 모바일 쇼핑 관련 어휘를 익혀서 활용할 수 있다. • '에 비해서', '-기는 하지만' 표현을 익혀서 활용할 수 있다.	공동 구매 사이트, 훨씬, 결제, 공동 구매하다, 물건, 품질, 직접	모바일 쇼핑	모바일, 앱(애플리케이션), 회원 가입, 주문하다, 결제하다, 공동 구매하다, 배달하다, 배달되다, 모바일 상품권	• 에 비해서 • -기는 하지만	모바일 쇼핑에 대해서 쓰기
	2	여기는 구경거리가 참 많구나	• 시장 관련 어휘를 익혀서 활용할 수 있다. • '-는구나', '이나' 표현을 익혀서 활용할 수 있다.	구경거리, 디자인, 요즘, 유행하다, 고르다	시장	꽃 시장, 수산 시장, 전통 시장, 새벽 시장, 구경거리, 먹을거리, 깎다, 장을 보다, 장바구니	• -는구나 • 이나2	가고 싶은 시장에 대해서 이야기하기
	3	10분 정도밖에 안 걸릴 거야	• 편의점 관련 어휘를 익혀서 활용할 수 있다. • '-기 때문에', '밖에' 표현을 익혀서 활용할 수 있다.	수학, 멀리, 입맛이 없다, 간단하다, 정도	편의점	24시간 편의점, 1+1(원 플러스 원), 할인 행사, 할인 상품, 생활용품, 삼각김밥, 컵라면, 전자레인지	• -기 때문에 • 밖에	편의점 이용에 대해서 이야기하기
	4	쓰던 물건을 싸게 살 수 있어	• 중고품 관련 어휘를 익혀서 활용할 수 있다. • '-던', '처럼' 표현을 익혀서 활용할 수 있다.	오토바이, 모자라다, 벼룩시장, 팔다, 새것, 알아보다	중고품	중고품, 벼룩시장, 재활용, 헌, 새, 오래되다, 필요 없다, 구하다	• -던 • 처럼	학교 홈페이지 벼룩시장에 팔고 싶은 물건에 대해서 쓰기

내용 구성

과	항	제목	학습목표	새 어휘	주제 어휘		문법	활동
6과 건강	1	간편하게 먹을 수 있는 건강 식품도 많이 나온다고 해	• 식품 관련 어휘를 익혀서 활용할 수 있다. • '중에서', '간접 인용문(-는다고 하다)' 표현을 익혀서 활용할 수 있다.	입에 맞다, 간편하다, 건강, 식품, 나오다	식품	채소류, 과일류, 육류, 곡류, 생선류, 유제품, 유기농식품, 패스트푸드	• 중에서 • 간접 인용문1	건강 식품에 대해서 이야기하기
	2	계속 기침이 나는데 어떻게 하면 좋냐고 해요	• 증상 관련 어휘를 익혀서 활용할 수 있다 • '간접 인용문(-냐고 하다)', '-거나' 표현을 익혀서 활용할 수 있다.	감기에 걸리다, 계속, 기침이 나다, 생강차, 배, 끓이다, 전하다	증상	열이 나다, 소화가 안 되다, 배탈이 나다, 머리가 아프다, 콧물이 나다, 몸살이 나다, 목이 붓다, 토하다, 멀미하다, 다리를 다치다	• 간접 인용문2 • -거나	아팠던 경험에 대해서 쓰기
	3	의사 선생님이 운동을 하라고 하셨어요	• 운동 관련 어휘를 익혀서 활용할 수 있다. • '간접 인용문(-으라고 하다)', '-을 줄 알다' 표현을 익혀서 활용할 수 있다.	건강 검진을 받다, 요가, -씩, 스트레스가 풀리다	운동	스트레칭, 요가, 수영, 등산, 줄넘기, 걷기, 달리기, 자전거 타기	• 간접 인용문3 • -을 줄 알다	좋아하는 운동에 대해서 이야기하기
	4	이제부터 나도 아침을 먹어야겠다	• 식습관 관련 어휘를 익혀서 활용할 수 있다. • '-어야겠다', '간접 인용문(-자고 하다)' 표현을 익혀서 활용할 수 있다.	살을 빼다, 굶다, 살이 찌다, 집중하다, 이제	식습관	과식하다, 소식하다, 편식하다, 외식하다, 야식, 채식, 육식, 골고루 먹다, 빨리 먹다, 천천히 먹다	• -어야겠다 • 간접 인용문4	다이어트 방법에 대해서 쓰기
7과 컴퓨터와 인터넷	1	사용하는 사람이 많아서 그런지 인터넷이 잘 안 돼요	• 인터넷 연결 관련 어휘를 익혀서 활용할 수 있다. • '-어서 그런지', '-는다고 하니까' 표현을 익혀서 활용할 수 있다.	노트북, 사용하다, 인터넷을 하다, 와이파이가 되다, 곳	인터넷 연결	무선인터넷, 무선네트워크, 인터넷을 연결하다, 인터넷이 연결되다, 인터넷 속도가 빠르다, 인터넷 속도가 느리다, 인터넷이 잘 되다, 인터넷이 안 되다	• -어서 그런지 • -는다고 하니까	공부 장소에 대해서 이야기하기
	2	전공과목을 어려워하는 학생들이 인터넷 강의를 많이 들어요	• 인터넷 활용 관련 어휘를 익혀서 활용할 수 있다. • '-어도', '-어하다' 표현을 익혀서 활용할 수 있다.	이해가 되다, 다들, 귀찮다, 인터넷 강의, 전공과목	인터넷 활용	정보를 찾다, 이메일을 보내다, 동영상을 보다, 화상 통화를 하다, 인터넷 강의를 듣다, 온라인 게임을 하다, 에스엔에스(SNS)를 하다, 인터넷 쇼핑을 하다, 인터넷 뱅킹을 하다	• -어도 • -어하다	인터넷 사이트 소개하기
	3	컴퓨터를 껐다가 다시 켜 보세요	• 고장 관련 어휘를 익혀서 활용할 수 있다. • '피동(-기-, -리-)', '-었다가' 표현을 익혀서 활용할 수 있다.	인터넷이 끊기다, 끄다, 켜다, 고장이 나다, 놀라다	컴퓨터 고장	접속이 안 되다, 이상이 있다, 문의하다, 수리하다, 수리를 받다, 수리 기사, 서비스센터, 수리비, 맡기다, 문제를 해결하다	• 피동1 • -었다가1	서비스 센터에 수리 문의하기
	4	동영상이 잘 찍혔니?	• 자료 공유 관련 어휘를 익혀서 활용할 수 있다. • '피동(-이-, -히-)', '-기 쉽다' 표현을 익혀서 활용할 수 있다.	찍히다, 걱정하다, 다행히, 잘 나오다, 고생하다, 웹하드에 올리다	자료 공유	파일, 공유하다, 자료를 올리다, 다운로드하다, 다운로드 기간, 대용량, 삭제하다, 웹하드	• 피동2 • -기 쉽다	공유하고 싶은 자료에 대해서 이야기하기
8과 대학 문화	1	웨이 씨가 장학금을 받을 줄 알았어요	• 대학생들의 소비 관련 어휘를 익혀서 활용할 수 있다. • '-는 줄 알다', '아무 N이나' 표현을 익혀서 활용할 수 있다.	장학금, 늘, 부럽다, 한턱내다, 다	대학생들의 소비	식비, 교통비, 교육비, 통신비, 문화생활비, 돈을 내다, 돈이 들다, 계산하다, 포인트를 사용하다, 쿠폰을 사용하다, 할인을 받다	• -는 줄 알다2 • 아무 N이나	친구들에게 한턱낸 경험 이야기하기
	2	얼마나 재미있었는지 몰라	• 단체 미팅 관련 어휘를 익혀서 활용할 수 있다. • '얼마나 -는지 모르다', '-는 척하다' 표현을 익혀서 활용할 수 있다.	미팅, 마음에 들다, 농담, 매너	단체 미팅	설레다, 이상형, 첫인상이 좋다, 첫눈에 반하다, 관심을 가지다, 파트너를 정하다, 짝이 되다, 연락처를 주고받다	• 얼마나 -는지 모르다 • -는 척하다	이상형에 대해서 이야기하기

과	항	제목	학습목표	새 어휘		주제 어휘	문법	활동
	3	저기에서 공연을 하나 봐	• 축제 관련 어휘를 익혀서 활용할 수 있다. • '-나 보다', '-으면서' 표현을 익혀서 활용할 수 있다.	축제, 기간, 볼거리, 기타를 치다, 모습, 돌아다니다, 장터	축제	일정, 공연, 장터, 전시회, 불꽃놀이, 노래 대회, 무대, 축제가 열리다, 초대가수	• -나 보다 • -으면서	가 본 축제에 대해서 이야기하기
	4	그룹 스터디룸에서 할까 해	• 스터디 모임 관련 어휘를 익혀서 활용할 수 있다. • '-을까 하다', '-어 있다' 표현을 익혀서 활용할 수 있다.	스터디 모임, 그룹 스터디룸, 먼저, 가능하다, 미리	스터디 모임	스터디 모임을 하다, 세미나가 있다, 세미나를 하다, 세미나실, 세미나실을 예약하다, 주제, 요약하다, 토론하다	• -을까 하다 • -어 있다	스터디 모임에 대해서 이야기하기
9과 부탁과 상담	1	공책을 보여 달라고 했어요	• 고민 관련 어휘를 익혀서 활용할 수 있다. • '아무 N도', '사동(-이-, -히-, -추-)' 표현을 익혀서 활용할 수 있다.	한마디, 화가 나다, 속상하다, 말을 걸다, 서로, 사이가 멀어지다	고민	고민하다, 고민이다, 고민이 있다, 고민이 생기다, 고민거리, 고민을 해결하다, 고민이 해결되다, 조언하다	• 아무 N도 • 사동1	고민에 대해서 이야기하기
	2	일찍 일어날 수 있을지 모르겠어요	• 유학 생활 관련 어휘를 익혀서 활용할 수 있다. • '-을지 모르겠다', '사동(-기-, -리-, -우-)' 표현을 익혀서 활용할 수 있다.	무척, 말다, 절대로, 깨우다	유학 생활	힘들다, 외롭다, 그립다, 실수하다, 고생하다, 말이 안 통하다, 신기하다, 자유롭다	• -을 지 모르겠다 • 사동2	친구에게 부탁하기
	3	정해진 날짜까지 시험을 봐야 합니다	• 진학 관련 어휘를 익혀서 활용할 수 있다. • '-기 위해서는', '-어지다' 표현을 익혀서 활용할 수 있다.	진학, 상담을 받다, 졸업 증명서, 성적 증명서, 한국어 능력시험, 정하다	진학	입학 원서, 자기소개서, 추천서, 면접시험, 실기시험, 등록금, 서류를 내다, 합격하다	• -기 위해서는 • -어지다2	상담에 대해서 이야기하기
	4	과제는 이번 주까지 내지 않으면 안 됩니다	• 부탁 관련 어휘를 익혀서 활용할 수 있다. • '-습니다만', '-지 않으면 안 되다' 표현을 익혀서 활용할 수 있다.	부탁드리다, 제출, 연기하다, 편찮다, 다녀오다	부탁	부탁이 있다, 부탁하다, 부탁드리다, 부탁을 받다, 부탁을 들어주다, 부탁을 거절하다, 도움을 주다, 도움을 받다	• -습니다만 • -지 않으면 안 되다	교수님께 추천서 부탁하는 이메일 쓰기
10과 여가 생활	1	전공 책이 아니라 자격증을 따려고 보는 책이야	• 시간 활용 관련 어휘를 익혀서 활용할 수 있다. • '이/가 아니라', '-을지 -을지' 표현을 익혀서 활용할 수 있다.	자격증을 따다, 취직하다, 도움이 되다, 대학원, 남다	시간 활용	시간이 나다, 시간을 내다, 시간을 활용하다, 시간을 낭비하다, 계획하다, 계획을 세우다, 계획을 짜다, 계획표를 만들다	• 이/가 아니라 • -을지 -을지	시간 활용 방법에 대해서 쓰기
	2	그 식당 음식은 먹으면 먹을수록 자꾸 먹고 싶어져요	• 맛집 관련 어휘를 익혀서 활용할 수 있다. • '-으면 -을수록', '만에' 표현을 익혀서 활용할 수 있다.	맛집, 자꾸, 방송에 나오다, 유명하다, 줄을 서다	맛집	인기가 있다, 방송에 나오다, 추천하다, 소문이 나다, 인기 메뉴, 맛집 블로그, 맛집 투어, 비결	• -으면 -을수록 • 만에	맛집 소개하기
	3	야경을 볼 수 있어서 아주 좋더군요	• 시티투어버스 관련 어휘를 익혀서 활용할 수 있다. • '-을 테니까', '-더군요' 표현을 익혀서 활용할 수 있다.	서울시티투어버스, 여러, 군데, 야간코스, 야경	시티 투어 버스	시티투어버스, 도심·고궁코스, 안내 방송, 외국어 서비스, 2층 버스, 야간운행, 요금, 순환하다	• -을 테니까 • -더군요	서울시티투어버스 코스 이용에 대해서 쓰기
	4	여행 전문가가 되는 게 꿈이에요	• 텔레비전 프로그램 관련 어휘를 익혀서 활용할 수 있다. • '접속부사', '이/가 되다' 표현을 익혀서 활용할 수 있다.	즐겨 보다, 세계, 관광지, 기분전환이 되다, 전문가	텔레비전 프로그램	뉴스, 드라마, 스포츠 방송, 건강 프로그램, 음악 프로그램, 여행 프로그램, 요리 프로그램, 생활정보 프로그램, 토론 프로그램, 예능 프로그램, 다큐멘터리	• 접속부사 • 이/가 되다	즐겨 보는 텔레비전 프로그램에 대해서 이야기하기

Table of Contents

Chapter	Lesson	Title	Learning Objective	New Vocabulary	Thematic Vocabulary		Grammar	Activity
Chapter 4 Meeting	1	The meeting will be at the restaurant we went to last time	To learn to use vocabulary words related to the back-to-school meeting. To learn to use the expressions 'informal (–어)' and '–었던'.	back-to-school meeting, last time, to remember, classmates, juniors(under classmen), to forget	Back-to-school Meeting	back-to-school meeting, to start school, start of semester, to start the semester, end-of-semester meeting, to finish a semester, end of semester, to end the semester, to have a conversation with	• 반말1 (Intimate style) • –었던	Planning a start of semester/end of semester meeting
	2	I'll buy the cake	To learn to use birthday party-related vocabulary words. To learn to use the expressions 'informal (–는다, –니?)' and '–어 가지고'.	Idea, candle, same age, cookie, beverage, secret	Birthday Party	to have a party, to blow balloons, to write a birthday card, to sing "Happy Birthday", to blow out the candles, to shoot fireworks, to clap, to cut the cake, to give a birthday gift	• 반말2 (Intimate style) • –어 가지고	Writing about a birthday party
	3	Everyone, gather by 1PM tomorrow	To learn to use vocabulary words related to project meetings. To learn to use the expressions 'informal (–어라)' and '고말고요'.	group, turn, to practice, sunbae (upperclass men), to miss, to meet (to see)	Project Meeting	group, group leader, group member, to be in charge of a work, to organize the content, to make a PPT, presenter, to present	• 반말3 (Intimate style) • –고말고요	Speaking about your project meeting
	4	Have you heard about the Korean culture of after-parties?	To learn to use vocabulary words related to after-parties. To learn to use the expressions '에 대해서' and 'informal (–자)'.	Performance, after-party, event, culture, opportunity	After-party	after-party, second round, drinking party, atmosphere, enjoyable, to make a toast, to have a drink, to pay membership fees	• 에 대해서 • 반말4 (Intimate style)	Writing an e-mail about an after-party
Chapter 5 Shopping	1	The prices are much lower compared to other websites	To learn to use mobile shopping-related vocabulary words. To learn to use the expressions '에 비해서' and '–기는 하지만'.	Group purchase website, much, to make a payment, to make a group purchase, product, quality, directly	Mobile Shopping	mobile, app (application), sign up for membership, to order, to make a payment, to make a group purchase, to deliver, to be delivered, mobile gift certificate	• 에 비해서 • –기는 하지만	Writing about mobile shopping
	2	There is so much to see here	To learn to use marketplace-related vocabulary words. To learn to use the expressions '–는구나' and '이나'.	Spectacle (things to see), design, these days, to be in style, to pick	Marke tplace	flower market, fish market, traditional market, morning market, spectacle (things to see), things to eat, to hacut, to buy groceries, grocery bag	• –는구나 • 이나2	Speaking about a market you want to go to
	3	It will only take about 10 minutes	To learn to use convenience store-related vocabulary words. To learn to use the expressions '–기 때문에 and '밖에'.	math, far, to have no appetite, simple, about	Convenience Store	24-hour convenience store, buy one get one free, sales event, sales product, daily necessities, samgak(triangle) kimbap, instant noodle, microwave	• –기 때문에 • 밖에	Speaking about using the convenience store
	4	You can buy used items at a cheap price	To learn to use vocabulary words related to used products. To learn to use the expressions '–던' and '처럼'.	motorcycle, to lack (to not have enough), flea market, to sell, new, to look into	Used Products	used items, flea market, recycle, old, new, old/aged, not necessary, to look for	• –던 • 처럼	Writing about an object that you want to sell on the school homepage flea market
Chapter 6 Health	1	I heard they are coming out with many healthy foods that are convenient to eat	To learn to use food-related vocabulary words. To learn to use the expressions '중에서' and 'indirect quotation(–는다고 하다)'.	to suit one's palate (taste), convenient, health, foods, to come out with	Foods	vegetables, fruits, meats, grains, fish, dairy, organic foods, fast food	• 중에서 • 간접 인용문1 (Indirect Quotation1)	Speaking about health foods
	2	She says she keeps coughing and is asking what she should do	To learn to use symptom-related vocabulary words. To learn to use the expressions 'indirect quotation (–냐고 하다)' and '–거나'.	to catch a cold, continue, to cough, ginger tea, pear, to boil, to pass on (information)	Symptoms	to have a fever, to have indigestion, to have a stomachache, to have a headache, to have a runny nose, to have body aches, to have a soar throat, to vomit, to have motion sickness, to hurt one's leg	• 간접 인용문2 (Indirect Quotation2) • –거나	Writing about a time when you were sick
	3	The doctor told me to exercise	To learn to use exercise-related vocabulary words. To learn to use the expressions 'indirect quotation (–으라고 하다)' and '–을 줄 알다'.	to receive a physical examination, yoga, -each, to release stress	Exercise	stretching, yoga, swimming, hiking, jump roping, walking, running, bicycling	• 간접 인용문3 (Indirect Quotation3) • –을 줄 알다	Speaking about a sport that you like
	4	From now on, I should eat breakfast too	To learn to use vocabulary words related to eating habits. To learn to use the expressions '–어야겠다' and 'indirect quotation (–자고하다)'.	to lose weight, to starve/skip a meal, to gain weight, to focus, now	Eating Habits	to overeat, to eat minimal portions, to eat only what one wants, to eat out, late-night snack, vegetarian diet, meat focused diet, to eat a balanced meal, to eat quickly, to eat slowly	• –어야겠다 • 간접 인용문4 (Indirect Quotation4)	Writing about dieting methods

Table of Contents

Chapter	Lesson	Title	Learning Objective	New Vocabulary	Thematic Vocabulary		Grammar	Activity
Chapter 9 Request & Counseling	2	I don't know if I can wake up early	To learn to use vocabulary words related to studying abroad. To learn to use the expressions '-을지 모르겠다' and 'causative verb (-기-, -리-, -우-)'.	very, to be entrusted with, absolutely, to wake someone up	Studying Abroad	difficult/tough, lonely, to miss, to make a mistake, to suffer, to not be able to communicate, amazing, free	• -을 지 모르겠다 • 사동2 (Causative Verbs2)	Making a request to a friend
	3	You must take the exam before the set date	To learn to use vocabulary words related to school admissions. To learn to use the expressions '-기 위해서는' and '-어지다'.	admissions, to receive counseling, diploma, transcript, TOPIK, to set	Admissions	application, personal statement, letter of recommendation, interview, written exam, tuition, to submit (documents), to be admitted	• -기 위해서는 • -어지다2	Speaking about counseling
	4	You must turn in the assignment by this week	To learn to use vocabulary words related to requests. To learn to use the expressions '-습니다만' and '-지 않으면 안 되다'.	to make a request, to submit, to postpone, ill, to go to/visit	Request	to have a request, to ask for a favor, to make a request (honorific), to be asked of a favor/to be requested, to accept to a request, to refuse a request, to give help, to receive help	• -습니다만 • -지 않으면 안 되다	Writing an e-mail to the professor, requesting a recommendation letter
Chapter 10 Leisure Activity	1	This is not a book for my major but to help me get certified	To learn to use time usage-related vocabulary words. To learn to use the expressions '이/가 아니라 and '-을지 -을지'.	to get a certification, to get a job, to be helpful, graduate school, to be left	Time Usage	to have time, to make time, to use time, to waste time, to plan, to make a plan, to set a plan, to make a schedule	• 이/가 아니라 • -을지 을지	Writing about time usage (time management) methods
	2	The more I eat the food at that restaurant, the more I want to eat It	To learn to use vocabulary words related to good restaurants. To learn to use the expressions '-으면 -을수록 and '만에'.	good restaurant, again and again, to come out on television, to be famous, to wait in line/ to queue	Good Restaurant	popular, to come out on television, to recommend, to be talked about/famous, popular menu, blog of top restaurants, top restaurant tour, secret	• -으면 을수록 • 만에	Introducing a good restaurant
	3	It was very nice because I could see the night view	To learn to use vocabulary words related to the city tour bus. To learn to use the expressions '-을 테니까' and '-더군요'.	seoul city tour bus, various, places, night course, night view	City Tour Bus	city tour bus, city ancient palace course, announcement, foreign language service, double-decker, operating at night, fare, to circulate	• -을 테니까 • -더군요	Writing about using the Seoul City Tour Bus course
	4	It is my dream to become a travel expert	To learn to use television program-related vocabulary words. To learn to use the 'conjunctive adverbs' and the expression '이/가 되다'.	to enjoy watching, world, tourist attractions, to have a change of pace(surroundings) (a diversion), expert	Television Program	news, drama, sports broadcast, health program, music program, travel program, cooking program, lifestyle information program, debate program, entertainment program, documentary	• 접속부사 (Conjuncton) • 이/가 되다	Speaking about a television program that you enjoy watching

内容構成

課	項	タイトル	学習目標	新しい語彙	テーマ語彙		文法	活動
1課 紹介	1	大学に入学するために韓国語を勉強しています	• 自己紹介に関連する語彙を習って活用することができる。 • '-기 위해서', '못' の表現を習って活用することができる。	入学する, 建築学, 付きあう, これから, 過ごす	自己紹介	名前, 国籍, 家族, 兄弟, 一人娘, 一人息子, 故郷, 年齢, 一年生まれ, 生まれる, 学科, 趣味, 職業, 夢	• -기 위해서 • 못	自己紹介
	2	美しい都市なのでぜひ一度行ってみてください	• 位置及び場所に関連する語彙を習って活用することができる。 • '-어 보다', '만큼' の表現を習って活用することができる。	近い, 都市, 美しい, 一度	位置及び場所	東, 西, 南, 北, 都市, 田舎, 首都, 島, 海辺	• -어 보다 • 만큼	故郷紹介
	3	性格が合ってすぐに親しくなりました	• 性格及び外見に関連する語彙を習って活用することができる。 • '-지요?', '-어지다' の表現を習って活用することができる。	生活, ルームメート, 助けてくれる/あげる, 賢い, 性格が合う, すぐに, 親しい	性格及び外見	親切だ, 心が広い, 心が温かい, 性格がいい, 性格が明るい, かっこいい, 太っている, やせている, 背が高い, 背が低い	• -지요? • -어지다1	友達紹介
	4	私も韓国料理を習えたらいいです	• サークルの種類に関連する語彙を習って活用することができる。 • '을/를 가지고', '-었으면 좋겠다' の表現を習って活用することができる。	サークル活動, 料理, サークルに加入する, いろいろ, 材料, 伝統, 関心	サークルの種類	タルチュム(仮面劇)サークル, 国楽サークル, 写真サークル, 映画サークル, 登山サークル, テコンドーサークル, 旅行サークル, 手品サークル, 演劇サークル, 漫画サークル	• 을/를 가지고 • -었으면 좋겠다	加入したいサークルについて話す
2課 学校生活	1	助手のおかげでたくさんのことがわかりました	• 授業に関連する語彙を習って活用することができる。 • '不規則動詞(ㄷ動詞, ㄹ動詞)', '덕분에' の表現を習って活用することができる。	助手, 外国人, 出席, 報告書, 重要だ, 発表する	授業	休講, 出席する, 欠席する, 遅刻する, 中間試験, 期末試験, 試験を受ける, (研究)課題	• 不規則動詞1 • 덕분에	感謝する人について書く
	2	掲示板だけ見ないでホームページに入ってみてください	• 情報検索に関連する語彙を習って活用することができる。 • '-으니까', '-지 말고' の表現を習って活用することができる。	学科の事務室, 掲示板, 情報, 別に, ホームページ, 知らせてくれる/あげる	情報検索	入学情報, アルバイト情報, 就職情報, 生活情報, 個人情報, 情報を探す, 情報を交換する, ホームページに入る, 検索する	• -으니까 • -지 말고	情報検索の方法について話す
	3	韓国の友達から助けてもらえます	• メンタリングプログラムに関連する語彙を習って活用することができる。 • '이나', '에게서' の表現を習って活用することができる。	メンタリングプログラム, 毎週, 申請する, 助け, 実力, 伸びる	メンタリングプログラム	メンタリングプログラム, 申請書を書く, 先着順, 性別, 連絡先, 週1回, オリエンテーション, 参加する	• 이나1 • 에게서	韓国語の勉強方法について話す
	4	今、中で授業中です	• マナーに関連する語彙を習って活用することができる。 • '-는 중이다', '-는 줄 알다' の表現を習って活用することができる。	静かに, 私たち, 騒ぐ, 授業をする, 申し訳ない	礼節(マナー)	学校のマナー, 生活のマナー, 挨拶のマナー, 食事のマナー, 訪問のマナー, 言語のマナー, 電話のマナー, 目上の人, 大人, 目下の人, 尊敬語, パンマル, 礼節を守る, 礼儀を欠く	• -는 중이다 • -는 줄 알다1	韓国のマナーと自分の国のマナーを比較して話す
3課 学校の便益施設	1	まずアイディーから作ってください	• 複写室に関連する語彙を習って活用することができる。 • '부터', '에다가' の表現を習って活用することができる。	借りていく, 必要だ, コピーする, まず, アイディー(ID), パスワード, 押す, コピー機, ボタン	複写室	複写室, コピーする, 用紙, 部数, 片面, 両面, 拡大, 縮小	• 부터 • 에다가	複写室の利用経験について書く
	2	楽に音楽鑑賞もできます	• マルチメディアセンターの利用に関連する語彙を習って活用することができる。 • '-게', '-을래요?' の表現を習って活用することができる。	施設, 鑑賞, メディア室, 無料, 上映する	マルチメディアセンターの利用	マルチメディアセンター, 映画鑑賞, 音楽鑑賞, 外国語学習, 資料, 閲覧する, 上映する, ヘッドフォンをつける, 撮影する, 動画を作る	• -게 • -을래요?	学術情報館の利用経験について話す
	3	スクールバスは1時間ごとにあります	• スクールバスの利用に関連する語彙を習って活用することができる。 • '마다', '으로 해서' の表現を習って活用することができる。	キャンパス, 利用する, 便利だ, 高速道路, 詳しく	スクールバスの利用	出発する, 到着する, 予約する, 予約を取り消す, 往復, 予約メール, 身分証, 運行時間, 運行する	• 마다 • 으로 해서	学校に来る方法について話す
	4	新しく建てた建物の地下1階にあります	• 学校の体育施設に関連する語彙を習って活用することができる。 • '不規則動詞(ㅎ動詞, ㅅ動詞)', '-는 걸 보면' の表現を習って活用することができる。	新しく, 建てる, 地下, 人気が高い, 会員登録, そうだ	体育施設	体育館, 運動場, サッカー場, バスケットボールコート, 野球場, 卓球場, テニスコート, プール, ロッカー, 脱衣室, シャワー室	• 不規則動詞2 • -는 걸 보면	学校の体育施設の利用経験について書く

課	項	タイトル	学習目標	新しい語彙	テーマ語彙		文法	活動
4課 集まり	1	前回行った食堂でするつもりだ	・開講の集まりに関連する語彙を習って活用することができる。 ・'パンマル(-어)', '-었던' の表現を習って活用することができる	開講の集まり, 前回, 思い出す, 同期, 後輩, 忘れる	開講の集まり	開講の集まり, 開講する, 学期初め, 学期が始まる, 終講の集まり, 終講する, 学期末, 学期が終わる, 話を交わす	・パンマル1 ・-었던	開講…終講の集まりについて計画する
	2	ケーキは私が買って行くよ	・誕生日パーティーに関連する語彙を習って活用することができる。 ・'パンマル(-는다, -니?)','-어 가지고' の表現を習って活用することができる。	考え, ろうそく, 同い年, お菓子, 飲み物, 秘密	誕生日パーティー	パーティーをする, 風船をふくらます, 誕生日カードを書く, 誕生日おめでとうの歌を歌う, ろうそくの火を消す, 爆竹を鳴らす, 拍手をする, ケーキを切る, 誕生日プレゼントをあげる	・パンマル2 ・-어 가지고	誕生日パーティーについて書く
	3	明日1時まで全員集まれ	・課題の集まりに関連する語彙を習って活用することができる。 ・'パンマル(-어라)', '-고말고요' の表現を習って活用することができる。	組, 順番, 練習する, 先輩, 抜ける, お目にかかる	課題の集まり	組, 組長, 組員, 仕事を受け持つ, 内容をまとめる, パワーポイント(PPT)を作る, 発表者, 発表する	・パンマル3 ・-고말고요	課題の集まりについて話す
	4	打ち上げをする韓国の文化について聞いたことがある	・打ち上げに関連する語彙を習って活用することができる。 ・'에 대해서', 'パンマル(-자)' の表現を習って活用することができる。	公演 打ち上げ, 行事, 文化 機会	打ち上げ	打ち上げ, 2次会, 飲み会, 雰囲気, 楽しい, 乾杯する, (酒を)一杯やる, 会費を出す	・에 대해서 ・パンマル4	打ち上げの集まりについてメールを書く
5課 ショッピング	1	他の購入サイトに比べて値段がはるかに安い	・モバイルショッピングに関連する語彙を習って活用することができる。 ・'에 비해서', '-기는 하지만' の表現を習って活用することができる。	共同購入サイト, はるかに, 決済, 共同購入する, 品物, 品質, 直接	モバイルショッピング	モバイル, アプリ(アプリケーション), 会員加入, 注文する, 決済する, 共同購入する, 配達する, 配達される, モバイル商品券	・에 비해서 ・-기는 하지만	モバイルショッピングについて書く
	2	ここは見ものがとても多いな	・市場に関連する語彙を習って活用することができる。 ・'-는구나', '이나' の表現を習って活用することができる。	見もの, デザイン, 最近, 流行する, 選ぶ	市場	花市場, 水産市場, 伝統市場, 夜中の市場, 見もの, 食べ物, 値切る, 買い物をする, 買い物かご	・-는구나 ・이나2	行きたい市場について話す
	3	10分程度しかかからないだろう	・コンビニに関連する語彙を習って活用することができる。 ・'-기 때문에', '밖에' の表現を習って活用することができる。	数学, 遠く, 食欲がない, 簡単だ, 程度	コンビニ	24時間営業コンビニ, 1+1(ワンプラスワン), 割引イベント, 割引商品, 生活用品, おにぎり, カップラーメン, 電子レンジ	・-기 때문에 ・밖에	コンビニの利用について話す
	4	使っていた品物を安く買える	・中古品に関連する語彙を習って活用することができる。 ・'-던', '처럼' の表現を習って活用することができる。	オートバイ, 足りない, フリーマーケット, 売る, 新しいもの, 調べてみる	中古品	中古品, フリーマーケット, リサイクル, 古い-, 新しい-, 古い, 必要ない, 求める	・-던 ・처럼	学校のホームページのフリーマーケットに売りたい品物について書く
6課 健康	1	手軽に食べられる健康食品もたくさん売り出されているという	・食品に関連する語彙を習って活用することができる。 ・'중에서', '間接引用(-는다고 하다)' の表現を習って活用することができる。	口に合う, 手軽だ, 健康, 食品, 出る(売り出される)	食品	野菜類, 果物類, 肉類, 穀類, 魚類, 乳製品, 有機農食品, ファーストフード	・중에서 ・間接引用文1	健康食品について話す
	2	ずっと咳が出ますが、どうしたらいいのかといってます	・症状に関連する語彙を習って活用することができる。 ・'間接引用文(-냐고 하다)', '-거나' の表現を習って活用することができる。	風邪を引く, ずっと, 咳が出る, 生姜茶, 梨, 沸かす, 伝える	症状	熱が出る, 消化が悪い, お腹を壊す, 頭が痛い, 鼻水が出る, 過労で病気になる, のどが腫れる, 吐く, 乗り物酔いする, 足をけがする	・間接引用文2 ・-거나	具合が悪かった経験について書く

内容構成

課	項	タイトル	学習目標	新しい語彙	テーマ語彙		文法	活動
6課 健康	3	医者が運動をするようにおっしゃいました	•運動に関連する語彙を習って活用することができる。 •'間接引用文(-으라고 하다)', '-을 줄 알다' の表現を習って活用することができる。	健康診断を受ける, ヨガ, -ずつ, ストレスが解消する	運動	ストレッチ, ヨガ, 水泳, 登山, 縄跳び, ウォーキング, ランニング, 自転車に乗ること	•間接引用文3 •-을 줄 알다	好きな運動について話す
	4	これから私も朝ごはんを食べなくちゃ	•食習慣に関連する語彙を習って活用することができる。 •'-어야겠다', '間接引用文(-자고 하다)' の表現を習って活用することができる。	痩せる, 食事を抜く, 太る, 集中する, 今	食習慣	過食する, 少なく食べる, 偏食する, 外食する, 夜食, 菜食, 肉食, まんべんなく食べる, 早く食べる, ゆっくり食べる	•-어야겠다 •間接引用文4	ダイエットの方法について書く
7課 コンピューターとインターネット	1	使用する人が多いせいかインターネットがよくできません	•インターネットの連結に関連する語彙を習って活用することができる。 •'-어서 그런지', '-는다고 하니까' の表現を習って活用することができる。	ノートパソコン, 使用する, インターネットをする, ワイファイができる, ところ	インターネットの連結	無線インターネット, 無線ネットワーク, インターネットをつなげる, インターネットがつながる, インターネット速度が速い, インターネット速度が遅い, インターネットができる, インターネットができない	•-어서 그런지 •-는다고 하니까	勉強の場所に付いて話す
	2	専攻科目を難しがっている学生がインターネット講義をたくさん聞きます	•インターネットの活用に関連する語彙を習って活用することができる。 •'-어도', '-어하다' の表現を習って活用することができる。	理解ができる, みんな, 面倒くさい, インターネット講義, 専攻科目	インターネットの活用	情報を探す, メールを送る, 動画を見る, ビデオ通話をする, インターネット講義を聞く, オンラインゲームをする, SNSをする, インターネットショッピングをする, インターネットバンキングをする	•-어도 •-어하다	インターネットのサイトを紹介する
	3	コンピューターを消してからまたつけてみてください	•コンピューターの故障に関連する語彙を習って活用することができる。 •'受身(-기-, -리-)', '-었다가' の表現を習って活用することができる。	インターネットが切れる, 消す, つける, 故障する, 驚く	コンピューターの故障	接続ができない, 異常がある, 問い合わせる, 修理する, 修理を受ける, 修理技能士, サービスセンター, 修理費, 預ける, 問題を解決する	•受身1 •-었다가1	サービスセンターに修理を問い合わせる
	4	動画がよく撮れたか	•資料の共有に関連する語彙を習って活用することができる。 •'受身(-이-, -히-)', '-기 쉽다' の表現を習って活用することができる。	撮られる, 心配する, 幸いに, (写真が)よく撮れる, 苦労する, ウェブハードに上げる	資料の共有	ファイル, 共有する, 資料を上げる, ダウンロードする, ダウンロード期間, 大容量, 削除する, ウェブハード	•受身2 •-기 쉽다	共有したい資料について話す
8課 大学文化	1	ウェイさんが奨学金を受けるだろうと思ってました	•大学生の消費に関連する語彙を習って活用することができる。 •'-는 줄 알다', '아무 N이나' の表現を習って活用することができる。	奨学金, いつも, うらやましい, おごる, すべて	大学生の消費	食費, 交通費, 教育費, 通信費, 文化生活費, お金を出す, お金がかかる, 計算する, ポイントを使用する, クーポンを使用する, 割引を受ける	•-는 줄 알다 2 •아무 N이나	友達におごった経験を話す
	2	どんなに面白かったことかわからない	•団体のミーティングに関連する語彙を習って活用することができる。 •'얼마나 -는지 모르다', '-는 척하다' の表現を習って活用することができる。	ミーティング, 気に入る, 冗談, マナー	団体のミーティング	ときめく, 理想のタイプ, 第一印象がよい, 一目ぼれする, 関心を持つ, パートナーを決める, ペアになる, 連絡先を交換する	•얼마나 -는지 모르다 •-는 척하다	理想のタイプについて話す
	3	あそこで公演をするようだ	•祭りに関連する語彙を習って活用することができる。 •'-나 보다', '-으면서' の表現を習って活用することができる。	祭り, 期間, 見どころ, ギターを弾く, 姿, 歩き回る, 市場	祭り	日程, 公演, 市場, 展示会, 花火大会, 歌の大会, 舞台, 祭りが開かれる, 招待歌手	•-나 보다 •-으면서	行ったことがある祭りについて話す

課	項	タイトル	学習目標	新しい語彙	テーマ語彙		文法	活動
	4	グループスタディルームでしようかと思う	グループスタディルームでしようかと思う • 勉強会に関連する語彙を習って活用することができる。 • '-을까 하다', '-어 있다' の表現を習って活用することができる。	勉強会, グループスタディルーム, まず, 可能だ, あらかじめ	勉強会	勉強会をする, セミナーがある, セミナーをする, セミナー室 セミナー室を予約する, テーマ, 要約する, 討論する	• -을까 하다 • -어 있다	勉強会について話す
9課 お願いと相談	1	ノートを見せてくれといいました	• 悩みに関連する語彙を習って活用することができる。 • '아무 N도', '使役(-이-, -히-, -추-)' の表現を習って活用することができる。	一言, 腹が立つ, (しゃくにさわったり、気に病んで) 心が痛む, 声をかける, 互いに, 仲が遠くなる	悩み	悩む, 悩みだ, 悩みがある, 悩みができる, 悩みの種, 悩みを解決する, 悩みが解決する, 助言する	• 아무 N도 • 使役1	悩みについて話す
	2	早く起きられるかわかりません	• 留学生活に関連する語彙を習って活用することができる。 • '-을지 모르겠다', '使役(-기-, -리-, -우-)' の表現を習って活用することができる。	とても, 受け持つ, 絶対に, 起こす	留学生活	大変だ, 寂しい, 懐かしい, ミスをする, 苦労する, 話が通じない, 不思議だ, 自由だ	• -을지 모르겠다 • 使役2	友達に頼みごとをする
	3	決まった日にちまで試験を受けなければいけません	• 進学に関連する語彙を習って活用することができる。 • '-기 위해서는', '-어지다' の表現を習って活用することができる。	進学, 相談を受ける, 卒業証明書, 成績証明書, 韓国語能力試験, 決める	進学	入学願書, 自己紹介書, 推薦書, 面接試験, 実技試験, 登録金(授業料), 書類を出す, 合格する	• -기 위해서는 • -어지다2	相談について話す
	4	課題は今週まで出さなければいけません	• 頼みごとに関連する語彙を習って活用することができる。 • '-습니다만', '-지 않으면 안 되다' の表現を習って活用することができる。	お願いする, 提出, 延期する, 具合がよくない, 行ってくる	頼みごと	頼みごとがある, 頼みごとをする, お願いする, 頼まれる, 頼みを聞いてあげる, 頼みを断る, 助けてやる, 助けられる	• -습니다만 • -지 않으면 안 되다	教授に推薦書をお願いするメールを書く
10課 余暇生活	1	専攻書籍ではなく資格証を取ろうと見る本だ	• 時間活用に関連する語彙を習って活用することができる。 • '이/가 아니라', '-을지 -을지' の表現を習って活用することができる。	資格証を取る, 就職する, 役に立つ, 大学院, 残る	時間活用	時間ができる, 時間をつくる, 時間を活用する, 時間を浪費する, 計画する, 計画を立てる, 計画を立てる, 計画表を作る	• 이/가 아니라 • -을지 -을지	時間活用の方法について書く
	2	その食堂の料理は食べれば食べるほどしきりに食べたくなります	その食堂の料理は食べれば食べるほどしきりに食べたくなります • おいしいお店に関連する語彙を習って活用することができる。 • '-으면 -을수록' '만에', の表現を習って活用することができる。	おいしいお店, しきりに, テレビに出る, 有名だ, 並ぶ	おいしいお店	人気がある, テレビに出る, 推薦する, うわさが立つ, 人気メニュー, おいしいお店のブログ, おいしいお店めぐり, 秘訣	• -으면 -을수록 • 만에	おいしいお店を紹介する
	3	夜景を見られてとてもよかったんですよ	• シティツアーバスに関連する語彙を習って活用することができる。 • '-을 테니까', '-더군요' の表現を習って活用することができる。	ソウルシティツアーバス, いろいろな, 箇所, 夜間コース, 夜景	シティツアーバス	シティツアーバス, 都心・故宮コース, 案内放送, 外国語サービス, 2階建てバス, 夜間運行, 料金, 循環する	• -을 테니까 • -더군요	ソウルシティツアーバスのコースの利用について書く
	4	旅行の専門家になるのが夢です	• テレビ番組に関連する語彙を習って活用することができる。 • '接続副詞', '이/가 되다' の表現を習って活用することができる。	好んで見る, 世界, 観光地, 気分転換になる, 専門家	テレビ番組	ニュース, ドラマ, スポーツ放送, 健康番組, 音楽番組, 旅番組, 料理番組, 生活情報番組, 討論番組, バラエティ番組, ドキュメンタリー	• 접속부사 • 이/가 되다	好んで見るテレビ番組について話す

内容结构

课别	单元	题目	学习目标	生词	主题词汇		语法	活动
第1课 介绍	1	为进入大学，学习韩国语呢	• 能熟练使用自我介绍相关词汇。 • 能熟练使用 "-기 위해서"，"못" 表达方式。	进入 / 入学、建筑学、交、以后、相处	自我介绍	姓名、国籍、家人、兄弟、独生女、独生子、故乡/老家、年龄、__年生、出生、学科、爱好、职业、梦想	• -기 위해서 • 못	自我介绍
	2	它是一座美丽的城市，一定要去看一次	• 能熟练使用位置及处所相关的词汇。 • 能熟练使用 "-어 보다"，"만큼" 表达方式。	近、城市、美丽、一次	位置及处所	东边、西边、南边、北边、城市、乡下、首都、岛、海边	• -어 보다 • 만큼	介绍故乡
	3	因为性格合得来，所以很快就熟悉了	• 能熟练使用性格及外貌相关词汇。 • 能熟练使用 "-지요?"，"-어지다" 表达方式。	生活、同屋、帮/帮助、聪明、性格合得来、很快、熟悉	性格及外貌	亲切、心胸宽广、热心肠、性格好、性格开朗、帅、胖、苗条、个高、个矮	• -지요? • -어지다1	介绍朋友
	4	我要是也学韩国料理就好了	• 能熟练使用社团种类相关词汇。 • 能熟练使用 "을/를가지고"，"-었으면좋겠다" 表达方式。	社团活动，料理，加入社团，各种，材料，传统，兴趣	社团种类	假面舞社团、国乐社团、摄影社团、电影社团、登山社团、跆拳道社团、旅行社团、魔术社团、话剧社团、漫画社团	• 을/를 가지고 • -었으면 좋겠다	谈一谈你想加入的社团
第2课 学校生活	1	在助教的帮助下我学到了很多东西	• 能熟练使用课程相关词汇。 • 能熟练使用 "不规则动词(ㄷ动词, ㄹ动词)"，"덕분에" 表达方式。	助教、外国人、出勤、报告书、重要、发表	课程	停课、出勤、缺勤、迟到、期中考试、期末考试、考试、课外作业	• 不规则动词1 • 덕분에	写一写你要感谢的人
	2	不要只看公告板，你进入网站看看吧	• 能熟练使用信息查询相关词汇。 • 能熟练使用 "-으니까"，"-지 말고" 表达方式。	系办公室、公告板、信息、不太、网站、告诉	信息查询	入学信息、打工信息、就业信息、生活信息、个人信息、查询信息、交换信息、进入网站、查找	• -으니까 • -지 말고	说一说信息查询的方法
	3	可以从韩国朋友那里得到帮助	• 能熟练使用启导项目相关词汇。 • 能熟练使用"이나"，"에게서" 表达方式。	启导项目、每周、申请、帮助、实力、提高	启导项目	启导项目、写申请书、先后顺序、性别、联系方式、每周一次、迎新会、参加	• 이나1 • 에게서	说一说学习韩国语的方法
	4	里面上着课呢	• 能熟练使用礼仪/礼节相关词汇。 • 能熟练使用 "-는 중이다"，"-는 줄 알다" 表达方式。	安静、我们、(大声)喧哗、上课、不好意思	礼节	学校礼仪、生活礼仪、问候礼仪、用餐礼仪、访问礼仪、语言礼仪、电话礼仪、长辈、大人、晚辈、敬语、平语、遵守礼节、没有礼貌	• -는 중이다 • -는 줄 알다1	比较韩国礼仪和本国礼仪
第3课 学校服务设施	1	先注册一个帐号吧	• 能熟练使用利用复印室相关词汇。 • 能熟练使用 "부터"，"에다가" 表达方式	借走、需要、复印、先、帐号、密码、输入、复印机、按钮	复印室	复印室、复印、用纸、册数、单面、双面、扩大、缩小	• 부터 • 에다가	写一写使用复印室的经验
	2	也可以方便地欣赏音乐	• 能熟练使用利用多媒体中心相关词汇。 • 能熟练使用 "-게"，"-을래요?" 表达方式。	设施、欣赏、多媒体室、免费、上映	多媒体中心的利用	多媒体中心、电影欣赏、音乐欣赏、外语学习、资料、阅览、上映、带耳麦、拍摄、制作视频	• -게 • -을래요?	写一写使用学术信息院的经验。

课别	单元	题目	学习目标	生词		主题词汇	语法	活动
第3课 学校服务设施	3	校车每隔1个小时运行一次	• 能熟练使用利用校车相关词汇。 • 能熟练使用“마다”,“으로 해서”表达方式。	校区、利用 / 使用、方便、高速公路、详细	校车的利用	出发、到达、预订、取消预定、往返、预订短信、身份证、运行时间、运行	• 마다 • 으로 해서	说一说来学校的方法
	4	在新建建筑的地下1楼	• 能熟练使用学校体育设施相关词汇。 • 能熟练使用“不规则动词(ㅎ动词, ㅅ动词)”,“-는걸보면”表达方式。	新、建、地下、受欢迎、注册会员、那样	体育设施	体育馆、操场、足球场、篮球场、棒球场、乒乓球场、网球场、游泳馆、保管箱、更衣室、淋浴室	• 불규칙 동사2 • -는 걸 보면	写一写使用学校体育设施的经验
第4课 聚会	1	在上次去过的餐馆举行	• 能熟练使用开课聚会相关词汇。 • 能熟练使用“-어”,“-었던”表达方式。	开课聚会、上次、记得、同期/同届、后辈、忘	开课聚会	开课聚会、开课、学期初、开学、结课聚会、结课、学期末、学期结束、交谈	• 平语1 • -었던	筹划开课 · 结课聚会
	2	蛋糕我买了带过去	• 能熟练使用生日派对相关词汇。 • 能熟练使用“平语(-는다, -니?)”,“-어 가지고”表达方式。	主意、蜡烛、同岁、饼干、饮料、秘密/保密	生日派对	派对、吹气球、写生日卡、唱生日歌、吹蜡烛、燃放烟花、鼓掌、切蛋糕、给生日礼物	• 平语2 • -어 가지고	写一写生日派对
	3	明天一点集合	• 能熟练使用课业聚会相关词汇。 • 能熟练使用“平语(-어라)”,“-고말고요”表达方式。	小组、轮到、练习、前辈、缺席、见	课业聚会	小组、组长、组员、负责事情、整理内容、做幻灯片(PPT)、发表者、发表	• 平语3 • -고말고요	谈一谈课业聚会
	4	听说过有关聚餐的韩国文化	• 能熟练使用聚餐相关词汇。 • 能熟练使用“에 대해서”,“平语(-자)”	演出、聚餐、活动、文化、机会	聚餐	聚餐、二次(聚会的地点)、酒席、气氛、高兴、干杯、喝一杯、交会费	• 에 대해서 • 平语4	写一写关于聚餐的电子邮件
第5课 购物	1	比其他购物网站更便宜	• 能熟练使用移动购物相关词汇。 • 能熟练使用“에 비해서”,“-기는 하지만”表达方式。	团购网站、更/…得多、支付、团购、东西、质量、亲自	移动购物	移动、应用程序、注册会员、订购、支付、团购、送货、送到、移动商品券	• 에 비해서 • -기는 하지만	写一写移动购物
	2	这里看头很多	• 能熟练使用市场相关词汇。 • 能熟练使“-는구나”,“이나”表达方式。	看头、款式、最近、流行、挑选	市场	花市、水产市场、传统市场、早市、看头、吃的、砍价、赶集、菜篮	• -는구나 • 이나2	谈一谈想去的市场
	3	只需10分钟左右	• 能熟练使用便利店相关词汇。 • 能熟练使“-기 때문에”,“밖에”表达方式。	数学、远、没胃口、简单、左右	便利店	24小时便利店、买一送一、促销活动、促销/打折商品、生活用品、三角紫菜包饭、碗面、微波炉	• -기 때문에 • 밖에	谈一谈便利店的利用
	4	可以便宜地买到二手货	• 能熟练使用二手货相关词汇。 • 能熟练使“-던”,“처럼”表达方式。	摩托车、不够、跳蚤市场卖、新的、找找看 / 打听	二手货	二手货、跳蚤市场、二次利用、旧的、新的、老、不用、寻求	• -던 • 처럼	写一写想在学校网站的跳蚤市场卖的东西

内容结构

课别	单元	题目	学习目标	生词	主题词汇		语法	活动
第6课 健康	1	听说出了很多能简单吃的健康食品	• 能熟练使用食品相关词汇。 • 能熟练使用“중에서”，“间接引用句（-는다고 하다）”表达方式。	合口味、简单/简便、健康、食品、出/出市	食品	蔬菜类、水果类、肉类、谷类、海鲜类、乳制品、有机食品、快餐	• 중에서 • 间接引用句1	谈一谈健康食品
	2	问一直咳嗽怎么办才好	• 能熟练使用症状相关词汇。 • 能熟练使用“间接引用句（-냐고 하다）”，“（-거나）”表达方式。	感冒、一直、咳嗽、姜茶、梨、煮、转告	症状	发烧、消化不良、闹肚子、头疼、流鼻涕、浑身难受、喉咙肿了、吐、晕、腿受伤了	• 间接引用句2 • -거나	写一写生病的经历
	3	医生让我运动	• 能熟练使用运动相关词汇。 • 能熟练使用“间接引用句（-으라고 하다）”，“-을 줄 알다”表达方式。	体检、瑜伽、每…平均、缓解疲劳	运动	伸展运动、瑜伽、游泳、爬山、跳绳、走路、跑步、骑自行车	• 间接引用句3 • -을 줄 알다	谈一谈喜欢的运动
	4	从今以后我也要吃早饭	• 能熟练使用饮食习惯相关词汇。 • 能熟练使用“-어야겠다”，“间接引用句（-자고 하다）”表达方式。	减肥、饿/不吃、胖、集中精神、今后 / 以后	饮食习惯	暴食、少吃、偏食、在外就餐、宵夜、素食、肉食、吃得均匀、吃得快、吃得慢	• -어야겠다 • 间接引用句4	写一写减肥的方法
第7课 电脑和网络	1	可能是因为用的人多，网络不稳定啊	• 能熟练使用互联网相关词汇。 • 能熟练使用“-어서 그런지”，“-는다고 하니까”表达方式。	笔记本电脑、用、上网、有wi-fi、地方	网络连接	无线上网、无线网络、连接网络、网络已连接、网速快、网速慢、网络畅通、网络不稳定	• -어서 그런지 • -는다고 하니까	谈一谈学习场所
	2	在专业课上吃力的学生，听网络课程听得多	• 能熟练使用网络利用相关词汇。 • 能熟练使用“-어도”，“-어하다”表达方式。	理解、大家、麻烦、网络课程、专业课	网络利用	查信息、发电子邮件、看视频、视频通话、听网络课程、玩网络游戏、玩儿SNS、网络购物、用网上银行	• -어도 • -어하다	介绍网站
	3	把电脑关了，重新开一下	• 能熟练使用故障相关词汇。 • 能熟练使用“被动（-기-. -리-）”，“-었다가”表达方式。	断网、关、开、出故障、吓一跳	电脑故障	不能连网、有异常、咨询、修理、进行维修、修理工、服务中心、修理费、放在 / 交给、解决问题	• 被动1 • -었다가1	向服务中心咨询修理问题
	4	视频拍得好吗？	• 能熟练使用资料共享相关词汇。 • 能熟练使用“被动（-이-, -히-）”，“-기 쉽다”表达方式。	拍、担心、幸亏、拍得不错、辛苦、上传到网络硬盘	资料共享	文件、共享、上传资料、下载、下载期限、大容量、删除、网络硬盘	• 被动2 • -기 쉽다	谈一谈想共享的资料
第8课 大学文化	1	我就知道伟会拿到奖学金	• 能熟练使用大学生消费相关词汇。 • 能熟练使用“-는 줄 알다”，“아무 N이나”表达方式。	奖学金、总是 / 总、羡慕、请客、都	大学生的消费	餐费、交通费、教育费、通信费、文化生活费、交钱、要花钱、计算、使用积分、使用优惠券、享受折扣	• -는 줄 알다2 • 아무 N이나	谈一谈请朋友吃饭的经历
	2	别提多有意思了	• 能熟练使用集体联谊会相关词汇。 • 能熟练使用“얼마나 -는지 모르다”，“-는 척하다”表达方式。	联谊会、相中、开玩笑、礼貌 / 风度	集体联谊会	激动、理想型、第一印象很好、一见钟情、感兴趣、决定伙伴、搭档、交换联系方式	• 얼마나 -는지 모르다 • -는 척하다	谈一谈理想型

课别	单元	题目	学习目标	生词	主题词汇		语法	活动
第8课 大学文化	3	好像那里有演出	• 能熟练使用庆典相关词汇。 • 能熟练使用“-나 보다”, “-으면서”表达方式。	庆典、期间、看头/看点、弹吉他、样子、逛来逛去、集市	庆典	日程、演出、集市、展览会、烟火表演、歌唱大会、舞台、举办庆典、邀请歌手	• -나 보다 • -으면서	谈一谈去过的庆典
	4	打算在小组学习室进行	• 能熟练使用学习小组聚会相关词汇。 • 能熟练使用“-을까 하다”, “-어 있다”表达方式。	学习小组聚会、小组学习室、先、可以、提前	学习小组聚会	进行学习小组聚会、有研讨会、举办研讨会、研讨室、预订研讨室、主题、概括、讨论	• -을까 하다 • -어 있다	谈一谈学习小组聚会
第9课	1	让我借本子给她看	• 能熟练使用烦恼相关词汇。 • 能熟练使用“아무 N도”, “使动(-이-, -히-, -추-)”表达方式	一句话、生气、难过、搭话、互相、关系疏远	烦恼	烦恼、成为烦恼、有烦恼、产生烦恼、烦心事、解决烦恼、烦恼被解决、提供建议	• 아무 N도 • 사동1	谈一谈烦恼
	2	不知道能不能早起	• 能熟练使用留学生活相关词汇。 • 能熟练使用“-을지 모르겠다”, “使动(-기-, -리-, -우-)”表达方式。	很、负责、绝对、叫醒	留学生活	累、寂寞、想念、失误、受苦、语言不通、新奇、自由	• -을 지 모르겠다 • 使动2	请求朋友
	3	要在指定日期内完成考试	• 能熟练使用升学相关词汇。 • 能熟练使用“-기 위해서는”, “-어지다”表达方式。	升学/进入、咨询、毕业证书、成绩单、韩国语能力考试、指定	升学	入学申请书、自我介绍、推荐信、面试、笔试、学费、交材料、合格	• -기 위해서는 • -어지다2	谈一谈咨询
	4	作业一定要在这周之内交	• 能熟练使用请求相关词汇。 • 能熟练使用“-습니다만”, “-지 않으면 안 되다”表达方式。	拜托、提交/交、推迟、不适、回一趟	请求	有一个请求、请求、拜托、(从某人那里)收到请求、接受请求、拒绝请求、给予帮助、接受帮助	• -습니다만 • -지않으면 안 되다	写邮件拜托教授写一封推荐信
第10课 业余生活	1	不是专业书而是为考取资格证看的书	• 能熟练使用时间利用相关词汇。 • 能熟练使用“이/가 아니라”, “-을지 -을지”表达方式。	考取资格证、找工作/就业、有帮助、大学院、有	时间利用	有时间、抽时间、利用时间、浪费时间、计划、制定计划、制定计划、做计划表	• 이/가 아니라 • -을지 -을지	写一写利用时间的方法
	2	那家餐馆的菜越吃越想吃	• 能熟练使用美食店相关词汇。 • 能熟练使用“-으면 -을수록”, “만에”表达方式。	美食店、经常、上电视、有名、排队	美食店	受欢迎、上电视、推荐、出名、热门菜、美食博客、美食之旅、秘诀	• -으면 -을수록 • 만에	介绍美食店
	3	可以看到夜景,挺不错的	• 能熟练使用环城旅游巴士相关词汇。 • 能熟练使用“-을 테니까”, “-더군요”表达方式。	首尔环城旅游巴士、好多、地方、夜间线路、夜景	环城旅游巴士	环城旅游巴士、市区·古宫线路、广播指南、外语服务、2层巴士、夜间运行、费用、循环	• -을 테니까 • -더군요	写一写首尔环城旅游巴士线路的利用
	4	我的梦想是成为一个旅游专家	• 能熟练使用电视节目相关词汇。 • 能熟练使用“连接副词”, “이/가 되다”表达方式。	喜欢看、世界、旅游景点、转换心情、专家	电视节目	新闻、电视剧、体育节目、健康节目、音乐节目、旅行节目、美食节目、生活信息节目、讨论节目、娱乐节目、纪录片	• 连词 • 이/가 되다	谈一谈喜欢看的电视节目

제 1 과

소개

01 대학교에 입학하기 위해서 한국말을 공부하고 있어요

02 아름다운 도시니까 꼭 한번 가 보세요

03 성격이 맞아서 금방 친해졌어요

04 저도 한국 요리를 배웠으면 좋겠어요

01 대학교에 입학하기 위해서 한국말을 공부하고 있어요

학습 목표 자기소개 관련 어휘를 익혀서 활용할 수 있다.
'-기 위해서', '못' 표현을 익혀서 활용할 수 있다.

마이클 : 안녕하세요? 저는 마이클이에요. 호주에서 왔어요.

샤오밍 : 안녕하세요? 저는 중국에서 온 황샤오밍입니다. 한국 대학교에 입학하기 위해서 한국말을 공부하고 있어요.

마이클 : 저는 건축학을 공부해요. 아직 친구를 많이 못 사귀었는데 앞으로 잘 지냅시다.

샤오밍 : 네, 만나서 반갑습니다.

새 어휘

EN New Vocabulary JP 新しい語彙 CH 生词

입학하다	• 좋은 대학교에 입학하려고 공부를 많이 했어요. • 제 동생이 열심히 공부해서 한국대학교에 입학했어요.
건축학	• 여행을 갔을 때 멋있는 건물들을 많이 봤어요. 그래서 건축학을 공부하고 싶어요. • 아버지는 건축학을 전공하시고 건축 회사에서 30년 동안 일하셨어요.
사귀다	• 한국말을 빨리 배우고 싶으면 한국 친구를 사귀세요. • 1년 전에 한국에 왔을 때 아는 사람이 없었지만 지금은 친구들을 많이 사귀었어요.
앞으로	• 시험 점수가 나빠서 앞으로 열심히 공부하려고 합니다. • 앞으로 어떤 일을 하고 싶어요?
지내다	• 저는 한국에서 밥도 잘 먹고 공부도 잘하고 있어요. 잘 지내고 있어요. • 학교 친구들하고 잘 지내요?

01. 빈칸에 알맞은 것을 쓰십시오.

보기 지금부터 영어로 말하면 안돼요. (앞으로) 교실에서는 한국말로만 이야기하세요.

❶ 대학교에 ( )으면/면 무엇을 제일 하고 싶어요?

❷ 그동안 어떻게 ( )었어요?/았어요?/였어요?

❸ 친구들을 많이 ( )어서/아서/여서 한국 생활이 재미있어요.

❹ 건축가가 되고 싶어서 ( )을/를 전공해요.

02. 밑줄 친 곳에 알맞은 것을 쓰십시오.

저는 올해 3월에 대학교에 보기 <u>입학했어요</u> ~~었어요/았어요/였어요~~. 제 전공은 ❶ ________ 는데/은데/ㄴ데 여름방학 때 아름다운 건물을 보러 스페인에 가려고 해요. 학교에서 ❷ ________ 는/은/ㄴ 스페인 친구가 있는데 여행을 가면 그 친구 집에서 ❸ ________ 을/ㄹ 거예요. ❹ ________ 다른 나라의 건물들도 많이 보고 싶어요.

주제 어휘

EN Thematic Vocabulary JP テーマ語彙 CH 主题词汇

자기소개					
	• 이름	• 국적	• 가족	• 형제	• 외동딸
	• 외동아들	• 고향	• 나이	• __년생	• 태어나다
	• 학과	• 취미	• 직업	• 꿈	

01. 관계있는 것을 연결하십시오.

보기 이름 ------------- 김미선입니다.

❶ 국적 • • 언니, 오빠, 동생이 없어요.

❷ 외동딸 • • 독일 사람입니다.

❸ 학과 • • 전공이 같은 학생들이 함께 공부합니다.

❹ 직업 • • 의사입니다.

02. 밑줄 친 곳에 알맞은 것을 쓰십시오.

안녕하세요? 제 이름은 리우판이에요. 저는 보기 1996년생인데 ~~는데/ㄴ데/은데~~ 중국 상하이에서 ❶ ________ 었어요/았어요/였어요. 우리 ❷ ________ 은/는 아버지하고 어머니, 형, 저 모두 4명이에요. 저는 1년 전에 한국에 와서 한국말을 공부하고 있어요. 영화 보는 것을 좋아해서 ❸ ________ 에 있을 때 친구들하고 자주 극장에 갔는데 한국에 온 후에는 극장에 간 적이 없어요. 저하고 ❹ ________ 이/가 같은 친구가 있으면 같이 영화를 보러 가고 싶어요.

문법 1

EN Grammar JP 文法

-기 위해서

❶ 한국말을 배우기 위해서 한국에 왔어요.

❷ 의사가 되기 위해서 의학을 공부하고 있어요.

❸ 비를 맞지 않기 위해서 비가 그칠 때까지 기다렸어요.

❹ 아버지께서는 가족을 위해서 열심히 일하고 계세요.

01. **관계있는 것을 연결하고 보기 와 같이 문장을 완성하십시오.**

보기 한국 대학교에 입학하다 ---------- 한국어를 공부해요

❶ 외국 여행을 가다 •	• 열심히 공부하고 있어요
❷ 돈을 바꾸다 •	• 피아노 학원에 다녀요
❸ 늦지 않다 •	• 집에서 일찍 나왔어요
❹ 피아노를 배우다 •	• 은행에 가요
❺ 시험을 잘 보다 •	• 아르바이트를 하고 있어요
❻ 리포트를 쓰다 •	• 도서관에 갔어요
❼ 학생증을 만들다 •	• 방송국에 갔어요
❽ 좋아하는 가수를 보다 •	• 사진을 찍으러 갔어요

보기 한국 대학교에 입학하기 위해서 한국어를 공부해요.

❶ ____________________기 위해서 ______________________________.

❷ ____________________기 위해서 ______________________________.

❸ ____.

❹ ____.

❺ ____.

❻ ____.

❼ ____.

❽ ____.

02. 보기와 같이 대화를 완성하십시오.

보기 **가:** 웨이 씨는 왜 한국에 유학을 왔어요?
나: 한국 대학교에 입학하기 위해서 한국에 유학을 왔어요.

❶ **가:** 누엔 씨는 왜 한국어를 전공해요?

나: ____________________기 위해서 ______________________________.

❷ **가:** 호준 씨는 왜 의사가 되고 싶어요?

나: ____________________기 위해서 ______________________________.

❸ **가:** 민철 씨는 왜 영어를 열심히 공부해요?

나: ____.

❹ 가: 에리코 씨는 왜 책을 많이 읽어요?

나: ______________________________.

❺ 가: 마이클 씨는 왜 일찍 자요?

나: ______________________________.

❻ 가: 마리아 씨는 왜 우체국에 갔어요?

나: ______________________________.

❼ 가: 누구를 위해서 음식을 많이 만들었어요?

나: ______________________________.

❽ 가: 무엇을 위해서 지금 열심히 공부해요?

나: ______________________________.

문법 2

EN Grammar JP 文法

못

❶ 저는 피아노를 배운 적이 없어서 피아노를 못 쳐요.

❷ 제 친구는 그림을 잘 그리는데 저는 못 그려요.

❸ 그 친구가 동창회에 오지 않아서 못 만났어요.

❹ 시간이 너무 늦어서 친구에게 전화를 못 했어요.

01. 보기 와 같이 문장을 바꾸십시오.

보기 스노보드를 배운 적이 없어서 스노보드를 타지 못해요.
➡ 스노보드를 배운 적이 없어서 스노보드를 못 타요.

❶ 일이 많아서 집에 일찍 가지 못해요.

➡ ______________________________.

❷ 김치가 매워서 김치를 먹지 못해요.

➡ ______________________________.

❸ 가방이 너무 비싸서 가방을 사지 못해요.

➡ ______________________________.

❹ 기숙사에 부엌이 없어서 음식을 만들지 못해요.

➡ ______________________________.

❺ 내일 병원에 가야 해서 같이 만나지 못해요.

➡ ______________________________.

❻ 어제 너무 바빠서 밥을 먹지 못했어요.

➡ ______________________________.

❼ 어제 기숙사 옆방이 너무 시끄러워서 잠을 자지 못했어요.

➡ ______________________________.

❽ 지난 주말에 눈이 많이 와서 밖에 나가지 못했어요.

➡ ______________________________.

02. 보기 와 같이 대화를 완성하십시오.

> 보기 가: 탁구를 잘 칠 수 있어요?
> 나: 아니요, 탁구를 못 쳐요 어요/아요/여요.

❶ 가: 잡채를 만들 수 있어요?
나: 아니요, ______________________ 어요/아요/여요.

❷ 가: 지갑을 찾았어요?
나: 아니요, ______________________ 었어요/았어요/였어요.

❸ 가: 다른 나라 친구들을 많이 사귀었어요?
나: 아니요, ______________________ 었어요/았어요/였어요.

❹ 가: 지난 주말에 친구 생일 파티에 갔어요?
나: 아니요, 약속이 있어서 ______________________.

❺ 가: 그 책을 읽었어요?
나: 아니요, 너무 어려워서 ______________________.

❻ 가: 오후에 운동을 할 거예요?
나: 아니요, ______________________.

❼ 가: 어제 친구하고 영화를 봤어요?
나: ______________________.

❽ 가: 이번 주말에 친구들하고 같이 쇼핑하러 갈까요?
나: ______________________.

활동

보기 와 같이 자기소개를 해 봅시다.

> 보기 안녕하세요? 저는 태국에서 온 윈입니다. 한국말을 배우기 위해서 한국에 왔어요. 앞으로 한국에서 가수가 되는 게 제 꿈이에요. 제가 좋아하고 잘하는 것은 노래와 운동이에요. 고향에서는 노래방에 자주 갔는데 한국에서는 못 갔어요. 친구들과 노래방에 가서 노래를 부르고 싶어요.

02 아름다운 도시니까 꼭 한번 가 보세요

학습 목표 위치 및 장소 관련 어휘를 익혀서 활용할 수 있다.
'–어 보다', '만큼' 표현을 익혀서 활용할 수 있다.

미선 : 고향이 어디예요?
리에 : 제 고향은 도쿄인데 미선 씨는 도쿄에 가 본 적이 있어요?
미선 : 아니요, 한국에서 가깝지만 아직 못 가 봤어요. 가 보고 싶어요.
리에 : 일본에서 도쿄만큼 큰 도시는 없어요. 아름다운 도시니까 꼭 한번 가 보세요.

새 어휘

EN New Vocabulary JP 新しい語彙 CH 生词

가깝다	• 지하철역이 집에서 가깝습니다. 지하철역까지 5분 걸려요. • 학교가 가까워서 걸어서 가요.
도시	• 도시에는 사람들도 많고 차도 많아요. • 서울은 한국에서 제일 큰 도시예요.
아름답다	• 제 고향은 경치가 참 아름다워요. • 봄에는 아름다운 꽃이 많이 피어요.
한번	• 옷이 예뻐서 한번 입어 봤어요. • 제가 한번 만들어 봤는데 맛이 어때요?

01. 빈칸에 알맞은 것을 쓰십시오.

보기 기숙사에서 강의실은 멀지 않고 (가까워요)~~어요/아요/여요~~.

❶ 겨울 바다를 ( ) 보러 가고 싶어요.

❷ 이 ( )에는 200만 명의 사람들이 살고 있어요.

❸ 여기에서 영화관이 ( )으니까/니까 걸어서 갑시다.

❹ 제 고향은 산도 있고 바다도 있어서 참 ( )습니다/ㅂ니다.

02. 밑줄 친 곳에 알맞은 것을 쓰십시오.

보기 서울은 큰 도시예요 ~~이에요/예요~~. 사람들도 많고 높은 건물들도 많아요. 서울에는 경복궁, 서울타워, 롯데월드가 있어요. 서울에는 한강도 있고 산도 많아서 경치가 참 ❶__________어요/아요/여요. 서울은 인천 공항에서 ❷__________어요/아요/여요. ❸__________은/ㄴ 서울에 꼭 ❹__________ 놀러 오세요.

주제 어휘

EN Thematic Vocabulary JP テーマ語彙 CH 主题词汇

위치 및 장소

- 동쪽 · 서쪽 · 남쪽 · 북쪽
- 도시 · 시골 · 수도 · 섬 · 바닷가

01. 빈칸에 알맞은 것을 쓰십시오.

보기 제주도는 한국의 남쪽에 있는 가장 큰 (섬)입니다.

❶ 도시는 복잡한데 ( )은/는 공기가 좋고 조용해요.

❷ 미국 ( )에는 캐나다가 있고 남쪽에는 멕시코가 있어요.

❸ 이번 여름 방학에는 ( )에 가서 수영도 하고 산책도 할 거예요.

❹ 베이징은 중국의 ( )이고 도쿄는 일본의 ( )이에요/예요.

02. 보기 와 같이 대화를 완성하십시오.

보기 가: 야마다 씨 고향은 어떤 곳이에요?
나: 제 고향은 산도 많고 조용한 (시골이에요)~~이에요/예요~~.

❶ 가: 중국은 한국의 서쪽에 있습니까? 동쪽에 있습니까?
나: 중국은 한국의 ( )에 있습니다.

❷ 가: 한국보다 러시아가 추워요.
나: 맞아요, 러시아는 한국보다 ( )에 있어서 추워요.

❸ 가: 여름에 부산으로 놀러 가는 사람들이 많아요?
나: 네, ( )이/가 있어서 여름에 사람들이 많이 가요.

❹ 가: 제주도에 어떻게 가요?
나: 제주도는 ( )이기 때문에 배나 비행기를 타야 해요.

문법 1

EN Grammar JP 文法 CH 语法

-어 보다

❶ 제가 만든 음식인데 드셔 보세요.

❷ 이 빨간색 옷을 입어 볼 수 있어요?

❸ 설악산이 아름다우니까 한번 가 보세요.

❹ 영수 씨가 곧 올 거예요. 조금만 더 기다려 보세요.

01. **보기 와 같이 문장을 만드십시오.**

보기 이 옷이 예뻐요. 한번 입어 ~~어/아/여~~ 보세요. (입다)

❶ 인사동에 구경할 것이 많아요. 한번 ______________ 어/아/여 보세요. (가다)

❷ 그 사람은 좋은 사람이에요. 한번 ______________ 어/아/여 보세요. (만나다)

❸ 이 케이크가 정말 맛있어요. 한번 ______________. (드시다)

❹ 이 신발이 편해요. 한번 ______________. (신다)

❺ 이 안경이 멋있어요. 한번 ______________. (쓰다)

❻ 자전거는 타기가 어렵지 않아요. 한번 ______________. (타다)

❼ 이 소설책이 아주 재미있어요. 한번 ______________. (읽다)

❽ 이 가수의 노래가 참 좋아요. 한번 ______________. (듣다)

02. 보기 와 같이 대화를 완성하십시오.

보기 가: 이 신발이 맞을까요?
나: 한번 신어 어/아/여 보세요.

❶ 가: 이 옷은 너무 작아요. 더 큰 것이 있어요?
나: 그럼 이 옷을 ________어/아/여 보세요.

❷ 가: 이 식당의 된장찌개가 맛있을까요?
나: 글쎄요, 저도 안 먹어 봐서 모르겠어요. 한번 ________어/아/여 보세요.

❸ 가: 김치찌개는 만들기가 어려워요?
나: 아니요, 쉬워요. 집에서 ________________.

❹ 가: 제임스 씨가 아직 안 왔어요.
나: 그럼 빨리 ________________.

❺ 가: 그건 무슨 책이에요?
나: 소설책인데 재미있으니까 ________________.

❻ 가: 싸고 예쁜 옷을 사고 싶어요. 어디에 가면 살 수 있어요?
나: ________________.

❼ 가: 심심한데 뭘 하면 좋을까요?
나: ________________.

❽ 가: 여행을 가고 싶은데 어디로 가면 좋을까요?
나: ________________.

문법 2

EN Grammar JP 文法 CH 语法

만큼

❶ 아버지는 키가 크세요. 제 남동생도 아버지만큼 키가 커요.

❷ 제임스 씨는 리에 씨만큼 한국말을 잘해요.

❸ 작년 여름에 비가 많이 왔어요. 이번 여름에도 작년 여름만큼 비가 많이 왔어요.

❹ 한국에서 제주도만큼 경치가 아름다운 섬은 없어요.

01. 알맞은 것을 골라 보기 와 같이 문장을 완성하십시오.

개, 말하기, 설악산, 어머니, 우리 교실, 작년, 지하철, 축구, 한국 음식

보기 듣기는 말하기만큼 어려워요.

❶ 제 방은 ________________ 만큼 넓어요.

❷ 제 고향 음식은 ________________ 만큼 매워요.

❸ 아침에 버스도 ____________________ 복잡해요.

❹ 농구도 ________________ 재미있어요.

❺ 올해도 ________________ 눈이 많이 왔어요.

❻ ______________________ 아름다운 산은 없어요.

❼ ______________________ 사람과 가까운 동물은 없어요.

❽ ______________________ 저를 사랑해 주는 사람은 없을 거예요.

02. 보기 와 같이 대화를 완성하십시오.

보기 가: '에버랜드'에 가 봤는데 재미있었어요. '롯데월드'는 어때요?
나: '롯데월드'도 에버랜드만큼 재미있어요.

❶ 가: 한국은 여름에 더운데 일본도 여름에 이렇게 더워요?
나: 네, 일본도 ___________만큼 더워요.

❷ 가: 아마라 씨 동생도 키가 커요?
나: 네, 제 동생도 ___________만큼 키가 커요. 저와 비슷해요.

❸ 가: 갈비를 먹어 봤는데 맛있었어요. 불고기는 맛이 어때요?
나: 불고기도 ___________________________.

❹ 가: 사과에도 비타민 C가 많아요?
나: 네, 사과에도 ___________________________.

❺ 가: 누가 노래를 제일 잘해요?
나: ___________________________.

❻ 가: 어느 나라가 제일 아름다워요?
나: ___________________________.

❼ 가: 마라톤은 정말 힘든 운동이에요.
나: 맞아요, ___________________________.

❽ 가: 한라산은 아주 높은 산이에요.
나: 맞아요, 한국에서 ___________________________.

활동

보기 와 같이 자기 고향을 소개해 봅시다.

보기 제 고향을 소개하겠습니다. 제 고향은 '하얼빈'이에요. 하얼빈은 중국 북쪽에 있는 도시예요. 눈과 얼음의 도시예요. 중국에서 하얼빈만큼 추운 도시는 없어요. '하얼빈 빙설제'는 많은 나라 사람들이 알고 있어요. 아름다운 겨울 경치를 보고 싶으면 제 고향에 꼭 한번 와 보세요.

03 성격이 맞아서 금방 친해졌어요

학습 목표 성격 및 외모 관련 어휘를 익혀서 활용할 수 있다.
'-지요?', '-어지다' 표현을 익혀서 활용할 수 있다.

미선 : 기숙사 생활이 재미있지요?
마리아 : 네, 재미있어요. 방 친구가 많이 도와줘서 잘 지내요.
미선 : 방 친구가 한국 사람이에요?
마리아 : 네, 친절하고 똑똑해요. 우리는 성격이 맞아서 금방 친해졌어요.

새 어휘

EN New Vocabulary JP 新しい語彙 CH 生词

생활	• 아직 한국말을 잘하지 못해서 한국 생활이 힘들어요. • 저는 학교에서 잘 지내요. 학교 생활이 아주 재미있어요.
방 친구	• 나는 일찍 자는데 방 친구는 늦게 자서 좀 불편해요. • 기숙사 방 친구가 고향에 돌아가서 심심해요.
도와주다	• 일이 많은데 좀 도와주세요. • 영국에서 살 때 영국 친구가 많이 도와줘서 힘들지 않았어요.
똑똑하다	• 제 동생은 똑똑해서 공부를 잘 해요. • 저는 잘 생긴 남자보다 똑똑한 남자가 좋아요.
성격이 맞다	• 성격이 맞는 사람과 같이 일하면 일하기가 쉬워요. • 방 친구와 성격이 맞지 않아서 힘들었는데 지금은 잘 지내요.
금방	• 금방 갈게요. 잠깐만 기다려 주세요. • 이 일은 쉬우니까 금방 할 수 있을 거예요.
친하다	• 저는 리에와 친해서 자주 만나요. • 고향에 있는 친한 친구하고 화상 통화를 많이 해요.

01. **빈칸에 알맞은 것을 쓰십시오.**

보기 어려울 때 (도와주는)는/은/ㄴ 친구가 정말 좋은 친구예요.

❶ 기숙사에서 (   )과/와 같이 방을 써서 불편할 때도 있어요.

❷ 한국말 공부도 재미있고 한국 음식도 맛있어서 한국 (   )이/가 힘들지 않아요.

❸ 숙제가 많지 않아서 (   ) 했어요.

❹ 우리 형은 (   )어서/아서/여서 아는 것도 많고 일도 잘 해요.

02. **밑줄 친 곳에 알맞은 것을 쓰십시오.**

저는 지금 대학교 기숙사에서 살고 있어요. 제 **보기** 방 친구는 은/는 미국 사람이에요. 우리는 ❶ ________ 어서/아서/여서 잘 지내요. 그 친구는 어려운 일이 있으면 저를 많이 ❷ ________ 어요/아요/여요. 우리는 같이 공부도 하고 이야기도 많이 해요. ❸ ________ 는/은/ㄴ 친구가 있어서 저는 한국 ❹ ________ 이/가 재미있어요.

주제 어휘

EN Thematic Vocabulary JP テーマ語彙 CH 主题词汇

성격 및 외모

- 친절하다
- 마음이 넓다
- 마음이 따뜻하다
- 성격이 좋다
- 성격이 밝다
- 멋있다
- 뚱뚱하다
- 날씬하다
- 키가 크다
- 키가 작다

01. **빈칸에 알맞은 것을 쓰십시오.**

보기 누엔 씨는 (성격이 밝아서)~~어서/아서/여서~~ 저는 누엔 씨와 같이 있으면 기분이 좋고 많이 웃어요.

❶ 미선 씨의 남동생이 (   )어서/아서/여서 농구를 잘할 것 같아요.

❷ 아버지께서 (   )어서/아서/여서 저를 잘 이해해 주십니다.

❸ 친구가 전에는 (   )었는데/았는데/였는데 지금은 날씬해요.

❹ 슈와 씨는 (   )어서/아서/여서 사람들과 잘 지내요.

02. 밑줄 친 곳에 알맞은 것을 쓰십시오.

우리 반 친구들을 소개하겠어요. 아마라 씨는 보기 친절하고 ❶ ________ 어서/아서/여서 친구들을 잘 도와줘요. 호주에서 온 마이클 씨는 교실에서 재미있는 이야기를 많이 해요. 마이클 씨 이야기를 듣고 우리는 웃을 때가 많아요. 제임스 씨는 노래도 잘 하고 얼굴도 잘 생겼어요. 아주 ❷ ________ 어요/아요/여요. 러시아에서 온 마리아 씨는 모델이 되고 싶어해요. 키도 크고 ❸ ________ 어요/아요/여요. 영수 씨는 ❹ ________ 지만 농구를 잘 해요. 저는 우리 반 친구들이 모두 좋아요.

문법 1

EN Grammar JP 文法 CH 语法

-지요?

❶ 웨이 씨가 기숙사에 살지요?
❷ 오늘 날씨가 참 좋지요?
❸ 마이클 씨가 캐나다 사람이지요?
❹ 어제 친구를 만났지요?

01. 보기 와 같이 바꾸십시오.

보기 이 영화가 재미있다 ➡ 이 영화가 재미있지요?

❶ 한국 노래를 좋아하다 ➡ ____________________?

❷ 오늘 학교에 가다 ➡ ____________________?

❸ 다음 주에 시험이 있다 ➡ ____________________?

❹ 고향에 계시는 부모님이 보고 싶다 ➡ ____________________?

❺ 오늘이 수요일이다 ➡ ________________________________?

❻ 숙제를 했다 ➡ ________________________________?

❼ 미국에서 왔다 ➡ ________________________________?

❽ 날마다 늦게까지 일해서 피곤하다 ➡ ________________________________?

02. 보기 와 같이 대화를 완성하십시오.

이름	국적(고향)	전공	특징
에리코	일본(도쿄)	경영학	책을 많이 읽어요.
아마라	몽골(울란바토르)	경제학	음식 만드는 것을 좋아해요.
누엔	베트남(하노이)	한국어	한국 친구가 많아요.
마이클	호주(시드니)	건축학	농구를 좋아해요.

누 엔 : 에리코 씨, 보기 일본 사람이지요?

에리코: 네, 저는 일본 사람이에요. 누엔 씨는 ❶ ________________지요?

누 엔 : 네, 베트남에서 왔어요. 에리코 씨는 ❷ ________________지요?

에리코: 네, 경영학이에요. 누엔 씨는 ❸ ________________________?

누 엔 : 네, 한국 친구가 많아요. 마이클 씨는 ❹ ________________________?

마이클: 네, 건축학을 전공해요. 아마라 씨, ❺ ________________________?

아마라: 네, 울란바토르예요. 마이클 씨는 ❻ ________________________?

마이클: 네, 농구를 좋아해서 친구들과 자주 농구를 해요.

아마라 씨는 ❼ ________________________________?

아마라: 네, 음식 만드는 것을 좋아해서 자주 만들어요.

에리코 씨는 ❽ ________________________________?

에리코: 네, 책 읽는 것을 좋아해요. 책을 읽으면 마음이 편해요.

문법 2

EN Grammar JP 文法 CH 语法

–어지다

❶ 1급 때보다 문법이 어려워지고 있어요.

❷ 소금을 많이 넣어서 음식이 짜졌어요.

❸ 앞으로 날씨가 더 추워질 거예요.

❹ 한국 생활에 익숙해져서 한국 생활이 힘들지 않아요.

01. **고향이 어떻게 달라졌습니까? 보기 와 같이 문장을 완성하십시오.**

5년 전	지금
보기 공기가 좋다	공기가 좀 나쁘다
1) 길이 좁다	길이 넓다
2) 외국 사람이 적다	외국 사람이 많다
3) 건물이 낮다	건물이 높다
4) 교통이 복잡하지 않다	교통이 복잡하다
5) 강이 좀 더럽다	강이 깨끗하다
6) 물건 값이 싸다	물건 값이 비싸다
7) 큰 나무가 있다	큰 나무가 없다
8) 살기 좀 불편하다	가게와 식당이 많아져서 살기 편하다

보기 공기가 좀 나빠졌어요 ~~어졌어요/아졌어요/여졌어요~~.

❶ ________________________ 어졌어요/아졌어요/여졌어요.

❷ ________________________ 어졌어요/아졌어요/여졌어요.

❸ ________________________.

❹ ________________________.

❺ ____________________.

❻ ____________________.

❼ ____________________.

❽ ____________________.

02. 보기 와 같이 문장을 완성하십시오.

보기 발음 연습을 많이 해서 발음이 좋아졌어요 ~~었어요/았어요/였어요~~.

❶ 청소를 하면 ____________________을/ㄹ 거예요.

❷ 문을 닫아서 ____________________었어요/았어요/였어요.

❸ 약을 먹고 쉬어서 ____________________.

❹ 술을 많이 마셔서 ____________________.

❺ 고추장을 많이 넣어서 ____________________.

❻ 창문을 열면 ____________________.

❼ 방학이 끝나면 ____________________.

❽ 한국말을 잘하면 ____________________.

활동

보기 와 같이 친한 친구를 소개해 봅시다.

보기 여러분도 친한 친구가 있지요? 저는 로라와 아주 친해요. 로라는 제가 한국에 와서 사귄 친구예요. 로라는 성격이 밝고 마음이 따뜻해요. 우리는 한국 노래 듣는 것을 아주 좋아해요. 우리는 취미가 비슷해서 금방 친해졌어요. 지난 주말에 로라와 같이 한국 가수의 콘서트에 갔어요. 아주 재미있었어요. 로라와 앞으로도 잘 지내고 싶어요.

04 저도 한국 요리를 배웠으면 좋겠어요

학습 목표 동아리 종류 관련 어휘를 익혀서 활용할 수 있다.
'을/를 가지고', '-었으면 좋겠다' 표현을 익혀서 활용할 수 있다.

에리코 : 동아리 활동을 하세요?

아마라 : 네, 저는 요리 동아리에 들었어요. 오늘은 여러 가지 재료를 가지고 한국 전통 음식을 만들 거예요.

에리코 : 재미있겠어요. 저도 한국 요리를 배웠으면 좋겠어요.

아마라 : 한국 요리에 관심이 있으면 우리 동아리에 와 보세요.

새 어휘

EN New Vocabulary JP 新しい語彙 CH 生词

동아리 활동	• 동아리 활동을 해서 친구가 많아졌어요. • 동아리 활동을 하면 학교생활이 더 재미있어질 거예요.
요리	• 우리 어머니는 요리를 잘하셔서 어머니가 만드신 음식은 모두 맛있어요. • 저는 한국 음식을 좋아해요. 그래서 한국 요리를 배우고 싶어요.
동아리에 들다	• 저는 한국 음악을 좋아해서 한국 음악 동아리에 들었어요. • 여행 동아리에 들어서 한 달에 한 번 여행을 가요.
여러 가지	• 백화점에 여러 가지 물건이 많이 있어요. • 친구 생일이어서 불고기, 잡채, 미역국 등 여러 가지 음식을 만들었어요.
재료	• 볶음밥을 만들고 싶은데 재료가 없어요. • 떡볶이의 재료는 떡, 고추장, 어묵입니다.
전통	• 한국 사람들은 500년 전에도 김치를 먹었어요. 김치는 한국의 전통 음식입니다. • 한국의 전통 음악을 배우기 위해서 한국에 왔어요.
관심	• 제 동생은 텔레비전만 봐요. 공부에 관심이 없어요. • 사진 찍기에 관심이 있어서 사진 동아리에 들었어요.

01. 빈칸에 알맞은 것을 쓰십시오.

보기 무슨 (요리를)을/를 잘하세요?

❶ 우리 어머니는 제 한국 친구들에게 ( )이/가 많으세요.

❷ 제 친구는 운동을 좋아해서 축구 ( )고 싶어 해요.

❸ 그 공원에는 ( ) 꽃과 나무가 있어서 아름답습니다.

❹ 삼계탕을 만들고 싶은데 무슨 ( )을/를 사야 해요?

02. 밑줄 친 곳에 알맞은 것을 쓰십시오.

대학 생활이 재미없어요? 보기 동아리에 들면 으면/면 대학 생활이 재미있어질 거예요. 요리를 좋아하면 우리 동아리에 오세요. 같이 ❶ ______ 도 하고 만든 음식을 같이 먹어요. 우리 동아리에는 외국인도 많아서 우리는 가끔 여러 가지 ❷ ______ 으로/로 여러 나라의 ❸ ______ 음식도 만듭니다. 요리에 ❹ ______ 이/가 있으면 한번 와 보세요.

주제 어휘

EN Thematic Vocabulary JP テーマ語彙 CH 主题词汇

동아리 종류

- 탈춤 동아리
- 국악 동아리
- 사진 동아리
- 영화 동아리
- 등산 동아리
- 태권도 동아리
- 여행 동아리
- 마술 동아리
- 연극 동아리
- 만화 동아리

01. 관계있는 것을 연결하십시오.

보기 부산, 경주 -------------- 여행 동아리

❶ 한국 전통 음악 •	• 영화 동아리
❷ 카메라, 꽃, 사람 •	• 국악 동아리
❸ 설악산, 한라산 •	• 사진 동아리
❹ 해리 포터, 슈퍼맨 •	• 등산 동아리

02. 이 사람은 무슨 동아리에 들면 좋을까요? 보기 와 같이 문장을 완성하십시오.

보기 가: 저는 만화를 좋아해요.
나: 그럼 만화 동아리에 드세요.

❶ 가: 저는 운동을 좋아해요.
나: 그럼 ______________________.

❷ 가: 저는 연극을 좋아해요.
나: 그럼 ______________________.

❸ 가: 마술을 배우고 싶어요.
나: 그럼 ______________________.

❹ 가: 한국 전통 춤을 배우고 싶어요.
나: ______________________.

문법 1

EN Grammar JP 文法 CH 语法

을/를 가지고

❶ 아이가 휴대전화를 가지고 놀아요.
❷ 이 교과서를 가지고 한국말을 배워요.
❸ 할머니께 받은 돈을 가지고 책을 샀어요.
❹ 쇠고기와 채소를 가지고 비빔밥을 만들어요.

01. 보기 와 같이 문장을 완성하십시오.

보기 돼지고기 / 탕수육을 만들어요.
➡ 돼지고기를 ~~을/~~를 가지고 탕수육을 만들어요.

❶ 여러 가지 채소 / 볶음밥을 만들어요.
➡ ________________ 을/를 가지고 ________________________________.

❷ 장미꽃 열 송이 / 꽃다발을 만들었어요.
➡ ________________ 을/를 가지고 ________________________________.

❸ 50만 원 / 한 달 동안 생활해요.
➡ ____.

❹ 휴대전화 / 사진을 찍었어요.
➡ ____.

❺ 연필 / 그림을 그렸어요.
➡ ____.

❻ 교통 카드 / 버스와 지하철을 모두 탈 수 있어요.
➡ ____.

❼ 카드 / 여러 가지 게임을 했어요.
➡ ____.

❽ 제가 찍은 사진 / 달력을 만들었어요.
➡ ____.

02. 요리 동아리 사람들과 음식을 만들어서 파티를 하려고 해요. 이 재료를 가지고 무슨 음식을 만들까요? 보기 와 같이 문장을 완성하십시오.

미영 씨 토마토, 면	웨이 씨 쇠고기	미선 씨 돼지고기
영수 씨 채소	마리아 씨 떡, 고추장	마이클 씨 닭고기
민수 씨 김치	리에 씨 햄, 채소, 빵	민철 씨 달걀

보기 미영 씨는 토마토와 면을 ~~을~~/를 가지고 스파게티를 만들 거예요.

❶ 웨이 씨는 ________________ 을/를 가지고 ________________________________.

❷ 미선 씨는 ________________ 을/를 가지고 ________________________________.

❸ 영수 씨는 ____.

❹ 마리아 씨는 ____.

❺ 마이클 씨는 ____.

❻ 민수 씨는 ____.

❼ 리에 씨는 ____.

❽ 민철 씨는 ____.

문법 2

EN Grammar JP 文法 CH 语法

–었으면 좋겠다

❶ 한국말을 잘했으면 좋겠어요.

❷ 숙제가 없었으면 좋겠어요.

❸ 내일 날씨가 맑았으면 좋겠어요.

❹ 오늘이 일요일이었으면 좋겠어요.

01. **보기 와 같이 문장을 완성하십시오.**

> 보기 여자 친구가 없습니다. 여자 친구가 있었으면 ~~었으면/았으면/였으면~~ 좋겠어요.(여자 친구가 있다)

❶ 멋있는 차를 사고 싶습니다. ______________ 었으면/았으면/였으면 좋겠어요. (돈이 많다)

❷ 그림을 잘 못 그립니다. ______________ 었으면/았으면/였으면 좋겠어요. (그림을 잘 그리다)

❸ 부모님이 보고 싶습니다. ______________. (부모님을 만나다)

❹ 대학교에 입학했습니다. ______________. (친구를 많이 사귀다)

❺ 공부를 열심히 했습니다. ______________. (시험을 잘 보다)

❻ 내일이 생일입니다. ______________. (선물을 많이 받다)

❼ 여행을 가고 싶습니다. ______________. (방학을 하다)

❽ 노래를 못 부릅니다. ______________. (노래를 잘하다)

02. 여행 동아리에서 여행을 갑니다. 여행이 어땠으면 좋겠습니까? 보기 와 같이 문장을 완성하십시오.

이번 토요일에 여행 동아리에서 여행을 갑니다. 지난달에 여행을 못 간 친구들이 많았어요. 그래서 이번에는 보기 동아리 친구들이 모두 갔으면 ~~었으면/았으면/였으면~~ 좋겠어요. 여행을 가는 날에는 ❶비가 ______________ 었으면/았으면/였으면 좋겠어요. 4월이니까 ❷예쁜 꽃이 ______________ 었으면/았으면/였으면 좋겠어요. 그리고 ❸경치가 ______________. 주말에 가는데 ❹교통이 ______________. 지난번에 맛있는 음식을 많이 먹어서 동아리 친구들이 아주 좋아했는데, 이번에도 ❺맛있는 음식을 ______________. 우리는 이번에 바다에 가는데 바다에서 ❻배를 ______________. 그리고 ❼친구들하고 사진도 ______________. 거기에서 친구들과 ❽재미있는 시간을 ______________.

활동

우리 학교에는 여러 가지 동아리가 많습니다. 여러분은 어떤 동아리에 들겠습니까? 보기 와 같이 이야기해 봅시다.

영화 동아리	한국 영화를 볼 수 있고 영화도 만듭니다.
요리 동아리	세계 여러 나라의 음식을 만듭니다.
사진 동아리	사진을 찍는 것도 배우고 같이 사진도 찍으러 갑니다.
마술 동아리	재미있는 마술을 배웁니다.

보기 저는 영화에 관심이 많아요. 영화 보는 것을 좋아해서 고향에서도 영화를 많이 봤어요. 그래서 영화 동아리에 들고 싶어요. 영화 동아리에서는 영화도 많이 보고 친구들과 영화도 만들어요. 저는 휴대전화를 가지고 영화도 만들고 싶어요. 저는 영화를 전공해서 앞으로 유명한 영화감독이 됐으면 좋겠어요!

제2과 학교생활

01 조교님 덕분에 많은 것을 알았습니다

02 게시판만 보지 말고 홈페이지에 들어가 보세요

03 한국 친구에게서 도움을 받을 수 있어요

04 지금 안에서 수업하는 중이에요

01 조교님 덕분에 많은 것을 알았습니다

학습 목표 수업 관련 어휘를 익혀서 활용할 수 있다.
'덕분에', '불규칙동사(ㄷ 동사, 르 동사)' 표현을 익혀서 활용할 수 있다.

조교 : 무슨 일로 왔어요?

제임스 : 조교님, 김 교수님 수업을 들으려고 하는데 외국인에게 어려울까요? 제가 잘 몰라서 왔는데요.

조교 : 수업은 어렵지 않을 거예요. 출석과 보고서가 아주 중요해요. 발표도 하면 좋은 점수를 받을 수 있을 거예요.

제임스 : 조교님 덕분에 많은 것을 알았습니다. 고맙습니다.

새 어휘

EN New Vocabulary JP 新しい語彙 CH 生词

조교	• 저는 교수님 일을 도와 드리는 조교예요. • 조교님, 김 교수님께서 언제 돌아오십니까?
외국인	• 불고기는 맵지 않아서 외국인들도 좋아하는 음식이에요. • 길을 물어보는 외국인에게 길을 가르쳐 줬습니다.
출석	• 수업을 시작하기 전에 출석을 부르겠어요. • 교수님, 제 출석 시간을 알고 싶습니다.
보고서	• 이번 주 금요일까지 보고서를 써야 합니다. • 보고서를 잘 쓰려고 도서관에 가서 책을 많이 읽었어요.
중요하다	• 수업을 들을 때 중요한 것을 공책에 씁니다. • 이번 시험은 중요하니까 열심히 공부하십시오.
발표하다	• 여러 사람들 앞에서 발표할 때는 큰 소리로 말하는 것이 좋습니다. • 그동안 준비한 것을 수업 시간에 발표했어요.

01. 빈칸에 알맞은 것을 쓰십시오.

보기 한국말을 잘하는 (외국인이)이/가 많아졌어요.

❶ (   )는/은/ㄴ 약속이 있어서 일찍 가요.

❷ 오늘 학생들이 모두 수업에 (   )을/를 했어요.

❸ 사장님께 드릴 (   )을/를 내일까지 준비하세요.

❹ 한국말로 처음 (   )는/은/ㄴ 것이어서 걱정이 돼요.

02. 밑줄 친 곳에 알맞은 것을 쓰십시오.

저는 경영학과 김영철 교수님 보기 조교예요 이에요/예요. 이번 학기에 김 교수님 수업을 듣는 학생들이 많아요. 저는 학생들이 쓴 ❶ ________ 을/를 모아서 교수님께 드려요. 이 수업은 한국인과 ❷ ________ 이/가 모두 들을 수 있는데 시험과 출석도 ❸ ________ 지만 ❹ ________ 는/은/ㄴ 것도 중요해요. 그래서 학생들은 저에게 모르는 것을 자주 물어 봐요. 공부도 하고 조교 일도 해서 정말 바빠요.

주제 어휘

EN Thematic Vocabulary JP テーマ語彙 CH 主题词汇

수업	· 휴강	· 출석하다	· 결석하다	· 지각하다
	· 중간시험	· 기말시험	· 시험을 보다	· 과제물

01. 빈칸에 알맞은 것을 쓰십시오.

보기 (기말시험은)~~은/는~~ 중간시험보다 어려울 것 같아요.

❶ 교수님께서 외국에 가셔서 오늘 수업은 ( )입니다.

❷ ( )을/ㄹ 때 다른 사람의 시험지를 보면 안 됩니다.

❸ 저는 너무 아파서 오늘 수업에 ( )었어요/았어요/였어요.

❹ 오늘 늦게 일어나서 학교에 20분 ( )었어요/았어요/였어요.

02. 밑줄 친 곳에 알맞은 것을 쓰십시오.

저는 이번 학기에 한국 역사 수업을 듣고 있어요. 보기 과제물이 ~~이/가~~ 많아서 주말에도 바쁘지만 수업이 재미있고 배우는 것도 많아요. 이 수업은 출석 시간이 중요해요. 10시간 이상 ❶ ________ 으면/면 안 돼요. 저는 지금까지 수업에 모두 ❷ ________ 었어요/았어요/였어요. 시험은 ❸ ________ 과/와 기말시험이 있는데 두 번 모두 ❹ ________ 어야/아야/여야 해요.

문법 1

EN Grammar JP 文法 CH 语法

덕분에

❶ 선생님 덕분에 한국말을 많이 배웠습니다.

❷ 친구들 덕분에 한국 생활이 아주 재미있어요.

❸ 휴대전화 덕분에 언제든지 전화를 할 수 있어요.

❹ 열심히 수영을 한 덕분에 날씬해졌습니다.

01. **보기 와 같이 문장을 완성하십시오.**

한국어 선생님, 태권도, 부모님, 방 친구, 한국 드라마, 월드컵, 인터넷, 케이티엑스(KTX), 하숙집 아주머니

보기 방 친구 덕분에 기숙사 생활이 재미있어요.

❶ ____________ 덕분에 잘 지내고 있습니다.

❷ ____________ 덕분에 한국어가 좋아졌어요.

❸ ________________ 날마다 맛있는 음식을 먹어요.

❹ ________________ 튼튼해졌어요.

❺ ________________ 축구가 좋아졌어요.

❻ ________________ 한국말 듣기가 좋아졌어요.

❼ ________________ 집에서 영화표도 살 수 있어요.

❽ ________________ 서울에서 부산까지 3시간 안에 갈 수 있어요.

02. 가족 이야기입니다. 보기 와 같이 문장을 완성하십시오.

지금부터 우리 가족 이야기를 하겠습니다. 우리 가족은 모두 6명입니다. 보기 아버지는 우리 가족을 위해서 열심히 일하십니다. 그래서 우리 가족은 편하게 삽니다. ❶어머니는 요리를 잘하셔서 우리 가족은 늘 맛있는 음식을 많이 먹습니다. ❷저는 부모님께서 돈을 주셔서 한국으로 유학을 왔습니다. ❸운동을 잘하는 형은 저에게 농구도 가르쳐 주고 자전거 타는 것도 가르쳐 줬습니다. 그래서 저는 농구도 할 수 있고 자전거도 탈 수 있습니다. ❹여러 가지 운동을 해서 건강해졌습니다. ❺음악을 좋아하는 누나는 저에게 한국 노래도 불러 주고 한국 노래 시디(CD)도 많이 사 줬습니다. 그래서 저는 한국과 한국 노래에 관심이 생겼습니다. ❻저는 동생과 잘 지냅니다. 재미있는 동생이 있어서 심심하지 않습니다. 그리고 ❼우리 가족은 여행을 많이 했습니다. 그래서 저는 많은 것을 보고 배웠습니다. ❽저는 우리 가족이 있어서 행복합니다.

보기 아버지 덕분에 편하게 삽니다.

❶ ______________ 덕분에 ______________________.

❷ ____.

❸ ____.

❹ ____.

❺ ______________ 은/ㄴ 덕분에 ______________________.

❻ ____.

❼ ____.

❽ ____.

문법 2(1)

EN Grammar JP 文法 CH 语法

ㄷ 동사

❶ 음악을 들으면 기분이 좋아져요.

❷ 친구에게 전화번호를 물어 봤어요.

❸ 집이 가까워서 집에서 학교까지 걸어서 와요.

❹ 이 가방을 차에 실으려고 하는데 좀 도와주세요.

01. **빈칸을 채우고 보기 와 같이 문장을 완성하십시오.**

ㄷ동사	-고	-어요/아요/여요	-으면/면	-으세요/세요
걷다	걷고	걸어요	걸으면	보기 걸으세요
듣다	듣고	❶	들으면	들으세요
묻다	묻고	물어요	❷	물으세요
싣다	싣고	실어요	실으면	❸
*닫다	닫고	닫아요	닫으면	닫으세요
*받다	받고	❹	받으면	받으세요

보기 친구에게 수업이 끝나는 시간을 물었어요 ~~었어요/았어요/였어요~~. (묻다)

❺ 같이 음악을 ____________ 을까요?/ㄹ까요? (듣다)

❻ 날마다 많이 ____________ 으면/면 날씬해질 거예요. (걷다)

❼ 시간이 없으니까 빨리 차에 짐을 ____________ 읍시다/ㅂ시다. (싣다)

❽ 생일에 친구에게서 선물을 ____________ 었어요/았어요/였어요. (받다)

문법 2(2)

EN Grammar JP 文法 CH 语法

르 동사

❶ 비행기가 기차보다 빨라요.
❷ 밥을 많이 먹어서 배가 불러요.
❸ 여름에는 밖에 나갈 때 선크림을 발라야 해요.
❹ 맞는 답을 골라서 빈칸에 쓰십시오.

01. **빈칸을 채우고 보기 와 같이 문장을 완성하십시오.**

르 동사	-으니까	-어요/아요/여요	-었어요/았어요/였어요	-어서/아서/여서
다르다	다르니까	달라요	달랐어요	보기 달라서
마르다	❶	말라요	말랐어요	말라서
모르다	모르니까	몰라요	몰랐어요	몰라서
바르다	바르니까	발라요	❷	발라서
빠르다	빠르니까	❸	빨랐어요	빨라서
부르다	부르니까	불러요	불렀어요	불러서
자르다	자르니까	잘라요	잘랐어요	❹

보기 형과 저는 좋아하는 음식이 달라요 ~~어요/아요/여요~~. (다르다)

❺ 친구가 노래를 잘 ________ 어요/아요/여요. (부르다)

❻ 머리를 짧게 ________ 어/아/여 주세요. (자르다)

❼ 빵에 버터를 ________ 어서/아서/여서 먹었어요. (바르다)

❽ 저는 한국에 오기 전에 한국말을 하나도 ________ 었어요/았어요/였어요. (모르다)

02. 알맞은 것을 골라 보기 와 같이 대화를 완성하십시오.

걷다, 닫다, 듣다, 묻다, 받다, 다르다, 마르다, 모르다, 빠르다

보기 가: 집에서 학교까지 얼마나 걸려요?
나: 걸어서 ~~어서/아서/여서~~ 20분쯤 걸려요.

❶ 가: 쉬는 시간에 무엇을 했어요?
나: 음악을 ____________ 었어요/았어요/였어요.

❷ 가: 모르는 것이 있으면 어떻게 해요?
나: 친구에게 ____________ 어요/아요/여요.

❸ 가: 창문을 닫을까요?
나: 네, 추우니까 창문을 ____________ 으십시오/십시오.

❹ 가: 친구한테서 편지가 왔어요?
나: 네, 저는 친구한테서 편지를 ____________ 었어요/았어요/였어요.

❺ 가: 저 사람을 알아요?
나: 아니요, 저 사람을 ____________ 어요/아요/여요.

❻ 가: 수업이 어려워요?
나: 교수님 말씀이 ____________ 어서/아서/여서 좀 어려워요.

❼ 가: 물을 드릴까요?
나: 네, 주세요. 목이 ____________ 어요/아요/여요.

❽ 가: 형과 성격이 비슷해요?
나: 아니요, 저는 형과 성격이 많이 ____________ 어요/아요/여요.

활동

여러분은 고마운 사람이 있습니까? 보기 와 같이 써 봅시다.

보기 한국에 처음 왔을 때 친구도 없고 한국말도 몰라서 아주 힘들었습니다. 그래서 고향에 돌아갈 생각도 했습니다. 그런데 교수님께서 한국말도 잘 가르쳐 주시고 제 말도 잘 들어 주시고 좋은 말씀도 많이 해 주셨습니다. 저는 교수님 덕분에 한국어를 많이 배우고 한국 생활에 익숙해졌습니다.

____

____

02 게시판만 보지 말고 홈페이지에 들어가 보세요

학습 목표 정보 찾기 관련 어휘를 익혀서 활용할 수 있다.
'-으니까', '-지 말고' 표현을 익혀서 활용할 수 있다.

미선 : 마이클 씨, 과 사무실 게시판에서 뭘 찾아요?

마이클 : 학교 안에서 할 수 있는 아르바이트를 찾고 있어요. 그런데 게시판을 보니까 정보가 별로 없어요.

미선 : 과 사무실 게시판만 보지 말고 학교 홈페이지에 들어가 보세요. 거기에 정보가 더 많을 거예요.

마이클 : 네, 알려 줘서 고마워요.

새 어휘

EN New Vocabulary JP 新しい語彙 CH 生词

과 사무실	• 조교를 만나고 싶으면 과 사무실에 가 보세요. • 강의실을 몰라서 과 사무실에 가서 물어 봤어요.
게시판	• 학생 식당 메뉴를 알고 싶으면 게시판을 보세요. • 과 사무실 게시판에 이번 학기 수업 시간표가 있어요.
정보	• 제주도에 여행을 가고 싶은데 여행 정보 좀 주세요. • 인터넷 덕분에 정보를 많이 알 수 있어요.
별로	• 조금 전에 빵을 먹어서 지금 별로 배고프지 않아요. • 어제는 손님이 많았지만 오늘은 손님이 별로 없어요.
홈페이지	• 대학 입학 정보를 찾을 때 대학교 홈페이지에 있는 학과 소개를 읽어 보는 것이 좋아요. • 우리 동아리 홈페이지에 재미있는 이야기와 사진이 많으니까 한번 방문해 보세요.
알려 주다	• 과 사무실 전화번호 좀 알려 주세요. • 그 정보를 알려 준 사람이 누구예요?

01. 빈칸에 알맞은 것을 쓰십시오.

보기 신문을 보면 많은 (정보를)을/를 알 수 있어요.

❶ 학교 ( ) 주소가 어떻게 됩니까? 좀 가르쳐 주세요.

❷ 비행기 도착 시간을 ( )으시면/시면 제가 공항에 나가겠습니다.

❸ ( )에 전화해서 김 교수님 수업 시간을 물어 봤어요.

❹ 저는 매운 음식을 ( ) 좋아하지 않아요.

02. 밑줄 친 곳에 알맞은 것을 쓰십시오.

안녕하세요? 저는 앞으로 경제학하고 국어국문학을 같이 전공하려고 하는 신입생입니다. 꼭 들어야 하는 수업을 알고 싶어서 국어국문학과 보기 홈페이지를 을/를 방문했는데 수업 ❶______ 이/가 ❷______ 없습니다. 그래서 ❸______ 에 글을 씁니다. 바쁘시겠지만 꼭 ❹______ 으세요/세요.

주제 어휘

EN Thematic Vocabulary JP テーマ語彙 CH 主题词汇

정보 찾기

- 입학 정보 • 아르바이트 정보 • 취업 정보 • 생활 정보 • 개인 정보
- 정보를 찾다 • 정보를 교환하다 • 홈페이지에 들어가다 • 검색하다

01. 관계있는 것을 연결하십시오.

보기 개인 정보 ---------------- 이름, 전화번호, 집 주소를 씁니다.

❶ 생활 정보 •	• 들어가고 싶은 대학교가 있습니다.
❷ 취업 정보 •	• 방학 때 학교에서 일하고 싶습니다.
❸ 입학 정보 •	• 깨끗하고 싼 하숙집을 찾습니다.
❹ 아르바이트 정보 •	• 컴퓨터 회사에서 일하고 싶습니다.

02. 밑줄 친 곳에 알맞은 것을 쓰십시오.

웨이: 미선 씨는 아르바이트 정보를 많이 알고 있는데 어디에서 좋은 보기 정보를 찾아요? ~~어요?/아요?/여요?~~

미선: 저는 학교 ❶ ________ 어서/아서/여서 ❷ ________ 어/아/여 봐요. 제가 찾는 정보가 없으면 게시판에 글을 쓰기도 해요.

웨이: 게시판에 글을 쓸 때 전화번호나 이메일 주소 같은 ❸ ________ 도 알려 줘야 해요?

미선: 아니요, 알려 주지 않아도 돼요. 우리 좋은 정보를 찾으면 ❹ ________ 을까요?/ㄹ까요?

문법 1

EN Grammar JP 文法 CH 语法

-으니까

❶ 맛을 보니까 김치찌개가 좀 짰어요.
❷ 커피숍에 가니까 손님이 별로 많지 않았어요.
❸ 그 가수의 노래를 들어 보니까 노래가 좋았어요.
❹ 민호 씨를 만나 보니까 민호 씨가 좋은 사람이었어요.

01. **보기 와 같이 문장을 완성하십시오.**

보기 일어나다 / 9시였어요. ➡ 일어나니까 ~~으니까/니까~~ 9시였어요.

❶ 식당에 가다 / 친구가 있었어요
➡ ______________ 으니까/니까 ______________.

❷ 학교에 오다 / 학생이 한 명도 없었어요
➡ ______________ 으니까/니까 ______________.

❸ 버스에서 내리다 / 어머니께서 저를 기다리고 계셨어요
➡ ______________________________.

❹ 지도를 보다 / 민속촌이 별로 멀지 않았어요
➡ ______________________________.

❺ 화장품을 사다 / 점원이 작은 선물을 줬어요
➡ ______________________________.

❻ 옷을 입어 보다 / 컸어요
➡ ______________________________.

❼ 닭갈비를 먹어 보다 / 조금 매웠어요
➡ ______________________________.

❽ 인터넷을 검색해 보다 / 좋은 정보가 많았어요
➡ ______________________________.

02. 알맞은 것을 골라 보기 와 같이 밑줄 친 곳에 쓰십시오.

가다, 내려가다, 말하다, 먹어 보다, 묻다, 보다, 신어 보다, 열어 보다

오늘은 크리스마스예요. 아침에 일어나서 창문을 보기 열어 보니까 으니까/니까 눈이 오고 있었어요. 시계를 ❶ __________ 으니까/니까 7시였어요. 1층에 있는 부엌으로 ❷ __________ 으니까/니까 엄마와 언니가 예쁜 케이크를 만들고 있었어요. 케이크를 조금 ❸ __________ 아주 맛있었어요. "언니, 크리스마스 선물은 어디에 있어요?" 라고 ❹ __________ 언니는 가르쳐주지 않고 웃었어요. 그래서 여기저기 선물을 찾았지만 없었어요. 오빠 방에 ❺ __________ 오빠는 자고 있었어요. "오빠, 크리스마스 선물 좀 찾아 주세요."라고 ❻ __________ 오빠는 일어나서 침대 밑에 있는 상자를 줬어요. 상자를 ❼ __________ 신발이 있었어요. ❽ __________ 아주 예뻤어요. 정말 기분 좋은 크리스마스예요.

문법 2

EN Grammar JP 文法 CH 语法

-지 말고

❶ 내일 결석하지 말고 꼭 학교에 오세요.

❷ 다음 주에 시험이 있으니까 놀지 말고 열심히 공부하세요.

❸ 날씨가 더우니까 김치찌개를 먹지 말고 냉면을 먹읍시다.

❹ 지하철이 더 빠를 것 같은데 버스를 타지 말고 지하철을 타는 게 어때요?

01. 관계있는 것을 연결하고 보기 와 같이 문장을 완성하십시오.

보기 늦게 오다 ---------------- 일찍 오세요

❶ 차를 타다 •	• 한국어로 말하세요
❷ 밖에 나가다 •	• 신문을 읽읍시다
❸ 전화를 끊다 •	• 사전에서 찾아 보세요
❹ 단어를 물어보다 •	• 볼펜으로 쓰세요
❺ 잡지를 읽다 •	• 기다리세요
❻ 구두를 신다 •	• 운동화를 신으세요
❼ 연필로 쓰다 •	• 걸어서 갑시다
❽ 중국어로 말하다 •	• 집에서 쉽시다

보기 늦게 오지 말고 일찍 오세요.

❶ ________________ 지 말고 ________________________________.

❷ ________________ 지 말고 ________________________________.

❸ ____.

❹ ____.

❺ ____.

❻ ____.

❼ ____.

❽ ____.

02. 보기 와 같이 대화를 완성하십시오.

영화	쇼핑	운동

보기 **가:** 오늘 오후에 같이 영화를 볼까요?
나: 아니요, 영화를 보지 말고 쇼핑을 합시다 ~~읍시다/ㅂ시다~~.

김밥	떡볶이	라면

❶ **가:** 점심 때 라면을 먹을까요?

나: 아니요, ____________지 말고 ______________읍시다/ㅂ시다.

역사책	만화책	소설책

❷ **가:** 이 역사책이 재미있을 것 같은데 이 책을 살까요?

나: 아니요, ____________지 말고 ______________읍시다/ㅂ시다.

내일	이번 토요일	다음 주

❸ **가:** 내일은 수업이 없는데 내일 만날까요?

나: ____.

드라마	뉴스	음악 프로그램

❹ **가:** 심심한데 드라마를 볼까요?

나: ____.

제주도	부산	설악산

⑤ 가: 이번 방학 때 부산으로 여행을 갈까요?

나: ______________________________.

등산	수영	산책

⑥ 가: 이번 일요일에 같이 등산을 할까요?

나: ______________________________.

꽃	케이크	책

⑦ 가: 마리아 씨 생일인데 꽃을 선물할까요?

나: ______________________________.

전화	문자 메시지	이메일

⑧ 가: 미선 씨가 며칠 동안 학교에 안 오는데 문자 메시지를 보낼까요?

나: ______________________________.

활동

여러분은 정보를 어떻게 찾습니까? 보기 와 같이 이야기해 봅시다.

보기 저는 정보를 빨리 찾기 위해서 한 달 전에 스마트폰을 샀어요. 스마트폰을 써 보니까 아주 편리해요. 집, 학교, 커피숍, 지하철에서도 스마트폰으로 여러 가지 정보를 찾을 수 있어요. 그렇지만 여러분, 친구와 같이 있을 때에는 스마트폰을 보지 말고 친구와 이야기하세요.

03 한국 친구에게서 도움을 받을 수 있어요

학습 목표 멘토링 프로그램 관련 어휘를 익혀서 활용할 수 있다.
'이나', '에게서' 표현을 익혀서 활용할 수 있다.

원 : 한국 친구가 있어요?

웨이 : 네, 우리 학교에는 멘토링 프로그램이 있어서 매주 한국 친구를 만나요. 어제는 한국말로 4시간쯤 이야기했어요.

원 : 4시간이나요? 웨이 씨 이야기를 들으니까 저도 멘토링 프로그램을 신청하고 싶은데요.

웨이 : 네, 한국 친구에게서 도움도 받을 수 있고 한국어 실력도 많이 늘 거예요.

새 어휘

EN New Vocabulary JP 新しい語彙 CH 生词

멘토링 프로그램	• 멘토링 프로그램에서 만난 친구와 시내 구경을 하고 한국 음식도 먹었어요. • 멘토링 프로그램 덕분에 학교생활이 더 즐거워졌어요.
매주	• 저는 매주 두 번, 수요일과 토요일에 운동장에서 농구를 해요. • 박물관은 매주 월요일에 문을 닫아요.
신청하다	• 김 교수님 수업은 빨리 신청하지 않으면 들을 수 없어요. • 봉사 활동에 관심이 있는 학생은 이메일로 신청하세요.
도움	• 처음 한국에 왔을 때 한국 친구의 도움을 많이 받아서 한국 생활이 힘들지 않았어요. • 이 친구는 유학할 때 저에게 도움을 많이 준 친구예요.
실력	• 그동안 열심히 공부해서 한국어 실력이 좋아졌어요. • 그 사람은 실력이 있어서 일을 잘 할 거예요.
늘다	• 단어도 열심히 외우고 날마다 숙제도 해서 한국어 실력이 늘었어요. • 한국에 오는 외국인이 많이 늘었어요.

01. 빈칸에 알맞은 것을 쓰십시오.

보기 저는 (매주) 토요일에 그 드라마를 봅니다.

❶ 저는 쓰기 (   )이/가 말하기 (   )보다 좋아요.

❷ 친구의 (   )이/가 없었으면 한국 생활이 힘들었을 거예요.

❸ 일주일에 세 번 수영을 하는데 수영 실력이 (   )지 않아요.

❹ (   ) 덕분에 좋은 한국 친구를 사귀었어요.

02. 밑줄 친 곳에 알맞은 것을 쓰십시오.

여러분은 멘토링 프로그램을 아세요?

한국 생활이 힘들면 보기 멘토링 프로그램을 을/를 ❶ ________ 어/아/여 보세요. 거기에서 한국 친구를 만날 수 있어요. 그 친구에게 한국 문화도 배울 수 있고 여러분 나라의 문화도 가르쳐 줄 수 있어요. 공부가 어려울 때 ❷ ________ 을/를 받을 수 있어요. ❸ ________ 한 번이나 두 번쯤 만나니까 빨리 친해질 수 있을 거예요. 만나서 같이 이야기하면 듣기나 말하기 실력도 ❹ ________ 을/ㄹ 거예요.

주제 어휘

EN Thematic Vocabulary JP テーマ語彙 CH 主题词汇

멘토링 프로그램				
	• 멘토링 프로그램	• 신청서를 쓰다	• 선착순	• 성별
	• 연락처	• 주 1회	• 오리엔테이션	• 참석하다

01. 빈칸에 알맞은 것을 쓰십시오.

보기 금요일 오후에 (멘토링 프로그램)에서 만난 친구와 같이 이야기도 하고 숙제도 합니다.

❶ 휴대 전화를 잃어버려서 친구들 (   )이/가 모두 없어졌어요.

❷ 우리 회사에서는 (   ) 월요일 아침에 회의를 합니다.

❸ 아침 10시부터 (   ) 100분께 공연 표를 드립니다. 빨리 오세요.

❹ 이 프로그램을 신청하고 싶으면 (   )어서/아서/여서 저에게 주십시오.

02. 밑줄 친 곳에 알맞은 것을 쓰십시오.

스키를 타러 갑시다!

여러분, 방학 동안 뭘 할 거예요? 같이 스키를 타러 갑시다! 스키 동아리에서는 겨울 방학에 서울 근처에 있는 스키장에 갑니다. 스키 여행은 12월 26일~29일입니다. 관심이 있는 학생은 보기 신청서를 써서 어서/아서/여서 이메일로 보내 주세요. 신청서에는 이름과 ❶________, 국적, 전공, 연락처를 쓰십시오. 그리고 스키 여행을 가기 전에 ❷________을/를 하는데 여기에 꼭

❸________어야/아야/여야 합니다.

❹________이니까/니까 빨리 신청하세요!

★오리엔테이션 안내★

언제: 12월 22일 수요일 오후 1시
어디: 스키 동아리방

이메일: ski@yonsai.co.kr

문법 1

EN Grammar JP 文法 CH 语法

이나

❶ 저는 어제 단어를 50개나 외웠어요.
❷ 서울에 눈이 30cm나 왔어요.
❸ 혼자 불고기를 3인분이나 먹었어요?
❹ 10시간이나요? 그렇게 많이 잤어요?

01. **보기 와 같이 문장을 바꾸십시오.**

보기 장미꽃을 100송이 받았어요.
➡ 장미꽃을 100송이나 ~~이나/나~~ 받았어요.

❶ 저는 오늘 커피를 다섯 잔 마셨어요.
➡ ______________ 이나/나 마셨어요.

❷ 동생이 밥을 세 그릇 먹었어요.
➡ ______________ 이나/나 먹었어요.

❸ 저는 모자가 열다섯 개 있어요.
➡ ______________.

❹ 친구가 약속 시간에 40분 늦었어요.
➡ ______________.

❺ 어제 고향 친구와 2시간 전화했어요.
➡ ______________.

❻ 소포를 배로 보내면 두 달 걸려요.
➡ ______________.

❼ 부모님을 1년 못 만났어요.
➡ ______________.

❽ 오늘 수업에 학생이 10명 안 왔어요.
➡ ______________.

02. 보기 와 같이 대화를 완성하십시오.

보기 가: 이번 학기에는 발표를 다섯 번 해야 해요.
나: 다섯 번이나요? 이나요?/나요?

❶ 가: 저는 동생이 네 명 있어요.

나: ______________________ 이나요?/나요?

❷ 가: 어제 병원에 가서 두 시간 기다렸어요.

나: ______________________ 이나요?/나요?

❸ 가: 지난 방학에 책을 20권 읽었어요.

나: ______________________

❹ 가: 저는 강아지를 좋아해서 우리 집에는 강아지가 다섯 마리 있어요.

나: ______________________

❺ 가: 저는 테니스를 10년 쳤어요.

나: ______________________

❻ 가: 콘서트에 갔는데 사람이 5,000명쯤 왔어요.

나: ______________________

❼ 가: 어머니께서 용돈을 100만 원 주셨어요.

나: ______________________

❽ 가: 저는 음악을 좋아해서 집에 음악 시디(CD)가 200장쯤 있어요.

나: ______________________

문법 2

EN Grammar JP 文法 CH 语法

에게서

❶ 한국 친구에게서 전화가 왔어요.

❷ 여자 친구한테서 생일 선물을 받았어요.

❸ 미선 씨에게 그 이야기를 들었어요.

❹ 저는 김 선생님께 한국말을 배웠어요.

01. **보기 와 같이 문장을 바꾸십시오.**

보기 친구가 저에게 꽃을 주었습니다.
➡ 친구에게서 꽃을 받았습니다.

❶ 미선 씨가 저에게 도움을 많이 주었습니다.

➡ 저는 ______________ 에게서 도움을 받았습니다.

❷ 반 친구가 저에게 책을 주었습니다.

➡ 저는 ______________ 에게서 책을 받았습니다.

❸ 동아리 친구가 저에게 문자 메시지를 보냈습니다.

➡ ______________________________.

❹ 어머니께서 저에게 고향 음식을 보내셨습니다.

➡ ______________________________.

❺ 제가 좋아하는 가수가 사인을 해 주었습니다.

➡ ______________________________.

❻ 마이클 씨가 미선 씨에게 이메일을 보냈습니다.

➡ ______________________________.

❼ 친구가 저에게 스키를 가르쳐 줬어요.

➡ ______________________________.

❽ 언니가 저에게 옷을 빌려 주었습니다.

➡ ______________________________.

02. 보기 와 같이 대화를 완성하십시오.

보기 가: 누구에게서 책을 빌렸어요?
나: 웨이 씨에게서 책을 빌렸어요.

❶ 가: 한국에 처음 왔을 때 누구에게서 도움을 많이 받았어요?
나: ______________ 에게서 ______________.

❷ 가: 그 시디(CD)를 누구에게서 받았어요?
나: ______________ 에게서 ______________.

❸ 가: 누구에게서 한국말을 배워요?
나: ______________________________.

❹ 가: 누구에게서 전화가 왔어요?
나: ______________________________.

❺ 가: 작년 생일에 남자 친구에게서 무슨 선물을 받았어요?
나: ______________________________.

❻ **가:** 누가 그 이야기를 했어요?

나: ______________________________.

❼ **가:** 누가 그 노래를 가르쳐 줬어요?

나: ______________________________.

❽ **가:** 누가 그 선물을 줬어요?

나: ______________________________.

활동

여러분은 한국말 공부를 어떻게 합니까? 보기 와 같이 이야기해 봅시다.

보기 저는 날마다 학교에서 배운 단어를 외워요. 어제는 단어를 20개나 외웠어요. 그리고 날마다 시디(CD)를 듣고 들은 것을 씁니다. 조금 어렵지만 이렇게 하면 듣기 실력이 늘어요. 문법이 어려우면 가끔 한국 친구에게서 도움을 받아요.

04 지금 안에서 수업하는 중이에요

학습 목표 예절 관련 어휘를 익혀서 활용할 수 있다.
'–는 중이다', '–는 줄 알다' 표현을 익혀서 활용할 수 있다.

조교 : 좀 조용히 하세요.

리에 : 네? 저희들요?

조교 : 네, 여기에서 떠들지 마세요. 지금 교실 안에서 수업하는 중이에요.

리에 : 죄송합니다. 수업이 없는 줄 알았어요.

새 어휘

EN New Vocabulary JP 新しい語彙 CH 生词

조용히	• 도서관에서 큰 소리로 말하면 안 됩니다. 조용히 해야 합니다. • 학생들이 조용히 공부하고 있어요.
저희	• 저희 가족을 소개하겠습니다. • 저희 가게보다 물건 값이 싼 가게는 없습니다.
떠들다	• 시험을 보니까 떠들지 마십시오. • 옆방에서 떠들어서 공부를 할 수 없어요.
수업하다	• 김 교수님은 지금 206호 강의실에서 수업하고 계십니다. • 이 교실에서 3시부터 5시까지 수업합니다.
죄송하다	• 늦어서 죄송합니다. • 죄송하지만 볼펜 좀 빌려 주시겠어요?

01. 빈칸에 알맞은 것을 쓰십시오.

보기 박 선생님은 일 주일에 열 시간 (수업합니다)~~습니다/ㅂ니다~~.

❶ (   )지만 다시 한번 말씀해 주세요.

❷ 회의를 하고 있으니까 좀 (   ) 해 주세요.

❸ (   ) 아버지는 의사이시고 어머니는 선생님이십니다.

❹ 아이들이 큰 소리로 (   )어서/아서/여서 책을 읽을 수 없어요.

02. 밑줄 친 곳에 알맞은 것을 쓰십시오.

여러분, 보기 죄송하지만 좀 ❶__________ 해 주십시오. 저는 경영학과 조교입니다. 잠시 후에 ❷__________ 경영학과 김연세 교수님이 오셔서 ❸__________으실/실 겁니다. ❹__________지 말고 잘 들으십시오.

주제 어휘

EN Thematic Vocabulary JP テーマ語彙 CH 主题词汇

예절					
	• 학교 예절	• 생활 예절	• 인사 예절	• 식사 예절	• 방문 예절
	• 언어 예절	• 전화 예절	• 윗사람	• 어른	• 아랫사람
	• 존댓말	• 반말	• 예절을 지키다	• 예의가 없다	

01. 빈칸에 알맞은 것을 쓰십시오.

보기 이 만화책은 아이들과 (어른)들 모두 좋아하는 책입니다.

❶ 윗사람에게 반말을 하면 안 됩니다. ( )을/를 써야 합니다.

❷ ( )은/는 다른 사람의 집을 방문할 때 지켜야 하는 예절입니다.

❸ 인터넷에서 나쁜 말을 쓰면 안 됩니다. ( )어야/아야/여야 합니다.

❹ 버스나 지하철 안에서 큰 소리로 떠드는 사람은 ( )는/은/ㄴ 사람입니다.

02. 다음은 한국에서 지켜야 하는 예절입니다. 무슨 예절입니까? 보기 와 같이 쓰십시오.

보기 식사 예절
- 그릇을 들고 먹으면 안 됩니다.
- 윗사람이 드시기 전에 먹으면 안 됩니다.

❶
- 수업 시간에 떠들면 안 됩니다.
- 수업 시간에 음식을 먹으면 안 됩니다.

❷

- 윗사람에게 물건을 드릴 때는 두 손으로 드리고 두 손으로 받아야 합니다.
- 할아버지, 할머니가 버스나 지하철을 타시면 자리에서 일어나야 합니다.

❸

- 윗사람이나 모르는 사람에게 존댓말을 써야 합니다.
- 윗사람에게 "수고하세요"라고 말하지 않습니다.

❹

- 아침 일찍, 밤늦은 시간에 다른 사람 집에 전화하지 않습니다.
- 윗사람이 전화를 끊은 후에 전화를 끊어야 합니다

문법 1

EN Grammar JP 文法 CH 语法

-는 중이다

❶ 저는 지금 친구를 기다리는 중이에요.

❷ 지금 가는 중이에요. 조금만 더 기다려 주세요.

❸ 수업 중이니까 조용히 해 주세요.

❹ 사장님은 지금 회의 중이어서 전화를 받으실 수 없습니다.

01. **보기 와 같이 문장을 완성하십시오.**

보기 리에 씨는 지금 숙제를 하는 중이에요. (숙제를 하다)

❶ 친구와 약속이 있어서 명동에 ____________는 중이에요. (가다)

❷ 버스를 ________________________는 중인데 버스가 안 와요. (기다리다)

❸ 미선 씨는 지금 저녁을 ______________________________. (먹다)

❹ 저는 지금 불고기를 ______________________________. (만들다)

❺ 언니는 __________어서/아서/여서 지금 전화를 받을 수 없어요. (샤워하다)

❻ 사장님은 지금 ______________어서/아서/여서 회사에 안 계십니다. (외출)

❼ __________________________에는 휴대전화를 하면 안 됩니다. (운전)

❽ 도서관은 지금 ____________어서/아서/여서 시끄러우니까 커피숍에 가서 공부합시다. (공사)

02. 보기 와 같이 대화를 완성하십시오.

> 보기 가: 리에 씨, 지금 뭘 하고 있어요?
> 나: 드라마를 보는 중이에요.

❶ 가: 웨이 씨, 지금 휴대전화로 뭘 하세요?

나: _______________는 중이에요.

❷ 가: 집에 안 가고 여기에서 뭘 하고 있어요?

나: _______________는 중이에요.

❸ 가: 퓨퓨 씨가 안 왔는데 전화해 봤어요?

나: 저도 걱정이 돼서 지금 ______________________.

❹ 가: 지금 ____________으니까/니까 좀 조용히 해 주세요.

나: 네, 알겠습니다.

❺ 가: 미선 씨, 어디예요? 다 왔어요?

나: 죄송해요 ____________. 10분만 있으면 도착하니까 조금만 더 기다려 주세요.

❻ 가: 어머니께서 지금 뭐 하고 계세요?

나: ______________________________.

❼ 가: 영수 씨, 보고서를 썼어요?

나: 아니요, ______________________________.

❽ 가: 미선 씨, 지금 무슨 음식을 만들고 있어요?

나: ______________________________.

문법 2

EN Grammar JP 文法 CH 语法

-는 줄 알다

❶ 영수 씨가 미선 씨를 좋아하는 줄 알았어요.

❷ 웨이 씨가 날마다 학교에 늦게 와서 집이 먼 줄 알았어요.

❸ 저는 오늘이 수요일인 줄 알았어요. 그런데 오늘은 목요일이에요.

❹ 모임에 못 오실 줄 알았는데 어떻게 오셨어요?

01. **보기 와 같이 문장을 완성하십시오.**

	잘못 알았어요	
보기	이번 시험이 어려울 거예요	쉬웠어요
1)	리에 씨가 춤을 못 춰요	잘 춰요
2)	웨이 씨 친구가 중국 사람이에요	일본 사람이에요
3)	김 선생님이 결혼을 안 하셨어요	결혼하셨어요
4)	이 음식이 맛이 없어요	맛있어요
5)	수업이 끝났어요	수업 중이에요
6)	비가 올 거예요	비가 안 와요
7)	미선 씨가 지금 집에 있어요	집에 없어요
8)	아만다 씨가 기숙사에 살아요	하숙집에 살고 있어요

보기 이번 시험이 어려울 ~~는/은/ㄴ/을~~/ㄹ 줄 알았는데 쉬웠어요.

❶ ______________ 는/은/ㄴ/을/ㄹ 줄 알았는데 ______________.

❷ ______________ 는/은/ㄴ/을/ㄹ 줄 알았는데 ______________.

❸ ______________________________.

❹ ______________________________.

❺ ______________________________.

❻ ______________________________.

❼ ______________________________.

❽ ______________________________.

02. 보기 와 같이 대화를 완성하십시오.

보기 **가:** 왜 숙제를 안 했어요?
나: 저는 숙제가 없는 ~~는/은/ㄴ/을~~/ㄹ 줄 알았어요.

❶ **가:** 어제 모임에 왜 안 왔어요?

나: 네? 저는 모임이______________ 는/은/ㄴ/을/ㄹ 줄 알았어요.

❷ **가:** 저는 매운 음식을 아주 좋아해요.

나: 그래요? ______________ 는/은/ㄴ/을/ㄹ 줄 알았어요.

❸ **가:** 웨이 씨, 버스를 잘못 탄 것 같아요. 이 버스는 명동에 안 가요.

나: ______________________. 빨리 내립시다.

❹ 가: 집에 맥주가 많이 있는데 왜 또 사 왔어요?

나: 그래요? ______________________________.

❺ 가: 이 케이크는 마리아 씨가 집에서 만든 거예요.

나: 정말이에요? ______________________________.

❻ 가: 음식을 왜 이렇게 많이 준비했어요?

나: 오늘 손님이 ______________________________.

❼ 가: 불고기를 만들어 보니까 어때요?

나: ______________________________.

❽ 가: 왜 저에게 연락을 안 했어요?

나: ______________________________.

활동

알고 있는 한국 예절과 여러분 나라의 예절을 보기 와 같이 이야기해 봅시다.

보기 저는 한국에 와서 친구들에게서 한국 예절을 많이 배웠어요. 지금도 열심히 한국 예절을 배우는 중이에요. 저는 친구들과 술을 마실 때와 교수님과 술을 마실 때 예절이 같은 줄 알았어요. 우리나라에서는 윗사람과 술을 마실 때 얼굴을 옆으로 돌리지 않아도 돼요. 그런데 한국에서는 얼굴을 돌리고 마셔야 해요.

학교 편의 시설

제3과

01 우선 아이디부터 만드세요
02 편하게 음악 감상도 할 수 있어요
03 학교 버스는 한 시간마다 있어요
04 새로 지은 건물의 지하 1층에 있어요

01 우선 아이디부터 만드세요

학습 목표 복사실 관련 어휘를 익혀서 활용할 수 있다.
'부터', '에다가' 표현을 익혀서 활용할 수 있다.

원 : 이 책을 빌리고 싶은데요.
직원 : 이건 빌려 갈 수 없는 책입니다. 필요하면 복사하세요.
원 : 복사는 어떻게 합니까?
직원 : 우선 아이디부터 만들고 비밀번호를 누르세요. 그리고 저쪽 복사기에다가 책을 놓고 시작 버튼을 누르세요.

새 어휘

EN New Vocabulary JP 新しい語彙 CH 生词

빌려 가다	• 읽고 싶은 책이 있어서 도서관에 갔는데 벌써 다른 사람이 빌려 갔어요. • 친구가 지난주에 빌려 간 돈을 오늘 저에게 줬어요.
필요하다	• 외국어를 공부할 때 사전이 필요해요. • 도움이 필요하시면 말씀하세요. 언제든지 도와드리겠습니다.
복사하다	• 지난주 수업에 결석해서 친구 공책을 복사했어요. • 서점에 그 책이 없는데 미선 씨 책을 몇 장만 복사해도 될까요?
우선	• 집에 가면 우선 숙제를 해요. • 배가 고프니까 우선 밥을 먹고 구경합시다.
아이디	• 홈페이지 게시판에 글을 쓰려고 아이디를 만들었어요. • 제 이메일 아이디는 'ysk1234'예요.
비밀번호	• 다른 사람에게 비밀번호를 알려 주지 마세요. • 비밀번호를 모르면 돈을 찾을 수 없어요.
누르다	• 외국에서 한국에 전화할 때 '82'번을 누릅니다. • 미안하지만 5층 좀 눌러 주세요.
복사기	• 복사하고 싶은데 복사기는 어디에 있어요? • 복사기에 종이가 없어서 복사할 수 없어요.
버튼	• 도움이 필요하시면 버튼을 누르세요. • 이 버튼을 누르면 TV 소리가 작아집니다.

01. 빈칸에 알맞은 것을 쓰십시오.

보기 내리실 분은 벨을 (누르세요)으세요/세요.

❶ 다른 사람들이 알기 쉬운 ( )을/를 만들지 마세요.

❷ 저는 아침에 일어나면 ( ) 휴대전화를 봐요.

❸ 이 영화를 보고 싶은데 디브이디(DVD)를 ( )을/ㄹ 수 있어요?

❹ 인터넷으로 물건을 사고 싶어서 쇼핑 사이트에 들어가서 ( )을/를 만들었어요.

02. 밑줄 친 곳에 알맞은 것을 쓰십시오.

가: 보기 복사하는 ~~는/은/ㄴ~~ 방법을 모르는데 좀 가르쳐 주세요.

나: ❶ ____________ 위에 ❷ ____________ 복사할 종이를 놓으십시오. 그 다음에

❸ ____________ 는/은/ㄴ 수만큼 숫자 버튼을 ❹ ____________ 으세요/세요.

주제 어휘

EN Thematic Vocabulary JP テーマ語彙 CH 主题词汇

복사실	• 복사실 • 복사하다 • 용지 • 부수 • 단면 • 양면 • 확대 • 축소

01. 빈칸에 알맞은 것을 쓰십시오.

보기 종이 한 면에만 복사해요. (단면)

❶ 종이의 앞면과 뒷면에 모두 복사해요. (   )

❷ 200% 크기로 복사해요. (   )

❸ 70% 크기로 복사해요. (   )

❹ 필요한 수만큼 복사해요. (   )

02. 밑줄 친 곳에 알맞은 것을 쓰십시오.

여러분, 학교 도서관에 있는 보기 복사실에 가 보셨어요? 저는 처음에 ❶ ________ 기가 아주 어려웠는데 지금은 다른 사람의 도움을 받지 않고 할 수 있어요. 저는 복사 ❷ ________ 을/를 많이 쓰지 않으려고 보통 ❸ ________ 복사를 해요. 글씨가 너무 작아서 보기가 힘들 때는 ❹ ________ 복사를 해요.

문법 1

EN Grammar JP 文法 CH 语法

부터

❶ 저는 아침에 일어나면 세수부터 해요.

❷ 음식부터 주문하고 이야기할까요?

❸ 우선 창문부터 열고 청소합시다.

❹ 우선 손부터 씻고 음식을 드세요.

01. **보기 와 같이 문장을 완성하십시오.**

보기 단어 / 외워요 ➡ 한국어를 공부할 때 단어부터 외워요.

❶ 밥 / 먹어요 ➡ 수업이 끝나면 ________부터 ____________________.

❷ 5층 / 구경합시다 ➡ 백화점에 가면 ________부터 ____________________.

❸ 시계 / 봐요 ➡ 학교에 도착하면 ____________________________.

❹ 전화 / 해야 해요 ➡ 친구 집에 가기 전에 ____________________________.

❺ 숙제 / 해요 ➡ 집에 가면 ____________________________.

❻ 이 / 닦아요 ➡ 아침에 일어나면 ____________________________.

❼ 이름 / 말해요 ➡ 자기소개를 할 때 ____________________________.

❽ 바지 / 입어요 ➡ 옷을 입을 때 ____________________________.

02. (가)와 (나)에서 알맞은 것을 골라 보기 와 같이 문장을 완성하십시오.

(가)	(나)
물	마시다
냉장고	만나다
여행 정보 책	읽어 보다
친구	쓰다
선물	사다
이름	열어 보다
인사	주다
자동차	보다
메뉴	하다

보기 식사할 때 물부터 마셔요 ~~어요/아요/여요~~.

❶ 집에 가면 ____________ 부터 ____________________ 어요/아요/여요.

❷ 책을 사면 ____________ 부터 ____________________ 을/ㄹ 거예요.

❸ 돈이 많으면 ____.

❹ 고향에 돌아가면 ____.

❺ 교수님이 강의실에 오시면 ____.

❻ 여행을 가기 전에 ____.

❼ 식당에 가면 ____.

❽ 생일 파티에 가면 친구에게 ____.

문법 2

EN Grammar JP 文法 CH 语法

에다가

❶ 커피에다가 설탕을 넣어요.

❷ 칠판에다가 단어를 써 주세요.

❸ 가족 사진을 책상 위에다가 놓았어요.

❹ 친구에게서 받은 꽃을 꽃병에다 꽂았어요.

01. **관계있는 것을 연결하고 보기 와 같이 문장을 완성하십시오.**

보기 공책 -------------- 단어를 썼어요

❶ 게시판 ·	· 소금을 조금 넣으세요
❷ 설렁탕 ·	· 글을 썼어요
❸ 교과서 ·	· 돈을 넣었어요
❹ 지하철 ·	· 이름을 썼어요
❺ 옷걸이 ·	· 코트를 걸었어요
❻ 얼굴 ·	· 가방을 내려놓으세요
❼ 책상 옆 ·	· 선크림을 바릅니다
❽ 지갑 ·	· 우산을 놓고 내렸어요

보기 공책에다가 단어를 썼어요.

❶ ________________ 에다가 ________________________________.

❷ ________________ 에다가 ________________________________.

❸ ____.

❹ ____.

❺ ____.

❻ ____.

❼ ____.

❽ ____.

02. **보기** 와 같이 대화를 완성하십시오.

보기 가: 어디에 이 상자를 놓을까요?
나: 문 앞에다가 놓으세요 ~~으세요~~/세요.

❶ 가: 어디에 전화번호를 쓸까요?

나: ________________ 에다가 ________________ 으세요/세요.

❷ 가: 커피에 뭘 넣을까요?

나: ________________ 에다가 ________________ 으세요/세요.

❸ 가: 친구의 이메일 주소를 어디에 썼어요?

나: ____.

❹ 가: 어디에 이 꽃을 꽂을까요?

나: ____.

❺ 가: 라면에 무엇을 넣으면 더 맛있어요?

나: ____.

❻ 가: 상을 차릴 때 수저를 어디에 놓아야 해요?

나: ____.

❼ 가: 김치찌개가 좀 싱거운데요.

나: ____.

❽ 가: 숙제 공책을 가지고 왔어요?

나: ____.

활동

여러분은 무엇을 복사합니까? 보기 와 같이 써 봅시다.

보기 저는 한국말로 보고서를 쓰기가 어려워요. 그래서 보고서를 쓰면 교수님께 드리기 전에 우선 <u>복사부터</u> 해서 선배에게 줘요. 선배는 제가 잘못 쓴 것을 <u>보고서에다가</u> 수정해 줘요. 선배가 저에게 보고서를 주면 저는 다시 써서 교수님께 드려요.

____

____

____

____

02 편하게 음악 감상도 할 수 있어요

학습 목표 멀티미디어센터 이용 관련 어휘를 익혀서 활용할 수 있다.
'-게', '-을래요?' 표현을 익혀서 활용할 수 있다.

아마라 : 도서관에 있는 멀티미디어센터에 가 봤어요?

제임스 : 네, 깨끗하고 시설이 좋아요. 음악 감상도 편하게 할 수 있고 외국어 공부도 할 수 있어요.

아마라 : 영화도 볼 수 있어요?

제임스 : 네, 미디어실에서 무료로 영화를 상영해요. 이번 주 목요일에 같이 갈래요?

새 어휘

EN New Vocabulary JP 新しい語彙 CH 生词

시설	• 도시는 지하철, 백화점, 극장 등 좋은 시설이 많아서 살기가 편해요. • 여행을 갔는데 방에 샤워 시설이 없어서 불편했어요.
감상	• 저는 영화 보는 것을 좋아해요. 제 취미는 영화 감상이에요. • 음악 감상을 하면 마음이 편해져요.
미디어실	• 미디어실에서는 음악도 듣고 영화도 볼 수 있습니다. • 저는 영화 보는 것을 좋아해서 미디어실에 자주 가요.
무료	• 식사를 하시면 커피는 돈을 받지 않습니다. 무료입니다. • 아이들은 이 박물관에 무료로 들어갈 수 있습니다.
상영하다	• 지금 극장에서 상영하는 영화가 뭐예요? • 학술정보관에서 일주일에 한 번씩 영화를 상영해요.

01. 빈칸에 알맞은 것을 쓰십시오.

보기 영화를 좋아하는 사람들이 (미디어실을)~~을/~~를 많이 이용합니다.

❶ 저는 ( )을/를 하면 기분이 좋아져요.

❷ 재미있는 영화를 ( )는데/은데/ㄴ데 같이 보러 갑시다.

❸ 우리 아파트는 ( )이/가 좋아서 살기가 편해요.

❹ 한국에서 할아버지와 할머니들은 ( )으로/로 지하철을 탈 수 있습니다.

02. 밑줄 친 곳에 알맞은 것을 쓰십시오.

제 취미는 보기 영화 감상이에요 ~~이에요/예요~~. 저는 자주 학교 멀티미디어센터에 있는 ❶________에 가서 영화를 봐요. 그 곳은 영화관만큼 ❷________이/가 좋아요. 여러 나라 영화를 ❸________는데/은데/ㄴ데 학생증만 있으면 ❹________으로/로 볼 수 있어서 아주 좋아요.

주제 어휘

EN Thematic Vocabulary JP テーマ語彙 CH 主题词汇

멀티미디어센터 이용				
	· 멀티미디어센터	· 영화 감상	· 음악 감상	· 외국어 학습
	· 자료	· 열람하다	· 상영하다	· 헤드폰을 쓰다
	· 촬영하다	· 동영상을 만들다		

01. 빈칸에 알맞은 것을 쓰십시오.

보기 (외국어 학습은)은/는 몇 살 때부터 시작하는 게 좋을까요?

❶ 보고서를 쓰려고 도서관에 가서 ( )을/를 찾았어요.

❷ 제 취미는 ( )이에요/예요. 저는 극장에 자주 가요.

❸ 여기는 경치가 아름다워서 가끔 여기에서 영화를 ( )어요/아요/여요.

❹ 도서관에 가서 필요한 책을 ( )었어요/았어요/였어요.

02. 밑줄 친 곳에 알맞은 것을 쓰십시오.

저는 도서관에 있는 보기 멀티미디어센터에 자주 가요. 거기에는 책, CD, DVD 등 여러 가지 ❶________이/가 많아요. 의자에 앉아서 ❷________고 영화를 볼 수 있고, ❸________도 할 수 있어요. 그리고 발표하는 것, 노래하는 것 등을 찍어서 ❹________을/ㄹ 수 있어요.

문법 1

EN Grammar JP 文法 CH 语法

-게

❶ 주말을 즐겁게 지냈어요.

❷ 머리를 예쁘게 잘라 주세요.

❸ 어제 친구들과 삼겹살을 맛있게 먹었어요.

❹ 동대문시장에 가면 예쁜 옷을 싸게 살 수 있을 거예요.

01. **보기 와 같이 문장을 완성하십시오.**

깨끗하다, 늦다, 따뜻하다, 맛있다, 싸다, 예쁘다, 재미있다, 짧다

보기 오늘 늦게 일어나서 학교에 지각했어요.

❶ 고향 음식을 ____________게 먹었어요.

❷ 추우니까 옷을 ____________게 입으세요.

❸ 더워서 머리를 ____________ 잘랐어요.

❹ 방 친구가 방을 ____________ 청소했어요.

❺ 여자 친구가 옷을 ____________ 입었어요.

❻ 세일을 해서 물건을 ____________ 샀어요.

❼ 소리가 작아서 못 들었어요. 좀 ____________ 말씀해 주세요.

❽ 주말에 친구들과 롯데월드에 가서 ____________ 놀았어요.

02. 동창회 이야기입니다. 보기 와 같이 밑줄 친 곳에 알맞은 것을 쓰십시오.

오늘은 동창회가 있었어요. 날씨가 추워서 저는 옷을 보기 따뜻하게 입고 갔어요. 바쁜 아마다는 회사일 때문에 좀 ❶ ________ 왔어요. 미나는 머리를 ❷ ________ 자르고 왔어요. 긴 머리보다 더 예뻤어요. 에리코는 옷을 아주 ❸ ________ 입고 왔어요. 예뻐서 저도 그 옷을 사고 싶었어요. 우리는 ❹ ________ 인사했어요. 음식을 ❺ ________ 먹고 ❻ ________ 이야기도 많이 했어요. 원이 노래를 ❼ ________ 불렀어요. 우리는 ❽ ________ 시간을 보냈어요.

문법 2

EN Grammar JP 文法 CH 语法

-을래요?

❶ 내일 같이 영화를 볼래요?

❷ 추우면 이 옷을 입을래요?

❸ 이 빵이 맛있는데 좀 드실래요?

❹ 날씨가 좋은데 같이 공원에 갈래요?

01. 보기 와 같이 문장을 완성하십시오.

보기 이 영화가 재미있는데 같이 볼래요? ~~을래요?/ㄹ래요?~~ (보다)

❶ 이 빵이 맛있는데 ________ 을래요?/ㄹ래요? (먹다)

❷ 이번 주말에 같이 ________ 을래요?/ㄹ래요? (등산하다)

❸ 도서관에 가는데 같이 ________ ? (가다)

❹ 방학 때 같이 한국 요리를 ________ ? (배우다)

❺ 이것 좀 ________ ? (가르쳐 주다)

❻ 더운데 창문을 ________ ? (열어 주다)

❼ 일이 많은데 좀 ________ ? (도와주다)

❽ 심심하면 이 책을 ________ ? (읽어 보다)

02. 보기 와 같이 대화를 완성하십시오.

보기 가: 저 식당 음식이 맛있어요.
나: 그럼 오늘 점심은 저 식당에서 먹을래요? ~~을래요?/ㄹ래요?~~

❶ 가: 오늘부터 백화점에서 세일을 해요.
나: 그럼 같이 ________________ 을래요?/ㄹ래요?

❷ 가: 오늘 날씨가 좋지요?
나: 네, 같이 ________________ 을래요?/ㄹ래요?

❸ 가: 많이 걸어서 피곤한데요.
나: ________________

❹ 가: 옷을 얇게 입어서 추워요.
나: ________________

❺ 가: 오늘 교과서를 안 가지고 왔어요.
나: ________________

❻ 가: 밖에 비가 오는데 우산이 없어요.
나: ________________

❼ 가: 학교 앞에 있는 커피숍이 아주 좋아요.
나: ________________

❽ 가: 오늘 우리 학교에 가수가 와요.
나: ________________

활동

보기 와 같이 친구를 소개하십시오. 보기 와 같이 이야기해 봅시다.

보기 저는 지난주에 친구와 같이 자료를 찾으러 도서관에 갔어요. 도서관에는 자료가 정말 많았어요. 공부도 할 수 있고 책도 열람할 수 있고 컴퓨터도 쓸 수 있었어요. 우리는 필요한 자료를 찾은 후에 3층에 있는 멀티미디어 센터에 가서 영화를 재미있게 봤어요. 여러분도 도서관에 아직 안 가 봤으면 한번 가 볼래요?

03 학교 버스는 한 시간마다 있어요

학습 목표 학교 버스 이용 관련 어휘를 익혀서 활용할 수 있다.
'마다', '으로 해서' 표현을 익혀서 활용할 수 있다.

연세대학교 셔틀버스예약시스템 이영수님이 로그인하셨습니다. 로그아웃

공지 예약 내역/취소

출발장소: ○ 신촌캠퍼스 ⦿ 국제캠퍼스 예약일: 검색

출발지	일자	시간	경유	차량번호	잔여좌석	예약사유	예약신청
국제캠퍼스	2016/05/20	07:00	영종대교/인천대교	1호차	37	예약사유	신청
국제캠퍼스	2016/05/20	08:00	영종대교/인천대교	1호차	32	예약사유	신청
국제캠퍼스	2016/05/20	09:00	경인 고속도로	1호차	38	예약사유	신청
국제캠퍼스	2016/05/20	10:00	경인 고속도로	1호차	42	예약사유	신청
국제캠퍼스	2016/05/20	11:00	영종대교/인천대교	1호차	39	예약사유	신청

에리코 : 서울 캠퍼스에 갈 때 어떻게 가요?

영수 : 학교 버스를 이용하세요. 갈아타지 않아도 되니까 아주 편리해요.

에리코 : 학교 버스는 얼마나 자주 와요?

영수 : 보통 한 시간마다 있어요. 고속도로로 해서 가니까 아주 빨라요. 홈페이지에 들어가면 자세히 알 수 있어요.

새 어휘

EN New Vocabulary JP 新しい語彙 CH 生词

캠퍼스	• 우리 학교는 캠퍼스가 넓어서 기숙사에 갈 때 셔틀버스를 타요. • 우리 학교 캠퍼스는 봄에 꽃이 필 때 제일 아름다워요.
이용하다	• 교통이 복잡할 때는 지하철을 이용하는 게 좋아요. • 요즘은 인터넷을 이용해서 비행기 표도 사고 여행 정보도 찾을 수 있어요.
편리하다	• 스마트폰을 가지고 인터넷도 하고 영화도 볼 수 있어서 편리해요. • 학생회관에는 우체국과 은행, 서점, 식당이 모두 있어서 이용하기가 편리해요.
고속도로	• 연휴에는 고속도로가 많이 막혀요. • 여기에서 부산까지 고속도로로 가면 다섯 시간 정도 걸릴 거예요.
자세히	• 잘 모르니까 하나하나 자세히 설명해 주세요. • 입학 정보를 자세히 알고 싶어서 홈페이지를 찾아 봤어요.

01. 빈칸에 알맞은 것을 쓰십시오.

보기 (고속도로)에서 운전할 때는 두 시간에 한 번 쉬세요.

❶ 우리 학교 도서관은 우리 학교 학생만 (　　　　　)을/ㄹ 수 있어요.

❷ 집 앞에 버스 정류장도 있고 지하철역도 있어서 교통이 (　　　　　)어요/아요/여요.

❸ 친구가 친구 집까지 가는 길을 (　　　　　) 알려 줘서 쉽게 찾을 수 있었어요.

❹ 우리 학교는 서울과 인천에 (　　　　　)이/가 있어요.

02. 밑줄 친 곳에 알맞은 것을 쓰십시오.

여러분은 서울 보기 캠퍼스에 갈 때 어떤 교통수단을 ❶__________습니까?/ㅂ니까? 지하철이나 버스를 탈 수 있지만 학교 버스를 이용하면 조금 더 빠르고 ❷__________습니다/ㅂ니다. 학기 중에는 보통 한 시간에 한 대씩 다닙니다. 출퇴근 시간에는 영종대교로 다니고 밤에는 ❸__________으로/로 다닙니다. ❹__________ 알고 싶으면 학교 홈페이지에 있는 안내를 보세요.

주제 어휘

EN Thematic Vocabulary JP テーマ語彙 CH 主题词汇

학교 버스 이용

- 출발하다 • 도착하다 • 예약하다 • 예약을 취소하다 • 왕복
- 예약 문자메시지 • 신분증 • 운행 시간 • 운행하다

01. 빈칸에 알맞은 것을 쓰십시오.

보기 여행을 가기 전에 비행기 표와 호텔을 인터넷으로 (예약했어요)~~었어요/았어요/였어요~~.

❶ 추석 연휴에는 밤 두 시까지 시내버스를 ( )습니다/ㅂ니다.

❷ 은행에서 통장을 만들 때는 ( )이/가 있어야 합니다.

❸ 학교 버스의 자리를 예약하니까 ( )이/가 왔어요.

❹ 학교 버스 ( )은/는 오전 7시 20분부터 밤 11시까지입니다.

02. 밑줄 친 곳에 알맞은 것을 쓰십시오.

서울에서 제 고향까지 비행기로 네 시간쯤 걸립니다. 방학 때 고향에 가려고 인터넷으로 비행기 표를 보기 예약했습니다 ~~었습니다/았습니다/였습니다~~. 서울에서 1시에 ❶ ________ 어서/아서/여서 4시에 고향에 ❷ ________ 는 표를 샀습니다. 15일 후에 서울로 돌아오는 표도 ❸ ________ 으로/로 예약했습니다. 그런데 갑자기 중요한 일이 있어서 ❹ ________ 어야/아야/여야 합니다.

문법 1

EN Grammar JP 文法 CH 语法

마다

❶ 버스는 30분마다 와요.

❷ 여행을 좋아해서 방학 때마다 여행을 가요.

❸ 가게마다 사람이 많아요.

❹ 나라마다 언어도 다르고 음식도 달라요.

01. 보기 와 같이 문장을 완성하십시오.

서울 → 부산	09:00	09:10	09:20	09:30	09:40
서울 → 대전	12:00	12:05	12:10	12:15	12:20
공항 → 호텔	10:00	10:30	11:00	11:30	12:00
지하철역 → 병원	09:00	10:00	11:00	12:00	01:00

보기 부산에 가는 케이티엑스(KTX)는 10분마다 있어요.

❶ 대전까지 가는 고속버스는 ________________마다 출발해요.

❷ 공항에서 호텔까지 가는 버스는 ________________마다 있어요.

❸ 지하철역에서 병원까지 가는 버스는 ________________있어요.

일	월	화	수	목	금	토
	1 아침/수영 아르바이트	2 아침/수영	3 아침/수영 동아리 모임	4 아침/수영	5 아침/수영 봉사활동	6 고향
7 고향	8 아침/수영 아르바이트	9 아침/수영	10 아침/수영 동아리 모임	11 아침/수영	12 아침/수영 봉사활동	13 고향
14 고향	15 아침/수영 아르바이트	16 아침/수영	17 아침/수영 동아리 모임	18 아침/수영	19 아침/수영 봉사활동	20 고향
			...			

❹ 민수 씨는 ________________ 동아리 모임에 가요.

❺ 민수 씨는 ________________ 수영을 해요.

❻ 민수 씨는 ________________ 고향에 가요.

❼ 민수 씨는 ________________ 봉사활동을 해요.

❽ 민수 씨는 ________________ 아르바이트를 해요.

02. 보기 와 같이 대화를 완성하십시오.

겨울 방학, 날, 밤, 방, 여름, 일요일, 주말, 층

보기 가: 보통 주말에 뭘 해요?
나: 저는 영화를 좋아해서 주말마다 영화를 봐요.

❶ 가: 리에 씨, 듣기 실력이 좋아진 것 같아요.

나: 네, ___________마다 숙제를 한 후에 교과서 시디(CD)를 들어요.

❷ 가: 커피를 마시고 싶은데요.

나: 이 건물은 ___________마다 커피 자판기가 있어요.

❸ 가: 기숙사 시설이 좋아요?

나: 네, _______________ 책상과 침대, 샤워실, 화장실이 있어서 좋아요.

❹ 가: 스키 타는 것을 좋아해요?

나: 네, 그래서 _______________ 스키장에 가요.

❺ 가: 무슨 운동을 하세요?

나: 저는 _______________친구하고 농구를 해요.

❻ 가: 곧 방학인데 어디로 여름휴가를 가세요?

나: 우리 가족은 ______________________________ 부산에 가요.

❼ 가: 방 친구와 잘 지내요?

나: 친구가 __________________________ 늦게 들어와서 좀 불편해요.

❽ 가: 서울 가는 버스가 자주 있어요?

나: 네, __________________________ 있어요.

문법 2

EN Grammar JP 文法 CH 语法

으로 해서

❶ 어디로 해서 갈까요?
❷ 시청 앞으로 해서 가 주세요.
❸ 대전으로 해서 부산에 갈 거예요.
❹ 저는 학교 정문 앞으로 해서 지하철역에 가요.

01. **어디로 해서 갑니까? 보기 와 같이 문장을 완성하십시오.**

서울 → 대구 → 부산

보기 이 기차는 서울에서 출발해서 대구로 ~~으로/로~~ 해서 부산까지 갑니다.

버스 정류장 → 빵집 앞 → 우리 집

❶ 저는 버스정류장에서 ______________ 으로/로 해서 집에 와요.

정문 → 도서관 앞 → 기숙사

❷ 학교 버스는 정문에서 출발해서 ______________ 으로/로 해서 기숙사에 와요.

시청 → 부천 → 인천

❸ 시청에서 지하철 1호선을 타면 ______________ 인천에 와요.

프랑스 → 독일 → 스위스

❹ 여름에 유럽에 가는데 프랑스에서 ______________ 스위스에 갈 거예요.

서울역 → 홍대입구 → 인천공항

❺ 서울역에서 지하철을 타면 ______________ 인천공항에 가요.

여기 → 백화점 앞 → 고속버스터미널

❻ 아저씨, 여기에서 ______________ 고속버스터미널에 가 주세요.

송도 → 영종대교 → 신촌

❼ 송도에서 신촌까지 ______________ 가는 버스도 있어요.

집 → 병원 앞 → 학교

❽ 저는 집에서 ______________ 학교에 와요.

02. 어디로 해서 갑니까? 보기 와 같이 대화를 완성하십시오.

보기 가: 어디로 해서 도서관에 가요?
나: 저는 자유관에서 종합관 앞으로 해서 도서관에 가요.

❶ 가: 어디로 해서 기숙사에 가요?

나: 저는 ____________으로/로 해서 기숙사에 가요.

❷ 가: 어디로 해서 학생 식당에 가요?

나: 저는 ____________으로/로 해서 학생 식당에 가요.

❸ 가: 어디로 해서 지하철역에 가요?

나: 저는 ____.

❹ 가: 이 버스는 어디로 가는 버스예요?

나: ____.

❺ 가: 이 지하철은 어디로 해서 가요?

나: ____.

❻ 가: 유럽에 가면 어디를 구경할 거예요?

나: ____.

❼ 가: 중국에 가면 어디를 구경할 거예요?

나: ____.

❽ 가: 손님, 명동에 어디로 해서 갈까요?

나: ____.

활동

다음 버스 노선도를 보고 보기 와 같이 친구에게 학교까지 오는 방법을 이야기해 봅시다.

버스	노선	시간
1301	서울역 → 신촌 → 홍대입구 → 캠퍼스타운역	30분에 한 대
M6405	강남역 → 서초역 → 캠퍼스타운역	15분에 한 대
303	인천공항 → 송도 시내 → 캠퍼스타운역	24분에 한 대
학교 버스	동춘역 3번 출구 → 동막역 3번 출구 → 캠퍼스타운역 1번 출구 → 기숙사	30분에 한 대

보기 서울역에서 국제캠퍼스에 올 때는 1301번 버스를 타세요. 그 버스는 서울역에서 출발해서 신촌으로 해서 국제캠퍼스까지 와요. 캠퍼스타운 정류장에서 내리세요. 버스는 30분마다 있어요.

04 새로 지은 건물의 지하 1층에 있어요

학습 목표 학교의 체육 시설 관련 어휘를 익혀서 활용할 수 있다.
'불규칙동사(ㅎ동사, ㅅ동사)', '-는 걸 보면' 표현을 익혀서 활용할 수 있다.

제임스 : 학교 헬스클럽이 어디에 있어요?

영수 : 저기 새로 지은 건물의 지하 1층에 있어요.

제임스 : 학교 헬스클럽이 인기가 많아요?

영수 : 네, 회원 등록이 일찍 끝나는 걸 보면 그런 것 같아요.

새 어휘

EN New Vocabulary JP 新しい語彙 CH 生词

새로	• 몇 달 전에 산 휴대전화를 잃어버려서 새로 샀어요. • 우리 동아리에 신입생이 새로 들어왔어요.
짓다	• 집 근처에 건물을 짓고 있어서 시끄러워요. • 제 아이의 이름은 제가 짓고 싶습니다.
지하	• 식당은 지하에 있으니까 내려가세요. • 주차장은 지하 2층과 3층에 있습니다.
인기가 많다	• 이 노래는 인기가 많아서 사람들이 많이 불러요. • 마이클 씨는 친절하고 멋있어서 친구들에게 인기가 많아요.
회원 등록	• 인터넷 사이트에 회원 등록을 하면 더 많은 정보를 볼 수 있습니다. • 다음 달에 수영을 배우실 분들은 25일까지 회원 등록을 해야 합니다.
그렇다	• 보통 한국 음식은 매운데 이 음식도 그렇습니까? • 김 교수님 수업이 어려울 줄 알았는데 들어 보니까 그렇지 않았어요.

01. **빈칸에 알맞은 것을 쓰십시오.**

보기 백화점 (지하) 1층에 가면 과일과 생선을 살 수 있어요.

❶ 바닷가 근처에 집을 (   )고 싶습니다.

❷ 저희 백화점에 (   )을/를 하시면 세일 전에 안내 문자메시지를 보내 드리겠습니다.

❸ 원 씨는 노래도 잘하고 성격도 좋아서 우리 반 친구들이 모두 좋아해요. 우리 반에서 (   )어요/아요/여요.

❹ 저는 이번에 (   ) 들어온 신입생입니다. 모르는 것이 많으니까 선배님들이 많이 가르쳐 주세요.

02. 밑줄 친 곳에 알맞은 것을 쓰십시오.

우리 학교 기숙사는 아주 깨끗하고 편리해요. 방마다 화장실과 샤워실이 있고 인터넷을 쓸 수 있어서 학생들에게 보기 인기가 많아요 ~~어요/아요/여요~~. ❶ ________ 1층에는 학생 식당과 커피숍, 편의점, 복사실이 있고, 기숙사 옆에 ❷ ________ 도서관을 ❸ ________ 고 있어서 더 편리해질 것 같아요. 저는 처음에는 기숙사 생활이 힘들고 어려웠지만 지금은 ❹ ________ 지 않아요. 지금은 친구들과 친해져서 재미있어요.

주제 어휘

EN Thematic Vocabulary JP テーマ語彙 CH 主题词汇

체육 시설

- 체육관
- 운동장
- 축구장
- 농구장
- 야구장
- 탁구장
- 테니스장
- 수영장
- 사물함
- 탈의실
- 샤워실

01. 빈칸에 알맞은 것을 쓰십시오.

보기 TV로 축구를 보지 말고 (축구장)에 가서 봅시다.

❶ 제임스 씨는 주말마다 (   )에 가서 친구와 테니스를 쳐요.

❷ 저는 매일 아침 집 근처에 있는 학교 (   )에 가서 조깅을 해요.

❸ 아버지와 저는 야구를 좋아해서 자주 (   )에 가서 야구를 봐요.

❹ 학교 (   )에서 여러 가지 운동을 할 수 있어요. 비가 오는 날에도 운동을 할 수 있어서 좋아요.

02. 밑줄 친 곳에 알맞은 것을 쓰십시오.

오늘은 날씨가 더워서 수영을 하러 학교 보기 수영장에 갔어요. 수영장은 체육관 뒤에 있는 건물 2층에 있어요. ❶ __________ 에서 수영복으로 갈아입고 ❷ __________ 에 가방과 옷을 넣었어요. 수영을 한 후에 ❸ __________ 에서 샤워를 했어요. 학교 수영장은 싸고 물도 깨끗해서 학생들에게 인기가 많아요. 기숙사에 돌아온 후에 방 친구와 같이 기숙사 지하 1층에 있는 ❹ __________ 에 가서 탁구를 쳤어요. 오늘은 운동을 많이 해서 피곤해요.

문법 1(1)

EN Grammar JP 文法 CH 语法

ㅎ 동사

❶ 하얀 종이에 그림을 그렸어요.

❷ 한국은 가을에 하늘이 맑고 파래요.

❸ 저는 노란 꽃보다 빨간 꽃을 더 좋아해요.

❹ 한국 생활이 어때요?

01. 빈칸을 채우고 보기 와 같이 문장을 완성하십시오.

	-으면/면	-은/ㄴ	-어요/아요/여요	-었어요/았어요/였어요
까맣다	까마면	까만	보기 까매요	까맸어요
노랗다	노라면	노란	노래요	노랬어요
빨갛다	빨가면	빨간	빨개요	❶
파랗다	❷	파란	파래요	파랬어요
하얗다	하야면	하얀	❸	하얬어요
그렇다	그러면	그런	그래요	그랬어요
어떻다	어떠면	❹	어때요	어땠어요
이렇다	이러면	이런	이래요	이랬어요
저렇다	저러면	저런	저래요	저랬어요
* 좋다	좋으면	좋은	좋아요	좋았아요

보기 어제 옷가게에서 파란 ~~은/ㄴ~~ 바지를 샀어요. (파랗다)

❺ 요즘 고향 날씨가 ________어요?/아요?/여요? (어떻다)

❻ ________으면/면 수업이 끝난 후에 전화할게요. (그렇다)

❼ 어제 백화점에 가서 ________은/ㄴ 구두를 샀어요. (까맣다)

❽ 리에 씨 얼굴이 ________어졌어요/아졌어요/여졌어요. (빨갛다)

문법 1(2)

EN Grammar JP 文法 CH 语法

ㅅ 동사

❶ 커피에다가 설탕을 넣고 잘 저어서 드세요.

❷ 감기에 걸려서 아팠는데 지금은 많이 나았어요.

❸ 퓨퓨 씨가 건강이 안 좋은 것 같아요. 얼굴이 많이 부었어요.

❹ 강아지 이름을 '메리'라고 지었어요. 강아지를 '메리'라고 불러요.

01. 빈칸을 채우고 보기 와 같이 문장을 완성하십시오.

	–고	–으면/면	–어요/아요/여요	–었어요/았어요/였어요
낫다	낫고	나으면	보기 나아요	❶
붓다	❷	부으면	부어요	부었어요
젓다	젓고	❸	저어요	저었어요
짓다	짓고	지으면	❹	지었어요
* 벗다	벗고	벗으면	벗어요	벗었어요
* 웃다	웃고	그런	그래요	그랬어요

보기 친구의 한국말 실력이 저보다 <u>나아요</u> ~~어요/아요/여요~~. (낫다)

❺ 저는 나무로 ________은/ㄴ 집이 좋아요. (짓다)

❻ 목이 ________으면/면 어떻게 해야 해요? (붓다)

❼ 이 안에 들어갈 때는 신발을 ________으세요/세요. (벗다)

❽ 설렁탕에 소금을 넣고 ________어서/아서/여서 드세요. (젓다)

02. 알맞은 것을 골라 보기 와 같이 대화를 완성하십시오.

그렇다, 까맣다, 빨갛다, 어떻다, 이렇다, 파랗다, 하얗다, 낫다, 붓다, 젓다, 짓다

보기 가: 무슨 색 꽃을 좋아해요?
나: 저는 하얀 은/ㄴ 꽃을 좋아해요.

❶ 가: 파란색 원피스에는 무슨 색 신발을 신으면 좋을까요?

나: ____________은/ㄴ 신발을 신으세요.

❷ 가: 방학에 부산에 여행을 갔는데 정말 좋았어요.

나: __________어요?/아요?/여요? 날씨는 어땠어요?

❸ 가: 리에 씨는 __________ 은/ㄴ 사람을 좋아하세요?

나: 저는 성격이 밝고 똑똑한 사람을 좋아해요.

❹ 가: 머리를 어떻게 해 드릴까요?

나: 이 사진에 있는 머리가 예쁜데 __________게 해 주세요.

❺ 가: 마리아 씨 이름은 누가 지어 줬어요?

나: 제 이름은____________어/아/여 주셨어요.

❻ 가: 이 카레는 얼마나 저어야 해요?

나: 5분쯤 ______________________________.

❼ 가: 선생님, 목이 많이 붓고 아파요.

나: 이 약을 먹고 며칠 쉬면 ______________________________.

❽ 가: 아침부터 저녁까지 서서 일해서 많이 힘들지요?

나: 네, 그래서 저녁때는 다리가 많이 ____________________.

문법 2

EN Grammar JP 文法 CH 语法

-는 걸 보면

❶ 에리코 씨가 항상 책을 읽는 걸 보면 책을 좋아하는 것 같아요.

❷ 손님들이 많은 걸 보면 저 식당 음식이 맛있는 것 같아요.

❸ 경영학 전공 책을 가지고 있는 걸 보면 저 사람이 경영학과 학생인 것 같아요.

❹ 웨이 씨가 오늘 학교에 안 온 걸 보면 몸이 많이 아픈 것 같아요.

01. **보기 와 같이 문장을 완성하십시오.**

	내가 본 것	내 생각
보기	사람들이 이 휴대전화를 많이 가지고 있어요.	이 휴대전화가 인기가 많은 것 같아요.
1)	이 영화를 보러 온 사람들이 많아요.	영화가 재미있는것 같아요.
2)	리에 씨가 밤늦게까지 일을 해요.	회사 일이 많은 것 같아요.
3)	마이클 씨가 시험을 잘 봤어요.	열심히 공부한 것 같아요.
4)	미선 씨가 말을 안 해요.	기분이 안 좋은 것 같아요.
5)	전화했는데 받지 않아요.	친구가 바쁜 것 같아요.
6)	식당에 사람들이 별로 없어요.	음식이 맛이 없는 것 같아요.
7)	밖이 시끄러워요.	수업이 끝난 것 같아요.
8)	마리아 씨가 날씬해졌어요.	그동안 열심히 운동을 한 것 같아요.

보기 사람들이 이 휴대전화를 많이 가지고 있는 ~~는/ㄴ~~ 걸 보면
이 휴대전화가 인기가 많은 것 같아요.

❶ ______________________________ 는/은/ㄴ 걸 보면

영화가 재미있는 것 같아요.

❷ ______________________________ 는/은/ㄴ 걸 보면

회사일이 많은 것 같아요.

❸ ______________________________

열심히 공부한 것 같아요.

❹ ______________________________

기분이 안 좋은 것 같아요.

❺ ______________________________

친구가 바쁜 것 같아요.

❻ ______________________________

❼ ______________________________

❽ ______________________________

02. 보기 와 같이 대화를 완성하십시오.

보기 가: 오늘 리에 씨가 옷을 예쁘게 입고 왔어요.
나: 옷을 예쁘게 입고 온 ~~는/은/ㄴ~~ 걸 보면 약속이 있는 것 같아요.

❶ 가: 요즘 미선 씨가 동아리 모임에 잘 안 와요.

나: ____________________는/은/ㄴ 걸 보면 바쁜 것 같아요.

❷ 가: 영수 씨가 왜 일찍 집에 갔을까요?

나: ____________________는/은/ㄴ 걸 보면 무슨 일이 있는 것 같아요.

❸ 가: 노래방에서 사람들이 이 노래를 많이 불러요.

나: ____________________ 이 노래가 인기가 많은 것 같아요.

❹ 가: 마리아 씨는 누구와 제일 친해요?

나: ____________________ 퓨퓨 씨와 제일 친한 것 같아요.

❺ 가: 저 사람은 한국 사람일까요? 외국 사람일까요?

나: ____________________ 외국 사람인 것 같아요.

❻ 가: 마이클 씨는 농구를 좋아하는 것 같아요.

나: ____________________.

❼ 가: 아만다 씨는 매운 음식을 좋아하는 것 같지요?

나: ____________________.

❽ 가: 에리코 씨가 기분이 안 좋은 것 같지요?

나: ____________________.

활동

학교 체육 시설을 이용해 본 적이 있어요? 보기 와 같이 써 봅시다.

보기 저는 기숙사에 사는데 기숙사 지하에 탁구장이 있어요. 그래서 친구와 같이 자주 탁구장에 가요. 탁구장에 가기 전에 탁구공과 탁구채는 기숙사 사무실에서 빌려야 해요. 탁구장에 사람들이 많은 걸 보면 탁구를 좋아하는 사람들이 많은 것 같아요. 다음에는 새로 지은 체육관에 가 보려고 해요. 거기에 가면 춤 동아리에서 일주일에 한 번 케이팝(K-POP) 댄스를 가르쳐 줘요. 학교에 여러 가지 시설이 있어서 참 좋아요.

제4과

모임

01 지난번에 갔던 식당에서 할 거야

02 케이크는 내가 사 가지고 갈게

03 내일 한 시까지 모두 모여라

04 뒤풀이를 하는 한국 문화에 대해서 들은 적이 있어

01 지난번에 갔던 식당에서 할 거야

학습 목표 개강 모임 관련 어휘를 익혀서 활용할 수 있다.
'반말(-어)', '-었던' 표현을 익혀서 활용할 수 있다.

영수 : 미선아, 내일 개강 모임이 있는데 갈 거야?
미선 : 응, 그런데 어디에서 해?
영수 : 지난번에 갔던 식당에서 할 거야. 기억이 나지? 동기들과 후배들도 많이 오니까 잊지 말고 꼭 와.
미선 : 알았어. 꼭 갈게.

새 어휘

EN New Vocabulary JP 新しい語彙 CH 生词

개강 모임	• 개강 모임에 가서 방학 동안 만나지 못한 과 친구들도 보고 이야기도 많이 했어요. • 이번 금요일 저녁 6시에 한국학과 개강 모임이 있습니다. 많이 참석해 주세요.
지난번	• 지난번에 아팠을 때 제가 이 약을 먹고 나았어요. • 우리 지난번에 동아리 모임에서 만난 적이 있지요?
기억이 나다	• 오래 전에 만난 사람이어서 이름이 기억이 나지 않아요. 이름을 잘 모르겠어요. • 지난주에 배운 단어인데 기억이 나요?
동기	• 야마다 씨는 저와 같이 회사에 들어온 동기인데 저를 많이 도와줘요. • 우리 과 동기 중에서 마이클 씨가 제일 열심히 공부해요.
후배	• 리에 씨는 저와 나이가 같지만 저보다 1년 늦게 입학해서 제 후배예요. • 동아리에 후배들이 새로 들어와서 좋아요.
잊다	• 동생 생일을 잊고 있었는데 언니가 알려 줬어요. • 중요한 약속이니까 잊지 마세요.

01. 빈칸에 알맞은 것을 쓰십시오.

보기 누엔 씨는 우리 과 1년 (후배예요)~~이에요/예요~~.

❶ 이번 (   )에는 교수님도 오시니까 꼭 참석하세요.

❷ 저와 리에 씨는 입학 (   )이에요/예요.

❸ (   )에 발표를 잘 못해서 이번에 열심히 발표를 준비했어요.

❹ 오늘까지 보고서를 내야 하는 것을 (   )었어요/았어요/였어요.

02. 밑줄 친 곳에 알맞은 것을 쓰십시오.

요즘 저는 약속이나 사람들 이름을 자주 **보기** 잊어요 ~~어요/아요/여요~~.

❶ ______________ 에 도서관에서 친구와 만날 약속을 했는데 잊었어요.

오늘 아침에 지하철에서 후배가 저에게 인사를 했는데 그 후배의 이름이 ❷ __________ 지 않았어요. 며칠 전에 우리 과 ❸ __________ 에서 만난 후배였어요. 옆에 있는 과 ❹ __________ 에게도 물어봤는데 그 친구도 기억을 못 했어요. 후배에게 조금 미안했어요.

주제 어휘

EN Thematic Vocabulary JP テーマ語彙 CH 主题词汇

개강 모임	· 개강 모임 · 개강하다 · 학기 초 · 학기가 시작되다 · 종강 모임 · 종강하다 · 학기 말 · 학기가 끝나다 · 이야기를 나누다

01. 빈칸에 알맞은 것을 쓰십시오.

보기 이번 주에 시험이 끝나니까 금요일에 (종강 모임을)을/를 합시다.

❶ 그 사람을 잘 몰랐는데 몇 번 (   )고 친해졌어요.

❷ 다음 주부터 (   ) 시험이 있어서 도서관에 사람이 많아요.

❸ 12월 말에는 (   )어서/아서/여서 학교가 조용해져요.

❹ 경제학 수업은 다음 주에 시험을 보고 (   )습니다/ㅂ니다.

02. 밑줄 친 곳에 알맞은 것을 쓰십시오.

한국의 대학교는 보통 3월과 9월에 **보기** 학기가 시작돼요 어요/아요/여요. 학기가 시작되는 ❶__________에는 동아리나 과에서 ❷__________을/를 많이 해서 학교 앞에는 밤늦게까지 학생들이 많아요. 방학 동안 못 만난 친구들과 ❸__________고 술도 마시고 노래방에도 갑니다. 개강 모임은 보통 ❹__________은/ㄴ 주에 많이 합니다.

문법 1 EN Grammar JP 文法 CH 语法

-어

❶ 나는 아침마다 수영을 해.

❷ 미선아, 요즘도 많이 바빠?

❸ 여기는 내가 자주 와서 공부를 하는 커피숍이야.

❹ 어제 친구를 만나서 영화를 봤어.

01. 보기 와 같이 반말로 바꾸십시오.

보기 저는 매운 음식을 못 먹어요.
➡ 나는 매운 음식을 못 먹어.

❶ 이번 학기에는 도서관에서 아르바이트를 해요.

➡ ______________________________.

❷ 도서관에 가서 보고서 자료를 찾을 거예요.

➡ ______________________________.

❸ 감기에 걸렸어요.

➡ ______________________________.

❹ 장미꽃이 아름답게 피었어요.

➡ ______________________________.

❺ 지금 몇 시예요?

➡ ______________________________.

❻ 오늘이 어제보다 추워요.

➡ ______________________________.

❼ 민수 씨, 밖이 시끄러우니까 문을 닫으세요.

➡ ______________________________.

❽ 제가 만든 음식이 아니에요.

➡ ______________________________.

02. 보기 와 같이 대화를 완성하십시오.

보기 가: 내일 종강 모임이 몇 시야?
나: 저녁 6시야.

❶ 가: 어디에서 살아?

나: ______________________________.

❷ 가: 서울 날씨는 어때?

나: ______________________________.

❸ 가: 한국말을 배운 후에 뭘 할 거야?

나: ______________________________.

❹ 가: 지난 방학에 어디에 갔어?

나: ______________________________.

❺ 가: 시간 있어?

나: ______________________________.

❻ 가: 주말에 같이 영화를 볼까?

나: ______________________________.

❼ 가: ______________________________?

나: 아니, 숙제를 못 했어.

❽ 가: ______________________________?

나: 영수한테 물어 봐.

문법 2

EN Grammar JP 文法 CH 语法

–었던

❶ 지난주에 갔던 식당에 갈까요?

❷ 어제 앉았던 자리에 앉으세요.

❸ 이 집은 우리 가족이 10년 전에 살았던 집이에요.

❹ 지금까지 가장 힘들었던 일이 뭐예요?

01. 보기 와 같이 문장을 완성하십시오.

보기 작년 여름에 갔던 ~~었던/았던/였던~~ 바다가 아주 아름다웠어요. (가다)

❶ 지난 주말에 __________ 었던/았던/였던 햄버거를 먹을까요? (먹다)

❷ 가장 __________ 었던/았던/였던 때가 언제예요? (행복하다)

❸ 이 옷은 제가 아이일 때 __________ 옷인데 아버지께서 사 주신 거예요. (입다)

❹ 여기는 10년 전에 한 번 __________ 공원인데 많이 달라졌어요. (오다)

❺ 오리엔테이션에서 __________ 사람을 오늘 지하철에서 만났어요. (만나다)

❻ 지난번에 __________ 노래가 무슨 노래지요? (부르다)

❼ 아침에 같이 버스를 __________ 사람이 남자 친구예요? (타다)

❽ 어제 커피숍에서 __________ 노래가 뭐였지요? 다시 듣고 싶은데요. (듣다)

02. 보기 와 같이 대화를 완성하십시오.

보기 가: 한국에서 어디가 좋았어요?
나: 지난봄에 갔던 었던/았던/였던 부산이 좋았어요.

❶ 가: 우리 어디에서 반 모임을 할까요?

나: ______________ 었던/았던/였던 식당에 갑시다. 값도 싸고 음식도 맛있었어요.

❷ 가: 조금 전에 인사한 분이 누구예요?

나: ______________ 었던/았던/였던 선생님이에요.

❸ 가: 무슨 술을 마실까요?

나: ______________ 맥주가 맛있었어요.

❹ 가: 이 노래 참 좋은데요. 무슨 노래예요?

나: 몇 년 전에 인기가 ______________ 노래예요.

❺ 가: 지난번에 같이 왔던 사람이 누구예요?

나: ______________.

❻ 가: 생일 파티에 무슨 옷을 입고 갈 거예요?

나: ______________.

❼ 가: 저 사람 어디에서 본 적이 있는 것 같아요.

나: ______________.

❽ 가: 어디에서 만날까?

나: ______________.

활동

보기 와 같이 모임을 계획해 봅시다.

보기 가: 리에야, 어디에서 종강 모임을 하면 좋을까?

나: 지난번에 우리 과 친구들과 갔던 식당에서 하면 어때? 식당도 넓고 음식도 맛있었어.

가: 그래. 좋은 생각이다. 그럼 식당 예약을 해야겠지?

나: 내가 식당을 예약할게. 그리고 너는 과 친구들에게 연락해.

무슨 모임	종강 모임	
어디	지난번에 갔던 식당	
할 일	식당 예약 과 친구들에게 연락하기	

02 케이크는 내가 사 가지고 갈게

학습 목표 생일 파티 관련 어휘를 익혀서 활용할 수 있다.
'반말(-는다, -니?)', '-어 가지고' 표현을 익혀서 활용할 수 있다.

리에 : 내일이 마리아 생일인데 수업이 끝나고 파티를 하는 게 어떠니?

마이클 : 그거 좋은 생각이다. 케이크는 내가 사 가지고 갈게. 그런데 초는 몇 개를 준비해야 돼?

리에 : 나와 동갑이니까 20개 있으면 돼. 나는 과자와 음료수를 준비할게. 마리아한테는 비밀이다.

마이클 : 알았어. 내일 봐.

새 어휘

EN New Vocabulary JP 新しい語彙 CH 生词

생각	• 저는 내년에 유학을 갈 생각이에요. • 중요한 일이니까 생각을 많이 해야 합니다.
초	• 생일이어서 케이크와 초를 준비했어요. • 일곱 살이니까 초를 일곱 개 주세요.
동갑	• 친구와 저는 나이가 같아요. 우리는 동갑이에요. • 동갑이니까 반말로 이야기합시다.
과자	• 밥 먹기 전에는 아이스크림이나 과자를 먹으면 안 돼. • 아이들은 과자를 아주 좋아해요.
음료수	• 더울 때 저는 시원한 음료수를 자주 마셔요. • 제가 제일 좋아하는 음료수는 오렌지 주스예요.
비밀	• 이것은 비밀이니까 다른 사람한테 말하지 마세요. • 미선 씨가 이것을 알면 안 되니까 미선 씨에게 비밀로 합시다.

01. 빈칸에 알맞은 것을 쓰십시오.

보기 생일 케이크를 사면 나이를 물어보고 (초를)~~을/를~~ 줍니다.

❶ 목이 말라서 ( )을/를 마셨어요.

❷ ( )을/를 많이 먹어서 밥을 먹고 싶지 않아요.

❸ 고향 사진을 보니까 고향 ( )이/가 많이 나요.

❹ 마리아 씨와 저는 1994년생이에요. 우리는 ( )이어서/여서 편하게 반말로 이야기해요.

02. 밑줄 친 곳에 알맞은 것을 쓰십시오.

오늘은 제 생일이에요. 부모님 보기 생각이 ~~이/가~~ 많이 났어요. 그런데 친구들이 저에게 ❶__________으로/로 하고 생일 파티를 준비했어요. 제가 혼자 방에 있을 때 친구들은 케이크에 ❷__________을/를 꽂아서 가져왔어요. 맛있는 ❸__________과/와 주스, 우유, 콜라 등 ❹__________도 가져왔어요. 저는 지금 외국에서 살고 있지만 친구들 덕분에 즐겁게 지내요.

주제 어휘

EN Thematic Vocabulary JP テーマ語彙 CH 主题词汇

생일 파티	· 파티하다	· 풍선을 불다	· 생일 카드를 쓰다
	· 생일 축하 노래를 부르다	· 촛불을 끄다	· 폭죽을 터뜨리다
	· 박수를 치다	· 케이크를 자르다	· 생일 선물을 주다

01. 빈칸에 알맞은 것을 쓰십시오.

보기 반 친구 생일에 우리는 (생일 카드를 써서) 어서/아서/여서 친구에게 줬어요.

❶ 저는 '후'하고 (   )었어요/았어요/였어요.

❷ 파티를 하기 전에 우리는 빨간색, 파란색, 노란색, 하얀색 (   ) 었어요/았어요/였어요.

❸ 지난 크리스마스 때 제임스 씨 집에서 (   )었는데/았는데/였는데 아주 재미있었어요.

❹ 사람들이 가수의 노래를 듣고 모두 (   )었어요/았어요/였어요.

02. 밑줄 친 곳에 알맞은 것을 쓰십시오.

오늘은 로라 씨 생일이에요. 우리는 수업이 끝나고 보기 파티했어요 ~~었어요/았어요/였어요~~. 우리는 "생일 축하합니다. 생일 축하합니다. 사랑하는 로라 씨! 생일 축하합니다." 하고 ❶ ________ 었어요/았어요/였어요. 슈와 씨하고 미선 씨는 '팡, 팡' 하고 ❷ ________ 었어요/았어요/였어요. 우리는 ❸ ________ 어서/아서/여서 맛있게 먹고 로라 씨에게 ❹ ________ 었어요/았어요/였어요. 로라 씨는 아주 좋아했어요.

문법 1

EN Grammar JP 文法 CH 语法

-는다, -니?

❶ 나는 운동을 좋아한다.
❷ 우리 고향은 참 아름답다.
❸ 이것은 누구 가방이니?
❹ 어제 친구들과 재미있게 놀았니?

01. **보기 와 같이 반말로 바꾸십시오.**

보기 이 가방이 무겁습니다. ➡ 이 가방이 무겁다.

❶ 한국 노래를 자주 듣습니다.
➡ ______________________________.

❷ 저는 중국 사람입니다.
➡ ______________________________.

❸ 주말에는 회사에 가지 않습니다.
➡ ______________________________.

❹ 저는 연극 동아리에 들었습니다.
➡ ______________________________.

❺ 앞으로 지각하지 않겠습니다.
➡ ______________________________.

❻ 한국 사람이 아닙니까?
➡ ______________________________.

❼ 어떻게 지내십니까?
➡ ______________________________.

❽ 사무실 전화번호를 압니까?
➡ ______________________________.

02. 보기 와 같이 대화를 완성하십시오.

보기 가: 지금 바쁘니?
나: 응, 지금 바쁘다.

❶ 가: 이 건물이 도서관이니?

나: ______________________________.

❷ 가: 보통 몇 시에 일어나니?

나: ______________________________.

❸ 가: 한국에서 어디를 여행했니?

나: ______________________________.

❹ 가: 어디에 가고 싶니?

나: ______________________________.

❺ 가: ______________________________?

나: 지금 책을 읽고 있다.

❻ 가: ______________________________?

나: 보통 12시쯤 잔다.

❼ 가: ______________________________?

나: 주말에 극장에서 한국 영화를 봤다.

❽ 가: ______________________________?

나: 이번 방학에 여행을 가려고 한다.

문법 2

EN Grammar JP 文法 CH 语法

–어 가지고

❶ 생일 선물을 사 가지고 갑시다.

❷ 자료를 복사해 가지고 보고서를 썼어요.

❸ 자동차를 빌려 가지고 여행을 가려고 해요.

❹ 한국말을 배워 가지고 한국 회사에서 일할 거예요.

01. **보기 와 같이 문장을 완성하십시오.**

보기 숙제를 꼭 합니다. / 오세요.
➡ 숙제를 꼭 해 ~~어/아/여~~ 가지고 오세요.

❶ 신청서를 씁니다. / 사무실에 내세요.

➡ ______________ 어/아/여 가지고 ______________________.

❷ 저는 백화점에서 가방을 샀습니다. / 여자 친구에게 줬어요.

➡ ______________ 어/아/여 가지고 ______________________.

❸ 저는 케이크를 잘랐습니다. / 동생과 같이 먹었어요.

➡ ____.

❹ 배운 단어로 문장을 만듭니다. / 오십시오.

➡ ____.

❺ 저는 고기와 채소를 삽니다. / 잡채를 만들 거예요.

➡ ____.

❻ 저는 은행에서 돈을 찾았습니다. / 친구 생일 선물을 샀어요.

➡ ____.

❼ 저는 도서관에서 책을 빌렸습니다. / 읽었어요.

➡ ______________________________.

❽ 떡볶이를 만들었습니다. / 가족들과 맛있게 먹었어요.

➡ ______________________________.

02. 보기 와 같이 대화를 완성하십시오.

보기 가: 친구 집에 갈 때 무엇을 사 가지고 갔어요?
나: 과일을 사 ~~어/아~~/여 가지고 갔어요.

❶ 가: 언제까지 보고서를 써 가지고 와야 합니까?

나: ______________ 어/아/여 가지고 ______________.

❷ 가: 고기를 사서 뭘 만들려고 해요?

나: ______________ 어/아/여 가지고 ______________.

❸ 가: 채소를 씻어서 어떻게 할까요?

나: ______________ 어/아/여 가지고 ______________.

❹ 가: 용돈을 받아서 뭘 할 거예요?

나: ______________________________.

❺ 가: 편지를 써서 누구한테 보냈습니까?

나: ______________________________.

❻ 가: 한국말을 배워서 뭘 하려고 해요?

나: ______________________________.

❼ 가: 내일 등산을 가는데 뭘 준비할까요?

나: ______________________________.

❽ 가: 왜 이렇게 음식을 많이 만들어요?

나: ______________________________.

활동

생일 파티를 했습니까? 보기 와 같이 써 봅시다.

보기 작년 생일에 좀 늦게 일어나서 아침도 먹지 못하고 학교에 갔는데 반 친구들이 생일 축하 노래를 불러 줬다. 케이크와 과자와 음료수도 사 가지고 왔다. 친구들과 같이 케이크와 과자를 맛있게 먹었다. 생일 카드와 예쁜 장갑도 받았다. 처음 외국에서 보낸 생일이었는데 친구들 덕분에 즐거운 시간을 보냈다.

03 내일 한 시까지 모두 모여라

학습 목표 과제 모임 관련 어휘를 익혀서 활용할 수 있다.
'반말(-어라)', '-고말고요' 표현을 익혀서 활용할 수 있다.

민철 : 다음 주는 우리 조가 발표해야 할 차례야. 내일 한 시까지 모두 모여라. 발표 연습해야 돼.

아마라 : 선배님, 저는 내일 중요한 약속이 있는데 어떻게 하지요?

민철 : 그럼 토요일 모임에는 빠지지 마라. 올 거지?

아마라 : 가고말고요. 토요일에 뵐게요.

새 어휘

EN New Vocabulary JP 新しい語彙 CH 生词

조	• 과제 발표는 5명이 한 조가 되어서 준비하세요. • 우리 조 발표가 내일이어서 오늘 모두 모여서 연습을 했어요.
차례	• 제임스 씨의 발표가 끝났습니다. 다음 차례는 누구입니까? • 책의 차례를 보니까 이 책에 좋은 정보가 많을 것 같아요.
연습하다	• 날마다 한국어 발음을 연습해서 많이 좋아졌어요. • 뭐든지 처음부터 잘하는 사람은 없어요. 열심히 연습하세요.
선배	• 신입생 환영회 때 과 선배들이 재미있는 노래를 가르쳐 줬어요. • 제 친구는 멋있는 남자 선배들이 많은 연극 동아리에 들었어요.
빠지다	• 친구하고 놀고 싶어서 수업에 빠진 적이 있어요? • 다음 모임에는 한 사람도 빠지지 말고 모두 나오셔야 합니다.
뵈다	• 방학 때 할머니를 뵈러 부산에 갔어요. • 저는 그 분을 어제 처음 봬서 잘 몰라요.

01. 빈칸에 알맞은 것을 쓰십시오.

보기 처음에는 동아리 (선배가)이/가 무서워서 말을 못했어요.

❶ 그 친구는 동창회에 ( )은/ㄴ 적이 없는데 오늘은 안 왔어요.
❷ 제가 더 일찍 왔어요. ( )을/를 지키세요.
❸ 앞으로 발표하는 날까지 일주일에 한 번 ( ) 모임을 하겠습니다.
❹ 나중에 교수님을 ( )으면/면 말씀드리겠습니다.

02. 밑줄 친 곳에 알맞은 것을 쓰십시오.

조금 후에 우리 과 학생들과 경제학과 학생들이 농구 경기를 해요. 한 달 전부터 주말마다 한 명도 보기 빠지지 않고 열심히 ❶ ________ 었으니까/았으니까/였으니까 잘할 수 있을 것 같아요. 농구 경기를 한 후에는 모두 같이 저녁을 먹으러 갈 거예요. 며칠 전에 한 번 ❷ ________ 었던/았던/였던 ❸ ________ 님이 오셔서 맛있는 저녁을 사 주실 거예요. 아! 지금 다른 과 경기가 끝났어요. 다음은 우리 ❹ ________ 이에요/예요.

주제 어휘

EN Thematic Vocabulary JP テーマ語彙 CH 主题词汇

과제 모임	• 조	• 조장	• 조원	• 일을 맡다
	• 내용을 정리하다	• 피피티(PPT)를 만들다	• 발표자	• 발표하다

01. 관계있는 것을 연결하고 보기 와 같이 문장을 완성하십시오.

보기 발표하다 ---------- 다른 학생들 앞에서 준비한 것을 이야기해요.

❶ 조 • • 과제 모임을 할 때 이 사람이 없으면 안 돼요.
❷ 조장 • • 다른 학생들 앞에서 준비한 것을 이야기하는 사람이에요.
❸ 조원 • • 같이 과제 발표를 준비하는 사람들이에요.
❹ 발표자 • • 같이 과제 발표를 준비하는 모임이에요.

02. 밑줄 친 곳에 알맞은 것을 쓰십시오.

가: 오늘 모임에 빠진 보기 조원이 ~~이/가~~ 2명 있는데 마리아 씨가 오늘 이야기한 ❶ ___________ 어서/아서/여서 이메일로 보내 주십시오.

나: 네, 알겠습니다.

가: 그럼 누가 ❷ ___________ 겠습니까? 컴퓨터를 잘하는 사람이 했으면 좋겠습니다.

다: 제 전공이 컴퓨터공학이니까 제가 하겠습니다.

라: 그럼 저는 무슨 ❸ ___________ 어서/아서/여서 할까요?

가: 미선 씨는 말을 잘하니까 ❹ ___________ 었으면/았으면/였으면 좋겠습니다. 모두 힘들겠지만 다음 모임 때까지 준비를 잘 해 주십시오.

문법 1

EN Grammar JP 文法 CH 语法

-어라

❶ 추우니까 옷을 따뜻하게 입어라.
❷ 바람이 많이 부니까 창문을 닫아라.
❸ 집에 오면 놀지 말고 숙제부터 해라.
❹ 신발을 신고 방에 들어가지 마라.

01. **보기 와 같이 반말로 바꾸십시오.**

보기 손부터 씻으십시오. ➡ 손부터 씻어라.

❶ 여기서 기다리십시오.
➡ ______________________.

❷ 내일 3시에 오십시오.
➡ ______________________.

❸ 열심히 공부하십시오.
➡ ______________________.

❹ 저한테 말씀하십시오.
➡ ______________________.

❺ 일찍 주무십시오.
➡ ______________________.

❻ 울지 마십시오.
➡ ______________________.

❼ 떠들지 마십시오
➡ ______________________.

❽ 너무 많이 드시지 마십시오.
➡ ______________________.

02. 이 사람에게 어떻게 말하겠습니까? 보기 와 같이 문장을 완성하십시오.

보기 늦게 자고 늦게 일어나는 방 친구에게
→ 일찍 자고 일찍 일어나라 어라/아라/여라.

항상 지각하는 친구에게

❶ → ______________________ 어라/아라/여라.

약속을 잘 지키지 않는 후배에게

❷ → ______________________ 어라/아라/여라.

부모님께 연락을 드리지 않는 후배에게

❸ → ______________________.

부모님 말씀을 잘 듣지 않는 아이에게

❹ → ______________________.

방 청소를 하지 않는 동생에게

❺ → ______________________.

수업 시간에 휴대전화를 보는 친구에게

❻ → ______________________.

날마다 술을 마시는 후배에게

❼ → ______________________.

채소를 먹지 않고 고기만 먹는 아이에게

❽ → ______________________.

문법 2

EN Grammar JP 文法 CH 语法

-고말고요

❶ 가: 김치를 좋아하지요?

나: 좋아하고말고요. 한국 음식은 뭐든지 잘 먹어요.

❷ 가: 여기서 지하철역이 가까워요?

나: 가깝고말고요. 걸어서 5분쯤 걸려요.

❸ 가: 한국에서 크리스마스는 휴일이지요?

나: 휴일이고말고요. 회사에 안 가요.

❹ 가: 보고서를 썼어요?

나: 쓰고말고요. 어제 끝냈어요.

02. **보기 와 같이 대화를 완성하십시오.**

보기 가: 학교 생활이 재미있지요?
나: 재미있고말고요. 친구들도 많이 사귀고 동아리에도 들었어요.

❶ 가: 부모님이 보고 싶지요?

나: ____________고말고요. 빨리 방학이 됐으면 좋겠어요.

❷ 가: 휴대전화가 참 편리하지요?

나: ____________고말고요. 휴대전화가 없으면 못 살 것 같아요.

❸ 가: 도서관에 가 봤어요? 책이 많아요?

나: ____________________. 새로 나온 책도 다 있어요.

❹ 가: 숙제를 다 했어?

나: ______________________. 한 시간 전에 끝냈어요.

❺ 가: 피아노 연습을 열심히 하고 있지?

나: ______________________. 날마다 밤늦게까지 연습해요.

❻ 가: 그 말이 사실이에요?

나: ______________________. 제가 신문에서 봤어요.

❼ 가: 제 결혼식에 와 주실 거지요?

나: ______________________. 다음 주 토요일 11시지요?

❽ 가: 이 옷을 입어 봐도 돼요?

나: ______________________. 탈의실은 저쪽에 있습니다.

02. 보기 와 같이 대화를 완성하십시오.

> 보기 가: 다음 달에 캐나다로 여행을 가고 싶은데 날씨가 좋을까요?
> 나: 좋고말고요. 5월에는 덥지도 않고 춥지도 않아요.

가: 캐나다 경치가 아름다워요?

나: ❶ ______________고말고요.

가: 구경할 것이 많아요?

나: ❷ ______________고말고요. 산, 바다, 건물 등 구경할 게 아주 많아요.

가: 교통은 어때요? 편리해요?

나: ❸ ____________________. 버스가 많아서 어디든지 편리하게 갈 수 있어요.

가: 배를 타고 구경하고 싶은데 배도 탈 수 있을까요?

나: ❹ ____________. 캐나다에서 배로 구경하는 사람들도 많아요.

가: 음식은 어때요? 맛있는 음식이 있어요?

나: ❺ ____________. 생선 요리도 맛있고 바비큐도 유명해요.

가: 사람들은 친절해요?

나: ❻ ____________. 제 고향 사람들은 성격이 밝고 친절해요.

가: 저 혼자 여행을 갈 건데 괜찮을까요?

나: ❼ ____________. 제 친구도 혼자 캐나다 여행을 했어요.

가: 그럼 자세한 여행 정보를 찾을 수 있는 사이트 좀 알려 주실래요?

나: ❽ ____________________. 재미있게 여행하세요.

활동

여러분은 과제 발표를 하기 위해서 조 모임을 한 적이 있습니까? 보기 와 같이 대화해 봅시다.

보기 가: 선배님, 과제 발표 조 모임을 하는데 뭘 준비해야 돼요?
나: 처음에는 조 모임에 참석하는 것이 중요해. 모임에 빠지지 말고 꼭 가라.
가: 가고말고요. 그런데 모임에 가서 제가 뭘 해야 할까요?
나: 조장과 다른 조원의 말을 잘 듣고 맡은 일을 열심히 해라.

04 뒤풀이를 하는 한국 문화에 대해서 들은 적이 있어

학습 목표 뒤풀이 관련 어휘를 익혀서 활용할 수 있다.
'에 대해서', '반말(-자)' 표현을 익혀서 활용할 수 있다.

마리아 : 오늘 저녁 약속이 있어?

원 : 오늘은 동아리 공연이 끝나고 뒤풀이가 있어.

마리아 : 그래? 재미있겠다. 한국 친구한테서 행사 후에 뒤풀이를 하는 한국 문화에 대해서 들은 적이 있어.

원 : 선배들하고 친해질 수 있는 좋은 기회니까 너도 같이 가자.

새 어휘

EN New Vocabulary JP 新しい語彙 CH 生词

공연	• 그 연극은 날마다 4시와 7시에 공연을 해요. • 한국 가수 공연을 봤는데 참 재미있었어요.
뒤풀이	• 우리는 공연이 끝나고 술집에 가서 뒤풀이를 했어요. • 오늘 봉사 활동이 끝난 후에 뒤풀이가 있으니까 모두 참석하세요.
행사	• 오늘 학교에서 영화 상영, 가수 공연 등 여러 가지 행사가 있으니까 보러 오세요. • 이번 달에는 언니 결혼식, 남동생 생일 등 가족 행사가 많아요.
문화	• 한국말과 한국 문화를 배우기 위해서 한국에 왔어요. • 나라마다 음식 문화가 달라요. 먹는 음식도 다르고 식사 예절도 달라요.
기회	• 한국에 유학을 오니까 한국말로 말할 기회가 많아서 좋아요. • 미국에 갈 기회가 없어서 아직 못 가 봤어요.

01. 빈칸에 알맞은 것을 쓰십시오.

보기 주말에 남산에서 국악 (공연을)을/를 하는데 같이 보러 갑시다.

❶ 박물관에 가면 그 나라의 역사와 (　　　　　)을/를 배울 수 있어요.

❷ 이번 여행은 많은 것을 배울 수 있는 좋은 (　　　　　)이/가 될 거예요.

❸ 올림픽은 여러 나라 사람들이 모여서 하는 국제 스포츠 (　　　　　)이에요/예요.

❹ 회사 사람들과 등산을 한 후에 식당에 가서 (　　　　　)을/를 했어요.

02. 밑줄 친 곳에 알맞은 것을 쓰십시오.

오늘 신입생들을 위한 보기 행사가 이/가 있어요. 노래, 춤, 연극, 마술 동아리 선배들이 와서 여러 가지 재미있는 ❶__________ 을/를 할 거예요. 그리고 행사가 끝난 후에는 학교 근처 술집에 가서 ❷__________ 을/를 할 거예요. 이번 모임은 신입생들이 대학 생활과 대학 ❸__________ 을/를 배울 수 있는 좋은 ❹__________ 이/가 될 거예요. 그러니까 신입생 여러분, 오늘 모임에 꼭 참석해 주세요.

주제 어휘

EN Thematic Vocabulary JP テーマ語彙 CH 主题词汇

뒤풀이

- 뒤풀이
- 2차
- 술자리
- 분위기
- 즐겁다
- 건배하다
- 한잔하다
- 회비를 내다

01. 빈칸에 알맞은 것을 쓰십시오.

보기 우리 동아리에서 이번 달에 춘천으로 여행을 가는데 여행을 갈 사람들은 모두 3만 원씩 (회비를 내세요)~~으세요/세요~~.

❶ 무엇을 할 때 가장 (　　　　　　)어요?/아요?/여요?

❷ 오늘 아주 힘들었는데 (　　　　　　)을까요?/ㄹ까요?

❸ 저는 술을 좋아하지 않아서 (　　　　　　)에 자주 가지 않아요.

❹ 내일이 여자 친구 생일인데 (　　　　　　)이/가 좋은 식당이 있으면 알려 주세요.

02. 밑줄 친 곳에 알맞은 것을 쓰십시오.

어제는 수업 종강 날이었어요. 그래서 수업 후에 모두 같이 학교 근처에 있는 식당에 가서 저녁을 먹었어요. 그리고 보기 2차는 ~~은/는~~ 술집으로 갔어요. 술자리 ❶ ＿＿＿＿＿＿＿ 은/는 정말 편하고 좋았어요. 이야기도 많이 나누고 ❷ ＿＿＿＿＿ 게 놀았어요. 우리는 술을 마실 때 "우리의 사랑과 미래를 위해서" 하고 ❸ ＿＿＿＿＿＿＿ 었어요/았어요/였어요. 모임이 끝나고 우리는 만 원씩 ❹ ＿＿＿＿＿＿＿ 었어요/았어요/였어요.

문법 1

EN Grammar JP 文法 CH 语法

에 대해서

❶ 친구들과 취미에 대해서 이야기했어요.

❷ 교수님, 이번 시험에 대해서 알려 주세요.

❸ 오늘 수업 시간에 한국의 경제에 대해서 발표했어요.

❹ 이 책은 한국 문화에 대한 책이에요.

01. 보기 와 같이 문장을 완성하십시오.

보기 리에 씨의 고향에 대해서 이야기해 주세요. (고향)

❶ 저는 ______________ 에 대해서 보고서를 썼어요. (한국 역사)

❷ 선생님께서 ______________ 에 대해서 가르쳐 주셨어요. (한국의 음식 문화)

❸ 어제 만난 ______________________ 이야기 좀 해 봐. (사람)

❹ 이 음식의 ______________________ 물어봤어요. (재료)

❺ 마이클 씨는 ______________________ 많이 알고 있어요. (자동차)

❻ 이 잡지는 ______________________ 에 대한 잡지예요. (여행)

❼ 이 영화는 ______________________ 영화예요. (가족의 사랑)

❽ 우리는 ______________________ 이야기를 나눴어요. (축구)

02. 보기 와 같이 대화를 완성하십시오.

보기 가: 친구와 무엇에 대해서 이야기했어요?
나: 한국 문화에 대해서 이야기했어요.

❶ 가: 조교님께 무엇에 대해서 물어봤어요?

나: ____________에 대해서 물어봤어요.

❷ 가: 마리아 씨는 야구에 대해서 잘 아세요?

나: 아니요, 저는 ____________에 대해서 하나도 몰라요.

❸ 가: 무슨 일로 오셨어요?

나: ________________________ 알고 싶어서 왔는데요.

❹ 가: 리에 씨는 한국의 무엇에 관심이 많아요?

나: ____.

❺ 가: 멀티미디어실에서 상영하고 있는 영화는 무엇에 대한 내용이에요?

나: ____.

❻ 가: 왜 여행사에 전화했어요?

나: ____.

❼ 가: 앞으로 대학교에 입학하면 무엇을 공부할 거예요?

나: ____.

❽ 가: 무슨 책을 찾으세요?

나: ____.

문법 2

EN Grammar JP 文法 CH 语法

-자

❶ 내일 같이 연극을 보러 가자.

❷ 날씨가 더우니까 냉면을 먹자.

❸ 밖이 시끄러우니까 창문을 열지 말자.

❹ 비가 많이 오니까 내일 등산을 가지 말자.

01. **보기 와 같이 반말로 바꾸십시오.**

보기 내일 1시에 만납시다. ➡ 내일 1시에 만나자.

❶ 심심하니까 TV를 봅시다. ➡ ________________.

❷ 오늘 같이 점심을 먹읍시다. ➡ ________________.

❸ 주말에 같이 테니스를 칩시다. ➡ ________________.

❹ 이번 공연에서 이 노래를 부릅시다. ➡ ________________.

❺ 오늘 저녁에 김밥을 만듭시다. ➡ ________________.

❻ 술을 마시지 맙시다. ➡ ________________.

❼ 매운 음식을 시키지 맙시다. ➡ ________________.

❽ 바람이 많이 부니까 밖에 나가지 맙시다. ➡ ________________.

02. 보기 와 같이 대화를 완성하십시오.

보기 가: 무슨 케이크를 살까?
나: 초콜릿 케이크를 사자.

❶ 가: 점심에 뭘 먹을까?

나: ______________________________자.

❷ 가: 우리 어디에서 공부할까?

나: ______________________________자.

❸ 가: 저녁을 먹을까? 영화를 볼까? 뭐부터 할까?

나: 우선 ______________________________.

❹ 가: 무슨 음악을 들을까?

나: ______________________________.

❺ 가: 이걸 살까?

나: 아니, 그건 비싸니까 ______________________________.

❻ 가: 버스를 타고 갈까?

나: 아니, ______________________________.

❼ 가: 웨이가 왜 아직 안 올까?

나: ______________________________.

❽ 가: 지금 식당에 가면 사람들이 많을 것 같아.

나: 그럼, ______________________________.

활동

한국에서 뒤풀이에 가 본 적이 있습니까? 보기 와 같이 친구에게 이메일을 써 봅시다.

보기 민수야, 안녕?

오늘 뭐 했어? 난 오늘 종강 날이어서 친구들과 뒤풀이를 했어. 저녁도 먹고 술도 마셨는데 정말 즐거웠어. 지난번에 네가 뒤풀이에 대해서 말해 준 적이 있는데 오늘 가 보니까 정말 재미있었어. 술자리에서 편하게 이야기를 많이 했어. 그리고 2차는 노래방으로 갔는데 한국 노래를 몰라서 중국 노래를 불렀어. 친구들이 박수를 많이 쳐 줘서 기분이 좋았어. 다음에는 한국 노래를 부를 거야. 시간이 있으면 노래방에 같이 가자.

제5과

쇼핑

01 다른 구매 사이트에 비해서 값이 훨씬 싸
02 여기는 구경거리가 참 많구나
03 10분 정도밖에 안 걸릴 거야
04 쓰던 물건을 싸게 살 수 있어

01 다른 구매 사이트에 비해서 값이 훨씬 싸

학습 목표 모바일 쇼핑 관련 어휘를 익혀서 활용할 수 있다.
'에 비해서', '-기는 하지만' 표현을 익혀서 활용할 수 있다.

미선 : 에리코, 이 시계 어때?

에리코 : 예쁘다. 새로 샀니?

미선 : 응, 며칠 전에 공동 구매 사이트에서 샀어. 다른 사이트에 비해서 값도 훨씬 싸고 결제도 휴대전화로 해서 아주 편했어. 내가 사이트를 알려 줄까?

에리코 : 공동 구매를 하면 물건 값이 싸기는 하지만 가끔 품질이 안 좋을 때가 있어. 난 물건을 직접 보고 사는 게 더 좋아.

새 어휘

EN New Vocabulary JP 新しい語彙 CH 生词

공동 구매 사이트	• 많은 사람들이 같이 싸게 살 수 있는 공동 구매 사이트에서 가방을 샀어요. • 공동 구매 사이트에서 내일까지 신발을 70% 세일하니까 들어가 보세요.
훨씬	• 시골보다 도시에 사람들이 훨씬 많이 살아요. • 부산에 케이티엑스(KTX)로 가면 버스로 가는 것보다 훨씬 빨리 갈 수 있어요.
결제	• 손님, 모두 오만 원입니다. 결제는 어떻게 하시겠습니까? • 인터넷으로 물건을 살 때 결제 방법은 여러 가지가 있어요.
공동 구매하다	• 우리 과 선배와 후배들이 컴퓨터를 공동 구매해서 싸게 샀어요. • 사람들이 필요한 것을 더 싸게 사기 위해서 공동 구매해요.
물건	• 제 방에는 물건이 많지 않아요. 침대와 책상, 옷걸이가 있어요. • 어디에 가면 싸고 좋은 물건을 살 수 있어요?
품질	• 이 회사에서 만든 냉장고는 품질이 좋아요. 저도 20년이나 썼어요. • 그 가게는 물건 값도 싸고 품질도 나쁘지 않으니까 한번 가 보세요.
직접	• 김밥을 사지 않고 제가 직접 만들었는데 좀 드셔 보세요. • 저는 어제 서점에서 그 배우를 직접 봤는데 영화에서 본 것보다 훨씬 더 멋있었어요.

01. 관계있는 것을 연결하십시오.

보기 품질 ------------- 이것이 좋으면 오래 사용할 수 있어요.

❶ 직접 • • 책, 옷, 휴대전화 등이에요.

❷ 공동 구매하다 • • 다른 사람의 도움을 받지 않고 해요.

❸ 공동 구매 사이트 • • 같은 물건을 여러 사람이 같이 사요.

❹ 물건 • • 여러 사람이 같은 것을 싸게 살 수 있는 인터넷 사이트예요.

02. 밑줄 친 곳에 알맞은 것을 쓰십시오.

여러분은 보기 물건을 을/를 살 때 어디에서 사세요? 보통 저는 시장이나 백화점에 ❶ ______ 가서 물건을 사요. 인터넷으로 물건을 사는 것보다 시간이 ❷ ______ 많이 걸리지만 재미있는 것도 구경할 수 있고 ❸ ______ 이/가 좋은 물건을 찾을 수 있어서 좋아요. 그리고 어디에서든지 카드로 ❹ ______ 을/를 할 수 있어서 편리해요.

주제 어휘

EN Thematic Vocabulary JP テーマ語彙 CH 主题词汇

모바일 쇼핑

- 모바일 • 앱(애플리케이션) • 회원 가입 • 주문하다 • 결제하다
- 공동 구매하다 • 배달하다 • 배달되다 • 모바일 상품권

01. 빈칸에 알맞은 것을 쓰십시오.

보기 어제 식당에서 밥을 먹은 후에 카드로 (결제했어요)었어요/았어요/였어요.

❶ 제 친구들은 휴대전화로 ( ) 게임을 많이 해요.

❷ 우리 집으로 꽃이 ( )었는데/았는데/였는데 보낸 사람의 이름이 없었어요.

❸ 인터넷으로 물건을 많이 사니까 만 원짜리 ( )을/를 줬어요.

❹ ( )으신/신 물건은 3일 후에 받으실 수 있습니다.

02. **밑줄 친 곳에 알맞은 것을 쓰십시오.**

손 안에서 쇼핑을, 쇼핑도 똑똑하게!

바빠서 물건을 사러 갈 시간이 없으세요? 오늘부터 휴대전화로 보기 모바일 쇼핑을 해 보세요. 휴대전화 ❶ ________ 에 ❷ ________ 을/를 하시면 언제 어디에서든지 필요한 물건을 ❸ ________ 으실/실 수 있습니다.

값도 싸고 물건을 집까지 ❹ ________ 어/아/여 주니까 아주 편리해요.

문법 1

EN Grammar JP 文法 CH 语法

에 비해서

❶ 오늘은 어제에 비해서 많이 덥겠습니다.

❷ 6개월 전에 비해서 한국말 실력이 좋아졌어요.

❸ 우리 하숙집은 다른 하숙집에 비해서 방이 넓어요.

❹ 그 사람은 나이에 비해 아는 것이 아주 많아요.

01. 보기 와 같이 문장을 완성하십시오.

보기 중간시험 / 기말시험이 어려웠어요
➡ 중간시험에 비해서 기말시험이 어려웠어요.

❶ 작년 / 올해 눈이 자주 내려요.

➡ ____________ 에 비해서 ______________________.

❷ 다른 도시 / 서울이 훨씬 복잡해요

➡ ____________ 에 비해서 ______________________.

❸ 동생 / 형이 한국말을 더 잘해요

➡ ______________________________________.

❹ 다른 과 / 우리 과에는 여학생이 많아요

➡ ______________________________________.

❺ 지난달 / 이번 달에 돈을 많이 썼어요

➡ ______________________________________.

❻ 낮 / 밤이 길어요

➡ 겨울에는 ______________________________.

❼ 값 / 음식 맛이 좋아요

➡ 그 식당은 ______________________________.

❽ 학생 수 / 학생 식당이 좁아요

➡ 우리 학교는 ____________________________.

02. 보기 와 같이 대화를 완성하십시오.

보기 가: 웨이 씨 학교는 캠퍼스가 넓어요?
나: 다른 학교 캠퍼스에 비해서 넓어요 ~~어요/아요/여요~~.

❶ 가: 아마라 씨 고향은 날씨가 어때요? 서울하고 비슷해요?

나: ____________에 비해서 ________________어요/아요/여요.

❷ 가: 동대문시장 물건 값이 싸요? 남대문시장 물건 값이 싸요?

나: ____________에 비해서 ________________어요/아요/여요.

❸ 가: 언니와 동생 중에서 누가 더 키가 커요?

나: ____.

❹ 가: 최 교수님 수업을 듣고 싶은데 수업이 어려울까요?

나: ____.

❺ 가: 왜 사람들이 그 회사에 들어가고 싶어해요?

나: ____.

❻ 가: 이 옷은 값이 별로 비싸지 않은데 품질이 좋은 것 같아요.

나: ____.

❼ 가: 집에 방이 이렇게 많아요? 가족이 3명 아니에요?

나: ____.

❽ 가: 미선 씨는 많이 먹는 것 같은데 아주 날씬해요.

나: ____

문법 2

EN Grammar JP 文法 CH 语法

-기는 하지만

❶ 그 사람을 알기는 하지만 친하지 않아요.

❷ 밤에 일찍 자기는 하지만 아침에 일찍 못 일어나요.

❸ 한국 친구가 있기는 하지만 바빠서 자주 만나지 못해요.

❹ 지난번에 갔던 호텔이 넓고 좋기는 했지만 너무 비쌌어요.

01. **관계있는 것을 연결하고 보기 와 같이 문장을 완성하십시오.**

보기 옷이 예뻐요 -------------------- 값이 너무 비싸요

❶ 한국말이 어려워요 •	• 맛있어요
❷ 하숙집이 가까워요 •	• 열심히 하지 않아요
❸ 닭갈비가 매워요 •	• 잘 쓰지 못했어요
❹ 운동을 해요 •	• 더 먹을 수 있어요
❺ 배가 불러요 •	• 피곤해요
❻ 지난 주말에 쉬었어요 •	• 기억이 잘 나지 않아요
❼ 책을 읽었어요 •	• 재미있어요
❽ 보고서를 썼어요 •	• 좀 시끄러워요

보기 옷이 예쁘기는 하지만 값이 너무 비싸요.

❶ ______________ 기는 하지만 ______________.

❷ ______________ 기는 하지만 ______________.

❸ ______________.

❹ ______________.

❺ ______________.

❻ ______________.

❼ ______________.

❽ ______________.

02. 보기 와 같이 대화를 완성하십시오.

보기 가: 한국 생활이 재미있지요?
나: 재미있기는 하지만 조금 힘들어요 ~~어요/아요/여요~~.

❶ 가: 여행을 좋아하시지요? 여행을 자주 가세요?

나: ______________ 기는 하지만 ______________ 어요/아요/여요.

❷ 가: 고향에 있는 가족이 보고 싶지요?

나: ______________ 기는 하지만 ______________ 어요/아요/여요.

❸ 가: 지금 밖에 비가 와요?

나: ______________.

❹ 가: 술을 잘 마셔요?

나: ______________.

⑤ 가: 스키를 탈 수 있어요? 잘 타세요?

나: ____.

⑥ 가: 숙제를 했지요? 선생님께 드렸어요?

나: ____.

⑦ 가: 조금 전에 점심을 드셨는데 또 빵을 드세요?

나: ____.

⑧ 가: 리에 씨는 프랑스어를 배웠으니까 이 책을 읽을 수 있겠어요.

나: ____.

활동

모바일 쇼핑을 한 적이 있어요? 보기 와 같이 써 봅시다.

보기 며칠 전에 저는 모바일 공동 구매 사이트에서 바지를 주문했어요. 오늘 옷이 집으로 배달되었는데 값에 비해서 품질이 좋은 것 같아요. 그런데 입어 보니까 예쁘기는 하지만 조금 작아요.

____

____

____

02 여기는 구경거리가 참 많구나

학습 목표 시장 관련 어휘를 익혀서 활용할 수 있다.
'-는구나', '이나' 표현을 익혀서 활용할 수 있다.

리에 : 여기는 구경거리가 참 많구나. 넌 여기에 자주 와?

마리아 : 응, 디자인이 예쁜 옷이 많아서 자주 와.

리에 : 이거 요즘 유행하는 옷이다. 그런데 사람이 너무 많아서 고르기가 힘들어.

마리아 : 복잡하니까 오늘은 구경이나 하자.

새 어휘

EN New Vocabulary JP 新しい語彙 CH 生词

구경거리	• 인사동에 가면 구경거리가 많아요. 옛날 물건도 볼 수 있고 재미있는 공연도 볼 수 있어요. • 명동에는 구경거리가 많아서 외국인들도 많이 가요.
디자인	• 이 휴대전화는 디자인이 예뻐서 인기가 많아요. • 저는 물건을 살 때 값보다 디자인을 더 중요하게 생각해요.
요즘	• 전에는 종이책을 많이 읽었는데 요즘은 컴퓨터나 휴대전화로 책을 보는 사람도 많아요. • 요즘 어떻게 지내요?
유행하다	• 이번 여름에는 짧은 바지가 유행해서 짧은 바지를 입은 사람이 많아요. • 요즘 유행하는 노래를 알면 좀 가르쳐 주세요.
고르다	• 맛있는 아이스크림이 많아서 하나만 고르기가 힘들어요. • 여기에서 네가 사고 싶은 것을 골라.

01. 빈칸에 알맞은 것을 쓰십시오.

보기 그 식당에서는 먹고 싶은 음식을 (골라서)어서/아서/여서 먹을 수 있어요.

❶ 부산에는 먹을 것도 많고 ( )도 많아서 사람들이 여행을 많이 가요.

❷ 좀 비싸지만 ( )이/가 멋있어서 이 휴대전화를 샀어요.

❸ 잡지를 보면 요즘 ( )는/은/ㄴ 옷을 알 수 있어요.

❹ ( ) 저는 학교 체육관에서 저녁마다 운동을 해요.

02. 밑줄 친 곳에 알맞은 것을 쓰십시오.

저는 보기 디자인을 을/를 전공하고 있어요. 그래서 ❶__________는/은/ㄴ 옷을 보러 동대문시장이나 명동에 자주 갑니다. 거기에 가면 옷가게도 많고 이것저것 ❷__________도 많아요. 한 시간쯤 구경을 하면 ❸__________ 유행하는 옷을 알 수 있어요. 가끔 옷을 살 때도 있는데 예쁜 옷이 많아서 ❹__________기가 좀 힘들어요.

주제 어휘

EN Thematic Vocabulary JP テーマ語彙 CH 主题词汇

시장	• 꽃 시장 • 수산 시장 • 전통 시장 • 새벽 시장 • 구경거리 • 먹을거리 • 깎다 • 장을 보다 • 장바구니

01. 빈칸에 알맞은 것을 쓰십시오.

보기 저녁에 집에 손님이 오실 거예요. 그래서 시장에 (장을 보러)으러/러 갔어요.

❶ 저는 생선을 좋아해서 싸고 좋은 생선을 사러 (   )에 자주 갑니다.

❷ 봄이 되니까 (   )에 꽃을 사러 온 사람이 많아졌어요.

❸ 큰 마트에 갈 때는 (   )을/를 가지고 가야 해요.

❹ 밤 12시에 친구와 같이 동대문 (   )에 갔어요.

02. 밑줄 친 곳에 알맞은 것을 쓰십시오.

여러분은 어디에서 보기 장을 보세요? 으세요?/세요?

저는 마트보다 ❶__________에 더 자주 갑니다. 마트에 비해서 불편하기는 하지만 시장에 가면 이것저것 ❷__________도 많고 여러 가지 반찬, 떡볶이, 튀김 등 ❸__________도 많아서 재미있습니다. 또 시장에서는 아주머니가 물건 값을 ❹__________어/아/여 줄 때도 있습니다.

문법 1

EN Grammar JP 文法

–는구나

❶ 그림을 잘 그리는구나.

❷ 너희 학교는 캠퍼스가 넓구나.

❸ 벌써 다음 주가 종강이구나.

❹ 여행을 가서 사진을 많이 찍었군요.

01. 보기 와 같이 문장을 바꾸십시오.

보기 미선이가 아주 열심히 공부해.
➡ 미선이가 아주 열심히 공부하는구나 는구나/구나.

❶ 저기 버스가 와. ➡ ____________________ 는구나/구나.

❷ 경치가 참 아름답다. ➡ ____________________ 는구나/구나.

❸ 저 사람이 민수 동생이야. ➡ ____________________.

❹ 이 김치가 참 매워. ➡ ____________________.

❺ 바람이 많이 불어. ➡ ____________________.

❻ 영수가 노래를 잘 불러. ➡ ____________________.

❼ 그렇습니다. ➡ ____________________.

❽ 벌써 한 학기가 끝났습니다. ➡ ____________________.

02. 보기 와 같이 대화를 완성하십시오.

보기 가: 여기가 우리 학교 도서관이야.
나: 책이 정말 많구나 ~~는구나/구나~~.

❶ 가: 날마다 밤 11시까지 일해요.

나: ______________________________는구나/구나.

❷ 가: 내가 만든 케이크야.

나: ______________________________는구나/구나.

❸ 가: 이 사진에 있는 사람이 내 남자 친구야.

나: ______________________________.

❹ 가: 나는 저녁마다 교과서 시디(CD)를 들어.

나: ______________________________.

❺ 가: 저는 한 달에 7번쯤 영화를 봐요.

나: ______________________________.

❻ 가: 우리 오빠는 키가 190cm야.

나: ______________________________.

❼ 가: 제 고향에는 눈이 10cm나 내렸어요.

나: ______________________________.

❽ 가: 한 달에 책을 10권쯤 읽어요.

나: ______________________________.

문법 2

EN Grammar JP 文法 CH 语法

이나

❶ 시험도 끝났는데 영화나 볼까요?
❷ 이번 주말에는 잠이나 자려고 해요.
❸ 시간이 있으면 커피나 한 잔 합시다.
❹ 공원에 가서 산책이나 합시다.

01. 보기 와 같이 하나를 고르고 문장을 바꾸십시오.

보기 술을 마시고 싶지만 운전을 해야 합니다.
☑ 녹차 ☐ 주스 ☐ 커피
➡ 녹차나 ~~이나/나~~ 마시겠습니다.

❶ 친구 생일인데 좋은 선물을 주고 싶지만 돈이 많지 않습니다.
☐ 장미꽃 ☐ 케이크 ☐ 초콜릿
➡ ______________________ 이나/나 삽시다.

❷ 갈비를 먹고 싶지만 너무 비쌉니다.
☐ 김밥 ☐ 돈가스 ☐ 떡볶이
➡ ______________________ 이나/나 먹겠습니다.

❸ 배가 고픈데 집에 밥이 없습니다.
☐ 라면 ☐ 우유 ☐ 과자
➡ 엄마, ______________________.

❹ 산책을 하고 싶지만 비가 옵니다.
☐ TV ☐ 만화책 ☐ DVD
➡ 집에서 ______________________.

❺ 날씨가 좋은데 약속이 없습니다.
☐ 산책 ☐ 숙제 ☐ 혼자 쇼핑
➡ ______________________.

❻ 주말인데 친구가 약속을 취소했습니다.
☐ 청소 ☐ 잠 ☐ 빨래
➡ ______________________.

❼ 스키를 좋아하지만 스키장이 너무 멉니다.
☐ 농구 ☐ 스케이트 ☐ 자전거
➡ ______________________________.

❽ 곧 방학입니다.
☐ 아르바이트 ☐ 동아리 활동 ☐ 운동
➡ ______________________________.

02. 보기 와 같이 대화를 완성하십시오.

> 보기 가: 뭘 마실까요?
> 나: 커피나 이나/나 마십시다.

❶ 가: 저녁에 뭘 먹을까?

나: 발표 준비를 해야 하니까 ______________ 이나/나 먹자.

❷ 가: 리에야, 내일 네 생일인데 뭘 사 줄까?

나: ______________ 이나/나 ______________.

❸ 가: 영화를 시작할 때까지 30분쯤 남았는데 뭘 할까?

나: ______________________________.

❹ 가: 비가 오는데 우리 뭐 할까?

나: ______________________________.

❺ 가: 이번 방학에 뭘 할 거예요?

나: ______________________________.

❻ 가: 오늘 오후에 뭘 하려고 해요?

나: ______________________________.

❼ 가: 숙제도 다 했는데 우리 뭐 할까요?

나: ______________________________.

❽ 가: 지난번에 저를 도와줬으니까 오늘 제가 스테이크를 살게요.

나: 스테이크는 비싸니까 ______________________.

활동

어느 시장에 가고 싶습니까? 하나를 골라 보기 와 같이 친구와 이야기해 봅시다.

동대문 시장	남대문 시장	수산 시장	꽃 시장	전통 시장

보기
가: 이제 시험이 끝났구나.
나: 시험도 끝났는데 우리 어디에 갈까?
가: 벌써 4시니까 오늘은 학교 근처에 있는 전통 시장에 가 보자.
나: 좋은 생각이야. 이것저것 구경도 하고 맛있는 시장 음식도 먹어 보자.
가: 그럼 배도 좀 고픈데 떡볶이하고 어묵이나 먹을까?

03 10분 정도밖에 안 걸릴 거야

학습 목표 편의점 관련 어휘를 익혀서 활용할 수 있다.
'-기 때문에', '밖에' 표현을 익혀서 활용할 수 있다.

리에 : 오늘 점심은 뭘 먹을까?

아마라 : 나는 이따가 수학 시험을 보기 때문에 멀리 못 가. 그리고 입맛도 별로 없어서 많이 못 먹을 것 같은데.

리에 : 그럼 편의점에서 간단하게 김밥이나 컵라면을 사 먹을까? 그렇게 하면 10분 정도밖에 안 걸릴 거야.

아마라 : 그래, 그게 좋겠다.

새 어휘

EN New Vocabulary JP 新しい語彙 CH 生词

수학	• 저는 계산하기를 싫어해서 수학을 잘 못해요. • 저는 영어 시험을 잘 봤는데 친구는 수학 시험을 잘 봤습니다.
멀리	• 친구가 멀리 살아서 자주 만날 수 없습니다. • 바빠서 멀리 갈 수 없어요. 가까운 곳에 갑시다.
입맛이 없다	• 날씨가 너무 더워서 입맛이 없어요. 음식을 먹고 싶지 않아요. • 입맛이 없을 때는 매운 음식을 한번 드셔 보세요.
간단하다	• 아침에는 간단하게 우유 한 잔만 마십니다. • 이 음식은 만드는 방법이 간단해서 누구든지 만들 수 있어요.
정도	• 저는 저녁에 집 근처 공원에서 1시간 정도 산책을 해요. • 우리 학교에 학생이 500명 정도 있어요.

01. 빈칸에 알맞은 것을 쓰십시오.

보기 집에서 학교까지 걸어서 20분 (정도) 걸립니다.

❶ 지금은 ( )으니까/니까 이따가 먹을게요.

❷ 이 세탁기는 쓰는 방법이 복잡하지 않고 ( )어요/아요/여요.

❸ 너무 ( ) 가지 말고 가까운 곳에서 놀아라.

❹ 저는 외국어를 좋아하는데 동생은 ( )을/를 좋아해요.

02. 밑줄 친 곳에 알맞은 것을 쓰십시오.

가: 미선아, 왜 그렇게 조금만 먹니?

나: 감기에 걸려서 보기 입맛이 없어 ~~어/아/여~~.

가: 아침은 먹었어?

나: ❶ ________게 우유 한 잔만 마셨어.

가: 언제부터 아팠어?

나: 1주일 ❷ ___________ 됐어.

가: 빨리 병원에 가야지. 학교 근처에 병원이 있으니까 ❸ _____ 가지 않아도 돼.

나: 이따가 ❹ ___________ 수업이 끝나고 갈게.

주제 어휘

EN Thematic Vocabulary JP テーマ語彙 CH 主题词汇

편의점				
	24시간 편의점	1+1(원 플러스 원)	할인 행사	할인 상품
	생활용품	삼각김밥	컵라면	전자레인지

01. **관계있는 것을 연결하십시오.**

보기 컵라면 ------------------ 뜨거운 물만 있으면 먹을 수 있어요.

❶ 전자레인지 • • 물건을 싸게 팔아요.

❷ 할인 행사 • • 생활할 때 많이 쓰는 물건이에요.

❸ 생활용품 • • 하나를 사면 하나를 더 줘요.

❹ 1+1(원 플러스 원) • • 여기에 넣으면 음식이 따뜻해져요.

02. **밑줄 친 곳에 알맞은 것을 쓰십시오.**

도시에는 하루 종일 문을 여는 보기 24시간 편의점이 이/가 많아서 언제든지 쉽게 물건을 살 수 있다. 편의점에는 여러 가지 물건이 많다. 컵라면, 샌드위치, ❶ ___________ 등 간단하게 먹을 수 있는 음식도 있고 비누, 샴푸, 휴지 등 ❷ ___________ 도 있다. 그리고 10~30% 정도 싼 ❸ ___________ 도 있고 한 개 값으로 두 개를 살 수 있는 ❹ ___________ 상품도 있다.

문법 1

EN Grammar JP 文法 CH 语法

-기 때문에

❶ 날마다 늦게까지 일하기 때문에 힘들어요.

❷ 친구가 많기 때문에 한국 생활이 즐거워요.

❸ 오늘은 일요일이기 때문에 학교에 가지 않습니다.

❹ 시험 때문에 놀 수 없어요.

01. 보기 와 같이 문장을 완성하십시오.

보기 가게 주인이 친절하기 때문에 그 가게에 손님이 많아요. (친절하다)

❶ ____________________기 때문에 봄을 좋아해요. (예쁜 꽃이 많이 피다)

❷ ____________________기 때문에 늦게까지 일합니다. (회사 일이 많다)

❸ ____________________ 약을 먹어요. (배가 아프다)

❹ ____________________ 회사에 가지 않아요. (휴일이다)

❺ ____________________ 먹을 수 없어요. (이 음식이 너무 맵다)

❻ ____________________ 그 옷가게에 자주 갑니다. (예쁜 옷이 많다)

❼ ____________________ 오늘 학교에 늦게 왔습니다. (늦게 일어났다)

❽ ____________________ 차가 많이 밀려요. (눈)

02. 보기 와 같이 대화를 완성하십시오.

> 보기 가: 왜 그 식당에 자주 가요?
> 나: 학교에서 가깝고 음식이 맛있기 때문에 자주 가요.

❶ 가: 왜 그 가수를 좋아해요?

나: ____________기 때문에 ____________.

❷ 가: 왜 오늘은 일찍 집에 가요?

나: ____________기 때문에 ____________.

❸ 가: 왜 이렇게 늦게까지 공부해요?

나: ________________________.

❹ 가: 왜 케이크를 샀어요?

나: ________________________.

❺ 가: 왜 늦게 일어났어요?

나: ________________________.

❻ 가: 왜 숙제를 하지 않았어요?

나: ________________________.

❼ 가: 왜 어제 잠을 못 잤습니까?

나: ________________________.

❽ 가: 마리아 씨가 한국말을 참 잘하지요?

나: ________________________.

문법 2

EN Grammar JP 文法 CH 语法

밖에

❶ 지갑에 돈이 천 원밖에 없어요.

❷ 저는 그 사람 이름밖에 몰라요.

❸ 어제 3시간밖에 못 자서 피곤합니다.

❹ 아침에 사과 한 개밖에 먹지 않았어요.

01. **보기 와 같이 바꾸십시오.**

보기 배를 한 개 샀어요.
➡ 배를 한 개밖에 안 샀어요.

❶ 한국 친구가 한 명 있어요.

➡ ________________ 밖에 ________________.

❷ 그 사람의 얼굴만 알아요.

➡ ________________ 밖에 ________________.

❸ 교실에서는 한국말만 씁니다.

➡ ________________________________.

❹ 제 친구는 노래방에 가면 그 노래만 불러요.

➡ ________________________________.

❺ 학생이 네 명 왔어요.

➡ ________________________________.

❻ 오늘은 한 시간 공부했어요.

➡ ____.

❼ 아침에 우유 한 잔 마셨어요.

➡ ____.

❽ 어제 숙제 때문에 세 시간 잤어요.

➡ ____.

02. 밍밍 씨는 한 달 전에 한국으로 유학을 온 학생입니다. 보기 와 같이 대화를 완성하십시오.

> **보기** **가:** 밍밍 씨, 서울에서 구경을 많이 했어요?
> **나:** 아니요, 명동밖에 구경을 못 했어요.

가: 한국말을 잘 해요?

나: 아니요, ❶ ______________ 밖에 ______________________.

가: 한국 친구가 많아요?

나: 아니요, ❷ ______________ 밖에 ______________________.

가: 한국 노래를 많이 알아요?

나: 아니요, ❸ ______________________________________.

가: 한국 음식을 많이 먹어 봤어요?

나: 아니요, ❹ ______________________________________.

가: 한국말을 오래 배웠어요?

나: 아니요, ❺ ______________________________________.

가: 형제가 많아요?

나: 아니요, ❻ ______________________.

가: 집이 가까워요?

나: 네, ❼ ______________________.

가: 어느 나라를 여행했어요?

나: ❽ ______________________.

활동

여러분은 편의점에 가서 무엇을 삽니까? 보기 와 같이 이야기해 봅시다.

보기 저는 기숙사 근처에 있는 편의점에 자주 가요. 기숙사에서 걸어서 5분 밖에 안 걸려요. 바쁠 때는 편의점에 가서 음료수와 삼각김밥을 사 가지고 와요. 24시간 문을 열기 때문에 아주 편리해요.

04 쓰던 물건을 싸게 살 수 있어

학습 목표 중고품 관련 어휘를 익혀서 활용할 수 있다.
'-던', '처럼' 표현을 익혀서 활용할 수 있다.

마이클 : 오토바이를 사고 싶은데 돈이 좀 모자라.
영수 : 학교 홈페이지 '벼룩시장'에 들어가 봐. 쓰던 물건을 싸게 살 수 있어.
마이클 : 그래? 오토바이도 팔까?
영수 : 그럼. 새것처럼 깨끗한 것도 있으니까 한번 알아봐.

새 어휘

EN New Vocabulary JP 新しい語彙 CH 生词

오토바이	• 음식을 배달하는 사람들은 보통 오토바이를 타고 다녀요. • 오토바이와 자전거는 고속도로로 다닐 수 없습니다.
모자라다	• 옷을 사고 싶었는데 돈이 모자라서 못 샀어요. • 생일 파티에 사람들이 많이 왔기 때문에 음식이 모자랐어요.
벼룩시장	• 벼룩시장에서 의자를 샀는데 다른 사람이 쓴 물건이지만 깨끗해요. • 물건을 싸게 살 수 있으니까 벼룩시장에 가 보세요.
팔다	• 어제 시장에 갔는데 과일을 싸게 팔아서 많이 샀어요. • 저도 이거 사고 싶은데 어디에서 팔아요?
새것	• 이 카메라는 한 번도 쓰지 않은 새것이에요. • 이 옷은 다른 사람이 입어 본 것 같은데 새것으로 주세요.
알아보다	• 여행을 가기 전에 인터넷으로 여행 정보를 알아봤어요. • 돈이 모자라서 요즘 아르바이트 자리를 알아보는 중이에요.

01. 빈칸에 알맞은 것을 쓰십시오.

보기 우리 가게에서는 술과 담배를 (팔)지 않습니다.

❶ ( )을/를 탈 때는 헬멧을 꼭 써야 해요.

❷ 시간이 ( )어서/아서/여서 끝까지 하지 못했어요.

❸ 냉장고를 10년 전에 샀는데 ( )으로/로 바꾸고 싶어요.

❹ 영국으로 유학을 가고 싶은데 어디에 가서 ( )어야/아야/여야 해요?

02. 밑줄 친 곳에 알맞은 것을 쓰십시오.

우리 학교 홈페이지에 '벼룩시장'이 있어요. 학생들은 학교 보기 벼룩시장에서 물건을 사고 팔아요. 얼마 전에 저는 노트북을 사고 싶었지만 돈이 ❶ ________ 었어요/았어요/였어요. 그래서 거기에서 제 사진기를 ❷ ________ 었어요/았어요/였어요. 제 사진기는 6개월 전에 샀기 때문에 ❸ ________ 같이 깨끗해서 빨리 팔 수 있었어요. 저는 가끔 벼룩시장에서 전공 책도 사요. 여러분도 필요한 물건이나 팔고 싶은 물건이 있으면 학교 벼룩시장을 이용해 보세요. 인터넷 사이트에도 벼룩시장이 있지만 잘 ❹ ________ 는 게 좋아요.

주제 어휘

EN Thematic Vocabulary JP テーマ語彙 CH 主题词汇

중고품				
	• 중고품	• 벼룩시장	• 재활용	• 헌
	• 새	• 오래되다	• 필요 없다	• 구하다

01. 빈칸에 알맞은 것을 쓰십시오.

보기 새것은 비싸니까 (중고품을)을/를 사세요.

❶ 새 신발보다 ( ) 신발이 더 편해요.

❷ 종이나 병은 ( )을/를 할 수 있어요.

❸ 기숙사에 방이 없어서 하숙집을 ( )으려고/려고 해요.

❹ 제 자동차는 ( )었지만/았지만/였지만 아직 튼튼해요.

02. 밑줄 친 곳에 알맞은 것을 쓰십시오.

저는 주말마다 한강 벼룩시장에 갑니다. 보기 벼룩시장에서는 필요한 물건을 싸게 살 수 있고 ❶ ____________ 는/은/ㄴ 물건도 팔 수 있습니다. 거기에서 인기가 있는 물건은 책입니다. 새 책에 비해서 값이 싸기 때문에 ❷ ______ 책을 사서 읽는 사람들이 많아진 것 같습니다. 벼룩시장에는 쉽게 구할 수 없는 ❸ ________ 는/은/ㄴ 책도 있습니다. 여러분, 싸고 좋은 ❹ __________ 을/를 파는 벼룩시장을 한번 이용해 보세요.

문법 1

EN Grammar JP 文法 CH 语法

–던

❶ 조금 전에 내가 마시던 커피가 어디에 있지?
❷ 언니가 쓰던 컴퓨터를 요즘 제가 쓰고 있어요.
❸ 여기는 내가 학교에 다닐 때 친구들과 자주 가던 식당이야.
❹ 춥던 날씨가 봄이 되니까 많이 따뜻해졌어요.

01. 보기 와 같이 문장을 완성하십시오.

보기 친구가 타던 자전거를 제가 타고 있어요. (타다)

❶ 이 노래는 제가 자주 __________ 던 노래예요. (부르다)

❷ 형이 가지고 __________ 던 장난감을 동생에게 줬어요. (놀다)

❸ 언니가 __________ 옷을 동생이 입어요. (입다)

❹ 저는 __________ 일을 끝내고 이따가 갈게요. (하다)

❺ 이 음악은 전에 자주 ________ 음악이에요. (듣다)

❻ 여기에 ________ 신문을 못 봤니? (있다)

❼ 전에는 말이 별로 ________ 친구가 대학생이 되니까 말이 많아졌어요. (없다)

❽ 이 옷은 못 ________ 옷인데 새로 샀어? (보다)

02. 고향에서 찍은 사진을 친구와 같이 보고 이야기합니다. 보기 와 같이 대화를 완성하십시오.

고향에서 학교에 다닐때 친구와 같이 찍은 사진을 보고 이야기합니다.

가: 여기가 어디야?

나: 여기는 보기 ____내가 다니던 학교야____ 이야/야.

가: 네 옆에 있는 이 사람은 누구야?

나: ❶ ________________ 던 친구야.

집에서 가족과 음식을 먹는 사진을 보고 이야기합니다.

가: 집이 크고 좋구나.

나: 응, 이 집은 내가 15살 때까지 ❷ ________ 던 ________ 이야/야.

가: 이게 무슨 음식이야? 맛있을 것 같아.

나: 이 음식은 우리 집에서 자주 ❸ ____________ 이야/야.

책이 많은 방에서 예쁜 옷을 입고 피아노를 치는 사진을 보고 이야기합니다.

가: 이 피아노는 오래된 피아노인 것 같아.

나: 응, 오래됐어. 우리 엄마가 ❹ ____________ 는데/은데/ㄴ데 나한테 주셨어.

가: 입고 있는 옷이 아주 예쁜데?

나: 이 옷은 언니가 ❺ ____________ 는데/은데/ㄴ데 나한테 준 거야.

가: 방에 책이 참 많구나. 어떤 책을 자주 읽었어?

나: 내가 자주 ❻ ____________ 이야/야.

공원에서 남자 친구와 같이 찍은 사진을 보고 이야기합니다.

가: 여기가 어디야?

나: 내가 자주 ❼ ____________ 이야/야.

가: 네 옆에 있는 이 사람은 누구야? 남자 친구야?

나: 1년쯤 ❽ ____________ 는데/은데/ㄴ데 지금은 헤어졌어.

문법 2

EN Grammar JP 文法 CH 语法

처럼

❶ 영수 씨는 가수처럼 노래를 잘 불러요.
❷ 제주도의 경치는 그림처럼 아름다워요.
❸ 제임스 씨 여자 친구는 모델처럼 키가 크고 예뻐요.
❹ 동생도 형처럼 공부를 잘해요.

01. **알맞은 것을 골라 쓰십시오.**

농구 선수, 다른 가게, 봄, 어른, 영화배우, 우리 어머니, 우리 집, 한국 사람, 형제

보기 영수 씨 동생은 영화배우처럼 잘 생겼어요.

❶ 기숙사는 ____________ 처럼 편해요.

❷ 마이클 씨는 ____________ 처럼 키가 커요.

❸ 겨울인데 오늘은 ____________ 따뜻해요.

❹ 두 사람은 ____________ 얼굴이 비슷해요.

❺ 저는 ____________ 한국말을 잘하고 싶어요.

❻ 저 아이는 열 살인데 ________________ 말해요.

❼ 저도 ________________________ 요리를 잘하고 싶어요.

❽ 저희 가게도 ____________________ 일요일에는 쉽니다.

02. 보기 와 같이 대화를 완성하십시오.

보기 **가:** 여자 친구가 예뻐요?
나: 네, 제 여자 친구는 영화배우처럼 예뻐요.

❶ **가:** 친구가 노래를 잘 불러요?
나: 네, ____________________처럼 ______________________________.

❷ **가:** 기숙사 방 친구와 잘 지내요?
나: 네, ____________________처럼 ______________________________.

❸ **가:** 친구가 영어를 잘해요?
나: 네, ____.

❹ **가:** 동아리 선배가 많이 도와 줘요?
나: 네, ____.

❺ **가:** 눈이 오니까 경치가 참 아름답지요?
나: 네, ____.

❻ **가:** 그 식당은 음식이 맛있지요?
나: 네, ____.

❼ **가:** 어떤 사람을 좋아해요? 제가 소개해 줄게요.
나: ____.

❽ **가:** 리에 씨는 어떤 사람이 되고 싶어요?
나: ____.

활동

학교 홈페이지 '벼룩시장'에 팔고 싶은 물건이 있어요? 보기 와 같이 써 봅시다.

보기

제목	'YS123' 노트북을 팔아요.
글쓴이	왕웨이 날짜 2016. 08. 13
첨부 파일(사진)	JPG

'YS123' 노트북을 팔아요.
2016년 2월에 사서 6개월 정도 쓰던 것인데 새 노트북을 선물 받아서 파는 거예요.
가볍고 새것처럼 깨끗해요.
120만 원에 샀는데 70만 원 정도에 팔려고 해요.
관심이 있으신 분은 저한테 연락하세요.
wangwei@ysgmail.com

제목	
글쓴이	
첨부 파일(사진)	

제 6 과

건강

01 간편하게 먹을 수 있는 건강 식품도 많이 나온다고 해

02 계속 기침이 나는데 어떻게 하면 좋냐고 해요

03 의사 선생님이 운동을 하라고 하셨어요

04 이제부터 나도 아침을 먹어야겠다

01 간편하게 먹을 수 있는 건강 식품도 많이 나온다고 해

학습 목표 식품 관련 어휘를 익혀서 활용할 수 있다.
'중에서', '간접 인용문(-는다고 하다)' 표현을 익혀서 활용할 수 있다.

미선 : 누엔, 오늘도 라면을 먹니?

누엔 : 수업이 많아서 밥 먹을 시간이 별로 없어. 빨리 먹을 수 있는 음식 중에서 라면이 제일 입에 맞아.

미선 : 요즘에는 간편하게 먹을 수 있는 건강 식품도 많이 나온다고 해. 건강을 위해서 그런 음식을 먹어.

누엔 : 그래, 고마워.

새 어휘

EN New Vocabulary JP 新しい語彙 CH 生词

입에 맞다	• 저는 한국 음식이 입에 맞아서 무슨 음식이든지 잘 먹어요. • 외국 여행을 가면 음식이 입에 안 맞아서 힘들 때가 있어요.
간편하다	• 이 우산은 작고 가벼워서 가지고 다니기가 간편해요. • 등산을 갈 때는 간편한 옷을 입는 것이 좋아요.
건강	• 운동을 열심히 해서 건강이 좋아졌어요. • 술을 많이 마시면 건강에 나빠요.
식품	• 백화점에 가니까 지하 2층에서 쌀, 고기, 라면, 과자 등 여러 가지 식품을 팔고 있었어요. • 채소와 과일은 건강에 좋은 식품입니다.
나오다	• 그 회사에서 이번에 나온 자동차의 디자인이 정말 멋있어요. • 그 가수의 새 노래가 나왔어요? 빨리 들어 보고 싶어요.

01. 빈칸에 알맞은 것을 쓰십시오.

보기 일만 하지 말고 좀 쉬세요. 돈보다 (건강이)이/가 더 중요해요.

❶ 중국에 한국의 된장과 비슷한 ( )이/가 있어요?

❷ 이 앱이 있으면 모바일 쇼핑을 한 후 결제를 ( )게 할 수 있어요.

❸ 뷔페식당에 가면 자기 ( )는/은/ㄴ 음식을 골라서 먹을 수 있어요.

❹ 이 책이 벌써 서점에 ( )었어요?/았어요?/였어요? 저도 사고싶어요.

02. 밑줄 친 곳에 알맞은 것을 쓰십시오.

아이와 어른, 모든 사람들의 보기 입에 맞아서 어서/아서/여서

누구든지 맛있게 먹을 수 있는 '맛나비빔밥'!

식사할 시간도 없는 바쁜 사람들을 위해서 새로 ❶ ______ 었습니다/

았습니다/였습니다. 뜨거운 물만 부으면 언제든지 ❷__________게 드실 수 있는 ❸__________입니다. '맛나비빔밥'은 ❹__________에 좋은 여러 가지 채소로 만들었습니다. 지금부터는 편리함과 건강을 모두 생각하세요.

주제 어휘

EN Thematic Vocabulary JP テーマ語彙 CH 主题词汇

식품	• 채소류 • 과일류 • 육류 • 곡류 • 생선류 • 유제품 • 유기농식품 • 패스트푸드

01. **빈칸에 알맞은 것을 쓰십시오.**

보기  (과일류)

❶  (   )

❷  (   )

❸  (   )

❹  (   )

02. **다음은 건강을 위해서 지켜야 할 것입니다. 밑줄 친 곳에 알맞은 것을 쓰십시오.**

1. 햄버거, 감자튀김 등의 보기 패스트푸드를 을/를 드시지 마십시오.
2. 돼지고기, 소고기, 닭고기 등의 ❶ ________ 을/를 많이 드시지 말고 바다에서 나오는 ❷ ________ 을/를 드십시오.
3. 우유와 요구르트, 치즈 등의 ❸ ________ 을/를 드십시오.
4. 값이 좀 비싸지만 건강을 위해서 ❹ ________ 을/를 드시면 좋습니다.

문법 1

EN Grammar JP 文法 CH 语法

중에서

❶ 저는 한국 음식 중에서 불고기를 좋아해요.
❷ 운동 중에서 무슨 운동을 잘 할 수 있어요?
❸ 우리 반 학생들 중에서 제임스가 제일 키가 커요.
❹ 지금까지 가 본 나라 중에 이탈리아가 제일 아름다웠어요.

01. 보기 와 같이 문장을 완성하십시오.

보기 과일 / 사과를 제일 좋아해요
➡ 과일 중에서 사과를 제일 좋아해요.

❶ 과 친구들 / 아마라 씨하고 제일 친해요

➡ ______ 중에서 ______________.

❷ 한국에서 먹어 본 음식 / 갈비가 제일 맛있었어요

➡ ______ 중에서 ______________.

❸ 자장면하고 우동 / 뭘 드시겠어요?

➡ ______ 중에서 ______________?

❹ 버스와 지하철 / 어느 것이 더 빨라요?

➡ ______________________?

❺ 다음 / 하나를 고르십시오

➡ ______________________.

❻ 여러분 / 독일어를 할 수 있는 사람이 있어요?

➡ ______________________?

❼ 가족 / 어머니가 제일 보고 싶어요

➡ ______________________.

❽ 말하기, 듣기, 쓰기, 읽기 / 말하기가 제일 어려워요

➡ ______________________.

02. **표를 보고 보기 와 같이 대화를 완성하십시오.**

		리에	웨이
보기	재미있는 수업	관광학	관광학
1)	과제 모임의 조원	리에, 제임스, 아마라, 미선	웨이, 영수,마이클, 누엔
2)	잘 도와주는 친구	영수	
3)	자주 이용하는 학교 시설	도서관	멀티미디어센터
4)	좋아하는 가수		미아
5)	재미있게 읽은 책		비밀
6)	오후 수업이 없는 요일	금요일	수요일, 금요일
7)	못 먹는 음식		없다
8)	음식이 맛있는 학교 근처 식당	행복식당	

리에: 저는 보기 수업 중에서 관광학 수업이 재미있는데 는데/은데/ㄴ데 웨이 씨는 무슨 수업이 재미있어요?

웨이: 저도 관광학 수업이 재미있기는 하지만 발표를 해야 해서 힘들어요. 리에 씨 조의 ❶ ________ 중에서 누가 발표해요?

리에: 우리 조에서는 제임스 씨가 발표할 거예요.

웨이: 리에 씨가 공부할 때 ❷ ________ 중에서 누가 많이 도와줘요?

리에: 영수 씨가 잘 도와줘요. 자주 도서관에 같이 가서 공부해요. 그런데 웨이 씨는 ❸ ________ 어디를 자주 이용해요?

웨이: 저는 멀티미디어센터에 자주 가요. 거기서 음악도 듣고 영화도 봐요. 리에 씨는 ❹ ________ 누구를 좋아해요? 저는 '미아'를 좋아하는데 이번에 새로 나온 노래가 정말 좋아요.

리에: 저는 음악 감상보다 책 읽기를 좋아해요. 웨이 씨는 ❺ ________ 무슨 책이 재미있었어요?

웨이: 지난주에 '비밀'을 읽었는데 아주 재미있었어요. 리에 씨도 한번 읽어 보세요. 우리 다음 주에 점심이나 같이 먹을까요? ❻ ________ 무슨 요일이 좋아요?

리에: 저는 금요일이 좋아요. 우리 뭘 먹으러 갈까요? ❼ ________ 못 먹는 음식이 있어요?

웨이: 아니요, 저는 뭐든지 다 잘 먹어요. ❽ ________ 어디가 좋아요?

리에: 학교 정문 앞에 있는 '행복식당'이 좋아요. 그 식당에 같이 가요.

문법 2

EN Grammar JP 文法 CH 语法

-는다고 하다

❶ 요즘 퓨퓨 씨가 한국 요리를 배운다고 해요.

❷ 원 씨는 수업 발표 준비 때문에 바쁘다고 해요.

❸ 마이클 씨 형이 의사라고 해요.

❹ 영수 씨는 지난 주말에 고향에 다녀왔다고 해요.

01. **보기 와 같이 바꾸십시오.**

> 보기 제임스: "오늘 한국 친구를 만나요."
> ➡ 제임스 씨가 오늘 한국 친구를 만난다고 해요.

❶ 미선: "학교 홈페이지에 들어가서 정보를 찾아요."

➡ ______________________________.

❷ 민철: "기숙사에 살아요."

➡ ______________________________.

❸ 에리코: "점심시간이어서 학생 식당이 복잡해요."

➡ ______________________________.

❹ 마리아: "학교 헬스클럽 회원 등록은 다음 주까지예요."

➡ ______________________________.

❺ 야마다: "마이클 씨는 미국 사람이 아니에요."

➡ ______________________________.

❻ 웨이: "며칠 전에 친구가 책을 빌려 갔어요."

➡ ______________________________.

❼ 제리: "방학 때 친구들과 제주도에 갈 거야."

➡ ______________________________.

❽ 아버지: "내일부터 열심히 운동하겠다."

➡ ______________________________.

02. **리에 씨는 아버지와 통화한 후에 일기를 썼습니다. 보기 와 같이 밑줄 친 곳을 간접 인용문으로 바꾸십시오.**

리에　: 여보세요? 아빠, 저 리에예요.

아버지: 리에야, 보기 오래간만이다.

리에　: 아빠, 건강은 어떠세요? ❶그동안 연락 못 드려서 죄송해요.

아버지: ❷공부 때문에 바쁜 거 알아. ❸엄마하고 나는 잘 지내.

리에　: 생신 축하드려요. 지난주에 선물을 보냈는데 받으셨어요?

아버지: 응, ❹어제 받았어. ❺고맙다.

리에　: 아빠, 인삼을 드신 적이 없으시지요? ❻한국에서 인기가 많은 건강 식품이에요. ❼아빠 건강을 위해서 보내 드렸어요.

아버지: 그래, ❽잘 먹을게.

리에　: 아빠, 건강하게 지내세요. 다음에 연락드릴게요.

아버지: 너도 잘 지내라.

2016년 3월 27일 일요일 흐림

오늘은 아빠 생신이다. 그래서 아빠와 통화했다. 아빠는 보기 오래간만이라고 하셨다. 나는 ❶ __________. 아빠는 ❷ __________. ❸ __________. 내가 지난주에 보낸 선물을 ❹ __________. ❺ __________.

나는 인삼이 ❻ __________. ❼ __________. 그러니까 아빠는 ❽ __________.

오늘 아빠와 통화를 해서 기분이 좋다.

활동

나라마다 건강을 위해서 먹는 음식이 다릅니다. 보기 와 같이 이야기해 봅시다.

보기 한국에서는 여름에 건강을 위해서 삼계탕을 먹는다고 합니다. 삼계탕은 닭고기와 인삼 등으로 만든 음식인데 1년 중에서 가장 더운 날 많이 먹는 음식이라고 합니다. 삼계탕은 맵지 않아서 외국인도 좋아한다고 합니다.

02 계속 기침이 나는데 어떻게 하면 좋냐고 해요

학습 목표 증상 관련 어휘를 익혀서 활용할 수 있다
'간접 인용문(-냐고 하다)', '-거나' 표현을 익혀서 활용할 수 있다.

미선 : 리에 씨가 어제 왜 학교에 안 왔다고 해요?
마리아 : 리에 씨가 감기에 걸렸다고 해요. 계속 기침이 나는데 어떻게 하면 좋냐고 해요
미선 : 그럴 때는 생강차를 마시거나 배를 끓여서 먹으면 빨리 나아요.
마리아 : 좋은 정보군요. 제가 리에 씨에게 전해 줄게요.

새 어휘

EN New Vocabulary JP 新しい語彙 CH 生词

감기에 걸리다	• 감기에 걸렸을 때는 따뜻한 물을 자주 마시고 잘 쉬어야 해요. • 날씨가 추운데 옷을 얇게 입어서 감기에 걸렸어요.
계속	• 쉬지 않고 계속 일을 해서 피곤해요. • 삼일 동안 계속 비가 내렸어요.
기침이 나다	• 감기에 걸려서 기침이 많이 나요. • 기침이 나서 잠을 잘 못 잤어요.
생강차	• 생강차를 마시면 몸이 따뜻해져요. • 목이 아플 때는 따뜻한 생강차를 마셔 보세요.
배	• 제가 제일 좋아하는 과일은 배예요. • 저는 가을에 나오는 과일 중에서 배가 제일 맛있어요.
끓이다	• 라면을 먹고 싶으면 물부터 끓이세요. • 돼지고기를 넣고 김치찌개를 끓여서 먹을까요?
전하다	• 미선아, 친구들에게 나는 30분쯤 늦게 간다고 전해 줘. • 리에 씨를 만나면 리에 씨에게 이 책 좀 전해 주세요.

01. 빈칸에 알맞은 단어를 쓰십시오.

보기 이 (배는)~~은/는~~ 아주 달고 맛있어요.

❶ 차를 마시려고 물을 ( )었어요/았어요/였어요.

❷ 엄마가 없어서 아기가 ( ) 울어요.

❸ 아버지, 어머니께 저는 잘 지낸다고 ( )어/아/여 주세요.

❹ 창문을 열고 자서 ( )었어요/았어요/였어요.

02. 밑줄 친 곳에 알맞은 단어를 쓰십시오.

나는 지난주에 보기 (감기에 걸렸다)었다/았다/였다.
목이 아프고 ❶( )었다/았다/였다. 내가 기침을 ❷( )
하니까 방 친구 미선이가 편의점에서 간편하게 마실 수 있는 ❸( )
을/를 사 가지고 왔다. 그리고 수프도 맛있게 ❹( )어/아/여 주었다.
마음이 따뜻한 미선이 덕분에 감기가 빨리 나을 것 같았다.

주제 어휘

EN Thematic Vocabulary JP テーマ語彙 CH 主题词汇

증상	
	• 열이 나다 • 소화가 안 되다 • 배탈이 나다 • 머리가 아프다
	• 콧물이 나다 • 몸살이 나다 • 목이 붓다 • 토하다
	• 멀미하다 • 다리를 다치다

01. 관계있는 것을 찾아 연결하십시오.

보기 배를 오래 탔어요 •-------------------• 멀미하다

❶ 계단에서 넘어졌어요 •	• 토하다
❷ 음식을 빨리 먹었어요 •	• 배탈이 나다
❸ 술을 아주 많이 마셨어요 •	• 소화가 안 되다
❹ 어제 산 김밥을 먹었어요 •	• 다리를 다치다

02. 밑줄 친 곳에 알맞은 것을 쓰십시오.

나는 어제 학교에서 수업을 듣는데 보기 머리가 아팠다 었다/았다/였다. 잘 쉬면 괜찮을 거라고 생각했는데 오늘 아침에 일어나니까 ❶ ________ 어서/아서/여서 몸이 뜨거웠다. ❷ ________ 어서/아서/여서 물을 마실 때 목이 아팠다. 그래서 집에 있는 약을 먹고 학교에 갔다. 수업 시간에 계속 ❸ ________ 어서/아서/여서 친구한테서 휴지를 빌렸다. 팔도 아프고 다리도 아팠다. 며칠 동안 밤늦게까지 발표 준비를 해서 ❹ ________ 는/은/ㄴ 것 같다.

문법 1

EN Grammar JP 文法 CH 语法

-냐고 하다

❶ 어머니께서 잘 지내냐고 하세요.

❷ 영수가 요즘 바쁘냐고 해요.

❸ 누엔이 지하철역이 어디냐고 해요.

❹ 마리아가 이 옷을 어디에서 샀냐고 해요.

01. 보기 와 같이 문장을 바꾸십시오.

> 보기 마리아: "누가 마이클 씨입니까?"
> ➡ 마리아 씨가 누가 마이클 씨냐고 합니다.

❶ 웨이: "학교 버스는 몇 시까지 운행합니까?"

➡ 웨이 씨가 ______________________________ 냐고 해요.

❷ 리에: "기말 시험이 언제예요?"

➡ 리에 씨가 ______________________________ 냐고 해요.

❸ 영수: "주말에 뭘 할 거예요?"

➡ 영수 씨가 ______________________________.

❹ 에리코: "요즘 무슨 노래가 인기가 많아요?"

➡ 에리코 씨가 ______________________________.

❺ 누엔: "제리 씨가 무슨 동아리에 들었어요?"

➡ 누엔 씨가 ______________________________.

❻ 야마다: "닭갈비는 어떻게 만듭니까?"

➡ 야마다 씨가 ______________________________.

❼ 제리: "고향에서 어디가 제일 아름다워요?"

➡ 제리 씨가 ______________________________.

❽ 선생님: "한국 생활이 어때요?"

➡ 선생님께서 ______________________________.

02. 마리아는 어머니와 통화를 했습니다. 밑줄 친 곳에 알맞은 것을 쓰십시오.

어제 엄마와 전화를 했는데, 엄마는 보기 요즘 어떻게 지내냐고 하셨다. 그래서 나는 잘 지내고 있다고 했다. 어머니가 중간시험을 ❶ ______________ 냐고 하셨다. 나는 생각보다 어려워서 잘 못 봤다고 했다. 어머니가 건강은 ❷ ______________ 냐고 하셨다. 나는 괜찮다고 했다. 어머니가 친구를 ❸ ______________ 하셨다. 나는 친구를 많이 사귀었다고 했다. 어머니가 친한 친구 이름이 ❹ ______________ 하셨다. 나는 친구 이름이 미선이라고 했다. 또 어머니가 미선이를 ❺ ______________ 물어 보셨다. 그래서 나는 미선이를 동아리에서 만났다고 했다. 어머니가 미선이는 ❻ ______________ 하셨다. 나는 미선이는 아주 친절하고 마음이 따뜻한 친구라고 했다. 어머니가 미선이를 만나면 ❼ ______________ 물어 보셨다. 나는 미선이하고 같이 공부도 하고 이야기도 한다고 했다. 또 어머니는 이번 주말에 ❽ ______________ 물어 보셨다. 나는 이번 주말에 미선이하고 서울에 갈 거라고 했다.

문법 2

EN Grammar JP 文法 CH 语法

-거나

❶ 저는 자전거를 타거나 걸어서 학교에 와요.

❷ 저는 시간이 있으면 산책을 하거나 책을 읽어요.

❸ 짜거나 매운 음식은 건강에 안 좋아요.

❹ 가족이 보고 싶으면 사진을 보거나 전화를 걸어요.

01. 보기 와 같이 문장을 바꾸십시오.

보기 주말에는 기숙사에서 쉴 때도 있고 농구를 할 때도 있어요.
→ 주말에는 기숙사에서 쉬거나 농구를 해요.

❶ 기분이 안 좋으면 쇼핑을 할 때도 있고 음악을 들을 때도 있어요.

→ 기분이 안 좋으면 ________________ 거나 ________________________.

❷ 시간이 있으면 미술관에 갈 때도 있고 영화를 볼 때도 있어요.

→ 시간이 있으면 ________________ 거나 ________________________.

❸ 심심하면 책을 읽을 때도 있고 컴퓨터 게임을 할 때도 있어요.

→ ____.

❹ 방학 때는 아르바이트를 할 때도 있고 여행을 할 때도 있어요.

→ ____.

❺ 멘토링 프로그램 친구를 만나면 한국말 공부를 할 때도 있고 같이 시내 구경을 할 때도 있어요.

→ ____.

❻ 수업이 끝나면 친구들과 점심을 먹을 때도 있고 도서관에 갈 때도 있어요.

→ ____.

❼ 몸이 아플 때나 고향 음식이 먹고 싶을 때 엄마 생각이 나요.

→ ____.

❽ 사용하지 않는 물건이나 필요 없는 물건은 벼룩시장에 파세요.

→ ____.

02. 다음 게시판 글을 읽고 보기 와 같이 문장을 완성하십시오.

게시판

"무엇이든지 물어 보세요"

Q. 저는 요즘 건강이 안 좋아진 것 같아요. 계속 피곤해요.

↳ 보기 가벼운 운동을 하거나 밤에 일찍 주무세요.

Q. 저는 피곤해서 잠을 자고 싶은데 밤에 잠을 잘 잘 수 없어요.

↳ ❶ ____________________ 거나 ____________________.

Q. 요즘 계속 소화가 잘 안돼요.

↳ ❷ ____________________ 거나 ____________________.

Q. 아르바이트를 하고 싶어요.

↳ ❸ ____.

Q. 싸고 좋은 자전거를 사고 싶어요.

↳ ❹ ____.

Q. 듣기 시험을 또 못 봤어요. 듣기 실력이 좋아졌으면 좋겠어요.

↳ ❺ ____.

Q. 친구를 많이 사귀고 싶어요.

↳ ❻ ____.

Q. 새 컴퓨터가 있었으면 좋겠어요.

↳ ❼ ____.

Q. 남자 친구가 있었으면 좋겠어요.

↳ ❽ ____.

활동

여러분은 아팠을 때 어떻게 했습니까? 보기 와 같이 써 봅시다.

보기 며칠 전에 나는 머리도 아프고 소화도 안 돼서 병원에 갔다. 의사 선생님이 언제부터 그랬냐고 하셨다. 나는 일주일 전부터 그랬다고 했다. 다른 아픈 데는 없냐고 하시고 잠은 잘 자냐고 하셨다. 나는 잠도 잘 못 잔다고 했다. 의사 선생님께서는 요즘 날씨도 덥고 잘 쉬지 못해서 그런 거라고 하셨다. 저녁에 가벼운 운동을 하는 것이 좋다고 하셨다. 또 소화가 안 될 때는 너무 맵거나 짠 음식을 먹지 않는 것이 좋다고 하셨다.
의사 선생님 말씀을 듣고 죽을 사서 먹었다. 약도 먹고 좀 쉬니까 좋아지는 것 같았다.

03 의사 선생님이 운동을 하라고 하셨어요

학습 목표 운동 관련 어휘를 익혀서 활용할 수 있다.
'간접인용문(-으라고 하다)', '-을 줄 알다' 표현을 익혀서 활용할 수 있다.

에리코 : 건강 검진을 받았는데 의사 선생님이 운동을 하라고 하셨어요. 그래서 요가를 하려고 해요. 미선 씨, 요가를 할 줄 알아요?

미선 : 네, 좀 할 줄 알아요. 요즘도 일주일에 두 번씩 요가를 배우고 있어요.

에리코 : 저도 요가를 잘 할 수 있을까요?

미선 : 네, 잘 할 수 있을 거예요. 요가를 하니까 스트레스가 풀리고 건강도 좋아져요.

새 어휘

EN New Vocabulary JP 新しい語彙 CH 生词

건강 검진을 받다	• 계속 소화가 안 되면 병원에 가서 건강 검진을 받아 보세요. • 건강 검진을 받기 전에 밥을 먹으면 안 돼요.
요가	• 저는 요즘 건강이 안 좋아서 요가를 배우려고 해요. • 요가를 하니까 건강도 좋아지고 날씬해졌어요.
–씩	• 말하기 시험을 볼 때는 한 사람씩 들어오세요. • 약을 먹으니까 조금씩 좋아지고 있어요.
스트레스가 풀리다	• 운동을 하거나 맛있는 음식을 먹으면 스트레스가 좀 풀릴 거예요. • 노래방에 가서 노래를 부르니까 스트레스가 풀렸어요.

01. 빈칸에 알맞은 것을 쓰십시오.

보기 저는 쇼핑을 하면 (스트레스가 풀려요)~~어요/아요/여요~~.

❶ 저는 1주일에 세 번 (   ) 태권도를 배우고 있어요.

❷ 저는 1년에 한 번 병원에 가서 (   )어요/아요/여요.

❸ 경치도 좋고 공기도 좋은 곳에서 잘 쉬면 (   )을/ㄹ 거예요.

❹ (   )은/는 집에서도 혼자 할 수 있는 운동이에요.

02. 밑줄 친 곳에 알맞은 것을 쓰십시오.

가: 나도 너처럼 건강했으면 좋겠다. 건강을 위해서 하는 것이 있니?

나: 날마다 한 보기 시간씩 ❶ ________을/를 하고 일주일에 한 번 ❷ ________ 친구들과 같이 수영을 해. 그렇게 하니까 몸도 건강해지고 ❸ ________는/은/ㄴ 것 같아.

가: 너는 운동을 열심히 하는구나. 나는 요즘 건강이 나빠진 것 같아서 병원에서 ❹ ________으려고/려고 하는데 걱정이 돼.

나: 너무 걱정하지 마. 괜찮을 거야.

주제 어휘

EN Thematic Vocabulary JP テーマ語彙 CH 主题词汇

운동	· 스트레칭	· 요가	· 수영	· 등산
	· 줄넘기	· 걷기	· 달리기	· 자전거 타기

01. 빈칸에 알맞은 것을 쓰십시오.

보기 (요가를)을/를 하니까 건강이 좋아지는 것 같아요.

❶ 저는 저녁마다 밖에 나가서 ( )을/를 500개씩 해요.

❷ 집 근처에 산이 있어서 저는 자주 ( )을/를 합니다.

❸ 저는 달리기보다 ( )을/를 좋아해요. 그래서 날마다 많이 걸어요.

❹ 앉아서 일을 할 때는 ( )을/를 자주 하는 것이 좋다고 해요.

02. 밑줄 친 곳에 알맞은 것을 쓰십시오.

저는 운동을 아주 좋아해요. 아침에 일어나면 학교 운동장으로 가서 30분정도 보기 달리기를 을/를 해요. ❶ ＿＿＿＿＿ 보다 힘들기는 하지만 집에 돌아와서 샤워를 하면 아주 시원해요. 저는 ❷ ＿＿＿＿＿ 도 아주 좋아해요. 그래서 날마다 학교에 갈 때 자전거를 타요. 그리고 일주일에 두 번씩 ❸ ＿＿＿＿＿ 을/를 배우고 있어요. 처음에는 물이 무서웠는데 지금은 괜찮아졌어요. 주말에는 친구들과 ❹ ＿＿＿＿＿ 을/를 할 때가 많아요. 산 공기가 얼마나 좋은지 몰라요. 이런 운동 덕분에 저는 건강하게 생활하고 있어요.

문법 1

EN Grammar JP 文法 CH 语法

-으라고 하다

❶ 웨이 씨가 빨리 오라고 합니다.

❷ 여자 친구가 담배를 피우지 말라고 합니다.

❸ 미선 씨가 도와 달라고 했어요.

❹ 미선 씨가 영수 씨를 도와 주라고 해요.

01. 보기 와 같이 바꾸십시오.

보기 미선: "피곤하면 쉬십시오."
➡ 미선이가 피곤하면 쉬라고 해요.

❶ 리에 : "우유를 사 가지고 오세요."
➡ ____________________.

❷ 제임스: "옷을 옷걸이에 거십시오."
➡ ____________________.

❸ 마이클: "창문을 닫지 마세요."
➡ ____________________.

❹ 선생님: "다음 주에 시험이 있으니까 열심히 공부하세요."
➡ ____________________.

❺ 선생님: "휴대전화를 보지 마세요."
➡ ____________________.

❻ 형 : "물 좀 줘."
➡ ____________________.

❼ 웨이 : "공책을 빌려 주세요."
➡ ____________________.

❽ 마리아: "아이에게 과자를 줘라."
➡ ____________________.

02. 선생님이 여러분에게 무엇을 하라고/하지 말라고 했습니까? 친구가 무엇을 해 달라고 했습니까? 빈칸에 알맞은 것을 쓰고 보기 와 같이 문장을 완성하십시오.

선생님께서 하라고 한 일	보기 "숙제를 꼭 하세요." ❶ "날마다 학교에 오세요." ❷ ______________
선생님께서 하지 말라고 한 일	❸ "교실에서 떠들지 마세요." ❹ "지각하지 마세요." ❺ ______________
친구가 해 달라고 한 일	❻ "전화해 줘." ❼ "자리 좀 바꿔 줘." ❽ ______________

보기 선생님께서 숙제를 꼭 하라고 하셨어요.

❶ ______________________________.

❷ ______________________________.

❸ ______________________________.

❹ ______________________________.

❺ ______________________________.

❻ ______________________________.

❼ ______________________________.

❽ ______________________________.

문법 2

EN Grammar JP 文法 CH 语法

-을 줄 알다

❶ 저는 수영을 할 줄 알아요.

❷ 불고기를 먹고 싶은데 만들 줄 알아요?

❸ 요즘은 할아버지, 할머니들도 문자 메시지를 보낼 줄 아세요.

❹ 운전을 할 줄 몰라서 좀 불편해요. 그래서 운전을 배우려고 해요.

01. 보기 와 같이 쓰십시오.

보기 독일어	O
1) 수영	O
2) 요리	O
3) 스키	X
4) 태권도	X
5) 자전거	O
6) 프랑스어	O
7) 골프	X
8) 이 컴퓨터 게임	O

보기 독일어를 할 줄 을/ㄹ 줄 알아요.

❶ ______________ 을/ㄹ 줄 ______________.

❷ ______________ 을/ㄹ 줄 ______________.

❸ ______________________________.

❹ ______________________________.

❺ ______________________________.

❼ ______________________________.

❽ ______________________________.

02. 인터뷰를 하고 있습니다. 보기 와 같이 대화를 완성하십시오.

카페 사장: 한국말을 할 수 있어요?

퓨퓨: 보기 네, 한국말을 할 을/ㄹ 줄 압니다.

카페 사장: 일본어도 할 수 있어요?

퓨퓨: ❶ 아니요, ______________ 을/ㄹ 줄 ______________.

카페 사장: 잘 할 수 있는 요리가 있어요?

퓨퓨: ❷ 네, ______________ 을/ㄹ 줄 ______________.

카페 사장: 커피를 만들 수 있어요?

퓨퓨: ❸ 네, ______________________________.

카페 사장: 컴퓨터를 할 수 있지요?

퓨퓨: ❹ 네, ______________________________.

회사 사장: 영어를 할 수 있지요?

김영수: ❶ 네, ________________________________.

회사 사장: 중국어도 할 수 있습니까?

김영수: ❷ 아니요, ________________________________.

회사 사장: 피피티(PPT)를 만들 수 있지요?

김영수: ❸ 네, ________________________________.

회사 사장: 운전을 할 수 있습니까?

김영수: ❹ 네, ________________________________.

활동

좋아하는 운동이 있습니까? 보기 와 같이 이야기해 봅시다.

보기 우리 형은 탁구를 잘 쳐요. 저는 지난 방학에 형에게 탁구를 가르쳐 달라고 했어요. 형이 저에게 탁구를 가르쳐 줘서 저는 탁구를 칠 줄 알아요. 탁구를 치는 것도 재미있고 탁구 경기를 보는 것도 재미있어요. 저는 주말마다 친구와 탁구장에서 탁구를 쳐요. 탁구를 치면 스트레스가 풀려요.

04 이제부터 나도 아침을 먹어야겠다

학습 목표 식습관 관련 어휘를 익혀서 활용할 수 있다.
'-어야겠다', '간접인용문(-자고 하다)' 표현을 익혀서 활용할 수 있다.

미선 : 리에야, 에리코가 아침을 먹자고 하는데 같이 갈래?

리에 : 난 살을 빼려고 아침을 안 먹는데.

미선 : 내가 뉴스에서 봤는데 아침을 굶으면 쉽게 살이 찐다고 했어. 그리고 공부나 일에 집중하지 못해서 안 좋다고 했어.

리에 : 그래? 이제부터 나도 아침을 먹어야겠다.

새 어휘

EN New Vocabulary JP 新しい語彙 CH 生词

살을 빼다	• 살을 빼려고 저녁 6시 이후에는 음식을 안 먹어요. • 살을 빼고 싶으면 음식을 적게 먹고 운동을 해야 해요.
굶다	• 바빠서 아침을 굶는 사람들이 많아요. • 점심을 굶어서 배가 고파요. 뭐 먹을 거 없어요?
살이 찌다	• 밤에 라면을 자주 먹어서 살이 쪘어요. • 살이 많이 쪄서 1년 전에 입던 옷을 입을 수 없어요.
집중하다	• 음악 소리가 시끄러워서 일에 집중할 수 없어요. • 다른 생각을 하지 말고 공부에 집중하세요.
이제	• 많이 놀았으니까 이제 방에 가서 공부해라. • 지금까지 운동을 안 했지만 이제부터 매일 열심히 운동할 거예요.

01. 빈칸에 알맞은 것을 쓰십시오.

보기 운동하지 않고 많이 먹으면 (살이 쪄요)~~어요/아요/여요~~.

❶ 운전할 때는 운전에만 ( )으세요/세요.

❷ 며칠 전까지 더웠는데 ( )은/는 덥지 않아요.

❸ 날마다 조깅이나 수영을 하면 ( )을/ㄹ 수 있어요.

❹ 아침을 ( )으면/면 건강에 안 좋으니까 꼭 먹어야 해요.

02. 밑줄 친 곳에 알맞은 것을 쓰십시오.

가: 리에야, 나는 한국에 와서 5kg이나 늘었어. 어떻게 하지?

나: 그래, 전에 비해서 보기 살이 찐 ~~는/은/ㄴ~~ 것 같구나.

가: 어떻게 하면 ❶ ________ 을/ㄹ 수 있을까? 밥을 먹지 말까?

나: 글쎄, 밥을 ❷ ________ 으면/면 건강이 나빠지고 공부에 ❸ ________ 기가

힘들 거야. 그러니까 운동을 해. 살을 뺄 때 운동만큼 좋은 것은 없어.

가: 운동은 힘들고 재미없어서 하기 싫어.

나: 그럼, 케이팝(K-POP) 댄스나 스포츠 댄스는 어때?

가: 어렵지 않을까?

나: 한 달 정도 배우면 누구든지 쉽게 할 수 있다고 해.

가: 그래? ❹ ____________부터 한번 배워 볼까?

주제 어휘

EN Thematic Vocabulary JP テーマ語彙 CH 主题词汇

식습관					
	• 과식하다	• 소식하다	• 편식하다	• 외식하다	• 야식
	• 채식	• 육식	• 골고루 먹다	• 빨리 먹다	• 천천히 먹다

01. 관계있는 것을 찾아 연결하십시오.

보기 야식 ------------ 저녁밥을 먹은 후에 밤에 먹는 음식

❶ 채식 •	• 보통 때보다 음식을 많이 먹습니다.
❷ 육식 •	• 고기를 먹지 않고 채소, 과일 같은 음식을 먹는 것
❸ 과식하다 •	• 쇠고기, 닭고기, 돼지고기 같은 육류를 먹는 것
❹ 외식하다 •	• 음식을 집에서 만들어 먹지 않고 밖에서 사 먹습니다.

02. **밑줄 친 곳에 알맞은 것을 쓰십시오.**

건강하게 살기 위해서 좋은 식습관을 가져야 합니다. 매일 밖에서 보기 외식하는 것은 집에서 만들어 먹는 것보다 건강에 좋지 않다고 합니다. 좋아하는 음식만 먹는 것도 좋지 않습니다. ❶ ________ 으면/면 건강이 나빠질 수 있습니다. 건강을 위해서 여러 가지 음식을 ❷ ________ 어야/아야/여야 합니다. 그리고 과식하지 말고 ❸ ________ 으십시오/십시오. 적게 먹고 운동을 하는 것이 건강에 좋은 것은 여러분도 알고 있지요? 그리고 먹을 때 빨리 먹지 말고 ❹ ________ 는 것이 건강에 좋다고 합니다.

문법 1

EN Grammar JP 文法 CH 语法

-어야겠다

❶ 방이 더러워서 청소를 해야겠어요.

❷ 눈이 나빠져서 안경을 써야겠어요.

❸ 내일 일찍 일어나야 하니까 오늘은 일찍 자야겠어요.

❹ 너 머리가 많이 길었구나. 머리 좀 잘라야겠다.

01. 보기 와 같이 문장을 완성하십시오.

	이유	해야 할 일
보기	날씨가 추워졌어요.	따뜻한 옷을 사다
1)	살이 많이 쪘어요.	살을 빼다
2)	부모님이 한국에 오세요.	방 청소를 하다
3)	마리아 씨가 학교에 안 왔어요.	전화해 보다
4)	소화가 안 돼요.	약을 먹다
5)	시간이 없어요.	택시를 타다
6)	피곤해요.	일찍 집에 가서 쉬다
7)	사람들이 이 노래가 좋다고 해요.	들어 보다
8)	오늘 비가 온다고 해요.	우산을 가지고 가다

보기 날씨가 추워져서 따뜻한 옷을 사야겠어요 ~~어야겠어요/아야겠어요/여야겠어요~~.

❶ 살이 많이 쪄서 ____________________ 어야겠어요/아야겠어요/여야겠어요.

❷ 부모님이 한국에 오시니까 ____________________ 어야겠어요/아야겠어요/여야겠어요.

❸ 마리아 씨가 학교에 안 나와서 ____________________.

❹ 소화가 안 돼서 ____________________.

❺ 시간이 없어서 ____________________.

❻ 피곤해서 ____________________.

❼ 사람들이 이 노래가 좋다고 해요. ____________________.

❽ 오늘 비가 온다고 해요. ____________________.

02. 보기 와 같이 대화를 완성하십시오.

보기 가: 퓨퓨 씨, 다음 주에 시험을 보지요?
나: 네, 이제부터 열심히 공부해야겠어요 ~~어야겠어요/아야겠어요/여야겠어요~~.

❶ 가: 지금 가야 해요?

나: 네, ______________________ 어야겠어요/아야겠어요/여야겠어요.

❷ 가: 감기에 걸린 것 같은데 집에 일찍 가서 쉬세요.

나: 네, ______________________ 어야겠어요/아야겠어요/여야겠어요.

❸ 가: 보고서 아직 안 썼어요? 이번 주까지 내야 한다고 해요.

나: ______________________________________.

❹ 가: 저는 한 달 전에 요가를 시작했는데 정말 좋아요.

나: ______________________________________.

❺ 가: 내일이 제임스 씨 생일이라고 해요.

나: ______________________________________.

❻ 가: 어제 드라마 '사랑이야'를 봤어요? 정말 재미있어요.

나: ______________________________________.

❼ 가: 내일은 학교 수업이 없다고 해요.

나: ______________________________________.

❽ 가: 오늘은 시내에서 행사를 해서 길이 많이 막힌다고 해.

나: ______________________________________.

문법 2

EN Grammar JP 文法 CH 语法

-자고 하다

❶ 친구가 내일 같이 영화를 보자고 해요.

❷ 엄마가 저녁에 된장찌개를 먹자고 하셨어요.

❸ 제가 친구에게 다리가 아프니까 택시를 타자고 했어요.

❹ 친구가 이제부터 술을 마시지 말자고 했어요.

01. **보기 와 같이 바꾸십시오.**

보기 미선: "잠깐만 쉽시다."
➡ 미선 씨가 잠깐만 쉬자고 해요.

❶ 영수: "이 수업을 같이 듣자."

➡ ______________________________.

❷ 제임스: "오후에 도서관에 갑시다."

➡ ______________________________.

❸ 야마다: "다른 사람들을 기다리자."

➡ ______________________________.

❹ 원: "같이 재미있게 놀아요."

➡ ______________________________.

❺ 리에: "일요일에 같이 샌드위치를 만들자."

➡ ______________________________.

❻ 마리아: "더운데 창문을 엽시다."

➡ ____.

❼ 웨이: "이번 주에는 동아리 모임을 하지 맙시다."

➡ ____.

❽ 마이클: "시험이 끝났으니까 오늘은 공부하지 말자."

➡ ____.

02. 보기 와 같이 대화를 완성하십시오.

보기 가: 영수 씨가 조금 전에 뭐라고 했어요?
나: 주말에 같이 밥을 먹자고 했어요.

❶ 가: 누엔 씨가 이번 주말에 무엇을 하자고 했어요?

나: ____자고 했어요.

❷ 가: 민철 씨가 왜 전화했어요?

나: ____자고 전화했어요.

❸ 가: 선배님이 조금 전에 뭐라고 하셨어?

나: ____.

❹ 가: 누구한테서 온 문자 메시지예요?

나: 리에 씨한테서 왔는데 ________________________________.

❺ 가: 마이클 씨가 시험이 끝나고 어디에 가자고 해요?

나: ____.

❻ 가: 제리 씨가 부산에 고속버스를 타고 가자고 하는데 어떻게 할까요?

나: ____.

❼ 가: 아마라 씨가 왜 오늘 만나지 말자고 했어요?

나: ____.

❽ 가: 미선 씨한테 뭐라고 했어요?

나: ____.

활동

친구들이 살을 빼기 위해서 무엇을 같이 하자고 했습니까?
여러분은 그 중에서 무엇을 하겠습니까? 보기 와 같이 써 봅시다.

보기 리에	"운동도 하고 한국 문화도 배울 수 있으니까 태권도를 배우자."
마리아	"요가는 다른 운동에 비해서 많이 힘들지 않으니까 요가를 배워 보자."
아만다	"이제부터 아침마다 학교 운동장에서 조깅을 하자."
퓨퓨	"저녁 6시 이후에 음식을 먹지 말자."
미선	"채식을 하면 건강에 좋아. 같이 채식을 하자."

보기 겨울방학 동안 살이 많이 쪘다. 리에도 방학 동안 살이 쪄서 나에게 같이 살을 빼자고 했다. 리에는 운동도 하고 한국 문화도 배울 수 있으니까 태권도를 배우자고 했다. 이제부터 리에와 같이 태권도를 배워야겠다.

____

____

____

____

제 7 과

컴퓨터와 인터넷

01 사용하는 사람이 많아서 그런지 인터넷이 잘 안 돼요

02 전공과목을 어려워하는 학생들이 인터넷 강의를 많이 들어요

03 컴퓨터를 껐다가 다시 켜 보세요

04 동영상이 잘 찍혔니?

01 사용하는 사람이 많아서 그런지 인터넷이 잘 안 돼요

학습 목표 인터넷 연결 관련 어휘를 익혀서 활용할 수 있다.
'-어서 그런지', '-는다고 하니까' 표현을 익혀서 활용할 수 있다.

누엔 : 영수 씨, 노트북을 잠깐 사용해도 돼요?
영수 : 네, 그런데 인터넷을 하고 싶으면 와이파이가 잘 되는 곳에 가세요. 여기는 사용하는 사람이 많아서 그런지 인터넷이 잘 안 돼요.
누엔 : 그래요? 그럼 어디로 가야 해요?
영수 : 2층에서는 인터넷이 잘 된다고 하니까 거기로 가세요.

새 어휘

EN New Vocabulary JP 新しい語彙 CH 生词

노트북	• 무거운 컴퓨터보다 작고 가벼운 노트북이 인기가 많아요. • 요즘에는 노트북을 가지고 다니는 학생이 많아요.
사용하다	• 한국 사람들은 식사할 때 숟가락과 젓가락을 사용합니다. • 이것은 한 번도 사용하지 않은 새 물건이에요
인터넷을 하다	• 기숙사에 가면 우선 컴퓨터를 켜고 인터넷을 해요. • 시간이 있으면 인터넷을 하거나 게임을 해요.
와이파이가 되다	• 이메일을 보내야 하는데 어디에서 와이파이가 돼요? • 이 교실에서는 와이파이가 잘 안 돼서 스마트폰을 사용할 수 없어요.
곳	• 오늘은 가는 곳마다 사람이 많아요. • 사람이 많지 않은 조용한 곳에서 살고 싶어요.

01. 빈칸에 알맞은 것을 쓰십시오.

보기 새 (노트북을)을/를 사고 싶은데 요즘 인기 있는 게 뭐예요?

❶ 하루에 한 시간쯤 컴퓨터로 (   )는/은/ㄴ 것 같아요.

❷ 그 커피숍은 (   )지 않아서 좀 불편해요.

❸ 저희 식당은 가장 좋은 재료만을 (   )습니다/ㅂ니다.

❹ 지난번에 만났던 (   )에서 볼까?

02. 밑줄 친 곳에 알맞은 것을 쓰십시오.

나는 보고서를 쓰거나 숙제를 할 때 보기 노트북을 을/를 가지고 커피숍에 간다. 학교 근처에는 ❶__________는/은/ㄴ 커피숍이 많아서 편리하다. 내가 자주 가는 ❷______은/는 커피도 맛있고 조용해서 좋다. 가끔 노트북을 안 가지고 가면 그곳에 있는 컴퓨터를 ❸__________는다/ㄴ다/다. 숙제를 빨리 끝내면 컴퓨터로 ❹__________는다/ㄴ다/다.

주제 어휘

EN Thematic Vocabulary JP テーマ語彙 CH 主题词汇

인터넷 연결			
	• 무선인터넷	• 무선네트워크	• 인터넷을 연결하다
	• 인터넷이 연결되다	• 인터넷 속도가 빠르다	• 인터넷 속도가 느리다
	• 인터넷이 잘 되다	• 인터넷이 안 되다	

01. 빈칸에 알맞은 것을 쓰십시오.

보기 한국은 다른 나라에 비해서 (인터넷 속도가 빨라서)~~어서/아서/여서~~ 편리해요.

❶ 오늘은 인터넷을 사용하는 사람이 많지 않아서 ( )어요/아요/여요.

❷ 교실에서 ( )을/를 사용할 수 있지만 속도가 느려서 잘 사용하지 않아요.

❸ 요즘은 어디에서든지 인터넷이 잘 돼요. ( )는/은/ㄴ 곳이 없어요.

❹ 요즘은 텔레비전에 ( )어서/아서/여서 전화도 하고 게임도 할 수 있어요.

02. 밑줄 친 곳에 알맞은 것을 쓰십시오.

한국대학교〉학술 정보관 〉무선인터넷

자주 하는 질문

• 질문: 노트북에서 보기 무선인터넷을 ~~을/~~를 사용하고 싶어요. 어떻게 합니까?

↳ 노트북을 켜고 와이파이 버튼을 누르세요. 그리고 사용할 수 있는 ❶ ________ 을/를 찾아서 ❷ ________ 으십시오/십시오. 그리고 아이디와 비밀번호를 넣으십시오.

• 질문: 인터넷이 연결되었지만 ❸ ________ 지 않아요.

↳ 사용하는 사람이 많을 때는 ❹ ________ 습니다/ㅂ니다. 그럼 다른 네트워크를 찾아보세요.

문법 1

EN Grammar JP 文法 CH 语法

-어서 그런지

❶ 영수 씨가 요즘 아르바이트를 해서 그런지 모임에 잘 안 나와요.

❷ 웨이 씨가 시험을 못 봐서 그런지 오늘 말을 안 해요.

❸ 날씨가 추워서 그런지 오늘은 손님이 별로 없어요.

❹ 휴일이어서 그런지 극장에 사람이 많아요.

01. 알맞은 것을 골라 쓰십시오.

책을 많이 읽다	머리가 좋다	동아리 활동을 하다
여행을 많이 하다	잘 생기다	여자 친구가 중국 사람이다
운동을 시작하다	음악을 많이 듣다	감기에 걸리다

보기 리에 씨가 감기에 걸려서 어서/아서/여서 그런지 밥을 조금 밖에 안먹어요.

❶ 마리아 씨는 ________________어서/아서/여서 그런지 다른 나라 문화에 대해 많이 알아요.

❷ 마이클 씨는 ____________________어서/아서/여서 그런지 중국어를 잘해요.

❸ 영수 씨는 ______________________________ 건강이 좋아졌어요.

❹ 아마라 씨는 ____________________________ 아는 것이 많아요.

❺ 에리코 씨는______________________________ 한국 친구가 많아졌어요.

❻ 징징 씨는 ______________________________ 모르는 노래가 없어요.

❼ 누엔 씨는 ________________ 공부를 많이 안 하는 것 같은데 시험을 잘 봐요.

❽ 제임스 씨는 ____________________ 다른 반 여학생들에게도 인기가 많아요.

02. 보기 와 같이 대화를 완성하십시오.

> **보기** 가: 이 식당은 언제나 손님이 많은 것 같아요.
> 나: 네, 음식 값이 싸서 ~~어서~~/~~아서~~/여서 그런지 손님이 많아요.

❶ 가: 오늘 영수 씨가 기분이 안 좋은 것 같아요.

나: ____________어서/아서/여서 그런지 오늘은 말도 많이 안 해요.

❷ 가: 요즘 아주 건강이 좋아진 것 같아요.

나: 네, ____________어서/아서/여서 그런지 전보다 좋아졌어요.

❸ 가: 왜 이렇게 길이 막히지요?

나: ____.

❹ 가: 명동에는 언제나 사람이 많은 것 같아요.

나: ____.

❺ 가: 에리코 씨, 어디 아파요?

나: 네, ____.

❻ 가: 요즘 웨이 씨가 왜 동아리 모임에 잘 안 나와요?

나: ____.

❼ 가: 오늘은 도서관에 학생들이 많이 없어요.

나: ____.

❽ 가: 리에 씨가 더 예뻐진 것 같지 않아요?

나: ____.

문법 2

EN Grammar JP 文法 CH 语法

-는다고 하니까

❶ 영수가 잘 안다고 하니까 영수한테 물어 봐.
❷ 기말 시험이 어렵다고 하니까 오늘부터 공부하자.
❸ 내일이 마리아 씨 생일이라고 하니까 같이 선물을 삽시다.
❹ 리에 씨가 벌써 발표 준비를 끝냈다고 하니까 우리도 빨리 합시다.

01. **보기 와 같이 연결하고 문장을 완성하십시오.**

보기 제임스 씨가 불고기를 좋아하다 -------------- 불고기를 준비합시다.

❶ 모두 월요일이 좋다 •	• 우산을 가지고 가라.
❷ 백화점은 물건 값이 비싸다 •	• 동대문 시장에 갑시다.
❸ 리에가 좀 늦다 •	• 그날 반모임을 합시다.
❹ 지금 길이 복잡하다 •	• 우리 먼저 주문하자.
❺ 제주도가 아름답다 •	• 제주도에 갑시다.
❻ 오후에 비가 올 것이다 •	• 지하철을 타자.
❼ 웨이 씨가 그 영화를 봤다 •	• 다른 영화를 봅시다.
❽ 마리아 씨가 조장이다 •	• 마리아 씨에게 물어 봐.

보기 제임스 씨가 불고기를 좋아한다고 ~~는다고/ㄴ다고/다고~~ 하니까 불고기를 준비합시다.

❶ ______________ 는다고/ㄴ다고/다고 하니까 ______________.

❷ ______________ 는다고/ㄴ다고/다고 하니까 ______________.

❸ ______________________________.

❹ ______________________________.

❺ ______________________________.

❻ ______________________________.

❼ ______________________________.

❽ ______________________________.

01. **친구와 부산으로 여행을 가려고 합니다. 다음 정보를 보고 보기 와 같이 대화를 완성하십시오.**

부산 여행 정보

부산은 바다가 가까워서 여행을 오는 사람들이 많다. 구경거리, 먹을거리가 많은 도시이다. 그렇지만 주말에는 사람도 많고 호텔도 좀 비싸다.

◆ 교통

서울에서 부산까지 케이티엑스(KTX)나 고속버스를 이용하면 된다. 케이티엑스(KTX)는 2시간 50분쯤 걸리고 고속버스는 4시간 30분쯤 걸린다.

◆ 호텔

해운대 근처에 호텔이 많다. 인터넷으로 예약하면 편하다.

◆ 먹을거리

부산은 바다가 가까워서 생선이 신선하고 맛있다.
생선이 많이 들어간 부산 어묵도 유명하다.

◆ 구경거리

- 해운대 : 부산에서 제일 큰 바닷가이다. 바닷가 옆에 산책할 수 있는 공원이 있다.
- 수산 시장: 여러 가지 생선도 많고 구경거리도 많다.
- 전통 시장: 수산 시장에서 가깝다. 먹을거리도 많고 값도 아주 싸다.

보기 **친구:** 우리 언제 가면 좋을까?
나 : 주말에는 사람도 많고 호텔도 비싸다고 ~~는다고/ㄴ다고/다고~~ 하니까 수요일에 가면 어때?

❶ **친구:** 그래. 그게 좋겠다. 그럼 뭘 타고 갈까?
나 : ____________________ 는다고/ㄴ다고/다고 하니까 케이티엑스(KTX)를 타자.

❷ **친구:** 그럼 어디에서 잘까?
나 : ____________________ 는다고/ㄴ다고/다고 하니까 해운대 근처에서 자자.

❸ **친구:** 그래. 좋아. 그럼 예약은 어떻게 하지?

나 : ______________________________.

❹ **친구:** 부산은 무슨 음식이 맛있다고 해?

나 : ______________________________.

❺ **친구:** 또 뭐가 맛있다고 해?

나 : ______________________________.

❻ **친구:** 부산에 가서 뭘 할까?

나 : ______________________________.

❼ **친구:** 또 뭘 하면 좋을까?

나 : ______________________________.

❽ **친구:** 그리고 우리 뭘 할까?

나 : ______________________________.

활동

여러분은 어디에서 공부합니까? 다음 중 하나를 골라 보기 와 같이 친구와 이야기해 봅시다.

도서관	조용하다, 사람이 많다, 인터넷이 잘 안 될 때가 있다, 세미나실에서 인터넷이 잘 된다
우리 커피숍	큰 책상이 있어서 좋다, 의자가 편하다, 손님이 많다, 아르바이트생이 잘 생겼다
연세 커피숍	무선인터넷이 무료이다, 한 달 전에 열었다, 손님이 많이 없다, 다음 주까지 커피를 마시면 커피 한 잔을 무료로 준다

보기
가: 너는 어디에서 공부를 자주 해?
나: 나는 기숙사 방에서 공부를 해. 도서관은 사람이 많아서 인터넷이 잘 안 될 때가 많아. 너는?
가: 나는 학교 앞 연세 커피숍에서 자주 해. 사람도 많지 않고 무선 인터넷도 무료로 사용할 수 있어서 좋아. 한 달 전에 열어서 그런지 아직 손님이 많이 없어. 다음 주까지 커피를 마시면 커피 한 잔을 무료로 준다고 하니까 오늘은 거기에 같이 가서 공부하자.

02 전공과목을 어려워하는 학생들이 인터넷 강의를 많이 들어요

학습 목표 인터넷 활용 관련 어휘를 익혀서 활용할 수 있다.
'-어도', '-어하다' 표현을 익혀서 활용할 수 있다.

웨이 : 전공 수업이 너무 어려워서 열심히 공부해도 강의 내용이 이해가 되지 않아요.

영수 : 같은 과 친구들에게 좀 도와 달라고 하세요.

웨이 : 다들 바쁜데 귀찮아할 것 같아서 못 물어보겠어요.

영수 : 그럼 인터넷 강의를 들어 보세요. 전공과목을 어려워하는 학생들이 인터넷 강의를 많이 들어요.

새 어휘

EN New Vocabulary JP 新しい語彙 CH 生词

이해가 되다	• 이 책을 읽기는 했지만 어려워서 내용이 이해가 되지 않아요. • 친구가 쉬운 단어로 말해 줘서 교수님 말씀이 이해가 됐어요.
다들	• 금요일에 종강 모임을 하려고 하는데 다들 시간이 있어요? • 다들 김 교수님 강의가 쉽고 재미있다고 해요.
귀찮다	• 저는 청소하기가 귀찮아서 잘 안 해요. • 지하철이 빠르기는 하지만 갈아타기가 귀찮아요.
인터넷 강의	• 인터넷 강의는 언제 어디에서든지 들을 수 있어서 바쁜 사람들에게 인기가 많아요. • 무료로 인터넷 강의를 들을 수 있는 사이트 좀 알려 주세요
전공과목	• 국제 경영학은 경영학과 전공과목 수업이지만 다른 과 학생들도 많이 들어요. • 우리 과 전공과목은 아니지만 저는 한국 문화 수업이 재미있어요.

01. 빈칸에 알맞은 것을 쓰십시오.

보기 요즘 무료로 들을 수 있는 영어 (인터넷 강의가)~~이/가~~ 많습니다.

❶ 여러분, ( ) 방학 잘 보냈어요?

❷ ( ) 중에서 꼭 들어야 하는 과목이 있습니다.

❸ 요리하기가 ( )어서/아서/여서 자주 사 먹어요.

❹ 교수님의 말씀이 너무 빠르고 어려워서 ( )지 않아요.

02. 밑줄 친 곳에 알맞은 것을 쓰십시오.

경제학은 우리 학과 보기 전공과목인데 ~~는데/은데/ㄴ데~~ 한국 친구들도 ❶ ________ 어렵다고 합니다. 저는 외국인이기 때문에 한국어로 강의를 듣는 것이 더 어렵습니다. 그런데 친한 선배가 인터넷으로 강의를 들을 수 있는 사이트를 알려줬습니다. ❷ ________ 을/를 들으니까 수업 시간에 잘 ❸ ________ 지 않던 내용이 이해가 됩니다. 인터넷 강의를 듣는 것이 조금 ❹ ________ 기는 하지만 인터넷 강의 덕분에 이제 수업을 잘 이해할 수 있습니다.

주제 어휘

EN Thematic Vocabulary JP テーマ語彙 CH 主题词汇

인터넷 활용			
	• 정보를 찾다	• 이메일을 보내다	• 동영상을 보다
	• 화상 통화를 하다	• 인터넷 강의를 듣다	• 온라인 게임을 하다
	• 에스엔에스(SNS)를 하다	• 인터넷 쇼핑을 하다	• 인터넷 뱅킹을 하다

01. 인터넷으로 무엇을 합니까? 보기 와 같이 쓰십시오.

보기 인터넷 쇼핑을 합니다.

➡ 인터넷 쇼핑사이트에서 물건을 살 수 있어요.

❶

➡ 고향에 있는 가족들, 친구들과 얼굴을 보고 말할 수 있어요.

❷

➡ 컴퓨터나 휴대 전화로 다른 사람과 같은 시간에 게임을 할 수 있어요.

❸

➡ 은행에 직접 가지 않고 다른 사람에게 돈을 보낼 수 있어요.

❹

➡ 페이스북, 트위터와 같은 사이트에서 이야기를 나누거나 연락할 수 있어요.

02. 밑줄 친 곳에 알맞은 것을 쓰십시오.

제임스 : 이번에 우리 조는 '외국 학생들의 인터넷 이용'에 대해서 발표할 거예요. 여러분은 인터넷으로 뭘 하세요?

웨 이 : 저는 보고서를 쓰거나 발표 준비를 할 때 필요한 **보기** 정보를 찾아요 ~~어요/아요/여요~~.

제 리 : 저는 심심할 때마다 ❶ ________ 는데 게임을 하면 스트레스가 풀려요.

리 에 : 저는 인터넷으로 친구들과 연락하고 정보를 주고 받아요. 자주 에스엔에스(SNS)도 하고 친구들에게 ❷ ________ 어요/아요/여요.

퓨 퓨 : 저는 기숙사 방에 텔레비전이 없기 때문에 인터넷으로 영화나 드라마 등 ❸ ________ 어요/아요/여요.

슈 와 : 저는 요즘 인터넷으로 영어를 배우기 시작했어요. 학원에 다닐 시간이 없기 때문에 ❹ ________ 기 시작했는데 언제든지 들을 수 있어서 편해요.

문법 1

EN Grammar JP 文法 CH 语法

-어도

❶ 내일 비가 와도 여행을 갈 거예요.

❷ 날마다 뉴스를 들어도 듣기 실력이 좋아지지 않아요.

❸ 저는 아무리 피곤해도 운동을 꼭 합니다.

❹ 매운 음식을 잘 먹는 사람이어도 이건 못 먹을 거예요.

01. 관계있는 것을 연결하고. 보기 와 같이 문장을 완성하십시오.

보기 약을 먹어요. ------------------ 머리가 계속 아파요.

❶ 깨끗하게 청소해요. •	• 피곤해요.
❷ 잠을 많이 자요. •	• 저 옷을 살 거예요.
❸ 한 시간을 기다려요. •	• 살이 찌지 않아요.
❹ 밥을 많이 먹어요. •	• 중요한 회의니까 꼭 오세요.
❺ 일요일이에요. •	• 회사에 가서 일해야 합니다.
❻ 이름을 불러요. •	• 친구가 오지 않았어요.
❼ 바빠요. •	• 방이 금방 더러워져요.
❽ 비싸요. •	• 친구가 대답하지 않아요.

보기 약을 먹어도 어도/아도/여도 머리가 계속 아파요.

❶ ______________ 어도/아도/여도 ______________.

❷ ______________ 어도/아도/여도 ______________.

❸ ______________________________.

❹ ______________________________.

❺ ______________________________.

❻ 아무리 ______________________________.

❼ 아무리 ______________________________.

❽ 아무리 ______________________________.

02. **다음은 한국 노래입니다. 밑줄 친 부분을 보기 와 같이 자유롭게 바꾸십시오.**

원곡	노래 바꾸기
♬♪ 청바지가 잘 어울리는 여자 밥을 많이 먹어도 배 안 나오는 여자 내 얘기가 재미없어도 웃어 주는 여자 난 그런 여자가 좋더라.	청바지가 잘 어울리는 남자 보기 책을 많이 안 읽어도 ~~어도/아도/~~여도 아는 게 많은 ~~는/은/ㄴ~~ 여자 ❶ ____________ 어도/아도/여도 ____________ 는/은/ㄴ 여자 나는 그런 여자가 좋아요. 청바지가 잘 어울리는 남자 ❷ ____________ 어도/아도/여도 ____________ 는/은/ㄴ 남자 ❸ ____________ ____________ 는/은/ㄴ 남자 나는 그런 남자가 좋아요.

원곡	노래 바꾸기
♬♪ 외로워도 슬퍼도 나는 안 울어. 참고 참고 또 참지 울긴 왜 울어.	❹ ____________ ❺ ____________ 나는 안 울어. 참고 참고 또 참지 울기는 왜 울어.

원곡	노래 바꾸기
♬♪ 바람 불어도 괜찮아요. 괜찮아요. 괜찮아요. 쌩쌩 불어도 괜찮아요. 난 난 난 나는 괜찮아요.	❻ ____________ 괜찮아요. 괜찮아요. 괜찮아요. ❼ ____________ 괜찮아요. 난 난 난 나는 괜찮아요.

원곡	노래 바꾸기
♬♪ 죽어도 못 보내. 내가 어떻게 널 보내.	⑧ ______________________ ______________________.

문법 2

EN Grammar JP 文法 CH 语法

-어하다

❶ 제임스 씨는 농구를 좋아해요.

❷ 강아지가 죽어서 리에 씨가 슬퍼해요.

❸ 에리코 씨가 모임에 늦어서 미안해해요.

❹ 고향 친구들이 저를 많이 보고 싶어해요.

01. **보기** 와 같이 문장을 완성하십시오.

보기 리에 씨는 운동을 싫어해요 ~~어해요/아해요/여해요~~. (싫다)

❶ 누엔 씨가 제주도에 ______________ 어해요/아해요/여해요. (가고 싶다)

❷ 학생들이 숙제가 많아서 ______________ 어해요/아해요/여해요. (힘들다)

❸ 동생은 강아지를 ______________________. (무섭다)

❹ 할머니께서 아이를 ______________________. (귀엽다)

❺ 에리코 씨가 선물을 받고 ______________________. (기쁘다)

❻ 웨이 씨는 점심을 굶어서 ______________________. (배고프다)

❼ 아이들은 역사 드라마를 ______________________. (재미없다)

❽ 마리아 씨는 친한 친구가 고향에 돌아가서 ______________________.(외롭다)

02. 보기 와 같이 대화를 완성하십시오.

보기 가: 생일 파티는 재미있었어요?
나: 네, 재미있었어요. 친구들도 모두 재미있어했어요 어했어요/아했어요/여했어요.

❶ 가: 시험 성적이 아주 좋군요. 부모님께도 말씀드렸어요?
나: 네, 말씀드렸는데 부모님께서도 아주 ________ 어하셨어요/아하셨어요/여하셨어요.

❷ 가: 야마다 씨에게 줄 생일 선물이군요.
나: 네, 야마다 씨가 이 선물을 ______ 어했으면/아했으면/여했으면 좋겠어요.

❸ 가: 영수 씨 중국 친구는 한국말을 잘 배우고 있어요? 무엇을 어려워해요?
나: ____.

❹ 가: 마리아 씨가 리에 씨에게 왜 미안해해요?
나: ____.

❺ 가: 배를 타고 여행갈 때 멀미 때문에 힘들었지요?
나: 네, 정말 힘들었어요. 다른 친구들도 ____________________.

❻ 가: 떡볶이나 닭갈비를 먹을까요?
나: 저는 매운 음식을 좋아하는데 제임스 씨는 ______________ 으니까/니까 다른 것을 먹읍시다.

❼ 가: 내일 고향 친구와 어디에 갈 거예요?
나: 제 친구는 ____.

❽ 가: 미선 씨가 만들어 가지고 간 음식을 친구들이 맛있게 먹었어요?
나: ____.

활동

친구에게 소개해 주고 싶은 사이트를 보기 와 같이 이야기해 봅시다.

보기 인터넷으로 외국어를 공부할 수 있는 사이트를 소개해 드릴게요. '라이브커피'라는 사이트인데 제가 미국에 있었을 때 제 친구가 가르쳐 준 사이트예요. 이 사이트에서 자기가 배우고 싶은 외국어를 외국 친구한테서 배울 수 있어요. 그리고 외국어를 배우고 싶어하는 친구에게 외국어를 가르쳐 줄 수 있어요. 모두가 선생님이 되고 모두가 학생이 되는 외국어 학습 사이트예요. 아무리 외국어를 공부해도 실력이 늘지 않거나 재미있게 공부하고 싶은 사람은 한번 들어가 보세요.

정보 검색 사이트	온라인 게임 사이트	동영상 사이트
인터넷 쇼핑 사이트	인터넷 강의 사이트	

03 컴퓨터를 껐다가 다시 켜 보세요

학습 목표 컴퓨터 고장 관련 어휘를 익혀서 활용할 수 있다.
'피동(-기-, -리-)', '-었다가' 표현을 익혀서 활용할 수 있다.

마리아 : 인터넷 강의를 듣는데 갑자기 인터넷이 끊겼어요. 조금 전까지는 잘 됐는데 왜 그럴까요?

민철 : 그럼 컴퓨터를 껐다가 다시 켜 보세요.

마리아 : 아, 그렇게 하니까 다시 잘 되는군요. 저는 고장이 난 줄 알고 놀랐어요.

민철 : 가끔 그럴 때가 있어요.

새 어휘

EN New Vocabulary JP 新しい語彙 CH 生词

인터넷이 끊기다	• 인터넷이 끊겨서 이메일을 보내지 못했어요. • 동영상을 보는데 인터넷이 자주 끊겨서 잘 볼 수 없었어요.
끄다	• 시험 시간이니까 모두 휴대전화를 끄세요. • 추우니까 에어컨 좀 꺼 주세요.
켜다	• 보고서를 쓰려고 컴퓨터를 켰어요. • 드라마를 할 시간이에요. 빨리 텔레비전을 켭시다.
고장이 나다	• 컴퓨터가 고장이 났기 때문에 컴퓨터를 할 수 없어요. • 휴대전화가 고장이 나서 연락을 할 수 없었어요.
놀라다	• 친구가 갑자기 뒤에서 큰 소리로 내 이름을 불러서 놀랐어요. • 외국인이 한국 사람처럼 한국말을 잘 해서 놀랐어요.

01. 빈칸에 알맞은 것을 쓰십시오.

보기 숙제를 하려고 텔레비전을 (껐어요)~~었어요/았어요/였어요~~.

❶ 세탁기가 ( )어서/아서/여서 손으로 빨래를 했어요.

❷ 저는 일어나면 라디오부터 ( )습니다/ㅂ니다.

❸ ( )어서/아서/여서 자료를 검색할 수 없었어요.

❹ 밤에 자고 있는데 전화가 와서 ( )었어요/았어요/였어요.

02. 밑줄 친 곳에 알맞은 것을 쓰십시오.

여러분도 휴대전화가 있지요? 저는 한국에 와서 새로 휴대전화를 샀어요. 한국은 인터넷이 잘 되는 곳이 많아서 보기 놀랐어요 ~~었어요/았어요/였어요~~. 학교와 커피숍, 지하철에서도 휴대전화로 인터넷을 할 수 있어요. 가끔 인터넷을 쓰는 사람이 너무 많으면 ❶ ________ 을/ㄹ 때가 있어요. 처음에는 휴대전화가 ❷ ________ 어서/아서/여서 그런 줄 알았는데 아니었어요. 저는 시험을 볼 때는 휴대전화를 ❸ ________ 고 시험이 끝나면 휴대전화부터 ❹ ________ 어요/아요/여요. 저는 휴대전화가 없으면 많이 불편할 것 같아요.

주제 어휘

EN Thematic Vocabulary JP テーマ語彙 CH 主题词汇

컴퓨터 고장	· 접속이 안 되다 · 수리를 받다 · 맡기다 · 이상이 있다 · 수리 기사 · 문제를 해결하다 · 문의하다 · 서비스 센터 · 수리하다 · 수리비

01. 관계있는 것을 연결하고, 보기 와 같이 문장을 완성하십시오.

보기 이상이 있다 ------------ 텔레비전이나 컴퓨터가 잘 안 돼요.

❶ 수리비 · · 모르는 것을 물어봐요.

❷ 문의하다 · · 고장이 난 것을 수리해 주는 사람

❸ 수리 기사 · · 휴대전화나 컴퓨터 등이 고장이 나면 가는 곳

❹ 서비스 센터 · · 고장이 난 것을 수리해 줬을 때 주는 돈

02. 밑줄 친 곳에 알맞은 것을 쓰십시오.

인터넷 강의를 듣기 위해서 노트북을 켰습니다.

(가) 보기 수리를 받기 위해서 노트북을 가지고 서비스센터에 갔습니다.

(나) 그런데 인터넷에 ❶ ________ 고 컴퓨터에서 소리도 많이 났습니다. 고장이 난 것 같았습니다.

(다) 노트북을 ❷ ________ 고 한 시간쯤 기다렸습니다.

(라) 수리 기사가 노트북을 잘 ❸ ________ 어/아/여 줬습니다.

(마) ❹ ________ 기 위해서 서비스 센터에 전화를 걸었습니다. 서비스 센터에서는 노트북을 가지고 오라고 했습니다.

순서 : (나) ➡ ( ) ➡ ( ) ➡ ( ) ➡ ( )

문법 1

EN Grammar JP 文法 CH 语法

-기-, -리-

-기-	끊다	끊기다
	씻다	씻기다
	안다	안기다
	쫓다	쫓기다

-리-	걸다	걸리다
	듣다	들리다
	열다	열리다
	팔다	팔리다

❶ 아이가 엄마에게 안겼어요.

❷ 도둑이 경찰에게 쫓기고 있어요.

❸ 이 창문이 잘 안 열려요.

❹ 시끄러워서 전화 소리가 잘 안 들려요.

01. **피동형으로 보기 와 같이 문장을 완성하십시오.**

보기 요즘 서점에서 이 책이 많이 팔려요 ~~어요/아요/여요~~. (팔다)

❶ 갑자기 전화가 ________________ 었어요/았어요/였어요. (끊다)

❷ 과일이 깨끗하게 ________________ 었어요/았어요/였어요. (씻다)

❸ 제가 하는 말이 잘 ________________ 어요?/아요?/여요? (듣다)

❹ 지하에서는 전화가 잘 ________________ 지 않아요. (걸다)

❺ 옆 교실에서 노래 소리가 ________________ 습니다/ㅂ니다. (듣다)

❻ 아기가 엄마에게 ________________ 었어요/았어요/였어요. (안다)

❼ 이 문이 잘 안 ________________ 어요/아요/여요. (열다)

❽ 저 영화에서 남자가 누구에게 ________________ 고 있어요? (쫓다)

02. 알맞은 것을 골라 보기 와 같이 문장을 완성하십시오.

걸다, 끊다, 듣다, 씻다, 안다, 열다, 팔다

《미영 씨의 힘든 하루》

미영 씨는 가게에서 일해요. 오늘 아침에 날씨가 더워서 창문을 열려고 했는데 창문이 안 보기 열렸어요 ~~었어요/았어요/였어요~~. 컵을 씻는데 기름 때문에컵이 잘 안 ❶________었어요/았어요/였어요. 다른 가게에 전화를 하려고 했는데 전화가 잘 안 ❷________었어요/았어요/였어요. 손님이 들어왔어요. 손님의 아이를 안아 주려고 하니까 아이가 미영 씨에게 ❸________지 않고 울었어요. 미영 씨는 컴퓨터로 영화를 보고 있었는데 갑자기 인터넷이 ❹________었어요/았어요/였어요. 컴퓨터에서 이상한 소리도 ❺________었어요/았어요/였어요. 그래서 컴퓨터를 끄고 텔레비전을 켰어요. 그런데 텔레비전 소리가 잘 안 ❻________었어요/았어요/였어요. 그 때 친구에게서 전화가 왔어요. 반갑게 통화를 하고 있었는데 갑자기 전화가 ❼________었어요/았어요/였어요. 오늘은 물건도 잘 안 ❽________어요/아요/여요.

문법 2

EN Grammar JP 文法 CH 语法

-었다가

❶ 방학에 고향에 갔다가 왔습니다.
❷ 모자를 썼다가 더워서 벗었어요.
❸ 텔레비전을 켰다가 재미없어서 껐습니다.
❹ 친구와 약속을 했다가 급한 일이 생겨서 약속을 취소했어요.

01. 관계있는 것을 연결하고, 보기 와 같이 문장을 완성하십시오.

보기 2층에 올라갔습니다. -------------------- 내려왔습니다.

❶ 옷을 샀습니다. •	• 껐습니다.
❷ 시장에 갔습니다. •	• 왔습니다.
❸ 창문을 열었습니다. •	• 바꿨습니다.
❹ 옷을 입었습니다. •	• 지웠습니다.
❺ 음식을 시켰습니다. •	• 닫았습니다.
❻ 의자에 앉았습니다. •	• 벗었습니다.
❼ 라디오를 켰습니다. •	• 취소했습니다.
❽ 칠판에 이름을 썼습니다. •	• 일어섰습니다.

보기 2층에 올라갔다가 ~~었다가/았다가/였다가~~ 내려왔습니다.

❶ ______________ 었다가/았다가/였다가 ______________.

❷ ______________ 었다가/았다가/였다가 ______________.

❸ ______________________________.

❹ ______________________________.

❺ ______________________________.

❻ ______________________________.

❼ ______________________________.

❽ ______________________________.

02. 보기 와 같이 대화를 완성하십시오.

보기 가: 왜 문을 열었다가 금방 닫았어요?
나: 문을 열었다가 ~~었다가/았다가/였다가~~ 너무 시끄러워서 ~~어서/아서/여서~~ 금방 닫았어요.

❶ 가: 왜 신발을 샀다가 바꿨어요?
나: ________ 었다가/았다가/였다가 ________ 어서/아서/여서 ________.

❷ 가: 왜 밖에 나갔다가 다시 들어왔어요?
나: ________ 었다가/았다가/였다가 ________ 어서/아서/여서 ________.

❸ 가: 왜 코트를 입었다가 벗었어요?
나: ________________________________.

❹ 가: 왜 창문을 열었다가 닫았어요?
나: ________________________________.

❺ 가: 왜 에어컨을 껐어요?
나: ________________________________.

❻ 가: 왜 예약을 취소했어요?
나: ________________________________.

❼ 가: 왜 학교에 갔다가 일찍 돌아왔어요?
나: ________________________________.

❽ 가: 왜 버스에서 금방 내렸어요?
나: ________________________________.

활동

노트북에 이상이 있어서 서비스센터에 갔습니다. 보기 와 같이 대화를 해 봅시다.

보기
직원: 어떻게 오셨습니까?
손님: 이 노트북이 지난주부터 소리도 많이 나고 인터넷도 자주 끊겨요.
직원: 언제 사신 거예요?
손님: 3년 전에 샀어요.
직원: 그럼 수리비를 내셔야 하는데요.
손님: 지금 고칠 수 있어요?
직원: 손님들이 많아서 기다리셔야 합니다.
손님: 그럼 집에 갔다가 오후에 찾으러 올게요.

04 동영상이 잘 찍혔니?

학습 목표 자료 공유 관련 어휘를 익혀서 활용할 수 있다.
'피동(-이-, -히-)', '-기 쉽다' 표현을 익혀서 활용할 수 있다.

리에 : 선배님, 지난번에 찍은 동영상 보실래요?

민철 : 동영상이 잘 찍혔니? 그날 날씨가 안 좋아서 걱정했는데.

리에 : 흐린 날은 잘 안 찍히기 쉬운데 다행히 잘 나왔어요.

민철 : 고생했다. 조원들도 보고 싶어할 것 같은데 웹하드에 올려 줘.

새 어휘

EN New Vocabulary JP 新しい語彙 CH 生词

찍히다	• 사진이 잘 찍히지 않았어요. 다시 한번 찍을게요. • 버튼을 잘못 눌러서 사진이 찍히지 않고 동영상이 찍혔어요.
걱정하다	• 부모님께서 걱정하실 것 같아서 한국에 도착해서 전화부터 드렸어요. • 그동안 열심히 공부했으니까 시험을 잘 볼 거예요. 걱정하지 마세요.
다행히	• 친구가 계단에서 넘어졌는데 다행히 다치지 않았어요. • 컴퓨터 수리비가 비쌀 것 같아서 걱정했는데 다행히 별로 비싸지 않았어요.
잘 나오다	• 요즘에는 휴대전화로 사진을 찍어도 사진이 예쁘게 잘 나와요. • 전공과목 시험 성적이 잘 나왔니? 나는 생각보다 성적이 안 좋아.
고생하다	• 한국에 처음 왔을 때 한국말도 못하고 음식도 입에 맞지 않아서 정말 고생했어요. • 어머니는 형과 저 때문에 30년 동안 많이 고생하셨습니다.
웹하드에 올리다	• 지금 인터넷이 안 돼서 사진을 웹하드에 올릴 수 없어요. • 어제 발표 자료를 웹하드에 올렸으니까 다음 시간까지 다들 읽어 가지고 오세요.

01. 빈칸에 알맞은 것을 쓰십시오.

보기 사진을 보니까 제 얼굴만 너무 크게 (찍혔어요)~~었어요/았어요/였어요~~.

❶ 저는 중요한 자료를 모두 ( )어요/아요/여요. 제 컴퓨터가 고장이 나도 인터넷만 연결되면 볼 수 있어요.

❷ 처음 피피티(PPT)를 만들었을 때 아주 ( )었어요/았어요/였어요. 생각했던 것보다 훨씬 어려워서 시간이 많이 걸렸어요.

❸ 오늘 오전까지 비가 왔지만 ( ) 조금 전에 비가 그쳤어요. 내일 소풍을 갈 수 있겠지요?

❹ 선생님, 건강이 안 좋으시다고 하셔서 많이 ( )었어요/았어요/였어요. 이제 다 나으셨어요?

02. 밑줄 친 곳에 알맞은 것을 쓰십시오.

가: 중국 여행을 갔을 때 찍은 사진들을 모아서 동영상을 만들어 봤어.
이 디브이디(DVD)를 선물로 줄게.

나: 고마워. 지금 같이 보자. 우와, 사진이 정말 **보기** 잘 나왔다 었다/았다/였다.

가: 난 사진을 잘 못 찍는데 경치가 아름다워서 그런지 ❶ ____________ 사진이 모두 예쁘게 ❷ ________ 었어/았어/였어.

나: 동영상으로 보니까 더 멋있어. 시간이 많이 걸렸을 것 같은데 ❸ __________ 었겠구나/았겠구나/였겠구나.

가: 어려울 것 같아서 조금 ❹ ________ 었는데/았는데/였는데 생각보다 쉬웠어.

주제 어휘

EN Thematic Vocabulary JP テーマ語彙 CH 主题词汇

자료 공유	· 파일	· 공유하다	· 자료를 올리다	· 다운로드하다
	· 다운로드 기간	· 대용량	· 삭제하다	· 웹하드

01. 빈칸에 알맞은 것을 쓰십시오.

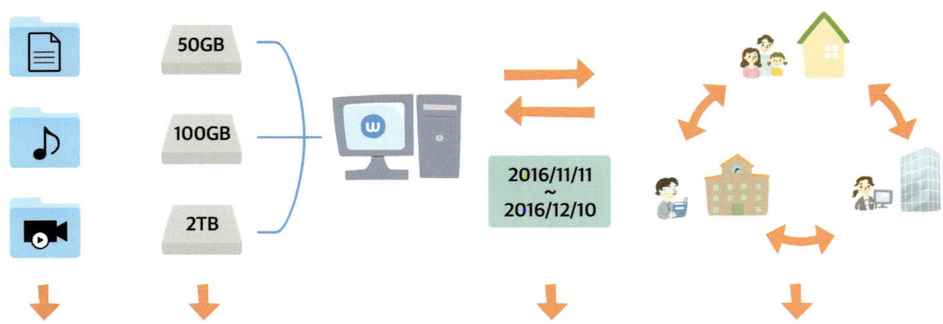

❶ (   ) ❷ (   ) ❸ (   ) ❹ (   )

02. 밑줄 친 곳에 알맞은 것을 쓰십시오.

연극 동아리 회원 여러분,

우리 동아리에서는 동아리 활동에 도움을 줄 수 있는 자료들을 회원들과 함께 보기 공유하고 있습니다.

우리 동아리 ❶ ________ 에 들어가면 동영상과 사진, 음악 등 좋은 자료가 많습니다. 동아리 회원은 누구든지 ❷ ________ 을/ㄹ 수 있습니다. 회원 여러분께서도 좋은 자료가 있으면 우리 웹하드에 ❸ ________ 어/아/여 주세요. 대용량 파일은 한 달 후에 ❹ ________ 으니까/니까 빨리 다운로드 하세요.

문법 1 | EN Grammar JP 文法 CH 语法

피동(-이-, -히-)

-이-	놓다	놓이다	-히-	꽂다	꽂히다
	보다	보이다		닫다	닫히다
	섞다	섞이다		먹다	먹히다
	쌓다	쌓이다		밟다	밟히다
	쓰다	쓰이다		잡다	잡히다
	바꾸다	바뀌다		찍다	찍히다

01. 보기 와 같이 문장을 완성하십시오.

보기 언니가 꽃병에 꽃을 꽂았어요. 꽃병에 꽃이 예쁘게 꽂혔어요 어요/~~아요/여요~~.

❶ 비행기에서 창밖을 봤어요. 비행기에서 창밖이 ________ 었어요/았어요/였어요.

❷ 조교가 칠판에 시험 시간을 9시부터 11시까지라고 썼어요. 칠판에 시험 시간이 9시부터 11시라고 ________ 었어요/았어요/였어요.

❸ 사장님이 가게 문을 닫았어요. 가게 문이 ________ 었어요/았어요/였어요.

❹ 친구와 같이 사진을 찍었어요. 사진이 예쁘게 ________ 었어요/았어요/였어요.

❺ 경찰이 나쁜 사람을 잡았어요. 나쁜 사람이 경찰에게 ________ 었어요/았어요/였어요.

❻ 보고서를 쓸 때 필요한 책들을 책상 위에 놓았어요. 책상 위에 ________ 는/은/ㄴ 책들은 보고서를 쓸 때 필요한 책들이에요.

❼ 물과 기름을 병에 넣었어요. 그런데 물과 기름은 ________ 지 않았어요.

❽ 일주일 동안 빨래를 못했어요. 빨래가 ________ 었어요/았어요/였어요.

02. 알맞은 것을 골라 보기 와 같이 대화를 완성하십시오.

닫히다, 바뀌다, 밟히다, 보이다, 섞이다, 쌓이다, 쓰이다, 잡아먹히다, 잡히다

보기 가: 그 만화에서 고양이가 쥐를 잡아먹어요?
나: 아니요, 쥐가 똑똑해서 고양이에게 잡아먹히지 않아요.

❶ 가: 어제 도서관에 가서 책을 빌렸어요?

나: 아니요, 문이 ____________어서/아서/여서 못 빌렸어요.

❷ 가: 미선 씨 집에서 서울타워를 볼 수 있어요?

나: 네, 우리 집에서 서울타워가 ____________어요/아요/여요.

❸ 가: 왜 그렇게 걸어요? 발이 아파요?

나: 네, 지하철에서 어떤 사람한테 발을 ____________었어요/았어요/였어요.

❹ 가: 리에 씨는 어떻게 스트레스를 풀어요?

나: 저는 스트레스가 ____________으면/면 노래방에 가서 크게 노래를 불러요.

❺ 가: 어제 내가 전화했는데 왜 전화를 안 받았어?

나: 미안해. 며칠 전에 전화번호가 ____________었어/았어/였어.

❻ 가: 자기 물건에다가 이름을 쓰십시오. 다른 사람들의 물건과 ____________

으면/면 찾기가 어렵습니다.

나: 네, 알겠습니다.

❼ 가: 요즘 오징어 값이 싸군요.

나: 가을에는 오징어가 많이 ____________어서/아서/여서 싸요.

❽ 가: 이 티셔츠에 ____________는/은/ㄴ 단어가 무슨 뜻이에요?

나: '멋있다'는 뜻이에요.

문법 2

EN Grammar JP 文法 CH 语法

-기 쉽다

❶ 수첩에 쓰지 않으면 잊어버리기 쉬워요.

❷ 창문을 열고 자면 감기에 걸리기 쉽다.

❸ 어두운 곳에서 책을 읽으면 눈이 나빠지기 쉽습니다.

❹ 복사기 버튼을 세게 누르면 고장이 나기 쉬우니까 가볍게 누르세요.

01. **관계있는 것을 연결하고 보기 와 같이 문장을 완성하십시오.**

보기 하얀색 옷을 다른 색 옷과 같이 세탁하다 ------------ 색이 변하다

❶ 와이파이를 사용하는 사람들이 많다 •	• 필요 없는 물건을 많이 사다
❷ 갑자기 눈이 내리다 •	• 인터넷 속도가 느려지다
❸ 물건 값이 싸다 •	• 차가 밀리다
❹ 주말에 집에만 있다 •	• 저녁에 과식하다
❺ 커피를 많이 마시다 •	• 배탈이 나다
❻ 스트레칭을 자주 해 주지 않다 •	• 다리가 붓다
❼ 점심을 안 먹다 •	• 텔레비전만 보다
❽ 오래된 음식을 먹다 •	• 잠이 안 오다

보기 하얀색 옷을 다른 색깔 옷과 같이 빨래하면 으면/면 색깔이 변하기 쉬워요.

❶ ______________________________ 으면/면 ______________ 기 쉬워요.

❷ ______________________________ 으면/면 ______________ 기 쉬워요.

❸ ____.

❹ ____.

❺ ____.

❻ ____.

❼ ____.

❽ ____.

02. **다음과 같은 상황에서 친구에게 어떻게 말하겠습니까? 보기 와 같이 문장을 완성하십시오.**

보기 수업을 잘 듣지 않는 친구에게
➡ 수업을 잘 듣지 않으면 내용을 잘못 이해하기 쉬워.

❶ 밤마다 야식을 먹는 친구에게

➡ ____ 기 쉬워.

❷ 눈이 오는 날 구두를 신고 밖으로 나가는 친구에게

➡ ____.

❸ 우산을 쓰지 않고 비를 맞고 가는 친구에게

➡ ____.

❹ 모바일 게임을 많이 하는 친구에게

➡ ______________________________.

❺ 요즘 인기가 많은 영화를 주말에 보려고 하는 친구에게

➡ ______________________________.

❻ 다른 사람에 비해서 밥을 빨리 먹는 친구에게

➡ ______________________________.

❼ 살을 빼기 위해서 계속 굶는 친구에게

➡ ______________________________.

❽ 무거운 물건을 노트북 위에 놓는 친구에게

➡ ______________________________.

활동

친구들과 공유하고 싶은 자료가 있습니까? 보기 와 같이 이야기 해 봅시다.

보기 오늘 저는 가수들의 공연을 보러 갔어요. 늦게 가면 자리가 없을 것 같아서 일찍 갔어요. 그래서 공연 전까지 많이 기다려야 했어요. 오래 기다리면 지루하고 피곤해지기 쉬운데 친구들과 재미있는 이야기를 많이 해서 그런지 조금도 피곤하지 않았어요. 가수들의 공연은 정말 좋았어요. 사진도 많이 찍었어요. 공연장이 어두워서 사진이 잘 안 찍힐 것 같았는데 다행히 사진이 잘 나왔어요. 오늘 찍은 사진을 친구들과 공유하고 싶어요.

제8과

대학 문화

01 웨이 씨가 장학금을 받을 줄 알았어요

02 얼마나 재미있었는지 몰라

03 저기에서 공연을 하나 봐

04 그룹 스터디룸에서 할까 해

01 웨이 씨가 장학금을 받을 줄 알았어요

학습 목표 대학생들의 소비 관련 어휘를 익혀서 활용할 수 있다.
'-는 줄 알다', '아무 N이나' 표현을 익혀서 활용할 수 있다.

웨이 : 제가 이번에 장학금을 받았어요.

아마라 : 축하해요. 웨이 씨가 늘 열심히 하기 때문에 장학금을 받을 줄 알았어요. 공부를 잘하는 웨이 씨가 부러워요.

웨이 : 오늘 제가 한턱낼게요. 뭘 먹고 싶어요?

아마라 : 저는 아무거나 다 잘 먹어요.

새 어휘

EN New Vocabulary JP 新しい語彙 CH 生词

장학금	• 우리 학교에서는 성적이 좋은 학생에게 장학금을 줘요. • 이번 학기에는 공부를 열심히 해서 꼭 장학금을 받고 싶어요.
늘	• 이 식당에는 늘 사람이 많아요. 지난번에도 기다렸는데 오늘도 기다렸어요 • 제 친구는 늘 약속 시간에 늦어요. 오늘도 늦게 왔어요.
부럽다	• 저는 노래를 잘 못 불러서 노래를 잘하는 사람이 부러워요. • 다들 운동도 잘하고 공부도 잘하는 웨이 씨를 부러워해요.
한턱내다	• 장학금을 받았으니까 오늘은 제가 한턱낼게요. 같이 밥 먹으러 가요. • 좋은 대학교에 들어갔으니까 네가 한턱내라.
다	• 지난달에 받은 돈을 다 써서 돈이 하나도 없어요. • 리에 씨는 마음이 따뜻해서 친구들이 모두 다 좋아해요.

01. 빈칸에 알맞은 것을 쓰십시오.

보기 저는 형제가 없어서 가족이 많은 집이 (부러워요)어요/아요/여요.

❶ 저는 주말에는 (   ) 학교 운동장에서 농구를 해요.

❷ (   )을/를 받고 싶으면 더 열심히 공부하세요.

❸ 지난달에 회사에 들어간 친구가 오늘 (   )었어요/았어요/였어요.

❹ 학생들이 (   ) 왔어요. 모두 왔어요.

02. 밑줄 친 곳에 알맞은 것을 쓰십시오.

리에: 미선아, 너 이번에도 보기 장학금을 을/를 받았어?

미선: 응. 그러니까 오늘 저녁은 내가 ❶__________을게/ㄹ게.

리에: 와, 좋아~! 맛있는 걸로 먹어야겠다. 그런데 미선이 너는 공부도 잘 하고, 친구들에게 인기도 많고…. 정말 ❷__________는다/ㄴ다/다. 아르바이트도 하고, 동아리 활동도 하는데 언제 공부를 하는 거야?

미선: 나는 수업을 들을 때 ❸_____ 집중해서 듣고, 중요한 것은 다른 공책에 한 번 더 써.

리에: 그렇구나. 나도 한 번 그렇게 해봐야겠다. 맞다. 내일 발표 준비는 ❹__________ 했어?

주제 어휘

EN Thematic Vocabulary JP テーマ語彙 CH 主题词汇

대학생들의 소비

- 식비
- 교통비
- 교육비
- 통신비
- 문화생활비
- 돈을 내다
- 돈이 들다
- 계산하다
- 포인트를 사용하다
- 쿠폰을 사용하다
- 할인을 받다

01. 한 달 동안 쓴 돈입니다. 빈칸에 알맞은 것을 쓰십시오.

	내용	쓴 돈
보기 문화생활비	영화, 공연	58,000원
❶ (　　　　　　)	식사, 커피, 과자, 빵	120,000원
❷ (　　　　　　)	지하철, 버스	31,000원
❸ (　　　　　　)	휴대전화	30,000원
❹ (　　　　　　)	영어 학원, 전공 책	180,000원
		419,000원

02. 밑줄 친 곳에 알맞은 것을 쓰십시오.

유학생활 팁(TIP)

유학생활을 하면 고향에서 보다 더 많은 보기 돈이 듭니다 ~~습니다/ㅂ니다~~.
어떻게 하면 돈을 적게 쓸 수 있을까요? 제가 방법을 알려 드릴게요.

1. 포인트 카드 만들기

자주 가는 빵집이나 카페, 편의점에서 포인트 카드를 만드세요. 그렇게 하면 물건을 살 때마다 포인트가 생깁니다. 보통 포인트가 1000점이 쌓이면 물건 값을 ❶ ____________ 을/ㄹ 때 ❷ ____________ 을/ㄹ 수 있어요.

2. 쿠폰 찾기

저는 식당에 가거나 카페에 갈 때 인터넷에서 그 곳의 쿠폰을 찾아 봅니다.
❸ ____________ 으면/면 10~20%쯤 ❹ ____________ 거나 무료 음료수 같은 것을 받을 수 있어요.

문법 1

EN Grammar JP 文法 CH 语法

-는 줄 알다

❶ 나는 영수가 똑똑한 줄 알았어.

❷ 나는 마이클이 수영을 잘하는 줄 알아.

❸ 마이클은 리에가 모임에 올 줄 알고 있었어.

❹ 나는 마리아가 러시아 사람인 줄 알고 있었어.

01. **보기 와 같이 문장을 바꾸십시오.**

보기 웨이가 고향에 갔다

➡ 나는 웨이가 고향에 간 ~~는/은/~~ㄴ 줄 알았어.

❶ 영수는 친구가 많다

➡ ________________ 는/은/ㄴ 줄 알아.

❷ 네가 그렇다

➡ ________________ 을/ㄹ 줄 알았어.

❸ 내일 단어 시험이 있다

➡ ________________.

❹ 그 두 사람이 사귄다

➡ ________________.

❺ 웨이가 리에를 좋아하다

➡ ________________.

❻ 김 선생님이 결혼했다

➡ ________________.

❼ 웨이가 거짓말을 하다

➡ ________________.

❽ 리에 어머니가 한국 사람이다

➡ ________________.

02. **마리아 씨는 친구들에 대해서 많은 것을 압니다. 보기 와 같이 대화를 완성하십시오.**

미　선 : 여보세요? 마리아, 나 미선이야.

마리아 : 응, 미선아. 보기 네가 전화할 을/ㄹ 줄 알았어.

미　선 : 응? 어떻게 알았어?

마리아 : 네가 언제나 이 시간쯤에 전화하니까. 그런데 조 모임은 잘했어?

미　선 : 응, 그런데 내가 모임 시간에 20분이나 늦게 갔어.

마리아 : 아까 네가 좀 늦게 출발해서 난 네가 ❶ ________ 을/ㄹ 줄 알았어.

미　선 : 응, 그래서 조원들에게 미안하다고 이야기했어. 그런데 오늘도 웨이 씨가 조 모임에 또 빠졌어.

마리아 : 나는 웨이 씨가 자주 ❷ ________ 는/은/ㄴ 줄 알고 있었어. 지난번에 발표 준비할 때도 그랬어.

미　선 : 발표는 민철 선배가 하는데 연습할 때 보니까 민철 선배가 발표를 잘했어.

마리아 : 나도 민철 선배가 발표하는 걸 몇 번 본 적이 있어. 그래서 ❸ ________ ________.

미　선 : 발표 자료는 슈와 씨가 만드는데, 정말 발표 자료를 잘 만들었어.

마리아 : ❹ ________. 그래서 슈와 씨하고 같은 조가 되면 참 좋아. 또 다른 일은 없었어?

미　선 : 과 친구들이 에리코하고 제임스가 헤어졌다고 했어.

마리아 : 나는 ❺ ________. 이주일 전부터 두 사람이 서로 이야기를 안 했어.

미　선 : 그랬구나. 그래서 제임스가 시간이 많아져서 사진 동아리에 들었다고 했어.

마리아 : 제임스가 나한테 이야기해서 ❻ ________.

미　선 : 너, 제임스가 사진에 관심이 많은 것도 알고 있었어?

마리아 : 응, ❼ ________. 제임스가 지난번에 찍은 사진들을 보여 줬어.

미　선 : 그랬구나. 그런데 나는 요즘 피곤해서 그런지 몸살이 난 것 같아.

마리아 : 네가 요즘 계속 늦게 자고 잘 쉬지도 않아서 ❽ ________.

미　선 : 그래서 오늘은 일찍 잘 거야. 잘 자.

문법 2

EN Grammar JP 文法 CH 语法

아무 N이나

❶ 아무 때나 오세요.

❷ 아무 음식이나 다 잘 먹어요.

❸ 자리가 많으니까 아무 데나 앉읍시다.

❹ 아무에게나 물어 보세요.

01. **보기 와 같이 대화를 완성하십시오.**

보기 저는 영화는 다 좋아하니까 아무 영화나 ~~이나/나~~ 봅시다. (영화)

❶ 오늘은 시간이 없으니까 ________________ 이나/나 가서 먹읍시다. (데)

❷ 오늘 신문 중에서 ________________ 이나/나 사다 주세요. (신문)

❸ 저는 계속 사무실에 있으니까 ________________ 전화하세요. (때)

❹ 많이 아파도 ________________ 먹으면 안돼요. (약)

❺ 생일 선물은 ________________ 괜찮아요. 비싸지 않은 걸로 사 주세요. (것)

❻ 저는 다 잘 먹으니까 영수 씨가 좋아하는 것 중에서 __________ 먹읍시다. (음식)

❼ 손님, 편하신 곳 ________________ 앉으세요. (자리)

❽ 그 일은 어렵지 않아서 ________________ 할 수 있어요. (사람)

02. 마이클과 리에가 데이트를 합니다. 보기 와 같이 대화를 완성하십시오.

리　에 : 우리 주말에 뭐 할까?

마이클 : 네가 하고 싶은 거 보기 아무거나 이나/나 해.

리　에 : 그럼 우리 쇼핑할까? 명동이나 동대문 시장 중에서 어디에 갈까?

마이클 : 두 곳 다 예쁜 것이 많으니까 ❶ ________________ 이나/나 가자.

리　에 : 음, 그럼 우리 명동에 가자. 명동까지 뭘 타고 갈까?

마이클 : 명동은 교통이 편리하니까 ❷ ______________ 이나/나 타자.

리　에 : 그럼 지하철이 빠르니까 지하철을 타자. 그런데 뭘 입고 가지?

마이클 : 너는 ❸ ______________ 입어도 예뻐.

리　에 : 고마워. 우리 명동에서 맛있는 것도 먹자. 너는 뭘 좋아해?

마이클 : 나는 다 잘 먹으니까 ❹ ______________________________.

리　에 : 그럼, 날씨도 더운데 우리 냉면을 먹자.

마이클 : 그래. 냉면을 먹고 뭘 할까? 영화를 볼까? 어때?

리　에 : 난 영화는 다 좋으니까 ❺ ______________________________.

마이클 : 그럼 요즘 인기 있는 한국 영화를 보자. 그럼 우리 토요일에 만나.

토요일에 두 사람이 명동에 갔습니다. 그런데 리에가 너무 오래 쇼핑을 해서 마이클이 기분이 좋지 않습니다.

리　에 : 마이클~ 이거 어때? 어느 디자인이 괜찮아?

마이클 : 다 괜찮으니까 ❻ ______________________________.

리　에 : 마이클~ 어떤 색이 예뻐?

마이클 : 다 예뻐. 빨리 ❼ ______________________________.

리　에 : 마이클~ 화가 난 것 같아. 왜 그래?

마이클 : 아니야. 나는 다리가 좀 아픈데 ❽ ______________________.

활동

여러분은 친구들에게 한턱낸 적이 있습니까? 보기 와 같이 친구들에게 이야기해 봅시다.

보기 저는 얼마 전에 아르바이트를 해서 처음으로 돈을 받았어요. 그래서 친구들에게 한턱내기로 했어요. 친구들에게 무슨 음식을 먹고 싶냐고 물어보니까 친구들이 아무거나 먹어도 좋다고 했어요. 그래서 한번 가 보고 싶었던 중국집에 가서 맛있는 중국 음식을 먹었어요. 음식을 많이 먹어서 음식 값이 많이 나왔어요. 그럴 줄 알았어요.

02 얼마나 재미있었는지 몰라

학습 목표 단체 미팅 관련 어휘를 익혀서 활용할 수 있다.
'얼마나 -는지 모르다', '-는 척하다' 표현을 익혀서 활용할 수 있다.

미선 : 어제 미팅은 어땠어? 재미있었어?

리에 : 응, 얼마나 재미있었는지 몰라. 게임도 하고 재미있는 이야기도 했어.

미선 : 미팅에서 마음에 드는 사람이 있었어?

리에 : 응, 농담도 잘하고 매너도 좋은 남자가 있었어. 그런데 그 사람이 술을 잘 못 마셔서 나도 술을 못 마시는 척했어.

새 어휘

EN New Vocabulary JP 新しい語彙 CH 生词

미팅	• 미팅은 남자 친구나 여자 친구를 사귀기 위해서 만나는 모임입니다. • 영수 씨는 여자 친구를 미팅에서 만났어요.
마음에 들다	• 친구가 준 생일 선물이 마음에 들어요. • 이 옷이 디자인은 마음에 드는데 색이 마음에 들지 않아요.
농담	• 제임스 씨가 재미있는 농담을 해서 사람들이 웃었어요. • 제가 한 말은 농담이니까 너무 기분 나빠하지 마세요.
매너	• 제임스 씨는 친절하고 다른 사람을 편하게 해 주는 매너가 좋은 사람이에요 • 운전할 때 매너가 없는 사람들이 많아요. 운전을 배울 때 운전 매너도 같이 배웠으면 좋겠어요

01. 빈칸에 알맞은 것을 쓰십시오.

보기 (마음에 드는)~~는/은/ㄴ~~ 옷이 없어서 안 샀어요.

❶ 친구가 심한 (　　　　　　　　)을/를 해서 분위기가 나빠졌어요.

❷ 이 중에서 뭐가 (　　　　　　　　)어?/아?/여? 내가 사 줄게.

❸ 저는 (　　　　　　　　)이/가 좋고 착한 남자 친구를 사귀고 싶어요.

❹ 어제 (　　　　　　　　)에 나온 사람들은 모두 성격이 좋고 멋있었어요.

02. 보기 와 같이 대화를 완성하십시오.

보기 **가:** 미선 씨에게 좋아한다고 말했어요?
나: 네, 말하기는 했지만 (농담)처럼 말했어요.

❶ **가:** 김영호 씨는 회사에서 인기가 많은 것 같아요.
나: 네, 일도 잘하고 (　　　　　　　　)이/가 좋아서 인기가 많아요.

❷ **가:** 뭐가 그렇게 재미있어서 웃고 있어요?
나: 친구가 한 (　　　　　　　　)이/가 생각이 나서 웃었어요.

❸ **가:** 와, 오늘 옷을 예쁘게 입고 왔는데 무슨 일이 있어요?
나: 네, 오늘 저녁에 다른 대학교 학생들과 (　　　　　　　　)이/가 있어요.

❹ **가:** 백화점에 왜 가요?
나: 어제 산 구두가 (　　　　　　　　)지 않아서 바꾸러 가요.

주제 어휘

EN Thematic Vocabulary JP テーマ語彙 CH 主题词汇

단체 미팅

- 설레다
- 이상형
- 첫인상이 좋다
- 첫눈에 반하다
- 관심을 가지다
- 파트너를 정하다
- 짝이 되다
- 연락처를 주고받다

01. 빈칸에 알맞은 것을 쓰십시오.

보기 영화배우 김연세처럼 귀엽고 예쁜 여자가 나의 (이상형이야)~~이야/야~~.

❶ 로미오와 줄리엣은 ( )어서/아서/여서 사랑했어요.

❷ 내 마음에 드는 사람과 ( )어서/아서/여서 아주 기뻤어요.

❸ 내일 여행을 가는데 마음이 ( )어서/아서/여서 잠이 안 와요.

❹ 게임을 해서 ( )었는데/았는데/였는데 파트너가 마음에 들어요.

02. 빈칸에 알맞은 것을 쓰십시오.

어제 우리 과 여학생 4명과 다른 학교 남학생 4명이 미팅을 했어요. 미팅이 있어서 그런지 아침부터 마음이 보기 설레었어요 ~~었어요/았어요/였어요~~. 우리는 분위기가 좋은 식당에서 만나서 저녁도 먹고 커피도 마셨어요. 제 ❶ ____________ 은/는 키가 크고 잘생기고 재미있는 사람이에요. 어제 첫눈에 반한 사람은 없었지만 ❷ ____________ 는/은/ㄴ 사람이 있었어요. 그 사람은 제 이야기에 ❸ ____________ 고 잘 들어줬어요. 우리들은 파트너를 정하지 않고 헤어졌어요. 헤어질 때 ❹ ____________ 었어요/았어요/였어요. 그 사람에게서 연락이 왔으면 좋겠어요.

문법 1

EN Grammar JP 文法 CH 语法

얼마나 -는지 모르다

❶ 영수 씨가 얼마나 기타를 잘 치는지 몰라요.
❷ 저는 요즘 얼마나 바쁜지 몰라요.
❸ 리에 씨 언니가 얼마나 미인인지 몰라요.
❹ 어제 밤에 얼마나 눈이 많이 왔는지 몰라요.

01. 보기 와 같이 문장을 완성하십시오.

보기 한국 생활이 아주 재미있어요.
➡ 한국 생활이 얼마나 재미있는지 ~~는지/은지/ㄴ지~~ 몰라요.

❶ 웨이 씨가 요리를 아주 잘해요.
➡ ______________________ 는지/은지/ㄴ지 몰라요.

❷ 고향의 겨울은 아주 추워요.
➡ ______________________ 는지/은지/ㄴ지 몰라요.

❸ 잡채가 아주 맛있어요
➡ ______________________.

❹ 여자 친구가 아주 예뻐요.
➡ ______________________.

❺ 어제 바람이 아주 많이 불었어요.
➡ ______________________.

❻ 친구를 아주 오래 기다렸어요.
➡ ______________________.

❼ 억수르 씨가 부자예요.
➡ ______________________.

❽ 멘토링 프로그램에서 만난 한국 친구가 아주 좋은 친구예요.
➡ ______________________.

02. 보기 와 같이 대화를 완성하십시오.

보기 가: 가수 김현수가 그렇게 좋아요?
나: 네, 김현수는 얼마나 멋있는지 는지/은지/ㄴ지 몰라요.

❶ 가: 제임스 씨가 발표 준비를 열심히 하고 있겠지요?

나: 걱정하지 마세요. ______________________는지/은지/ㄴ지 몰라요.

❷ 가: 친구들 중에서 누가 농구를 제일 잘해요?

나: 마이클 씨예요. ______________________는지/은지/ㄴ지 몰라요.

❸ 가: 이 근처에 괜찮은 식당이 있어요?

나: '마마 식당'에 가 보세요. ______________________.

❹ 가: 여기에서 고향까지 멀어요?

나: 네, 비행기로 12시간이나 걸려요. ______________________.

❺ 가: 이 휴대 전화는 인터넷 속도가 빨라요?

나: 네, ______________________.

❻ 가: 어제 생일에 선물을 많이 받았어요?

나: ______________________.

❼ 가: 고향에 있는 가족들이 보고 싶지요?

나: ______________________.

❽ 가: 김 교수님 수업은 어때요?

나: ______________________.

문법 2

EN Grammar JP 文法 CH 语法

–는 척하다

❶ 그 선배는 잘 모르는 것도 아는 척해서 사람들이 싫어해요.

❷ 동생이 학교에 가기 싫어서 아픈 척했어요.

❸ 그 사람은 부자가 아닌데 부자인 척해요.

❹ 저는 그 사람을 봤지만 인사하기가 싫어서 못 본 척했어요.

01. **보기 와 같이 문장을 완성하십시오.**

> 보기 할아버지가 지하철을 타셨지만 저는 아주 피곤해서 자는 ~~는/은/ㄴ~~ 척했어요. (자다)

❶ 영수 씨는 미선 씨를 좋아하지만 미선 씨에게 관심이 _____는/은/ㄴ 척해요. (없다)

❷ 저는 그 이야기를 알지만 ______________는/은/ㄴ 척했어요. (모르다)

❸ 저는 만화책을 보고 있었지만 엄마가 방에 들어오셨을 때 ______________

______________. (공부하다)

❹ 수업이 잘 이해가 안 됐지만 ______________________. (이해하다)

❺ 동생의 과자를 제가 먹었지만 안 ______________________. (먹다)

❻ 엄마가 저를 불렀지만 저는 더 놀고 싶어서 못 ______________. (듣다)

❼ 저는 친구가 준 생일 선물이 마음에 들지 않지만 ______________________

__________. (마음에 들다)

❽ 그 사람은 학생이 아닌데 ______________________. (학생이다)

02. 보기 와 같이 대화를 완성하십시오.

리에: 선배님, 오늘 저녁에 미팅이 있는데 대학교에 들어와서 처음 하는 미팅이어서 많이 설레어요. 남자들은 어떤 여자를 좋아해요?

민호: 우선 이야기가 재미없어도 잘 웃어주고 자기 이야기에 관심을 가져 주는 여자를 좋아해. 그리고 남자들은 예쁘고 착한 여자를 좋아해.

착하지 않은데 보기 착한 는/은/ㄴ 척, 예쁘지 않은데 ❶ ______________ 는/은/ㄴ 척, 귀엽지 않은데 ❷ ______________ 는/은/ㄴ 척, 똑똑하지 않은데 ❸ 는/은/ㄴ 척 여자를 싫어해.

리에: 그렇군요. 여자들도 '척하는 남자'를 싫어해요. 여자들은 잘 모르는 것을 ❹ ______________, 멋있지 않은데 ❺ ______________, 힘이 세지 않은데 ❻ ______________ 는/은/ㄴ 남자를 별로 좋아하지 않아요. 그리고 부자가 아닌데 ❼ ______________ 거나 바쁘지 않은데 ❽ ______________ 는/은/ㄴ 남자도 싫어해요. 그리고 여자들이 제일 싫어하는 사람은 매너가 없는 남자예요.

민호: 그래, 사람들은 예의가 없는 사람을 싫어해.

활동

여러분은 어떤 사람을 좋아합니까? 보기 와 같이 이야기해 봅시다.

보기
가: 퓨퓨 씨는 어떤 남자를 좋아해요?
나: 저는 가수 '이현빈' 같은 사람을 좋아해요. 이현빈은 잘생기고 춤도 잘 추고 얼마나 노래를 잘하는지 몰라요. 리에 씨는 어떤 남자를 좋아해요?
가: 저는 착하고 재미있는 사람이 좋아요. 멋있는 척하거나 아는 척하는 사람은 안 좋아해요.

03 저기에서 공연을 하나 봐

학습 목표 축제 관련 어휘를 익혀서 활용할 수 있다.
'-나 보다', '-으면서' 표현을 익혀서 활용할 수 있다.

아마라 : 대학교 축제 기간이어서 재미있는 볼거리가 많아. 저기에서 음악 소리가 들리는 것을 보니까 공연을 하나 봐. 가 보자.

에리코 : 노래를 부르면서 기타를 치는 모습이 참 멋있다.

아마라 : 계속 돌아다녀서 그런지 배가 고픈데 저기 장터에도 가 볼까?

에리코 : 그래, 가서 뭐 좀 먹자.

새 어휘

EN New Vocabulary JP 新しい語彙 CH 生词

축제	• 저는 친구와 같이 봄꽃 축제에 가서 예쁜 꽃을 많이 봤어요. • 이번 우리 학교 축제에 제가 좋아하는 가수가 온다고 해요.
기간	• 이번 휴가 기간은 7월 20일부터 30일까지입니다. • 시험 기간에는 도서관에 학생들이 많아요.
볼거리	• 오랜만에 명동에 가니까 이것저것 볼거리가 많았어요. • 이번 대학교 축제에는 볼거리가 별로 없어요.
기타를 치다	• 친구는 기타를 치고 저는 옆에서 노래를 불렀어요. • 저 가수는 노래도 잘하고 기타도 잘 쳐서 인기가 많아요.
모습	• 제 친구의 웃는 모습이 참 예뻐요. • 친구가 선물을 받고 좋아하는 모습을 보니까 나도 기뻤다.
돌아다니다	• 오늘 은행, 시장, 서비스센터 등 여러 곳을 돌아다녀서 피곤해요. • 밤늦게까지 돌아다니지 말고 일찍 들어와라.
장터	• 축제 때 학교 장터에서는 학생들이 여러 가지 음식과 물건을 팔아요. • 시골 장터에 가면 볼거리도 많고 먹을거리도 많아요.

01. 관계있는 것을 연결하십시오.

보기 볼거리 ------------------- 구경거리

❶ 기간 •	• 여기저기 다닙니다.
❷ 축제 •	• 언제부터 언제까지
❸ 장터 •	• 여러 가지 물건을 사고파는 곳
❹ 돌아다니다 •	• 여러 사람들이 모여서 즐겁게 노는 행사

02. 밑줄 친 곳에 알맞은 것을 쓰십시오.

저는 축제 보기 기간에 기숙사 방 친구와 같이 한국의 시골에 가 봤어요. 한국의 시골을 직접 보고 싶었어요. 도시에 비해서 시골은 교통은 불편하지만 공기가 좋고 사람들의 마음이 따뜻했어요. 우리는 시골 여기저기를 ❶__________ 었어요/았어요/였어요. 여러 가지 물건을 싸게 파는 ❷__________ 에도 가 봤어요. 재미있는 ❸__________ 이/가 많았어요. 그 자리에서 음식을 만들어서 파는 사람들, 물건 값을 깎아 달라고 하는 사람들, 처음 보는 물건을 보고 재미있어하는 사람들… 그런 사람들의 ❹__________ 을/를 보니까 제 고향 사람들이 생각났어요.

주제 어휘

EN Thematic Vocabulary JP テーマ語彙 CH 主题词汇

축제	· 일정	· 공연	· 장터	· 전시회	· 불꽃놀이
	· 노래 대회	· 무대	· 축제가 열리다	· 초대 가수	

01. 빈칸에 알맞은 것을 쓰십시오.

축제 보기 (일정)

공연

❶ (　　　　　): 동방선기

날짜: 5월 18일
시간: 오후 6시~8시
장소: 콘서트홀 1층

❷ (　　　　　)에 오십시오!

맛있는 음식을 먹을 수 있고
물건을 싸게 살 수 있습니다.

날짜: 5월 19~20일
시간: 오전 10시~오후 5시
장소: 학생회관 앞

❸ (　　　　　)

누구든지 환영합니다.
잘 부르면 선물도 드립니다.

날짜: 5월 19일
시간: 오후 5시
장소: 대강당

❹ (　　　　　)

그림이나 사진에 관심이
많으십니까? 꼭 보러 오세요.

날짜: 5월 19~21일
시간: 오전 10시~오후 5시
장소: 학생회관 2층

02. 밑줄 친 곳에 알맞은 것을 쓰십시오.

가: 다음 주부터 우리 학교에서 보기 축제가 열려 어/아/여. 연극 동아리 회원들이 하는 ❶＿＿＿＿＿ 을/를 보러 올래? 내가 표를 샀는데 ❷＿＿＿＿＿ 에서 가까운 자리야.

나: 재미있겠다. 언제 하는데?

가: 20일 3시부터야. 그리고 그 날 6시부터 ❸＿＿＿＿＿ 들이 와서 노래를 부르는데 네가 좋아하는 가수도 와. 그리고 밤에는 아름다운 ❹＿＿＿＿＿ 도 해.

나: 정말? 그 날 오후에는 수업이 없는데 잘 됐다.

문법 1

EN Grammar JP 文法 CH 语法

–나 보다

❶ 리에 씨가 냉면을 자주 먹는 걸 보면 냉면을 좋아하나 봐요.
❷ 아기가 많이 울어요. 어디 아픈가 봐요.
❸ 도서관에 학생들이 아주 많군요. 시험 기간인가 봐요.
❹ 차가 많이 밀리는 걸 보면 앞에서 교통사고가 났나 봐요.

01. **보기 와 같이 바꾸십시오.**

보기 그 영화가 재미있습니다.
➡ 그 영화가 재미있나 ~~나/은가/ㄴ가~~ 봐요.

❶ 제임스 씨가 한국 노래를 많이 듣습니다.
➡ ______________________ 나/은가/ㄴ가 봐요.

❷ 마이클 씨가 축구를 좋아해요.
➡ ______________________ 나/은가/ㄴ가 봐요.

❸ 로라 씨가 배가 고파요.
➡ ______________________.

❹ 마리아 씨가 돈이 많습니다.
➡ ______________________.

❺ 저 사람은 일본 사람입니다.
➡ ______________________.

❻ 웨이 씨가 시험을 잘 봤어요.
➡ ______________________.

❼ 영수 씨가 늦게 일어났습니다.
➡ ______________________.

❽ 선생님께서 오늘 모임에 안 오실 거예요.
➡ ______________________.

02. 미선 씨 친구들 이야기입니다. 빈칸을 채우고 보기 와 같이 문장을 바꾸십시오.

	보거나 들은 것	생각한 것
보기	오늘 웨이 씨가 말을 하지 않아요.	기분이 좋지 않아요.
1)	마이클 씨가 리에 씨를 보고 늘 웃어요.	리에 씨를 좋아해요.
2)	영수 씨가 약을 먹고 있어요.	
3)	오늘 마리아 씨가 옷을 예쁘게 입었어요.	
4)	윈 씨가 한국 노래에 대해서 많이 알아요.	
5)	슈와 씨가 오늘 학교에 안 왔어요.	
6)	오늘 로라 씨가 선물을 많이 받았어요.	
7)	제임스 씨가 롯데월드에 어떻게 가냐고 물어요.	
8)	누엔 씨가 어제 발표를 잘했어요.	

보기 오늘 웨이 씨가 말을 하지 않는 ~~는/은/ㄴ~~ 걸 보면 기분이 좋지 않은가 ~~나/은 가/ㄴ~~가 봐요.

❶ ________________ 는/은/ㄴ 걸 보면 ________________ 나/은가/ㄴ가 봐요.

❷ ________________ 는/은/ㄴ 걸 보면 ________________ 나/은가/ㄴ가 봐요.

❸ ____.

❹ ____.

❺ ____.

❻ ____.

❼ ____.

❽ ____.

문법 2

EN Grammar JP 文法 CH 语法

-으면서

❶ 저는 뉴스를 보면서 아침을 먹어요.

❷ 과자를 먹으면서 숙제를 하고 있어요.

❸ 여기에 있는 잡지나 신문을 보면서 기다리세요.

❹ 요즘은 춤을 추면서 노래하는 가수들이 인기가 많아요.

01. 보기 와 같이 문장을 완성하십시오.

보기 웃으면서 ~~으면서/면서~~ 인사했어요. (웃다)

❶ ____________________ 으면서/면서 저녁을 먹어요. (텔레비전을 보다)

❷ ____________________ 으면서/면서 친구를 기다렸어요. (인터넷을 하다)

❸ ________________________________ 책을 읽었습니다. (버스를 타고 오다)

❹ ________________________________ 아르바이트를 합니다. (학교에 다니다)

❺ ________________________________ 음악을 듣고 있어요. (커피를 마시다)

❻ ________________________________ 숙제를 할 때가 많아요. (라디오를 듣다)

❼ ________________________________ 고향 친구를 생각했어요. (사진을 보다)

❽ ________________________________ 노래하는 모습이 멋있어요. (피아노를 치다)

02. 빈칸을 채우고 보기 와 같이 문장을 완성하십시오

	해도 되는 것	하면 안 되는 것
운전할 때	보기 노래를 불러요. ❶	❷
영화를 볼 때	❸	❹
길을 걸을 때	❺	❻
수업을 들을 때	❼	❽

보기 운전을 하면서 으면서/면서 노래를 불러요 어요/아요/여요.

❶ __________ 으면서/면서 __________ 어요/아요/여요.

❷ __________ 으면서/면서 __________ 지 마세요.

❸ ____________________.

❹ ____________________.

❺ ____________________.

❻ ____________________.

❼ ____________________.

❽ ____________________.

활동

가 본 축제에 대해서 보기 와 같이 이야기 해 봅시다.

보기 저는 한국에 와서 불꽃놀이를 여러 번 봤어요. 그 중에서 지난 봄 축제 때 불꽃놀이가 기억이 나요. 한국에서 불꽃놀이를 자주 하는 걸 보면 한국 사람들은 불꽃놀이를 좋아하나 봐요. 하늘로 올라가는 빨간색, 파란색, 노란색 불꽃이 정말 예뻤어요. 하늘이 아름다운 옷을 입은 것 같았어요. 하늘의 불꽃을 보면서 고향에 있는 여자 친구를 생각했어요. 내년 축제 때는 제 여자 친구도 여기 한국에서 같이 불꽃놀이를 구경했으면 좋겠어요.

04 그룹 스터디룸에서 할까 해

학습 목표 스터디 모임 관련 어휘를 익혀서 활용할 수 있다.
'-을까 하다', '-어 있다' 표현을 익혀서 활용할 수 있다.

리에 : 스터디 모임을 어디에서 할까?
미선 : 도서관에 있는 그룹 스터디룸에서 할까 하는데 어때?
리에 : 거기는 시설이 잘 되어 있기는 하지만 먼저 예약을 해야 하지 않아?
미선 : 이용하기 일주일 전부터 예약이 가능하니까 내가 미리 예약할게.

새 어휘

EN New Vocabulary JP 新しい語彙 CH 生词

스터디 모임	• 우리 과에는 선배와 후배들이 같이 모여서 전공 공부를 하는 스터디 모임이 있어요. • 우리 학교에는 취업을 위해서 스터디 모임을 하고 있는 친구들이 많아요.
그룹 스터디룸	• 오늘 오후에 그룹 스터디룸에서 조원들과 함께 과제 발표 연습을 할 거예요. • 도서관에는 4~10명이 사용할 수 있는 그룹 스터디룸이 있어요.
먼저	• 먼저 숙제부터 하고 친구들하고 놀아라. • 다들 일하시는데 죄송합니다. 중요한 일이 있어서 먼저 가겠습니다.
가능하다	• 저는 언제든지 통화가 가능하니까 시간이 있을 때 연락을 주세요. • 물건을 주문하면 언제까지 배달이 가능합니까?
미리	• 등산을 가기 전에 미리 날씨를 알아보세요. • 이번 주에 시간이 없을 줄 알고 지난주에 미리 보고서를 썼어요.

01. 빈칸에 알맞은 것을 쓰십시오.

보기 저는 좀 늦을 것 같으니까 기다리시지 말고 (먼저) 식사하세요.

❶ 우리 과 외국인 학생들은 일주일에 한 번씩 도서관 (   )에 모여서 같이 공부해요.

❷ 오늘 뒤풀이에는 교수님도 오시니까 (   )으면/면 빠지지 마라.

❸ 대학교에 다녔을 때 혼자 영어 공부를 하기가 어려워서 친구들과 영어 (   )을/를 했어요.

❹ 다음 역은 부산역입니다. 부산역에 내리실 분은 (   ) 준비하세요.

02. 밑줄 친 곳에 알맞은 것을 쓰십시오.

도서관 보기 그룹 스터디룸 이용 방법

1. 도서관 홈페이지에 들어가서 ❶__________ 예약해야 합니다.
2. 이용하기 일주일 전부터 예약이 ❷__________습니다/ㅂ니다.
3. 예약할 때 ❸__________에 나오는 다른 사람도 함께 등록해야 합니다.
4. 그룹 스터디룸에 들어가기 전에 ❹__________ 안내 데스크에 학생증을 내십시오.

주제 어휘

EN Thematic Vocabulary JP テーマ語彙 CH 主题词汇

스터디 모임	· 스터디 모임을 하다 · 세미나가 있다 · 세미나를 하다 · 세미나실 · 세미나실을 예약하다 · 주제 · 요약하다 · 토론하다

01. 빈칸에 알맞은 것을 쓰십시오.

보기 오늘은 전공 (세미나가 있는)~~는/은/ㄴ~~ 날이어서 다들 세미나 준비 때문에 바빠요.

❶ 전공 교수님, 과 선배들과 (   )으면/면 배우는 것이 많아요.

❷ 이 (   )은/는 너무 작아요. 이번에는 다른 학교 학생들도 오는데 더 큰 방은 없어요?

❸ 세미나를 할 때 선배와 후배가 한 가지 주제에 대해서 열심히 (   )어요/아요/여요.

❹ 다음 주에 세미나가 있어서 제가 (   )었어요/았어요/였어요.

02. **밑줄 친 곳에 알맞은 것을 쓰십시오.**

저는 일주일에 한 번 과 선배, 후배들과 같이 전공 보기 스터디 모임을 을/를 합니다. 이 모임에서는 먼저 한 사람이 책 한 권을 짧게 ❶________ 어서/아서/여서 발표한 후에 다 같이 ❷________ 습니다/ㅂ니다. 그리고 보통 한 달에 한 번 교수님과 함께 ❸________ 습니다/ㅂ니다. 한 달 동안 저희가 토론한 ❹________ 에 대해서 교수님께 질문을 많이 하는데 교수님께서도 저희들에게 질문을 하십니다. 저는 이 모임 덕분에 전공 공부가 더 재미있어졌습니다.

문법 1 EN Grammar JP 文法 CH 语法

-을까 하다

❶ 점심 때 비빔밥이나 먹을까 해요.

❷ 방학 때 제주도로 여행을 갈까 해요.

❸ 오늘 날씨가 좋아서 빨래를 할까 해요.

❹ 저는 만화를 좋아해서 다음 학기에 만화 동아리에 들까 해요.

01. 관계있는 것을 연결하고 보기 와 같이 문장을 완성하십시오.

보기 주말에 약속이 없다 ---------------- 집에서 책이나 읽다

❶ 동대문시장 물건 값이 싸다 •	• 동대문시장에 가다
❷ 머리가 좀 아프다 •	• 김밥이나 먹다
❸ 다음 주에 시험이 있다 •	• 아르바이트를 하다
❹ 컴퓨터가 오래되다 •	• 오늘부터 도서관에서 공부하다
❺ 오후에 수업이 없다 •	• 주말에 거기에 가다
❻ 방학 때 시간이 많다 •	• 친구들하고 쇼핑이나 하러 가다
❼ 서울타워에 못 가 보다 •	• 새것으로 바꾸다
❽ 점심 먹을 시간이 없다 •	• 약을 먹다

보기 주말에 약속이 없어서 ~~어서/아서/여서~~ 집에서 책이나 읽을까 ~~을까/ㄹ까~~ 해요.

❶ ____________________ 으니까/니까 ____________________ 을까/ㄹ까 해요.

❷ ____________________ 어서/아서/여서 ____________________ 을까/ㄹ까 해요.

❸ ____.

❹ ____.

❺ ____.

❻ ____.

❼ ____.

❽ ____.

02. 보기 와 같이 대화를 완성하십시오.

보기 가: 주말에 친구들과 만나면 뭘 할 거예요?
나: 노래방에 갈까 ~~을까/ㄹ까~~ 해요.

❶ 가: 오늘 오후에 뭘 할 거예요?

나: ________________________________ 을까/ㄹ까 해요.

❷ 가: 저녁에 뭘 먹을 거야?

나: ________________________________ 을까/ㄹ까 해요.

❸ 가: 마이클 씨 생일에 무슨 선물을 할 거예요?

나: ________________________________.

❹ 가: 부모님이 한국에 오시면 같이 어디에 갈 거예요?

나: ________________________________.

❺ 가: 친구에게 몇 시쯤 연락할 거예요?

나: ________________________________.

❻ 가: 방학 때 뭘 할 거예요?

나: ________________________________.

❼ 가: 언제쯤 결혼할 거예요?

나: ________________________________.

❽ 가: 내일 비가 와도 등산을 갈 거예요?

나: ________________________________.

문법 2 -어 있다

EN Grammar JP 文法 CH 语法

❶ 가방 안에 무엇이 들어 있어요?

❷ 저기 앉아 계시는 분이 김 박사님이세요.

❸ 제 방 책장에 소설책이 30권쯤 꽂혀 있어요.

❹ 커피와 차가 준비되어 있으니까 얼마든지 드세요.

01. 알맞은 것을 골라 보기 와 같이 문장을 완성하십시오.

가다, 꽂히다, 눕다, 모이다, 비다, 서다, 쌓이다, 켜지다, 피다

보기 저는 먼저 약속 장소에 가 어/아/여 있을게요. 이따가 봐요.

❶ 산에 꽃이 예쁘게 ______________________ 어/아/여 있어요.

❷ 집에 돌아왔을 때 컴퓨터가 ______________________ 어/아/여 있었어요.

❸ ______________________ 는/은/ㄴ 사물함이 있어요?

❹ 학생회관 앞에 ______________________ 는/은/ㄴ 사람들은 누구예요?

❺ 아기가 방에 ______________________.

❻ 꽃병에 장미꽃이 ______________________.

❼ 여행을 갔다가 오니까 집 앞에 신문이 ______________________.

❽ 선생님께서 저기 ______________________.

02. 다음 중에서 맞는 것을 골라 ○ 하십시오.

보기 교실 문이 (열어, (열려)) 있어요.

❶ 가게 앞에 사람들이 (모아, 모여) 있어요.

❷ 교실에 달력이 (걸어, 걸려) 있어요.

❸ 침대 위에 책이 (놓아, 놓여) 있어요.

❹ 창문이 (닫아, 닫혀) 있어서 더워요.

❺ 지갑을 보니까 지갑이 (비고, 비어) 있어요.

❻ 남자가 가방을 (들고, 들어) 있어요.

❼ 아이가 모자를 (쓰고, 써) 있어요.

❽ 지난주부터 부모님이 한국에 (오고, 와) 계십니다.

활동

어떤 스터디 모임을 하고 싶습니까? 보기 와 같이 이야기해 봅시다.

보기 저는 모바일 앱을 만드는 스터디 모임을 할까 해요. 제 전공은 관광학인데 여러 가지 여행 정보를 알려주는 앱을 만들어 보고 싶어요. 그동안 제가 찾은 여행 정보가 제 컴퓨터에 많이 저장되어 있어요. 앱을 만들어서 많은 사람들과 공유했으면 좋겠어요.

부탁과 상담

제 9 과

01 공책을 보여 달라고 했어요

학습 목표 고민 관련 어휘를 익혀서 활용할 수 있다.
'아무 N도', '사동(-이-, -히-, -추-)' 표현을 익혀서 활용할 수 있다.

리에 : 선배님, 이야기를 좀 하고 싶은데 지금 바쁘세요?

선배 : 아니, 아무 일도 없어. 무슨 일이야?

리에 : 제 친구 에리코 아시죠? 그 친구가 어제부터 저한테 말을 한마디도 안해요. 공책을 보여 달라고 했는데 제가 안 보여 줘서 화가 났나 봐요.

선배 : 속상하겠구나. 내 생각에는 네가 먼저 말을 거는 게 좋을 것 같아. 서로 계속 말을 안 하면 사이가 더 멀어질 거야.

새 어휘

EN New Vocabulary JP 新しい語彙 CH 生词

한마디	• 한국에 처음 왔을 때 한국말을 한마디도 못 했어요. • '미안해요'라고 하는 한마디를 말하기가 어려워요?
화가 나다	• 어제 저는 친구가 약속을 지키지 않아서 화가 났어요. • 지금은 너무 화가 나서 말을 하기가 싫어요.
속상하다	• 열심히 공부했는데 시험 점수가 나빠서 속상해요. • 발표를 잘 못해서 속상해하는 친구에게 제가 술을 사 줬어요.
말을 걸다	• 그 선배는 첫인상이 무서워서 말을 걸기가 어려웠어요. • 공부하는데 친구가 계속 말을 걸어서 공부를 많이 못했어요.
서로	• 우리는 힘들 때마다 서로 도와줍니다. • 저 두 사람은 날마다 만나는 걸 보면 서로 좋아하나 봐요.
사이가 멀어지다	• 고향 친구하고 연락하지 않아서 사이가 멀어졌어요. • 전에는 그 친구하고 날마다 만났는데 요즘은 사이가 멀어져서 만나지 않아요.

01. 빈칸에 알맞은 것을 쓰십시오.

보기 좋아하는 여학생 앞에서 말을 (한마디)도 못했어요.

❶ 우리 두 사람은 동아리 모임에서 만났는데 (   ) 첫눈에 반했어요.

❷ 자주 만나지 않으면 (   )기 쉬워요.

❸ 지금부터 시험 공부해야 하니까 나한테 (   )지 마.

❹ 미팅에서 마음에 드는 사람이 있었는데 제 친구하고 파트너가 되어서 (   ) 었어요/았어요/였어요.

02. 밑줄 친 곳에 알맞은 것을 쓰십시오.

저는 대학교 친구들 중에서 마리아와 제일 친해요. 마리아는 신입생 환영회에서 처음 만났어요. 그때 저는 부끄러워서 사람들에게 보기 한마디도 못하고 있었는데 마리아가 먼저 ❶________어/아/여 줬어요. 그 후로 우리는 친하게 지냈어요. 그런데 한 달쯤 전에 마리아에게 남자 친구가 생겼어요. 마리아는 요즘 남자 친구만 만나요. 그래서 우리는 한 달 동안 ❷________ 만나지 못했어요. ❸________는/은/ㄴ 것 같아서 많이 ❹________어요/아요/여요.

주제 어휘

EN Thematic Vocabulary JP テーマ語彙 CH 主题词汇

고민	• 고민하다	• 고민이다	• 고민이 있다	• 고민이 생기다
	• 고민거리	• 고민을 해결하다	• 고민이 해결되다	• 조언하다

01. 빈칸에 알맞은 것을 쓰십시오.

보기 우리 아이가 공부는 하지 않고 게임만 해서 (고민이에요)~~이에요/예요~~.

❶ 요즘 (   )이/가 많아서 공부에 집중하기가 어려워요.

❷ 그건 혼자 (   )을/ㄹ 문제가 아닌 것 같아요. 부모님께 말씀 드리세요.

❸ 돈이 많은 사람도 (   )을/ㄹ 거예요. 고민이 없는 사람이 있을까요?

❹ 사람들의 (   )어/아/여 주는 TV 프로그램을 본 적이 있어요.

02. 밑줄 친 곳에 알맞은 것을 쓰십시오.

같이 보기 고민해 어/아/여 봅시다!

민이min*** 2016. 4. 10. 23:42

저는 아주 친한 과 친구가 한 명 있는데 요즘 그 친구 때문에 전에 없던 ❶____________었어요/았어요/였어요. 며칠 전부터 그 친구가 저하고 이야기를 안 하려고 해요. 제 전화도 받지 않아요. 제가 어떻게 해야 할까요? 누구든지 저에게 ❷____________어/아/여 주시면 감사하겠습니다.

해결사 2016. 4. 11. 10:15

갑자기 친구와 사이가 나빠져서 ❸____________는군요/군요. 저는 두 분이 계속 서로 말을 하지 않으면 사이가 더 멀어질 거라고 생각해요. 힘들고 속상해도 그 친구가 말을 할 때까지 말을 거세요. 그러면 ❹____________을/ㄹ 거예요.

문법 1

EN Grammar JP 文法 CH 语法

아무 N도

❶ 어제는 아무 일도 없었어요.

❷ 아무 데도 가지 말고 여기 있어라.

❸ 그 사람은 아무 계획도 하지 않고 여행을 갔어요.

❹ 아무도 내 말을 듣지 않는 것 같아서 기분이 나빠요.

01. **보기 와 같이 문장을 완성하십시오.**

보기 방 친구가 저에게 아무 말도 하지 않았어요. (말)

❶ 주말에 남편은 텔레비전만 보고 ________________ 도 안 해요. (일)

❷ 냉장고를 여니까 먹을 것이 ________________ 도 없었어요. (것)

❸ 저는 그 사람에게 ________________ 없어요. (관심)

❹ 연습을 많이 했지만 발표할 때 ________________ 나지 않았어요. (생각)

❺ 문을 닫고 있어서 ________________ 못 들었어요. (소리)

❻ 어제는 비가 많이 와서 ________________ 안 가고 집에만 있었어요. (데)

❼ 사무실에 전화했는데 ________________ 받지 않았어요. (사람)

❽ 인터넷으로 검색도 해 보고 도서관에도 가 봤지만 그 주제에 대해서 ________________ 못 찾았어요. (자료)

02. 보기 와 같이 대화를 완성하십시오.

> 보기 가: 어제 왜 일찍 집에 갔어요? 무슨 일이 있었어요?
> 나: 아무 일도 없었어요. 조금 피곤해서 일찍 갔어요.

❶ 가: 왜 어제 모임에 안 오셨어요? 연락을 못 받으셨어요?

나: 저는 ________________ 도 받지 못했는데요.

❷ 가: 그 사람한테 같이 여행을 갈 거냐고 물어봤어? 뭐라고 해?

나: 물어보기는 했지만 ________________ 도 못 들었어.

❸ 가: 지난 주말에 어디에 갔어요?

나: ________________ 안 갔어요. 집에만 있었어요.

❹ 가: 내일 병원에 오시기 전에 ________________ 드시면 안 됩니다.

물도 드시지 마세요.

나: 네, 알겠습니다.

❺ 가: ________________ 드리지 못해서 죄송합니다.

나: 아니에요. 정말 많은 도움을 주셔서 얼마나 고마운지 몰라요.

❻ 가: 누엔이 화가 난 것 같아. 너 누엔한테 무슨 말을 했니?

나: ________________.

❼ 가: 이번 휴가 때 어디에 갈 거예요?

나: ________________.

❽ 가: 강의실에 왔을 때 누가 있었어요?

나: ________________.

문법 2

EN Grammar JP 文法 CH 语法

사동(-이-, -히-, -추-)

-이-	끓다	끓이다
	높다	높이다
	먹다	먹이다
	보다	보이다
	붙다	붙이다
	죽다	죽이다
-히-	눕다	눕히다
	앉다	앉히다
	읽다	읽히다
	입다	입히다
-추-	낮다	낮추다
	늦다	늦추다
	맞다	맞추다

❶ 엄마가 아기에게 우유를 먹여요.

❷ 유럽 여행을 가서 찍은 사진을 친구들에게 보여 줬어요.

❸ 할머니께서 아이에게 옷을 입혀 주셨어요.

❹ 아직 일이 끝나지 않았는데 약속 시간을 좀 늦추면 안 될까요?

01. **보기 와 같이 문장을 완성하십시오.**

보기 제가 모기를 죽였어요 ~~었어요/았아요/였어요~~.

❶ 제가 동생에게 밥을 ________어요/아요/여요. (먹다)

❷ 선생님께서 학생들에게 그림을 ________어/아/여 주셨어요. (보다)

❸ 동생이 책상 위에다가 수업 시간표를 ________었어요/았어요/였어요. (붙다)

❹ 아버지께서 저에게 책을 ______________ 으셨어요/셨어요. (읽다)

❺ 엄마가 아이를 침대에 ______________ 었어요/았어요/였어요. (눕다)

❻ 언니가 동생에게 한복을 ______________ 었어요/았어요/였어요. (입다)

❼ 저 시계가 10분 빨라요. 시계를 좀 ____________ 어/아/여 주세요. (맞다)

❽ 음악 소리가 너무 커요. 소리를 ____________ 어/아/여 주세요. (낮다)

02. 다음 중에서 맞는 것을 골라 ○ 하십시오.

보기 김치찌개를 (끓어, (끓여)) 봤어요?

❶ 동생이 혼자 옷을 못 입으니까 (입어, 입혀) 줘라.

❷ 아이에게 날마다 30분씩 책을 (읽으세요, 읽히세요).

❸ 제가 아팠을 때 엄마가 밥을 (먹어, 먹여) 주셨어요.

❹ 꽃에 물을 주지 않아서 꽃이 (죽었어요, 죽였어요).

❺ 소리가 작아서 뉴스가 안 들려요. 텔레비전 소리를 좀 (높아, 높여) 주세요.

❻ 저는 그 사람이 모임에 안 올 줄 알았어요. 제 생각이 (맞았어요, 맞추었어요).

❼ 교수님께서 수업 시간에 재미있는 동영상을 (봐, 보여) 주셨어요.

❽ 약속 시간을 좀 (늦을, 늦출) 수 있을까요?

활동

여러분은 요즘 무슨 고민이 있습니까? 보기 와 같이 이야기해 봅시다.

보기 저는 요즘 아르바이트 때문에 바빠서 친구들하고 한 약속을 취소하거나 약속 시간을 늦출 때가 많았어요. 그래서 친구들이 기분이 많이 나빴나 봐요. 오늘 모임이 취소되었는데 아무도 저에게 연락을 해 주지 않았어요. 저는 그걸 모르고 모임에 나갔다가 아무도 못 만나고 집으로 왔어요. 친구들하고 사이가 멀어진 것 같아서 고민이에요. 어떻게 해야 할까요?

02 일찍 일어날 수 있을지 모르겠어요

학습 목표 유학 생활 관련 어휘를 익혀서 활용할 수 있다.
'–을지 모르겠다', '사동(–기–, –리–, –우–)' 표현을 익혀서 활용할 수 있다.

영수 : 유학 생활이 힘들지 않아요? 제가 도와줄 일이 있으면 말씀하세요.

웨이 : 아침에 일찍 일어나기가 무척 힘들어요. 내일 중요한 발표를 맡았는데 일찍 일어날 수 있을지 모르겠어요. 절대로 지각하면 안 되는데⋯.

영수 : 그럼 내일은 제가 전화해서 깨워 줄게요.

웨이 : 고마워요, 영수 씨.

새 어휘

EN New Vocabulary JP 新しい語彙 CH 生词

무척	• 아르바이트를 시작해서 요즘 무척 바빠요. • 윈 씨가 가수처럼 노래를 무척 잘 해요.
맡다	• 지금 하는 일이 많아서 일을 더 맡기가 힘들어요. • 제가 조모임에서 조장을 맡았어요.
절대로	• 술을 마시고 운전하면 절대로 안 돼요. • 오늘 약속을 절대로 잊어버리지 마세요.
깨우다	• 엄마, 내일 일찍 가야 하니까 6시에 저 좀 깨워 주세요. • 오빠가 자고 있는 동생을 깨우니까 동생이 울었어요.

01. 빈칸에 알맞은 것을 쓰십시오.

보기 아침, 점심을 모두 못 먹어서 (무척) 배가 고파요.

❶ 한 사람이 하나씩 일을 해야 해요. 이 일은 누가 (   )겠어요?

❷ 지하철역이 집 앞에 생겨서 교통이 (   ) 편리해졌어요.

❸ 이건 비밀이니까 다른 친구에게 (   ) 말하면 안 돼.

❹ 저는 엄마가 아침에 안 (   )어/아/여 주셔도 잘 일어나요.

02. 밑줄 친 곳에 알맞은 것을 쓰십시오.

가: 벌써 9시야? 왜 나를 안 보기 깨웠어? ~~었어?/았어?/였어?~~

나: 내가 몇 번 ❶__________ 었는데/았는데/였는데 네가 안 일어났어.

❷__________ 피곤한 것 같았어.

가: 요즘 일을 많이 ❸__________ 어서/아서/여서 그래.

지난번에도 지각해서 오늘은 ❹__________ 늦으면 안 되는데.

주제 어휘

EN Thematic Vocabulary JP テーマ語彙 CH 主题词汇

유학 생활

- 힘들다
- 외롭다
- 그립다
- 실수하다
- 고생하다
- 말이 안 통하다
- 신기하다
- 자유롭다

01. 빈칸에 알맞은 것을 쓰십시오.

보기 날씨가 너무 더워서 공부하기가 (힘들어요)~~어요/아요/여요~~.

❶ 한국 식사 예절을 잘 몰라서 몇 번 ( )었어요/았어요/였어요.

❷ 친구들이 옆에 있어도 가끔 ( )을/ㄹ 때가 있어요.

❸ 마술 공연을 봤는데 아주 ( )었어요/았어요/였어요.

❹ 처음에 한국말을 몰라서 서로 ( )었지만/았지만/였지만 지금은 같이 한국말로 이야기 할 수 있어요.

02. 밑줄 친 곳에 알맞은 것을 쓰십시오.

저는 유학생이에요. 6개월 전에 한국에 왔어요. 처음에는 한국 생활이 아주 보기 <u>힘들었어요</u> ~~었어요/았어요/였어요~~. 지금은 재미있지만, 한국에 처음 왔을 때는 ❶ ________ 어서/아서/여서 음식을 주문하는 것도 어려웠어요. 그리고 한국 음식에는 매운 음식이 많아서 식사할 때마다 ❷ ________ 었어요/았어요/였어요. 그런데 6개월 쯤 지나니까 매운 음식에 익숙해졌어요. 유학생활은 제가 하고 싶은 것을 할 수 있어서 ❸ ________ 기는 하지만 고향에 계신 부모님이 ❹ ________ 을/ㄹ 때가 있어요. 방학을 하면 부모님을 뵈러 고향에 갈 거예요.

문법 1

EN Grammar JP 文法 CH 语法

-을지 모르겠다

❶ 미선 씨가 내일 모임에 올지 모르겠어요.
❷ 마이클 씨가 매운 음식을 잘 먹을지 모르겠어요.
❸ 친구가 주말에 한가할지 모르겠어요.
❹ 리에 씨가 발표 준비를 다 끝냈을지 모르겠어요.

01. **보기 와 같이 문장을 완성하십시오.**

보기 친구들을 초대해서 고향음식을 만들었는데 친구들이 고향 음식을 좋아할지 ~~을지/ㄹ지~~ 모르겠어요. (친구들이 고향 음식을 좋아하다)

❶ 새로 나온 책인데 ______________________ 을지/ㄹ지 모르겠어요.
(도서관에 그 책이 있다)

❷ 길이 많이 막혀서 ______________________ 을지/ㄹ지 모르겠어요.
(늦지 않게 도착하다)

❸ 기말시험을 잘 못 봐서 ______________________.
(다음 학기에도 장학금을 받을 수 있다)

❹ 아르바이트 때문에 공부를 많이 못해서 ______________________.
(시험을 잘 보다)

❺ 음식을 너무 많이 만들어서 ______________________.
(친구들이 다 먹을 수 있다)

❻ 기숙사에서 나와야 하는데 ______________________.
(학교 근처에 싸고 깨끗한 집이 있다)

❼ 웨이 씨가 ______________________.
(올 수 있다)

❽ 일이 너무 많아서 ______________________.
(오늘 다 끝낼 수 있다)

02. 보기 와 같이 문장을 완성하십시오.

> **보기** **가:** 이번 동아리 모임에 친구들이 많이 올까?
> **나:** 곧 기말시험이 있어서 친구들이 많이 올지 ~~을지/ㄹ지~~ 모르겠어.

❶ **가:** 언제 휴가를 갈 거예요?

나: 요즘 일이 너무 많아서 ________________ 을지/ㄹ지 모르겠어요.

❷ **가:** 발표 준비를 다 했어요? 발표 잘하세요.

나: 발표 준비를 많이 못 해서 ________________ 을지/ㄹ지 모르겠어요.

❸ **가:** 동창회에 미선 씨가 참석할까요?

나: 미선 씨가 요즘 일이 많아서 ________________.

❹ **가:** 약국이 아직 문을 열었을까요?

나: 시간이 늦어서 ________________.

❺ **가:** 새로 나온 노트북이 잘 팔릴까요?

나: 값이 비싸서 ________________.

❻ **가:** 리에 씨 생일에 장갑을 선물할까?

나: ________________.

❼ **가:** 그 가수의 공연에 꼭 가고 싶은데 표가 있을까요?

나: ________________.

❽ **가:** 웨이 씨가 행사 준비를 도와 줄 수 있을까요?

나: ________________.

문법 2

EN Grammar JP 文法 CH 语法

사동(-기-, -리-, -우-)

-기-	감다	감기다
	맡다	맡기다
	벗다	벗기다
	신다	신기다
	씻다	씻기다
	웃다	웃기다
-리-	돌다	돌리다
	듣다	들리다
	살다	살리다
	알다	알리다
	울다	울리다
-우-	깨다	깨우다
	비다	비우다
	서다	세우다
	쓰다	씌우다
	자다	재우다
	타다	태우다

❶ 형이 동생을 울렸어요.

❷ 친구가 재미있는 이야기를 해서 저를 웃겼어요.

❸ 리에가 휴대전화를 서비스 센터에 맡겼어요.

❹ 기사님, 정문 앞에 세워 주세요.

01. 보기 와 같이 문장을 바꾸십시오.

보기 동생이 깹니다. (나)
➡ 내가 동생을 깨웁니다.

❶ 리에가 웃어요. (영수)
➡ 영수가 ______________________.

❷ 택시가 섰어요. (손님)
➡ 손님이 ______________________.

❸ 아이가 차에 타요. (아버지)
➡ 아버지가 ______________________.

❹ 환자가 살았어요. (의사 선생님)
➡ ______________________.

❺ 아이가 자요. (어머니)
➡ ______________________.

❻ 아이가 모자를 벗어요. (할머니)
➡ ______________________.

❼ 동생이 손을 씻어요. (언니)
➡ ______________________.

❽ 친구가 제 가방을 맡았어요. (저)
➡ ______________________.

02. 병원에서 봉사활동을 하려고 합니다. 보기 와 같이 문장을 완성하십시오.

나 : 안녕하세요? 다음 주부터 봉사활동을 시작하는데 몇 시까지 가야 해요?

간호사 : 아이들은 보통 아침 8시쯤 일어나요. 그러니까 8시까지 병원에 와서 아이들을 보기 깨워 어/아/여 주세요.

나 : 그리고 뭘 해야 합니까?

간호사 : 아침 8시 30분부터 아침 식사를 합니다. 약을 먹어야 하니까 아이에게 음식을 다 먹이세요.

나 : 밥을 먹이고 뭘 할까요?

간호사 : 아이와 같이 산책을 하세요. 요즘은 날씨가 조금 추우니까 아이에게 코트를 입히고, 양말과 신발을 ❶ ____________ 어야/아야/여야 해요. 그리고 모자도 ❷ ____________ 으세요/세요.

나 : 산책을 하고 뭘 해요?

간호사 : 10시쯤 병실로 돌아오세요. 산책을 했으니까 아이의 손과 얼굴을 깨끗하게 ❸ ____________ 고, 양말과 신발을 ❹ ____________.

나 : 그리고 조금 놀아 주면 돼요?

간호사 : 네, 아이를 ❺ ____________ 지 말고 재미있게 놀아 주세요. 그리고 오후 2시쯤 낮잠을 ❻ ____________. 좋아하는 노래를 ❼ ____________ 어/아/여 주면 잘 자요. 열이 나면 저에게 ❽ ____________ 어/아/여 주세요.

활동

여러분은 어떻게 부탁을 합니까? 보기 와 같이 하나를 골라 이야기해 봅시다.

보기

가: 리에야, 너 사진기 있어?

나: 응, 있어. 그런데 사진기는 왜?

가: 미안하지만 이번 토요일에 사진기 좀 빌려 줄 수 있어? 내 사진기는 고장이 나서 서비스 센터에 맡겼어. 그런데 주말에 친구하고 수산 시장을 구경하러 가는데 휴대전화로 사진을 찍으면 사진이 잘 나올지 모르겠어. 사진을 잘 찍어 가지고 고향에 계신 부모님께 보여 드리고 싶어.

나: 그래. 빌려 줄게.

친구에게 사진기를 빌려 달라고 부탁한다	친구에게 아침에 일찍 깨워 달라고 부탁한다
한국 친구에게 서비스 센터에 전화해 달라고 부탁한다	과 친구에게 개강 모임 알려 달라고 부탁한다

03 정해진 날짜까지 시험을 봐야 합니다

학습 목표 진학 관련 어휘를 익혀서 활용할 수 있다.
'-기 위해서는', '-어지다' 표현을 익혀서 활용할 수 있다.

원 : 대학교 진학 상담을 받고 싶어서 왔는데요.
직원 : 대학교에 진학을 하기 위해서는 고등학교 졸업 증명서와 성적 증명서가 필요합니다. 그리고 봉사 활동 점수도 있으면 좋아요.
원 : 한국어능력시험도 봐야 합니까?
직원 : 네, 정해진 날짜까지 시험을 봐야 합니다.

새 어휘

EN New Vocabulary JP 新しい語彙 CH 生词

진학	• 대학교에 진학을 하지 않고 회사에 들어간 친구들이 있어요. • 저는 소설 쓰기에 관심이 있어서 국어국문학과에 진학을 하려고 해요.
상담을 받다	• 혼자 해결하기 어려운 고민이 있어서 상담을 받으려고 해요. • 대학교 입학 정보를 알고 싶어서 상담을 받았어요.
졸업 증명서	• 학교를 졸업한 사람은 졸업 증명서를 받을 수 있습니다. • 졸업 증명서를 내일까지 가지고 오셔야 합니다.
성적 증명서	• 성적 증명서를 보니까 성적이 좋군요. 열심히 공부했나 봐요. • 장학금을 신청할 때 성적증명서도 내야 합니다.
한국어능력시험	• 한국어능력시험을 잘 보기 위해서 한국어를 열심히 공부하고 있어요. • 한국어능력시험을 볼 때는 신분증을 가지고 가야 합니다.
정하다	• 모임 시간과 장소를 정해서 알려 주세요. • 발표 주제를 아직 정하지 못했어요.

01. 빈칸에 알맞은 것을 쓰십시오.

보기 저는 회사에 취직을 하지 않고 대학교에 (진학을)을/를 했어요.

❶ 저는 아직 전공을 (   )지 않았어요.

❷ 고민거리가 있으면 선생님께 (   )어/아/여 보세요.

❸ 모레까지 성적 증명서와 (   )을/를 내세요.

❹ 1주일 후에 (   )이/가 있어서 저는 주말에 한국어를 공부했어요.

02. 밑줄 친 곳에 알맞은 것을 쓰십시오.

여러분, 대학교를 졸업한 후에 무엇을 하려고 해요?

저는 제가 할 일을 보기 정했어요 ~~었어요/았어요/였어요~~. 저는 한국 회사에 취직하려고 해요. 지난주에는 제가 들어가고 싶은 회사에 대해서 알아보려고 선생님께 ❶ ____________ 었어요/았어요/였어요. 선생님께서는 제가 외국인이기 때문에 ❷ ______________ 을/를 잘 보는 것이 중요하다고 하셨어요.

그리고 그 회사에 대학교 ❸ ______________ 과/와 ❹ ______________ 을/를

내야 하니까 열심히 공부하라고 하셨어요.

주제 어휘

EN Thematic Vocabulary JP テーマ語彙 CH 主题词汇

진학	
	· 입학 원서 · 자기소개서 · 추천서 · 면접시험
	· 실기시험 · 등록금 · 서류를 내다 · 합격하다

01. 빈칸에 알맞은 것을 쓰십시오.

보기 아르바이트를 해서 모은 돈으로 학교 (등록금을)을/를 냈어요.

❶ ( )을/를 볼 때 대답을 잘 못해서 속상했어요.

❷ 2월 5일까지 사무실에 필요한 ( )어야/아야/여야 합니다.

❸ 대학교에 입학하기 전에 선생님께 ( )을/를 써 달라고 했어요.

❹ 학기가 시작되는 날 수업 시간에 선생님께서 학생들에게 ( )을/를 쓰라고 하세요.

02. 밑줄 친 곳에 알맞은 것을 쓰십시오.

입학 안내

- 학교에 입학하고 싶은 사람은 12월 5일까지 보기 입학 원서를 을/를 내야 합니다. 인터넷으로도 낼 수 있습니다.
- 고등학교 졸업 증명서와 성적 증명서, 봉사 활동 증명서가 필요합니다. 12월 10일까지 ❶ ______________ 어야/아야/여야 합니다.

- 미술과 음악 전공자는 ❷ ____________ 도 봐야 합니다.
- 시험에 ❸ __________ 는/은/ㄴ 사람은 1월 30일까지 ❹ __________ 을/를 내야 합니다.
- 문의처 : 1234-5678 한국대학교

문법 1

EN Grammar JP 文法 CH 语法

-기 위해서는

❶ 해외여행을 가기 위해서는 여권이 있어야 합니다.

❷ 병이 빨리 낫기 위해서는 이 약을 먹고 잘 쉬어야 해요.

❸ 좋은 대학교에 진학하기 위해서는 공부를 열심히 해야 합니다.

❹ 한국어를 잘하기 위해서는 한국 친구를 사귀는 것이 좋아요.

01. **관계있는 것을 연결하고 보기 와 같이 문장을 완성하십시오.**

보기 컴퓨터를 수리하다 ----------------- 서비스센터에 가야 해요.

❶ 시험을 잘 보다 •	• 예절을 지켜야 합니다.
❷ 도서관에 들어가다 •	• 비자가 있어야 합니다.
❸ 사람들과 잘 지내다 •	• 표를 미리 사야 합니다.
❹ 감기에 걸리지 않다 •	• 동대문시장에 가야 해요.
❺ 그 나라에 여행가다 •	• 학생증이 있어야 합니다.
❻ 싸고 좋은 옷을 사다 •	• 복습을 많이 해야 합니다.
❼ 미국 은행에 취직하다 •	• 옷을 따뜻하게 입어야 해요.
❽ 주말에 그 영화를 보다 •	• 영어와 컴퓨터를 잘 해야 해요.

보기 컴퓨터를 수리하기 위해서는 서비스센터에 가야 해요.

❶ ________________기 위해서는 ________________________.

❷ ________________기 위해서는 ________________________.

❸ ____.

❹ ____.

❺ ____.

❻ ____.

❼ ____.

❽ ____.

02. 선배가 후배에게 하는 조언입니다. 보기 와 같이 대화를 완성하십시오.

보기 후배 : 친구를 많이 사귀었으면 좋겠어요.
선배 : 친구를 많이 사귀기 위해서는 동아리에 드는 ~~는/은/ㄴ~~ 게 좋아.

❶ 가: 한국 대학교에 진학하고 싶은데요.
나: ____________기 위해서는 ______________어야/아야/여야 해.

❷ 가: 보고서를 잘 쓰려면 어떻게 하는 게 좋아요?
나: ____________기 위해서는 ______________는/은/ㄴ 게 좋아.

❸ 가: 어떻게 하면 발음이 좋아질까요?
나: ____.

❹ 가: 나중에 한국 회사에서 일하고 싶어요.

나: ____.

❺ 가: 발표를 잘했으면 좋겠어요.

나: ____.

❻ 가: 한국어능력시험을 잘 봤으면 좋겠어요.

나: ____.

❼ 가: 상담을 받고 싶은데 어떻게 해야 해요?

나: ____.

❽ 가: 그룹 스터디룸을 이용하고 싶은데 예약을 해야 해요?

나: ____.

문법 2

EN Grammar JP 文法 CH 语法

–어지다

❶ 이 지우개를 써 보니까 잘 지워져요.

❷ 이 물건은 깨지기 쉬우니까 조심하세요.

❸ 새 옷에 커피가 쏟아져서 속상해요.

❹ 송별회 날짜가 정해지면 연락해 드리겠습니다.

01. 보기 와 같이 바꾸십시오.

보기 촛불을 껐어요. ➡ 촛불이 꺼졌어요 ~~어졌어요/아졌어요/여졌어요~~.

❶ 이를 뺐어요. ➡ ________________ 어졌어요/아졌어요/여졌어요.

❷ 종이를 찢었어요. ➡ ________________ 어졌어요/아졌어요/여졌어요.

❸ 연락을 끊었어요. ➡ ________________________________.

❹ 감자를 잘 삶았어요. ➡ ________________________________.

❺ 컴퓨터를 켰어요. ➡ ________________________________.

❻ 거울을 깼습니다. ➡ ________________________________.

❼ 학교를 세웠어요. ➡ ________________________________.

❽ 한글을 만들었어요. ➡ ________________________________.

02. 웨이 씨의 일기입니다. 알맞은 것을 골라 보기 와 같이 쓰십시오.

끄다, 끊다, 빼다, 쏟다, 쓰다, 찢다, 켜다, 펴다, 벗다, 지우다

7월 18일 수요일 흐림

오늘은 일이 잘 안 되는 날이다.

아침에 늦게 일어났다. 지금까지 한 번도 지각하지 않았는데 오늘은 지각했다. 수업 시간에 물을 마시려고 했는데 내 실수로 교실에 물이 다 보기 쏟아졌다 ~~었다/았다/였다~~. 오랜만에 고등학교 친구한테서 전화가 와서 통화를 하고 있었는데 갑자기 전화가 ❶ ____________ 었다/았다/였다.

오늘은 교실 에어컨도 어제보다 빨리 ❷ ________었다/았다/였다.

수업이 끝나고 보고서를 쓰려고 도서관에 갔다. 그런데 보고서가 잘 ❸ ________지 않았다. 도서관에서 넘어져서 신발이 ❹ ________고 바지도 ❺ ________었다/았다/였다.

도서관에서 나오니까 비가 오고 있었다. 우산을 펴려고 했는데 우산이 ❻ ________지 않았다. 친구와 우산을 같이 썼다. 집에 돌아와서 텔레비전을 보려고 했는데 텔레비전이 ❼ ________지 않았다. 수리를 받아야 할 것 같다. 오늘은 너무 힘들어서 살이 좀 ❽ ________는/은/ㄴ 것 같다.

활동

여러분은 상담을 받고 싶은 일이 있습니까? 보기 와 같이 써 봅시다.

보기 저는 대학 진학 문제에 대해서 상담을 받고 싶습니다. 대학교에 입학하기 위해서는 여러 가지를 준비해야 한다고 하는데 저는 외국인이기 때문에 모르는 것이 많습니다. 정해진 날짜까지 무슨 서류를 준비해야 합니까? 그리고 무슨 시험을 봐야 합니까? 시험을 잘 보기 위해서는 어떻게 하는 게 좋습니까?

04 과제는 이번 주까지 내지 않으면 안 됩니다

학습 목표 부탁 관련 어휘를 익혀서 활용할 수 있다.
'-습니다만', '-지 않으면 안 되다' 표현을 익혀서 활용할 수 있다.

웨이 : 교수님, 부탁드릴 것이 있어서 왔습니다. 죄송합니다만 과제 제출을 조금 연기해 주셨으면 좋겠습니다.

교수 : 과제는 이번 주까지 내지 않으면 안 됩니다.

웨이 : 할아버지께서 많이 편찮으셔서 고향에 다녀와야 할 것 같습니다.

교수 : 가능하면 정해진 날짜까지 내세요.

새 어휘

EN New Vocabulary JP 新しい語彙 CH 生词

부탁드리다	• 저는 아버지께 생활비를 보내 달라고 부탁드렸어요. • 교수님께 웹하드에 자료를 올려 달라고 부탁드려야겠어요.
제출	• 우리 학교 입학 원서 제출은 다음 달 5일까지입니다. • 서류 제출은 직접 가서 해야 합니까? 인터넷으로 해도 됩니까?
연기하다	• 갑자기 회사에 일이 생겨서 오늘 약속을 내일로 연기했어요. • 계속 비가 오니까 내일 행사를 다음 주로 연기하는 게 좋겠어요.
편찮다	• 어머니께서 편찮으셔서 일찍 집에 가야 해요. • 의사 선생님이 할머니께 어디가 편찮으시냐고 했어요.
다녀오다	• 한국에서는 학교에 갈 때 "학교에 다녀오겠습니다."라고 인사해요. • 저는 이번 여름에 친구와 같이 부산에 여행을 다녀왔어요.

01. 빈칸에 알맞은 것을 쓰십시오.

보기 고향에 갔는데 아버지가 (편찮으셔서)으셔서/셔서 속상했어요.

❶ 보고서 ( )을/를 늦게 하면 좋은 점수를 받을 수 없어요.

❷ 교수님께 발표 날짜를 바꿔 달라고 ( )었어요/았어요/였어요.

❸ 많은 학생들이 방학이나 연휴에는 고향에 ( )어요/아요/여요.

❹ 사장님이 갑자기 미국 출장을 가셔서 오늘 회의를 다음 주 월요일로 ( ) 었어요/았어요/였어요.

02. 보기 와 같이 대화를 완성하십시오.

보기 가: 방학 때 뭘 하실 거예요?
나: 저는 친구와 같이 유럽으로 여행을 (다녀오려고)으려고/려고 해요.

❶ 가: 대학교 입학 원서를 낼 때 추천서가 필요한데 어떻게 하지요?
나: 김 교수님께 (   )어/아/여 보세요.

❷ 가: 보고서는 언제까지 내야 해요?
나: 보고서 (   )은/는 다음 주 목요일까지예요.

❸ 가: 아만다 씨, 지난번에 할머니께서 (   )으시다고/시다고 했는데 요즘은 어떠세요?
나: 요즘 많이 건강해지셨어요.

❹ 가: 오늘 친구와 약속이 있다고 했는데 왜 안 가요?
나: 몸이 아파서 약속을 다음으로 (   )었어요/았어요/였어요.

주제 어휘

EN Thematic Vocabulary JP テーマ語彙 CH 主题词汇

부탁				
	· 부탁이 있다	· 부탁하다	· 부탁드리다	· 부탁을 받다
	· 부탁을 들어주다	· 부탁을 거절하다	· 도움을 주다	· 도움을 받다

01. 빈칸에 알맞은 것을 쓰십시오.

미선은 영수에게 부탁할 것이 있다. **보기** 부탁이 있다

02. 밑줄 친 곳에 알맞은 것을 쓰십시오.

웨이는 친한 친구 영수에게 발표 자료 준비를 도와달라고 **보기** 부탁했다 었다/았다/였다. 영수는 웨이를 도와주고 싶었지만 약속이 있어서 미안하다고 ❶ ________ 었다/았다/였다. 그래서 웨이는 같은 동아리 민호 선배에게 ❷ ________ 었다/았다/였다. 민호 선배는 웨이의 ❸ ________ 었다/았다/였다. 민호 선배가 도와 준 덕분에 웨이는 발표를 잘했다. 웨이는 민호 선배가 ❹ ________ 은/ㄴ 것이 고마워서 오늘 점심을 사겠다고 했다.

문법 1

EN Grammar JP 文法 CH 语法

–습니다만

❶ 죄송합니다만 잠시만 기다려 주십시오.

❷ 도와 드리고 싶습니다만 오늘은 바빠서 안 될 것 같습니다.

❸ 일요일입니다만 일이 있어서 회사에 가야 합니다.

❹ 전에 그 사람을 한 번 만났습니다만 이름은 잘 모르겠습니다.

01. 관계있는 것을 연결하고 보기 와 같이 문장을 완성하십시오.

보기 여행을 좋아합니다. --------- 바빠서 자주 가지 못합니다.

❶ 피아노를 칠 수 있습니다. •	• 방 값이 비쌉니다.
❷ 디자인은 괜찮습니다. •	• 또 고장이 났습니다.
❸ 방은 크고 좋습니다. •	• 기억이 나지 않습니다.
❹ 수리를 받았습니다. •	• 색이 마음에 들지 않습니다.
❺ 이메일을 보냈습니다. •	• 새것처럼 깨끗합니다.
❻ 전에 배웠습니다. •	• 잘 치지 못합니다.
❼ 한국 사람입니다. •	• 교포이기 때문에 한국말을 잘 못합니다.
❽ 중고품입니다. •	• 아직 답장을 받지 못했습니다.

보기 여행을 좋아합니다만 ~~습니다만/ㅂ니다만~~ 바빠서 자주 가지 못합니다.

❶ ______________ 습니다만/ㅂ니다만 ______________.

❷ ______________ 습니다만/ㅂ니다만 ______________.

❸ ______________________________.

❹ ______________________________.

❺ ______________________________.

❻ ______________________________.

❼ ______________________________.

❽ ______________________________.

02. 보기 와 같이 문장을 완성하십시오.

(모르는 사람에게) 길을 물어볼 때

보기 실례합니다만 ~~습니다만/ㅂ니다만~~ 길 좀 묻겠습니다.

(모르는 사람에게) 사진을 찍어 달라고 부탁할 때

❶ ________ 습니다만/ㅂ니다만 ________ 어/아/여 주세요.

(모르는 사람에게) 옆에 앉아 있는 사람과 자리를 바꾸고 싶을 때

❷ ________ 습니다만/ㅂ니다만 ________ 으시겠어요?/겠어요?

(회사 사장님에게) 술자리에서 먼저 일어나야 할 때

❸ ________ 습니다만/ㅂ니다만 ________.

(미팅에서 만난 사람에게) 주말에 만나자고 하는 약속을 거절할 때

❹ ________________.

(교수님에게) 추천서를 써 달라고 부탁할 때

❺ ________________.

(선배에게) 좋은 아르바이트를 소개받았지만 거절해야 할 때

❻ ________________.

(선배에게) 선배를 도와 드리고 싶지만 거절해야 할 때

❼ ________________.

(기자에게) 질문을 이해하지 못해서 다시 물어볼 때

❽ ________________.

문법 2 –지 않으면 안 되다

EN Grammar JP 文法 CH 语法

❶ 약속을 지키지 않으면 안 됩니다.

❷ 건강을 위해서 운동을 하지 않으면 안 돼요.

❸ 장학금을 받기 위해서는 성적이 좋지 않으면 안 돼.

❹ 내일은 아침에 세미나가 있어서 일찍 일어나지 않으면 안 돼요.

01. 보기 와 같이 문장을 만드십시오.

보기 한국 생활을 잘하기 위해서는 한국말을 잘하지 않으면 안 됩니다. (잘하다)

❶ 방에 들어갈 때는 ______________________지 않으면 안 돼요. (신발을 벗다)

❷ 수영하기 전에 ____________________지 않으면 안 됩니다. (준비 운동을 하다)

❸ 그 나라에 여행을 가기 위해서는 __________________________. (비자를 받다)

❹ 어디에서든지 ____. (예절을 지키다)

❺ 발음이 나쁘기 때문에 날마다 ______________________________. (연습하다)

❻ 이 수업은 ____. (보고서를 잘 쓰다)

❼ 이 병이 낫기 위해서는 _____________________________________. (잘 쉬다)

❽ 모델이 되기 위해서는 ____________________________________. (키가 크다)

02. 보기 와 같이 대화를 완성하십시오.

보기 가: 회의에 꼭 참석해야 합니까?
나: 네, 회의에 참석하지 않으면 안 됩니다.

❶ 가: 담배를 끊어야 합니까?

나: 네, ____________________지 않으면 안 됩니다.

❷ 가: 이 약을 꼭 먹어야 해요?

나: 네, ____________________지 않으면 안 돼요.

❸ 가: 12시까지 기숙사에 들어가야 해요?

나: 네, ____________________.

❹ 가: 표를 벌써 샀구나. 표를 예매해야 해?

나: 응, ____________________.

❺ 가: 꼭 이 수업을 들어야 해요?

나: 네, ____________________.

❻ 가: 이번 주까지 신청을 해야 해요?

나: 네, ____________________.

❼ 가: 회원 카드를 만들어야 해요?

나: 네, ____________________.

❽ 가: 뒤풀이에 꼭 가야 해?

나: 응, ____________________.

활동

교수님께 추천서를 부탁하는 이메일을 보기 와 같이 써 봅시다.

보기 교수님, 안녕하세요? 저는 경제학과 16학번 왕웨이입니다. 지난 학기에 교수님의 국제 경제학 수업을 들은 중국 학생입니다. 교수님의 수업을 재미있게 들었고 좋은 학점도 받았습니다. 이번에 외국인 국제 장학금을 신청하고 싶은데 추천서를 내지 않으면 안 된다고 합니다. 그래서 추천서를 부탁드리려고 연락드렸습니다. 죄송합니다만 추천서를 써 주실 수 있으세요? 언제 시간이 있으십니까? 교수님을 직접 찾아뵙고 말씀 드리고 싶습니다.

제 10 과

여가 생활

01 전공 책이 아니라 자격증을 따려고 보는 책이야

02 그 식당 음식은 먹으면 먹을수록 자꾸 먹고 싶어져요

03 야경을 볼 수 있어서 좋더군요

04 여행 전문가가 되는 게 꿈이에요

01 전공 책이 아니라 자격증을 따려고 보는 책이야

학습 목표 시간 활용 관련 어휘를 익혀서 활용할 수 있다.
'이/가 아니라', '-을지 -을지' 표현을 익혀서 활용할 수 있다.

미선 : 무슨 책을 그렇게 열심히 봐? 전공 책이야?

영수 : 전공 책이 아니라 자격증을 따려고 보는 책이야. 자격증이 있으면 취직할 때 도움이 될 것 같아서. 너도 같이 공부할래?

미선 : 난 취직을 할지 대학원에 갈지 아직 못 정했어.

영수 : 그렇구나. 졸업할 때까지 시간이 남아 있으니까 천천히 생각해.

새 어휘

EN New Vocabulary JP 新しい語彙 CH 生词

자격증을 따다	• 의사가 되기 위해서는 자격증을 따야 해요. • 제 친구는 자격증을 따려고 학원에 다니고 있어요.
취직하다	• 대학교를 졸업하고 한국 회사에 취직해서 일하고 싶어요. • 지난달에 취직한 선배가 오늘 동아리 후배들에게 한턱냈어요.
도움이 되다	• 여행사에서 아르바이트한 것이 여행을 할 때 도움이 됐어요. • 이 책을 읽어 봐. 보고서를 쓸 때 도움이 될 거야.
대학원	• 대학교를 졸업하고 대학원에 진학할 거예요. • 다음 학기부터 대학원에 다니는 선배들과 같이 세미나를 할 거예요.
남다	• 기차가 출발할 때까지 시간이 좀 남았는데 커피나 마실까요? • 음식이 많이 남았는데 남은 음식을 포장해 주세요.

01. 빈칸에 알맞은 것을 쓰십시오.

보기 낮에는 학교에서 학생들을 가르치고 밤에 (대학원)에서 공부하는 선생님들이 있어요.

❶ 벌써 12월이니까 올해도 며칠 (   )지 않았군요.

❷ 이 자료가 과제 발표를 할 때 (   )을/ㄹ 거야.

❸ 저는 졸업하고 한국 회사에 (   )어서/아서/여서 일하고 싶어요.

❹ 이 일을 하기 위해서는 (   )어야/아야/여야 합니까?

02. 밑줄 친 곳에 알맞은 것을 쓰십시오.

가: 선배, 대한그룹에 보기 취직하신 ~~는/은/ㄴ~~ 거 축하드려요.

나: 고맙다. 나중에 한턱낼게.

가: 선배는 ❶ ____________에 진학해서 계속 공부하실 줄 알았어요.

나: 회사 생활에 좀 익숙해지면 대학원 공부를 시작하려고 해. 방학인데 너는 요즘 뭘 하고 지내니?

가: 컴퓨터 ❷ ____________ 으려고/려고 학원에 다니고 있어요. 그런데 시간이 ❸ ____________ 어서/아서/여서 봉사 활동을 해 볼까 해요.

나: 그거 좋은 생각이구나. ❹ ____________ 는/은/ㄴ 정보가 있으면 연락해 줄게.

주제 어휘

EN Thematic Vocabulary JP テーマ語彙 CH 主题词汇

시간 활용	
	• 시간이 나다 • 시간을 내다 • 시간을 활용하다 • 시간을 낭비하다
	• 계획하다 • 계획을 세우다 • 계획을 짜다 • 계획표를 만들다

01. 빈칸에 알맞은 것을 쓰십시오.

보기 다음 달에 고향으로 돌아가는 친구를 위해서 송별회를 (계획하)고 있어요.

❶ 저는 ( ) 을/ㄹ 때마다 부모님과 화상 통화를 해요.

❷ 시간은 한번 가면 돌아오지 않습니다. ( ) 지 마세요.

❸ 학기 중이지만 ( ) 어서/아서/여서 여행을 다녀오려고 해요.

❹ 수업이 없는 ( ) 어서/아서/여서 친구들과 스터디 모임을 하고 있어요.

02. **웨이가 친구들에게 조언을 부탁했습니다. 밑줄 친 곳에 알맞은 것을 쓰십시오.**

YS

yst　　　　　　　　　　　　　　　　　오전 9:56

그룹채팅 4　　　　2016년 9월 4일 목요일

오전 8:47

나

이번 학기에는 목요일 오전 11시부터 오후 2시까지 수업이 없어. 어떻게 보기 시간을 활용하면 ~~으면/면~~ 좋을까?

오전 8:50

윈

점심시간이나 오후에 하는 영어 프로그램이 많으니까 ❶ ________ 어서/아서/여서 영어 공부를 해 봐.

오전 9:03

영수

독서, 운동, 동아리 활동 등 뭐든지 하고 싶은 것을 해. 그렇지만 미리 ❷ ________ 지 않으면 아무것도 못하고 ❸ ________ 기 쉬워.

오전 9:21

리에

자격증 시험을 준비하는 건 어때? ❹ ________ 어서/아서/여서 공부하면 이번 학기 종강할 때쯤 자격증을 딸 수 있을 거야.

문법 1

EN Grammar JP 文法 CH 语法

이/가 아니라

❶ 제 생일은 오늘이 아니라 내일이에요.

❷ 마이클은 미국 사람이 아니라 캐나다 사람이야.

❸ 관광학 수업 강의실은 305호가 아니라 505호입니다.

❹ 우리는 식사하러 온 게 아니라 차를 마시러 온 거예요.

01. **보기 와 같이 문장을 완성하십시오.**

보기 12월 25일은 금요일이 아니에요. 목요일이에요.
➡ 12월 25일은 금요일이 ~~이/가~~ 아니라 목요일이에요.

❶ 그 사람은 배우가 아니야. 가수야.

➡ ________________ 이/가 아니라 ________________.

❷ 저 건물은 학생회관이 아니에요. 체육관이에요.

➡ ________________ 이/가 아니라 ________________.

❸ 제 고향은 도시가 아닙니다. 시골입니다.

➡ ________________________________.

❹ 영수를 도와준 사람은 내가 아니다. 누엔이다.

➡ ________________________________.

❺ 그 휴대전화는 내 것이 아니야. 제임스 거야.

➡ ________________________________.

❻ 지금은 놀 때가 아니야. 열심히 공부해야 할 때야.

➡ ______________________________.

❼ 저는 공부를 싫어하는 게 아니에요. 공부에 관심이 없는 거예요.

➡ ______________________________.

❽ 아버지께서 화를 내신 게 아니야. 네가 잘못한 것을 말씀하신 거야.

➡ ______________________________.

02. 보기 와 같이 대화를 완성하십시오.

웨　이: 마리에, 여기서 뭐 하고 있니?

마리아: 나? 내 이름은 보기 마리에가 이/가 아니라 마리아야.

웨　이: 아, 미안. 우리 동아리에 마리에가 있어서…. 또 소설책을 읽는 중이었니?

마리아: 이건 ❶ __________ 이/가 아니라 발표 준비 자료야. 너도 이번 주에 발표해야 하지 않니?

웨　이: 난 ❷ __________ 이/가 아니라 다음주에 발표해. 그런데 너 두 시에 수업이 있지?

마리아: 수업은 ❸ __________ 세 시에 있어. 그런데 그건 왜 물어? 무슨일이 있니?

웨　이: ❹ __________ 이야기를 좀 하고 싶어서….

마리아: 너 나한테 부탁할 게 있구나. 말해 봐.

웨　이: ❺ __________ 친구가 너한테 부탁이 있다고 해.

마리아: 누구? 내가 모르는 사람이야?

웨　이: ❻ __________ 너도 아는 사람이야. 제리 알지?

마리아: 응, 알아. 그런데 무슨 부탁인데? 어려운 부탁이야?

웨　이: ❼ __________ 간단한 거야. 제리가 한 번 만나 달라고 해.

마리아: 왜? 러시아 말을 배우고 싶다고 해?

웨　이: ❽ __________ 네가 좋다고 하니까 한번 만나 봐.

문법 2

EN Grammar JP 文法 CH 语法

-을지 -을지

❶ 다음 학기에 기숙사에 살지 하숙집에 살지 생각 중이에요.

❷ 졸업하고 취직할지 대학원에 갈지 아직 정하지 못했어요.

❸ 친구한테 말을 해야 할지 하지 말아야 할지 고민하고 있어요.

❹ 선물로 옷이 좋을지 구두가 좋을지 잘 모르겠어요.

01. **관계있는 것을 연결하고 보기 와 같이 문장을 완성하십시오.**

보기 집에 있다 • -------------------- • 밖에 나가다

❶ 닭갈비를 먹다 •	• 만화 동아리에 들다
❷ 방학 때 고향에 가다 •	• 역사 수업을 듣다
❸ 수영을 하다 •	• 된장찌개를 먹다
❹ 치마를 입다 •	• 공동 구매 사이트에서 사다
❺ 가게에 직접 가서 사다 •	• 이메일로 보내다
❻ 사진을 웹하드에 올리다 •	• 여행을 가다
❼ 춤 동아리에 들다 •	• 바지를 입다
❽ 한국어 수업을 듣다 •	• 요가를 하다

보기 집에 있을지 ~~을지/ㄹ지~~ 밖에 나갈 ~~을지/ㄹ지~~ 잘 모르겠어요.

❶ 닭갈비를 먹을지 ____________________ 을지/ㄹ지 생각 중이에요.

❷ 방학 때 고향에 갈지 ____________________ 을지/ㄹ지 아직 잘 모르겠어요.

❸ ____.

❹ ____.

❺ ____.

❻ ____.

❼ ____.

❽ ____.

02. **보기 와 같이 대화를 완성하십시오.**

보기 가: 이번 휴가 때 어디에 갈 거예요?
나: 산에 갈지 ~~을지/ㄹ지~~ 바다에 갈지 ~~을지/ㄹ지~~ 아직 정하지 못했어요.

❶ 가: 방학 때 뭘 할 거야?
나: ____________ 을지/ㄹ지 ____________ 을지/ㄹ지 고민하고 있어.

❷ 가: 이 식당에 맛있는 음식이 많구나. 뭘 먹을 거야?
나: ____________ 을지/ㄹ지 ________________________
________________________ 을지/ㄹ지 정하지 못했어.

❸ 가: 부산에 갈 때 뭘 타고 갈 거예요?
나: ____.

❹ 가: 고향 친구가 한국에 오면 어디에 갈 거예요?
나: ____.

❺ 가: 대학교를 졸업하면 뭘 하실 거예요?

나: ______________________________.

❻ 가: 공연을 한 후 뒤풀이를 어디에서 할 거예요?

나: ______________________________.

❼ 가: 내일 비가 많이 올 거라고 하는데 등산을 갈 거예요?

나: ______________________________.

❽ 가: 아직 이 컴퓨터를 쓰는구나. 속도가 너무 느린데 새 컴퓨터로 바꾸는 게 어때?

나: ______________________________.

활동

시간을 활용하는 방법을 보기 와 같이 써 봅시다.

보기 나는 시간이 날 때마다 컴퓨터 게임을 한다. 나에게 시간을 낭비한다고 하는 사람도 있지만 나는 시간 낭비가 아니라 시간 활용이라고 생각한다. 나는 앞으로 컴퓨터 게임을 만드는 사람이 되고 싶다. 모든 사람들이 즐겁게 할 수 있는 게임을 만들고 싶다. 그러기 위해서는 게임을 많이 해 봐야 한다. 대학교를 졸업하고 게임 회사에 취직할지 유학을 갈지 고민하고 있다.

____

____

____

____

____

____

02 그 식당 음식은 먹으면 먹을수록 자꾸 먹고 싶어져요

학습 목표 맛집 관련 어휘를 익혀서 활용할 수 있다.
'-으면 -을수록', '만에' 표현을 익혀서 활용할 수 있다.

아마라 : 미선 씨는 맛집을 많이 알고 있지요? 1년 만에 고향 친구를 만나는데 좋은 식당 좀 소개해 주세요.

미선 : 제가 자주 가는 맛집이 있어요. 그 식당 음식은 먹으면 먹을수록 자꾸 먹고 싶어져요. 방송에도 나와서 아주 유명한 식당이에요.

아마라 : 그럼 손님이 많겠군요.

미선 : 네, 보통 줄을 서서 기다릴 때가 많아요.

새 어휘

EN New Vocabulary JP 新しい語彙 CH 生词

맛집	• 학교 근처에는 맛집이 많은데 음식이 얼마나 맛있는지 몰라요. • 맛집을 찾고 싶으면 인터넷에서 검색해 보세요.
자꾸	• 미선 씨가 자꾸 기침을 하는 걸 보면 감기에 걸린 것 같아요. • 자꾸 전화가 끊겨서 통화하기가 힘들어요.
방송에 나오다	• 제 외국인 친구는 한국말을 잘하고 웃겨서 텔레비전과 라디오 방송에 자주 나와요. • 학교 축제 때 우리 동아리가 공연하는 모습이 TV 방송에 나왔어요.
유명하다	• 김치와 비빔밥은 다른 나라 사람들도 많이 알아요. 유명한 한국 음식이에요. • 제주도는 아름다운 여행지로 유명해서 외국인들이 많이 와요.
줄을 서다	• 표를 사려고 사람들이 극장 앞에 길게 줄을 서 있어요. • 지하철을 탈 때는 줄을 서서 기다려야 해요..

01. 빈칸에 알맞은 것을 쓰십시오.

보기 저는 가끔 친구들과 같이 (맛집)에 가서 맛있는 음식을 먹어요.

❶ 제가 오늘 (   )으니까/니까 TV를 꼭 보세요.

❷ 사람들이 계산하려고 (   )어서/아서/여서 기다려요.

❸ 제 친구는 한국에서 (   )는/은/ㄴ 가수예요.

❹ 영수 씨가 (   ) 시계를 봐요. 무슨 약속이 있나 봐요.

02. 밑줄 친 곳에 알맞은 것을 쓰십시오.

홍대 근처에 있는 보기 맛집을 ~~을/를~~ 소개할게요. '홍 빈대떡'인데 음식도 맛있고 분위기도 괜찮아요. 아주 ❶ ________ 어서/아서/여서 모르는 사람들이 없어요. 옛날에도 손님이 많았지만 TV ❷ ________ 어서/아서/여서 손님이 더 많아졌어요. 그래서 식당에 가면 늘 ❸ ________ 어서/아서/여서 기다려야 해요. 며칠 전에 먹었는데 또 먹고 싶어요. ❹ ________ 생각이 나요.

주제 어휘

EN Thematic Vocabulary JP テーマ語彙 CH 主题词汇

맛집

- 인기가 있다
- 방송에 나오다
- 추천하다
- 소문이 나다
- 인기 메뉴
- 맛집 블로그
- 맛집 투어
- 비결

01. 빈칸에 알맞은 것을 쓰십시오.

보기 강릉 커피 거리는 TV (방송에 나와서)~~어서/아서/여서~~ 더 유명해졌어요.

❶ 이 식당에서 손님들이 제일 많이 찾는 ( )이/가 뭐예요?

❷ 이 옷가게의 옷이 싸고 예쁘다고 사람들에게 ( )었어요/았어요/였어요.

❸ 인터넷에서 맛있는 식당을 소개하고 음식 사진도 많이 올리는 좋은 ( )이/가 있으면 알려 주세요.

❹ 아마라 씨는 음식을 맛있게 만드는데 ( )이/가 뭐예요?

02. 밑줄 친 곳에 알맞은 것을 쓰십시오.

서울에는 유명하고 보기 인기가 있는 ~~는/은/ㄴ~~ 맛집들이 많은 것 같아요. 저는 맛있는 식당을 찾아다니는 것을 좋아해서 주말마다 ❶__________ 을/를 해요. 저는 보통 인터넷으로 맛집을 찾아요. 그 중에서 사진이 많고 친절하게 음식 맛을 소개하는 ❷__________ 을/를 자주 봐요. 블로그에는 방송에 나와서 유명한 식당도 있고 방송에 나오지 않았지만 사람들에게 ❸__________ 는/은/ㄴ 식당도 소개되어 있어요. 저는 블로그에서 맛있다고 ❹__________ 는/은/ㄴ 인기 메뉴를 꼭 먹어 봐요. 여러분도 맛집을 찾을 때 맛집 블로그를 이용해 보세요.

문법 1

EN Grammar JP 文法 CH 语法

-으면 -을수록

❶ 한국말은 배우면 배울수록 재미있어요.

❷ 이 노래는 들으면 들을수록 좋아요.

❸ 돈은 많으면 많을수록 살기 편해요.

❹ 시간이 지나면 지날수록 한국 생활에 익숙해질 거예요.

01. **보기 와 같이 대화를 완성하십시오.**

> 보기 리에 씨는 보면 ~~으면/면~~ 볼수록 ~~을수록/ㄹ수록~~ 예뻐요. (보다)

❶ 웨이 씨는 ______으면/면 ______을수록/ㄹ수록 좋은 사람인 것 같아요. (만나다)

❷ 그 일은 ________으면/면 ________을수록/ㄹ수록 화가 나요. (생각하다)

❸ ______________________ 좋은 일이 많이 생겨요. (웃다)

❹ 한국에서 ______________________ 한국이 좋아져요. (살다)

❺ 많이 ______________________ 건강에 좋아요. (걷다)

❻ 교과서 시디(CD)는 ______________________ 도움이 돼요. (듣다)

❼ 지하철역이 집에서 ______________________ 편해요. (가깝다)

❽ 농구 선수는 키가 ______________________ 좋아요. (크다)

02. 보기 와 같이 대화를 완성하십시오.

> 보기 가: 이제는 김치를 잘 먹는군요.
> 나: 네, 김치는 먹으면 ~~으면/면~~ 먹을수록 ~~을수록/ㄹ수록~~ 맛있어요.

❶ 가: 외국어 배우기가 어렵지요?

나: 네, 외국어는 ________으면/면 ________을수록/ㄹ수록 어려워요.

❷ 가: 사람들이 다 이 게임을 하는 걸 보면 이 게임이 재미있나 봐요.

나: 네, 이 게임은 ________으면/면 ________을수록/ㄹ수록 재미있어요.

❸ 가: 어떤 사람을 소개해 줄까요?

나: ________________________________ 좋아요.

❹ 가: 어떻게 하면 말하기 실력이 늘까요?

나: 말하기는 ________________________ 늘어요.

❺ 가: 이 그림이 마음에 들어요?

나: 네, ____________________________ 마음에 들어요.

❻ 가: 이 노래가 좋지요?

나: ________________________________.

❼ 가: 쓰던 노트북을 학교 벼룩시장에 팔려고 하는데 얼마에 팔면 빨리 팔릴까?

나: ________________________________.

❽ 가: 많으면 좋은 것이 뭘까요?

나: ________________________________.

문법 2

EN Grammar JP 文法 CH 语法

만에

❶ 3일 만에 그 일을 다 끝냈어요.

❷ 1년 만에 고향에 돌아가요.

❸ 일주일 만에 방청소를 했어요.

❹ 오랜만이에요. 얼마 만에 다시 한국에 오신 거예요?

01. 보기 와 같이 대화를 완성하십시오.

보기 웨이 씨는 1년 전에 한국에 여행을 왔습니다. 이번에는 한국말을 공부하기 위해서 왔습니다.
➡ 웨이 씨는 한국에 1년 만에 왔습니다.

❶ 마이클 씨는 3일 전에 신입생 환영회에서 술을 마셨어요. 오늘은 동아리 모임에서 술을 마셔요.

➡ 오늘 마이클 씨는 ____________ 만에 술을 마셔요.

❷ 리에 씨는 2년 전에 친구들과 제주도에 여행을 갔어요. 지난주에는 가족들과 제주도에 여행을 갔어요.

➡ 지난주에 리에 씨는 ____________ 만에 제주도에 갔어요.

❸ 친구를 10년 전에 만났어요. 그 친구를 오늘 동창회에서 다시 만났어요.

➡ 오늘 친구를 ____________ 다시 만났어요.

❹ 한 달 전에 컴퓨터가 고장이 나서 수리를 받았어요. 또 고장이 났어요.

➡ 컴퓨터가 ____________ 또 고장이 났어요.

❺ 미선 씨는 남자 친구와 1년 동안 사귀었는데 헤어졌어요.

➡ 미선 씨는 남자 친구와 ____________ 헤어졌어요.

❻ 리에 씨는 한 시간 전에 보고서를 쓰기 시작했는데 벌써 끝냈어요.

➡ 리에 씨는 보고서를 ____________ 끝냈어요.

❼ 서울에서 12시에 출발했는데 부산에 5시에 도착했어요.

➡ 서울에서 출발해서 ____________ 부산에 도착했어요.

❽ 저는 6년 전에 대학교에 입학했어요. 오늘 졸업했어요.

➡ 저는 대학교를____________ 졸업했어요.

02. 보기 와 같이 대화를 완성하십시오.

보기 가: 얼마 만에 그 친구를 만났어요?
나: 7년 만에 만났어요.

❶ 가: 오랜만에 여행을 가지요?

나: 네, ________ 만에 ____________________.

❷ 가: 아무리 바빠도 부모님께 자주 전화 드리세요.

나: 네, 그래야겠어요. 바빠서 ________ 만에 ________었는데/았는데/였는데 부모님이 많이 걱정하셨어요.

❸ 가: 이 운동을 열심히 하면 살을 뺄 수 있어요?

나: 열심히 하면 ______________________________.

❹ 가: 아르바이트를 빨리 구했구나.

나: 응, 다행히 게시판을 보고 ____________________.

❺ 가: 이 공연은 인기가 많아서 빨리 예매해야 해. ________ 표가 다 팔릴 수 있어.

나: 알았어. 빨리 할게.

❻ 가: 담배를 끊었다고 했는데 다시 피워요?

나: ____.

❼ 가: ____?

나: 1년 만에 봐요.

❽ 가: ____?

나: 하루 만에 다 끝냈어요.

활동

여러분이 알고 있는 맛집을 보기 와 같이 소개해 봅시다.

보기 인천 송도에 있는 '송도 돼지갈비집'을 추천해요. 방송에 나온 식당인데 음식이 정말 맛있어요. 이 식당에 가면 늘 줄을 서서 기다려야 해요. 저는 고향에서 친구들이 놀러 오면 이 식당에 가요. 이 식당은 가면 갈수록 자꾸 가고 싶어져요. 어제 한달 만에 갔는데 어제도 손님이 많았어요. 고기를 좋아하는 사람들은 꼭 한번 가 보세요.

03 야경을 볼 수 있어서 좋더군요

학습 목표 시티투어버스 관련 어휘를 익혀서 활용할 수 있다.
'-을 테니까', '-더군요' 표현을 익혀서 활용할 수 있다.

누엔 : 서울에서 아직 못 가 본 곳이 많아서 시험이 끝나면 서울 구경을 할까 해요.

에리코 : 서울 시티투어버스를 타면 편하게 여러 군데를 구경할 수 있을 테니까 한번 타 보세요.

누엔 : 서울 시티투어버스를 타 본 적이 있어요?

에리코 : 네, 제가 탄 버스는 한강 야간 코스였는데 한강과 남산의 야경을 한 번에 볼 수 있어서 아주 좋더군요.

새 어휘

EN New Vocabulary JP 新しい語彙 CH 生词

서울 시티투어버스	• 저는 서울 시티투어버스를 타고 서울의 유명한 곳을 구경했어요. • 서울 시티투어버스를 이용하면 서울의 여기저기를 편하게 구경할 수 있어요.
여러	• 저는 여행을 좋아해서 미국, 일본, 영국, 호주 등 여러 나라를 여행했어요. • 저는 그 영화를 여러 번 봤어요. 그래서 그 영화에 대해서 잘 알아요.
군데	• 제 여자 친구는 눈, 코, 입 어느 한 군데도 안 예쁜 데가 없어요. • 여러 군데를 돌아다녔지만 마음에 드는 물건을 못 샀어요.
야간 코스	• 서울 시티투어버스 야간 코스는 저녁 7시 30분에 출발해요. • 서울 시티투어버스는 밤에 서울을 구경할 수 있는 야간 코스가 있어요.
야경	• 남산에서 서울의 야경을 봤어요. • 거기는 낮에 본 경치보다 밤에 본 야경이 더 아름다웠어요.

01. 관계있는 것을 연결하십시오.

보기 야간 코스 • - - - - - - - - - - - - • 밤에 여기저기 구경할 수 있는 코스예요.

❶ 군데 •		• 밤의 경치예요.
❷ 야경 •		• 장소를 셀 때 사용해요.
❸ 여러 •		• 서울의 여기저기를 다니는 버스예요.
❹ 서울 시티투어버스 •		• 하나나 둘이 아니라 많을 때 써요.

02. 밑줄 친 곳에 알맞은 것을 쓰십시오.

저는 한국에서 여러 보기 군데 구경을 했지만 아직 부산에는 못 가 봤어요. 그래서 이번 주말에 부산에 가려고 해요. 지난번에 서울을 구경할 때 ❶ ______________ 을/를 탔는데 아주 편했어요. 그래서 부산에서도 부산 시티투어버스를 탈 생각이에요. 부산은 한국의 남쪽에 있는 아름다운 도시예요. 바다가 있어서 해마다 많은 사람들이 거기에 가요. 구경거리도 많고 먹을거리도 많아요. 저는 부산에서 ❷ ______________ 곳을 구경하고 아름다운 ❸ ______________ 도 보고 싶어요. 그래서 지난주에 인터넷으로 ❹ ______________ 을/를 예약했어요. 주말에 날씨가 맑았으면 좋겠어요.

주제 어휘

EN Thematic Vocabulary JP テーマ語彙 CH 主题词汇

시티투어버스				
	• 시티투어버스	• 도심·고궁 코스	• 안내 방송	• 외국어 서비스
	• 2층 버스	• 야간 운행	• 요금	• 순환하다

01. 관계있는 것을 연결하십시오.

보기 안내 방송 • - - - - - - - - - - - - - - - • "이번 정류장은 인사동입니다."

❶ 요금 •	• 이 버스는 밤에 다녀요.
❷ 야간 운행 •	• 6,000원, 12,000원
❸ 2층 버스 •	• 영어, 중국어, 일본어
❹ 외국어 서비스 •	• 두 층으로 되어 있는 버스

02. 밑줄 친 곳에 알맞은 것을 쓰십시오.

여러분, 한 번에 서울 시내와 여러 고궁을 편하게 구경하고 싶으세요? 그럼 서울시티투어버스의 보기 도심·고궁 코스를 을/를 타 보세요. 이 버스는 오전 9시부터 밤 9시까지 다니는데 주말에도 운행합니다. 표를 한 번 사면 내리고 싶은 정류장에 내려서 구경을 하고 30분마다 오는 버스를 그 자리에서 탈 수 있어요. ❶ ________ 은/는 12,000원이고 모두 27 곳의 정류장을 ❷ ________ 어요/아요/여요. 정류장을 알려주는 ❸ ________ 도 하고 한국말을 잘 모르는 사람들을 위한 ❹ ________ 도 있으니까 꼭 한번 이용해 보세요.

문법 1

EN Grammar JP 文法 CH 语法

-을 테니까

❶ 제가 그 일을 할 테니까 걱정하지 마십시오.

❷ 주말이어서 교통이 복잡할 테니까 빨리 출발합시다.

❸ 김 선생님은 지금 회의 중일 테니까 다른 사람에게 물어 보세요.

❹ 지금쯤 수업이 끝났을 테니까 전화해 보세요.

01. 관계있는 것을 연결하고 보기 와 같이 문장을 완성하십시오.

보기 제가 값을 깎다 드리다 • - - - - - - - - - - - - - - - - - • 이것을 사세요.

❶ 제가 한턱내다 •	• 좀 쉬세요.
❷ 제가 예매를 하다 •	• 따라하십시오.
❸ 제가 도와드리다 •	• 찾으러 갑시다.
❹ 제가 먼저 노래하다 •	• 걱정하지 마세요.
❺ 그 길은 복잡하다 •	• 다른 길로 갑시다.
❻ 일을 많이 해서 피곤하다 •	• 다른 가게에 갑시다.
❼ 그 가게는 문을 닫았다 •	• 같이 영화 보러 갈까요?
❽ 자동차를 다 수리했다 •	• 내일 같이 저녁을 먹읍시다.

보기 제가 값을 깎아 드릴 을/ㄹ 테니까 이것을 사세요.

❶ ____________________ 을/ㄹ 테니까 ______________________________.

❷ ____________________ 을/ㄹ 테니까 ______________________________.

❸ ____.

❹ ____.

❺ ____.

❻ ____.

❼ ____.

❽ ____.

02. 보기 와 같이 대화를 완성하십시오.

보기 가: 오늘까지 이 일을 다 해야 하는데 시간이 없어서 걱정이에요.
나: 제가 도와드릴 ~~을/ㄹ~~ 테니까 걱정하지 마세요.

❶ 가: 청소하고 빨래 중에서 뭘 하겠어요?

나: ______________ 을/ㄹ 테니까 ______________.

❷ 가: 내일 시험이 있는데 잘 볼 수 있을지 모르겠어요.

나: ______________ 을/ㄹ 테니까 ______________.

❸ 가: 우산을 가지고 갈까요?

나: ______________________________.

❹ 가: 이 단어는 어떻게 읽어요? 발음이 너무 어려워요.

나: ______________________________.

❺ 가: 불고기를 좋아하는데 만들 줄 몰라요.

나: ______________________________.

❻ 가: 지금 도서관에 자리가 있을까요?

나: ______________________________.

❼ 가: 누구에게 이 일을 부탁할까요?

나: ______________________________.

❽ 가: 미선 씨가 집에 잘 도착했을까요?

나: ______________________________.

문법 2

EN Grammar JP 文法 CH 语法

–더군요

❶ 미선 씨가 탁구를 정말 잘 치더군요.

❷ 며칠 전에 영화를 봤는데 영화가 재미없더군요.

❸ 어제 야마다 씨에게 전화를 했는데 회의 중이더군요.

❹ 지난번 모임에 마리아 씨가 안 왔더군요.

01. **마리아 씨가 공연을 본 후에 친구에게 이야기합니다. 보기 와 같이 대화를 완성하십시오.**

보기 가수들이 노래를 잘했어요. ➡ 가수들이 노래를 잘하더군요.

❶ 무대가 아주 컸어요. ➡ ______________________ 더군요.

❷ 중국 노래도 불렀어요. ➡ ______________________ 더군요.

❸ 춤도 잘 췄어요. ➡ ______________________.

❹ 기타도 잘 쳤어요. ➡ ______________________.

❺ 재미있는 이야기를 했어요. ➡ ______________________.

❻ 옷을 멋있게 입었어요. ➡ ______________________.

❼ 사람들이 많이 왔어요. ➡ ______________________.

❽ 사람들이 박수를 많이 쳤어요. ➡ ______________________.

02. 보기 와 같이 대화를 완성하십시오.

보기 가: 어제 백화점에 사람이 많았어요?
나: 네, 사람이 많더군요.

❶ 가: 새로 생긴 식당이 어땠어요?

나: ______________________________ 더군요.

❷ 가: 어제 본 공연이 어땠어요?

나: ______________________________ 더군요.

❸ 가: 학교 축제가 어땠어요?

나: ______________________________.

❹ 가: 지난번 시험이 어땠어요?

나: ______________________________.

❺ 가: 어제 소개 받은 남자가 어땠어요?

나: ______________________________.

❻ 가: 어제 누가 발표를 잘했어요?

나: ______________________________.

❼ 가: 서울 시티투어버스가 어땠어요?

나: ______________________________.

❽ 가: 에리코 씨가 회사에 취직했어요?

나: ______________________________.

활동

다음은 서울 시티투어버스의 코스입니다. 여러분은 어느 코스가 좋습니까? 보기 와 같이 쓰십시오.

【1층 버스 도심·고궁 코스】 서울 도심과 고궁을 구경할 수 있습니다.

27곳: 광화문 ➡ 덕수궁 ➡ 남대문시장 ➡ 국립중앙박물관 ➡ 명동 ➡ 한옥마을 ➡ N서울타워 ➡ 동대문시장 ➡ 인사동 ➡ 경복궁

운행 시간: 오전 9시~밤 9시　　요금: 12,000원

【1층 버스 야간 코스】 한강의 다리와 서울의 야경을 볼 수 있습니다.

4곳: 광화문 ➡ 덕수궁(서강대교, 성수대교, 한남대교) ➡ N서울타워 ➡ 청계광장

운행 시간: 하루에 한 번(저녁 7시 30분에 출발)　　요금: 6,000원

【2층 버스 서울 파노라마 코스】 사람들이 많이 가는 곳입니다.

14곳: 광화문 ➡ 청계광장 ➡ 명동 ➡ 남산 ➡ 63빌딩 ➡ 홍대 앞 ➡ 신촌역, 이대 앞

운행 시간: 오전 10시~오후 5시　　요금: 15,000원

보기 저는 '2층 버스 서울 파노라마 코스'가 마음에 들어요. 저는 2층 버스를 한 번도 타 본 적이 없어요. 2층에 앉아서 보면 1층에서 보는 것보다 더 잘 보이고 재미있을 테니까 2층 버스를 타 보고 싶어요. 저는 쇼핑을 좋아해요. 두 달 전에 이대와 홍대 앞에 가 봤는데 거기에 예쁜 옷과 화장품이 많더군요. 그래서 다시 한 번 가 봤으면 좋겠어요.

04 여행 전문가가 되는 게 꿈이에요

학습 목표 텔레비전 프로그램 관련 어휘를 익혀서 활용할 수 있다.
'접속부사', '이/가 되다' 표현을 익혀서 활용할 수 있다.

마이클 : 슈테판 씨는 시간이 있을 때 뭘 해요?

슈테판 : 저는 시간이 있을 때마다 여행 프로그램을 즐겨 봐요. 그러면 세계 여러 나라의 관광지를 볼 수 있어요. 그리고 기분전환도 돼요.

마이클 : 저도 여행 프로그램을 자주 봐요. 저는 여행 전문가가 되는게 꿈이에요.

슈테판 : 그래요? 나중에 기회가 되면 같이 여행을 합시다.

새 어휘

EN New Vocabulary JP ごい CH 生词

즐겨 보다	• 텔레비전 프로그램 중에서 음악 프로그램을 즐겨 봐요. • 저는 고향에 있을 때 한국 드라마를 즐겨 봐서 듣기가 별로 어렵지 않아요.
세계	• 우리 학교에는 세계 여러 나라에서 온 학생들이 있어요. • 제 꿈은 세계 여행을 하는 거예요.
관광지	• 관광지에는 구경거리와 먹을거리가 많아요. • 제주도는 외국인에게도 유명한 관광지예요.
기분전환이 되다	• 저는 기분이 안 좋을 때 운동을 하면 기분전환이 돼요. • 노래방에 가서 노래를 부르면 기분전환이 될 거예요.
전문가	• 제 친구는 컴퓨터 전문가예요. 컴퓨터에 대해서 많이 알아요. • 경제 전문가들은 내년에는 한국 경제가 올해에 비해서 좋아질 거라고 말했다.

01. 빈칸에 알맞은 것을 쓰십시오.

보기 저는 어렸을 때 텔레비전 프로그램 중에서 만화를 (즐겨 봤어요)었어요/았어요/였어요.

❶ 여기는 ( )어서/아서/여서 다른 곳에 비해서 음식 값이 비싸요.

❷ 이태원에 가면 ( ) 여러 나라의 음식을 먹을 수 있어요.

❸ 시험도 못 봤는데 맛있는 거나 먹으러 가자. ( )을/ㄹ 거야.

❹ 컴퓨터에 이상이 있으면 ( )에게 문의하세요.

02. 밑줄 친 곳에 알맞은 것을 쓰십시오.

보기 가: 시간이 있을 때 뭘 하세요?
나: 저는 연극을 좋아해서 연극을 즐겨 봐요 어요/아요/여요.

❶ 가: 어디로 휴가를 갈 거예요?
나: 이번에는 사람이 많은 ________ 보다는 조용한 곳에 가서 쉬고 싶어요.

❷ 가: 이렇게 등산을 하니까 어때?

나: 공기도 맑고 경치도 아름다우니까 ____________어서/아서/여서 좋다.

❸ 가: 내 친구가 찍은 사진인데 ____________이/가 찍은 것 같지?

나: 응. 네가 웃는 모습이 예쁘게 나왔다.

❹ 가: ____________에서 가장 큰 나라가 어디예요?

나: 러시아예요.

주제 어휘

EN Thematic Vocabulary JP テーマ語彙 CH 主题词汇

텔레비전 프로그램

- 뉴스
- 드라마
- 스포츠 방송
- 건강 프로그램
- 음악 프로그램
- 여행 프로그램
- 요리 프로그램
- 생활 정보 프로그램
- 토론 프로그램
- 예능 프로그램
- 다큐멘터리

01. 관계있는 것을 연결하십시오.

보기 제가 좋아하는 배우가 나와서 자주 봐요. •------------• 드라마

❶ 요즘 인기 있는 노래를 알 수 있어요.	•	• 음악 프로그램
❷ 건강에 대한 정보를 알 수 있어요.	•	• 뉴스
❸ 축구, 야구, 농구 등을 볼 수 있어요.	•	• 스포츠 방송
❹ 세계 여러 나라의 일을 알 수 있어요.	•	• 건강 프로그램

02. 다음은 방송국의 프로그램 소개입니다. 빈칸에 알맞은 것을 쓰십시오.

아, 나도 가고 싶다
사람들이 잘 모르는 우리나라의
아름다운 곳을 소개합니다.

보기 (여행 프로그램)

아프리카의 동물들
매주 아프리카 동물들을 만납니다.
동물들의 여러 모습을 볼 수 있습니다.

❶ (   )

우리 이야기합시다
여러 전문가들, 대학생들, 정치인들이
매주 다른 주제에 대해 이야기합니다.

❷ (   )

해피 토요일
매주 토요일, '해피 토요일'을 보면
일주일 동안 쌓인 스트레스가
풀릴 거예요.

❸ (   )

똑똑한 텔레비전
요즘은 정보가 중요합니다. 도움이
되는 여러 가지 정보를 소개합니다.

❹ (   )

문법 1

EN Grammar JP 文法 CH 语法

접속부사

❶ 어제는 많이 아팠어요. 그래서 결석했어요.

❷ 우선 회원 가입을 하세요. 그리고 물건을 주문하세요.

❸ 오늘 오후에 비가 올 거라고 해요. 그러니까 우산을 가지고 가세요.

❹ 지난주에 노트북을 샀어요. 그런데 어제 노트북에 이상이 생겼어요.

01. 알맞은 것을 골라 보기 와 같이 쓰십시오.

그리고 그렇지만 그런데 그래서 그러니까 그러면

보기 머리가 아픕니다. 그리고 콧물도 납니다.

❶ 인터넷 쇼핑은 편해서 좋습니다. ________ 가끔 배달을 오래 기다려야 해요.

❷ 리에 씨는 친절합니다. ________ 이야기도 재미있게 해서 친구들에게 인기가 많아요.

❸ 처음에는 어려워도 연습을 많이 해봐. ________ 실력이 늘 거야.

❹ 우선 스트레칭을 하세요. ________ 수영장에 들어가세요.

❺ 저는 운동을 싫어해요. ________ 제 동생은 날마다 운동을 해요.

❻ 시험 기간이어서 스터디 룸을 이용하는 사람이 많을 거예요. ________ 빨리 예약하세요.

❼ 친구들이 많이 도와줍니다. ________ 한국 생활이 어렵지 않아요.

❽ 조원들이 다 온 것 같아요. ________ 영수 씨는 어디에 있어요?

02. 보기 와 같이 대화를 완성하십시오.

보기 이 일은 제가 하겠습니다. 그러니까 걱정하지 마세요.

❶ 제임스는 운동을 좋아합니다. ______________________.

❷ 여섯 달 전에 한국에 왔어요. ______________________.

❸ 날마다 운동을 해 보세요. ______________________.

❹ 친구 생일 선물을 사러 백화점에 갔어요. ______________________.

❺ 지갑을 안 가지고 왔어요. ______________________.

❻ 건강이 제일 중요해요. ______________________.

❼ 요즘 좀 피곤해요. ______________________.

❽ 시간이 없습니다. ______________________.

문법 2

EN Grammar JP 文法 CH 语法

이/가 되다

❶ 저는 좋은 아빠가 될 거예요.

❷ 앞으로 계속 공부해서 경제학 교수가 되고 싶어요.

❸ 벌써 가을이 되었어요.

❹ 기온이 낮아져서 비가 눈이 되었어요.

01. 알맞은 것을 골라 보기 와 같이 문장을 완성하십시오.

남편, 방학, 봄, 사장님, 선배, 시간, 얼음, 저녁, 퇴근 시간

보기 봄이 되니까 ~~이/가 되니까~~ 날씨도 따뜻해지고 꽃도 피었어요.

❶ ____________________이/가 되니까 길이 막히기 시작해요.

❷ 저는 경영학을 전공해서 ____________________고 싶어요.

❸ 물이 ____________________________________.

❹ ____________________으면/면 혼자 유럽 여행을 할 거예요.

❺ 이제 집에 갈 ____________________었어요/았어요/였어요.

❻ ____________________으니까/니까 창밖이 어두워졌어요.

❼ 너도 ____________었으니까/았으니까/였으니까 후배들을 많이 도와 줘야 해.

❽ 같은 과 친구였던 민철이가 제 ____________________었어요/았어요/였어요.

02. 보기 와 같이 대화를 완성하십시오.

질문: 여러분은 어렸을 때 꿈이 뭐였어요?

보기 저는 노래를 잘 불렀어요. 그래서 커서 가수가 이/가 되고 싶었어요.

❶ 리에: 저는 책 읽는 것도 좋아하고 글 쓰는 것도 좋아했어요. 그래서 __________ 이/가 되고 싶었어요.

❷ 미선: 동생이 어렸을 때 많이 아팠어요. 그래서 저는 아픈 사람들을 도와주는 ____________________이/가 되고 싶었어요.

❸ 제임스: 저는 축구를 좋아하고 축구를 아주 잘했어요. 그래서 저는 ____________

________________________.

❹ 웨이: 저는 나쁜 사람을 잡는 ________________________.

질문: 여러분은 40살이 되면 뭘 하고 있을 것 같아요?

❺ 제 전공이 경영학이니까 저는 ________________________.

❻ 저는 ________________________.

질문: 여러분은 어떤 아빠(엄마)가 되고 싶어요?

❼ 저는 ________________________.

❽ 저는 ________________________.

활동

즐겨 보는 텔레비전 프로그램이 있습니까? 보기 와 같이 이야기해 봅시다.

보기 저는 음악을 좋아해요. 집에 있을 때는 음악 프로그램을 자주 봅니다. 그래서 요즘 인기 있는 노래를 많이 알아요. 요즘 즐겨 보는 프로그램은 가수가 되고 싶어 하는 사람들이 나오는 프로그램이에요. 여기에는 유명하지 않은 사람들이 나와서 노래를 불러요. 가끔 외국인도 나와서 노래를 부르는데 노래를 잘하는 사람이 정말 많아요.

부록

01 모범 답안
02 번역(영어 · 일본어 · 중국어)
03 색인

제1과 소개

01 대학교에 입학하기 위해서 한국말을 공부하고 있어요

새 어휘

01 1) 입학하면 2) 지냈어요? 3) 사귀어서 4) 건축학을

02 1) 건축학인데 2) 사귄 3) 지낼 4) 앞으로

주제 어휘

01 1) 국적 • • 언니, 오빠, 동생이 없어요
2) 외동딸 • • 독일 사람입니다
3) 학과 • • 전공이 같은 학생들이 함께 공부합니다
4) 직업 • • 의사입니다

02 1) 태어났어요 2) 가족은 3) 고향 4) 취미가

문법1

01 1) 외국 여행을 가다 • • 열심히 공부하고 있어요
2) 돈을 바꾸다 • • 피아노 학원에 다녀요
3) 늦지 않다 • • 집에서 일찍 나왔어요
4) 피아노를 배우다 • • 은행에 가요
5) 시험을 잘 보다 • • 아르바이트를 하고 있어요
6) 리포트를 쓰다 • • 도서관에 갔어요
7) 학생증을 만들다 • • 방송국에 갔어요
8) 좋아하는 가수를 보다 • • 사진을 찍으러 갔어요

1) 외국 여행을 가기 위해서 아르바이트를 하고 있어요
2) 돈을 바꾸기 위해서 은행에 가요
3) 늦지 않기 위해서 집에서 일찍 나왔어요
4) 피아노를 배우기 위해서 피아노 학원에 다녀요
5) 시험을 잘 보기 위해서 열심히 공부하고 있어요
6) 리포트를 쓰기 위해서 도서관에 갔어요
7) 학생증을 만들기 위해서 사진을 찍으러 갔어요
8) 좋아하는 가수를 보기 위해서 방송국에 갔어요

02 1) 한국어를 가르치기 위해서 한국어를 전공해요
2) 아픈 사람들을 돕기 위해서 의사가 되고 싶어요
3) 좋은 회사에 들어가기 위해서 영어를 열심히 공부해요
4) 앞으로 소설을 쓰기 위해서 책을 많이 읽어요
5) 일찍 일어나기 위해서 일찍 자요
6) 부모님께 선물을 보내기 위해서 우체국에 갔어요
7) 친구들을 위해서 음식을 많이 만들었어요
8) 제 꿈을 위해서 열심히 공부해요

문법2

01 1) 일이 많아서 집에 일찍 못 가요
2) 김치가 매워서 김치를 못 먹어요
3) 가방이 너무 비싸서 가방을 못 사요
4) 기숙사에 부엌이 없어서 음식을 못 만들어요
5) 내일 병원에 가야 해서 같이 못 만나요
6) 어제 너무 바빠서 밥을 못 먹었어요
7) 어제 기숙사 옆방이 너무 시끄러워서 잠을 못 잤어요
8) 지난 주말에 눈이 많이 와서 밖에 못 나갔어요

02 1) 잡채를 못 만들어요
2) 지갑을 못 찾았어요
3) 다른 나라 친구들을 많이 못 사귀었어요
4) 친구 생일 파티에 못 갔어요
5) 그 책을 못 읽었어요
6) 오늘은 날씨가 추워서 운동을 못 해요
7) 친구가 바빠서 영화를 못 봤어요
8) 월요일에 시험이 있어서 쇼핑하러 못 가요

02 아름다운 도시니까 꼭 한번 가 보세요

새 어휘

01 1) 한번 2) 도시
3) 가까우니까 4) 아름답습니다
02 1) 아름다워요 2) 가까워요
3) 아름다운 4) 한번

주제 어휘

01 1) 시골은 2) 북쪽
3) 바닷가 4) 수도, 수도예요
02 1) 서쪽 2) 북쪽
3) 바닷가가 4) 섬

문법1

01 1) 가 2) 만나
3) 드셔 보세요 4) 신어 보세요
5) 써 보세요 6) 타 보세요
7) 읽어 보세요 8) 들어 보세요
02 1) 입어 2) 드셔
3) 만들어 보세요 4) 연락해 보세요
5) 시간이 있으면 한번 읽어 보세요
6) 동대문시장에 한번 가 보세요
7) 이 게임을 한번 해 보세요
8) 제주도에 한번 가 보세요

문법2

01 1) 우리 교실 2) 한국 음식
3) 지하철만큼 4) 축구만큼
5) 작년만큼 6) 설악산만큼
7) 강아지만큼 8) 어머니만큼
02 1) 한국 2) 저
3) 갈비만큼 맛있으니까 한번 드셔 보세요
4) 레몬만큼 비타민 C가 많아요
5) 원 씨만큼 노래를 잘하는 사람은 없어요
6) 스위스만큼 아름다운 나라는 없어요.
7) 마라톤만큼 힘든 운동은 없어요
8) 한라산만큼 높은 산은 없어요

03 성격이 맞아서 금방 친해졌어요

새 어휘

01 1) 방 친구와 2) 생활이
3) 금방 4) 똑똑해서
02 1) 성격이 맞아서 2) 도와줘요
3) 친한 4) 생활이

주제 어휘

01 1) 키가 커서 2) 마음이 넓으셔서
3) 뚱뚱했는데 4) 성격이 좋아서
02 1) 마음이 따뜻해서 2) 멋있어요
3) 날씬해요 4) 키가 작지만

문법1

01 1) 한국 노래를 좋아하지요?
2) 오늘 학교에 가지요?
3) 다음 주에 시험이 있지요?
4) 고향에 계시는 부모님이 보고 싶지요?
5) 오늘이 수요일이지요?
6) 숙제를 했지요?
7) 미국에서 왔지요?
8) 날마다 늦게까지 일해서 피곤하지요?
02 1) 베트남 사람이지요?
2) 전공이 경영학이지요?
3) 한국 친구가 많지요?
4) 건축학을 전공하지요?
5) 고향이 울란바토르지요?
6) 농구를 좋아하지요?
7) 동아리에 들었지요?
8) 책 읽는 것을 좋아하지요?

문법2

01 1) 길이 넓어졌어요
2) 외국 사람이 많아졌어요
3) 건물이 높아졌어요
4) 교통이 복잡해졌어요
5) 강이 깨끗해졌어요
6) 물건 값이 비싸졌어요
7) 큰 나무가 없어졌어요
8) 가게와 식당이 많아져서 살기 편해졌어요

02 1) 깨끗해질 거예요
2) 조용해졌어요
3) 괜찮아졌어요
4) 건강이 나빠졌어요
5) 매워졌어요
6) 시원해질 거예요
7) 학교에 학생들이 많아질 거예요
8) 한국 생활이 재미있어질 거예요

04 저도 한국 요리를 배웠으면 좋겠어요

새 어휘

01 1) 관심이 2) 동아리에 들
3) 여러 가지 4) 재료를

02 1) 요리 2) 재료로
3) 전통 4) 관심이

주제 어휘

01

1) 한국 전통 음악	영화 동아리
2) 카메라, 꽃, 사람	국악 동아리
3) 설악산, 한라산	사진 동아리
4) 해리포터, 슈퍼맨	등산 동아리

02 1) 운동 동아리에 드세요.
2) 연극 동아리에 드세요.
3) 마술 동아리에 드세요.
4) 그럼 탈춤 동아리에 드세요.

문법1

01 1) 여러 가지 채소를 가지고 볶음밥을 만들어요
2) 장미꽃 열 송이를 가지고 꽃다발을 만들었어요
3) 50만원을 가지고 한 달 동안 생활해요
4) 휴대전화를 가지고 사진을 찍었어요.
5) 연필을 가지고 그림을 그렸어요
6) 교통 카드를 가지고 버스와 지하철을 모두 탈 수 있어요
7) 카드를 가지고 여러 가지 게임을 했어요
8) 제가 찍은 사진을 가지고 달력을 만들었어요

02 1) 쇠고기를 가지고 불고기를 만들 거예요
2) 돼지고기를 가지고 탕수육을 만들 거예요
3) 채소를 가지고 샐러드를 만들 거예요
4) 떡과 고추장을 가지고 떡볶이를 만들 거예요
5) 닭고기를 가지고 카레를 만들 거예요
6) 김치를 가지고 김치찌개를 만들 거예요
7) 햄, 채소, 빵을 가지고 샌드위치를 만들 거예요
8) 달걀을 가지고 오믈렛을 만들 거예요

문법2

01 1) 돈이 많았으면 좋겠어요
2) 그림을 잘 그렸으면 좋겠어요
3) 부모님을 만났으면 좋겠어요
4) 친구를 많이 사귀었으면 좋겠어요
5) 시험을 잘 봤으면 좋겠어요
6) 선물을 많이 받았으면 좋겠어요
7) 방학을 했으면 좋겠어요
8) 노래를 잘했으면 좋겠어요

02 1) 안 왔으면
2) 많이 피었으면
3) 아름다웠으면 좋겠어요
4) 안 복잡했으면 좋겠어요
5) 많이 먹었으면 좋겠어요
6) 탔으면 좋겠어요
7) 많이 찍었으면 좋겠어요
8) 보냈으면 좋겠어요

제2과 학교생활

01 조교님 덕분에 많은 것을 알았습니다

새 어휘

01 1) 중요한　2) 출석을
3) 보고서를　4) 발표하는

02 1) 보고서를　2) 외국인이
3) 중요하지만　4) 발표하는

주제 어휘

01 1) 휴강　2) 시험을 볼 때
3) 결석했어요　4) 지각했어요

02 1) 결석하면　2) 출석했어요
3) 중간시험과　4) 시험을 봐야

문법1

01 1) 부모님
2) 한국어 선생님
3) 하숙집 아주머니 덕분에
4) 태권도 덕분에
5) 월드컵 덕분에
6) 한국 드라마 덕분에
7) 인터넷 덕분에
8) 케이티엑스(KTX) 덕분에

02 1) 어머니 덕분에 우리 가족은 맛있는 음식을 많이 먹습니다
2) 부모님 덕분에 한국으로 유학을 왔습니다
3) 형 덕분에 농구도 할 수 있고 자전거도 탈 수 있습니다
4) 여러 가지 운동 덕분에 건강해졌습니다
5) 누나가 한국 노래도 불러 주고 음악 시디(CD)도 많이 사 준 덕분에 한국과 한국 노래에 관심이 생겼습니다
6) 재미있는 동생 덕분에 심심하지 않습니다
7) 가족 여행을 많이 한 덕분에 많은 것을 보고 배웠습니다
8) 우리 가족 덕분에 행복합니다

문법2 (1)

01 1) 들어요　2) 물으면
3) 실으세요　4) 받아요
5) 들을까요　6) 걸으면
7) 실읍시다　8) 받았어요

문법2 (2)

01 1) 마르니까　2) 발랐어요
3) 빨라요　4) 잘라서
5) 불러요　6) 잘라
7) 발라서　8) 몰랐어요

02 1) 들었어요　2) 물어요
3) 닫으십시오　4) 받았어요
5) 몰라요　6) 빨라서
7) 말라요　8) 달라요

02 게시판만 보지 말고 홈페이지에 들어가 보세요

새 어휘

01 1) 홈페이지　2) 알려 주시면
3) 과 사무실　4) 별로

02 1) 정보가　2) 별로
3) 게시판　4) 알려 주세요

주제 어휘

01
1) 생활 정보 •　　• 들어가고 싶은 대학교가 있습니다.
2) 취업 정보 •　　• 방학 때 학교에서 일하고 싶습니다.
3) 입학 정보 •　　• 깨끗하고 싼 하숙집을 찾습니다.
4) 아르바이트 정보 •　　• 컴퓨터 회사에서 일하고 싶습니다.

02 1) 홈페이지에 들어가서 2) 검색해
3) 개인 정보 4) 정보를 교환할까요?

문법1

01 1) 식당에 가니까 친구가 있었어요
2) 학교에 오니까 학생이 한 명도 없었어요
3) 버스에서 내리니까 어머니께서 저를 기다리고 계셨어요
4) 지도를 보니까 민속촌이 멀지 않았어요
5) 화장품을 사니까 점원이 작은 선물을 줬어요
6) 옷을 입어 보니까 컸어요
7) 닭갈비를 먹어 보니까 조금 매웠어요
8) 인터넷을 검색해 보니까 좋은 정보가 많았어요

02 1) 보니까 2) 내려가니까
3) 먹어 보니까 4) 물으니까
5) 가니까 6) 말하니까
7) 열어 보니까 8) 신어 보니까

문법2

01

1) 차를 타다	한국어로 말하세요
2) 밖에 나가다	신문을 읽읍시다
3) 전화를 끊다	사전에서 찾아 보세요
4) 단어를 물어보다	볼펜으로 쓰세요
5) 잡지를 읽다	기다리세요
6) 구두를 신다	운동화를 신으세요
7) 연필로 쓰다	걸어서 갑시다
8) 중국어로 말하다	집에서 쉽시다

1) 차를 타지 말고 걸어서 갑시다
2) 밖에 나가지 말고 집에서 쉽시다
3) 전화를 끊지 말고 기다리세요
4) 단어를 물어보지 말고 사전에서 찾아 보세요
5) 잡지를 읽지 말고 신문을 읽읍시다
6) 구두를 신지 말고 운동화를 신으세요
7) 연필로 쓰지 말고 볼펜으로 쓰세요
8) 중국어로 말하지 말고 한국어로 말하세요

02 1) 라면을 먹지 말고 떡볶이를 먹읍시다
2) 소설책을 사지 말고 만화책을 사세요
3) 아니요, 내일 만나지 말고 토요일에 만납시다
4) 아니요, 드라마를 보지 말고 뉴스를 봅시다
5) 아니요, 부산으로 여행을 가지 말고 설악산으로 여행을 갑시다
6) 아니요, 등산을 하지 말고 수영을 합시다
7) 아니요, 꽃을 선물하지 말고 책을 선물하세요
8) 아니요, 문자 메시지를 보내지 말고 전화해 보세요

03 한국 친구에게서 도움을 받을 수 있어요

새 어휘

01 1) 실력이, 실력 2) 도움이
3) 늘 4) 멘토링 프로그램

02 1) 신청해 2) 도움을
3) 매주 4) 늘

주제 어휘

01 1) 연락처가 2) 주 1회
3) 선착순 4) 신청서를 써서

02 1) 성별 2) 오리엔테이션을
3) 참석해야 4) 선착순이니까

문법1

01 1) 저는 오늘 커피를 다섯 잔이나
2) 동생이 밥을 세 그릇이나
3) 저는 모자가 열다섯 개나 있어요
4) 친구가 약속 시간에 40분이나 늦었어요
5) 어제 고향 친구와 2시간이나 전화했어요
6) 소포를 배로 보내면 두 달이나 걸려요
7) 부모님을 1년이나 못 만났어요
8) 오늘 수업에 학생이 10명이나 안 왔어요

02 1) 네 명이나요? 2) 두 시간이나요?

3) 20권이나요? 4) 다섯 마리나요?
5) 10년이나요? 6) 5,000명이나요?
7) 100만원이나요? 8) 200장이나요?

문법2

01 1) 미선 씨 2) 반 친구
3) 저는 동아리 친구에게서 문자 메시지를 받았어요
4) 저는 어머니께 고향 음식을 받았어요
5) 제가 좋아하는 가수에게서 사인을 받았어요
6) 미선 씨가 마이클 씨에게서 이메일을 받았어요
7) 저는 친구에게서 스키를 배웠어요
8) 저는 언니한테서 옷을 빌렸어요

02 1) 방 친구에게서 도움을 많이 받았어요
2) 고향 친구에게서 이 시디(CD)를 받았어요.
3) 김 선생님께 한국말을 배워요
4) 동아리 친구에게서 전화가 왔어요
5) 남자 친구에게서 지갑을 받았어요
6) 미선 씨에게서 그 이야기를 들었어요
7) 언니에게서 이 노래를 배웠어요
8) 웨이 씨한테서 이 선물을 받았어요

04 지금 안에서 수업하는 중이에요

새 어휘

01 1) 죄송하지만 2) 조용히
3) 저희 4) 떠들어서

02 1) 조용히 2) 저희
3) 수업하실 4) 떠들지

주제 어휘

01 1) 존댓말을 2) 방문 예절은
3) 예절을 지켜야 4) 예의가 없는

02 1) 학교 예절 2) 생활 예절
3) 언어 예절 4) 전화 예절

문법1

01 1) 가는 2) 기다리는
3) 먹는 중이에요 4) 만드는 중이에요
5) 샤워하는 중이어서 6) 외출 중이어서
7) 운전 중에는 8) 공사 중이어서

02 1) 게임을 하는
2) 친구를 기다리는
3) 연락하는 중이에요
4) 시험을 보는 중이니까
5) 가는 중이에요
6) 어머니께서 지금 청소하는 중이세요
7) 지금 보고서를 쓰는 중이에요
8) 볶음밥을 만드는 중이에요

문법2

01 1) 리에 씨가 춤을 못 추는 줄 알았는데 잘 춰요
2) 웨이 씨 친구가 중국 사람인 줄 알았는데 일본 사람이에요
3) 김 선생님이 결혼을 안 하신 줄 알았는데 결혼하셨어요
4) 이 음식이 맛이 없는 줄 알았는데 맛있어요
5) 수업이 끝난 줄 알았는데 수업 중이에요
6) 비가 올 줄 알았는데 비가 안 와요
7) 미선 씨가 지금 집에 있는 줄 알았는데 집에 없어요
8) 아만다 씨가 기숙사에 사는 줄 알았는데 하숙집에 살고 있어요

02 1) 오늘인
2) 매운 음식을 못 먹는
3) 명동에 가는 줄 알았어요
4) 집에 맥주가 없는 줄 알았어요
5) 맛있어서 산 줄 알았어요
6) 많이 올 줄 알았어요
7) 어려울 줄 알았는데 쉬워요
8) 알고 있는 줄 알았어요

제3과 학교 편의 시설

01 우선 아이디부터 만드세요

새 어휘

01 1) 비밀번호를 2) 우선
3) 빌려 갈 4) 아이디를
02 1) 복사기 2) 우선
3) 필요한 4) 누르세요

주제 어휘

01 1) 양면 2) 확대
3) 축소 4) 부수
02 1) 복사하 2) 용지를
3) 양면 4) 확대

문법1

01 1) 밥부터 먹어요
2) 5층부터 구경합시다
3) 시계부터 봐요
4) 전화부터 해야 해요
5) 숙제부터 해요
6) 이부터 닦아요
7) 이름부터 말해요
8) 바지부터 입어요
02 1) 냉장고부터 열어 봐요
2) 이름부터 쓸
3) 자동차부터 사고 싶어요
4) 친구부터 만날 거예요
5) 인사부터 해요
6) 여행 정보 책부터 읽어 봐요
7) 메뉴부터 봐요
8) 선물부터 줄 거예요

문법2

01 1) 게시판 • • 소금을 조금 넣으세요
2) 설렁탕 • • 글을 썼어요
3) 교과서 • • 돈을 넣었어요
4) 지하철 • • 이름을 썼어요
5) 옷걸이 • • 코트를 걸었어요
6) 얼굴 • • 가방을 내려놓으세요
7) 책상 옆 • • 선크림을 바릅니다
8) 지갑 • • 우산을 놓고 내렸어요
1) 게시판에다가 글을 썼어요
2) 설렁탕에다가 소금을 조금 넣으세요
3) 교과서에다가 이름을 썼어요
4) 지하철에다가 우산을 놓고 내렸어요
5) 옷걸이에다가 코트를 걸었어요
6) 얼굴에다가 선크림을 바릅니다
7) 책상 옆에다가 가방을 내려놓으세요
8) 지갑에다가 돈을 넣었어요
02 1) 이 종이에다가 전화번호를 쓰세요
2) 커피에다가 우유를 넣으세요
3) 공책에다가 친구의 이메일 주소를 썼어요
4) 이 꽃병에다가 꽃을 꽂으세요
5) 라면에다가 달걀을 넣으면 더 맛있어요
6) 국그릇 오른쪽에다가 놓아야 해요
7) 김치찌개에다가 소금을 넣으세요
8) 아니요, 집에다가 숙제 공책을 놓고 왔어요

02 편하게 음악 감상도 할 수 있어요

새 어휘

01 1) 음악 감상을 2) 상영하는데
3) 학술정보관 4) 무료로
02 1) 미디어실 2) 시설이
3) 상영하는데 4) 무료로

주제 어휘

01 1) 자료를 2) 영화 감상이에요

3) 촬영해요 4) 열람했어요

02 1) 자료가 2) 해드폰을 쓰고
3) 음악 감상 4) 동영상을 만들

문법1

01 1) 맛있 2) 따뜻하
3) 짧게 4) 깨끗하게
5) 예쁘게 6) 싸게
7) 크게 8) 재미있게

02 1) 늦게 2) 짧게
3) 예쁘게 4) 반갑게
5) 맛있게 6) 재미있게
7) 멋있게 8) 즐겁게

문법2

01 1) 먹을래요? 2) 등산할래요?
3) 갈래요? 4) 배울래요?
5) 가르쳐 줄래요? 6) 열어 줄래요?
7) 도와줄래요? 8) 읽어 볼래요?

02 1) 백화점에 갈래요?
2) 산책할래요?
3) 이 의자에 앉을래요?
4) 그럼 이 옷을 입을래요?
5) 그럼 이 책을 같이 볼래요?
6) 그럼 이 우산을 같이 쓸래요?
7) 같이 그 커피숍에 갈래요?
8) 같이 가수를 보러 갈래요?

03 학교 버스는 한 시간마다 있어요

새 어휘

01 1) 이용할 2) 편리해요
3) 자세히 4) 캠퍼스가

02 1) 이용합니까? 2) 편리합니다
3) 고속도로로 4) 자세히

주제 어휘

01 1) 운행합니다 2) 신분증이
3) 예약 문자 메시지가 4) 운행 시간은

02 1) 출발해서 2) 도착하는
3) 왕복으로 4) 예약을 취소해야

문법1

01 1) 5분 2) 30분
3) 1시간마다 4) 수요일마다
5) 아침마다 6) 주말마다
7) 금요일마다 8) 월요일마다

02 1) 날 2) 층
3) 방마다 4) 겨울방학마다
5) 일요일마다 6) 여름마다
7) 밤마다 8) 10분마다

문법2

01 1) 빵집 앞으로 2) 도서관 앞으로
3) 부천으로 4) 독일로
5) 홍대입구로 6) 백화점 앞으로
7) 영종대교로 8) 병원 앞으로

02 1) 도서관 앞으로
2) 서점 앞으로
3) 학교 정문 앞으로 해서 지하철역에 가요.
4) 광화문으로 해서 종로에 가요
5) 시청으로 해서 서울역에 가요
6) 프랑스로 해서 스페인에 갈 거예요
7) 상하이로 해서 베이징에 갈 거예요
8) 시청 앞으로 해서 가 주세요

04 새로 지은 건물의 지하 1층에 있어요

새 어휘

01 1) 짓고 2) 회원 등록을
3) 인기가 많아요 4) 새로

02 1) 지하 2) 새로
3) 짓고 4) 그렇지

주제 어휘

01 1) 테니스장 2) 운동장
3) 야구장 4) 체육관

02 1) 탈의실 2) 사물함
3) 샤워실 4) 탁구장

문법1(1)

01 1) 빨갰어요 2) 파래요
3) 하얘요 4) 어떤
5) 어때요? 6) 그러면
7) 까만 8) 빨개졌어요

문법1(2)

01 1) 나았어요 2) 붓고
3) 저으면 4) 지어요
5) 지은 6) 부으면
7) 벗으세요 8) 저어서

02 1) 까만 2) 그래요?
3) 어떤 4) 이렇게
5) 부모님이 지어 6) 저으세요
7) 나을 거예요 8) 부어요

문법2

01 1) 이 영화를 보러 온 사람들이 많은
2) 리에 씨가 밤늦게까지 일을 하는
3) 마이클 씨가 시험을 잘 본 걸 보면
4) 미선 씨가 말을 안 하는 걸 보면
5) 전화했는데 받지 않는 걸 보면
6) 식당에 사람들이 별로 없는 걸 보면 음식이 맛이 없는 것 같아요
7) 밖이 시끄러운 걸 보면 수업이 끝난 것 같아요
8) 마리아 씨가 날씬해진 진 걸 보면 그동안 열심히 운동을 한 것 같아요

02 1) 요즘 미선 씨가 동아리 모임에 잘 안 오는
2) 영수 씨가 일찍 집에 간
3) 요즘 노래방에서 사람들이 이 노래를 많이 부르는 걸 보면
4) 날마다 퓨퓨 씨와 같이 다니는 걸 보면
5) 한국말을 잘 못하는 걸 보면
6) 자주 농구를 하는 걸 보면 그런것 같아요
7) 날마다 매운 음식을 먹는 걸 보면 그런 것 같아요
8) 말을 하지 않는 걸 보면 그런 것같아요

제4과 모임

01 지난번에 갔던 식당에서 할 거야

새 어휘

01 1) 개강 모임 2) 동기예요
3) 지난번 4) 잊었어요

02 1) 지난번 2) 기억이 나
3) 개강 모임 4) 동기

주제 어휘

01 1) 이야기를 나누 2) 학기말
3) 학기가 끝나서 4) 종강합니다

02 1) 학기 초 2) 개강 모임을
3) 이야기를 나누 4) 개강한

문법1

01 1) 이번 학기에는 도서관에서 아르바이트를 해
2) 도서관에 가서 보고서 자료를 찾을 거야
3) 감기에 걸렸어
4) 장미꽃이 아름답게 피었어
5) 지금 몇 시야
6) 오늘이 어제보다 추워
7) 민수야, 밖이 시끄러우니까 문을 닫아
8) 내가 만든 음식이 아니야

02 1) 기숙사에서 살아
2) 따뜻해
3) 한국 대학교에 입학할 거야

4) 고향에 갔어
5) 아니, 없어
6) 응, 같이 봐
7) 숙제를 했어?
8) 누구한테 물어볼까?

문법2

01 1) 먹었던　2) 행복했던
3) 입었던　4) 왔던
5) 만났던　6) 불렀던
7) 탔던　8) 들었던

02 1) 어제 갔던
2) 제가 처음 한국말을 배웠던
3) 개강 모임에서 마셨던
4) 있었던
5) 지난번에 같이 왔던 사람이 우리과 동기예요
6) 개강 모임에 입었던 옷을 입고 갈거예요
7) 미선 씨 생일 파티에서 만났던 사람이에요
8) 지난주에 만났던 커피숍에서 만나

02 케이크는 내가 사 가지고 갈게

새 어휘

01 1) 음료수를　2) 과자를
3) 생각이　4) 동갑이어서

02 1) 비밀로　2) 초
3) 과자와　4) 음료수

주제 어휘

01 1) 촛불을 껐어요　2) 풍선을 불었어요
3) 파티했는데　4) 박수를 쳤어요

02 1) 생일 축하 노래를 불렀어요
2) 폭죽을 터뜨렸어요
3) 케이크를 잘라서
4) 생일 선물을 줬어요

문법1

01 1) 한국 노래를 자주 듣는다
2) 나는 중국 사람이다
3) 주말에는 회사에 가지 않는다
4) 나는 연극 동아리에 들었다
5) 앞으로 지각하지 않겠다
6) 한국 사람이 아니니?
7) 요즘 어떻게 지내니?
8) 사무실 전화번호를 아니?

02 1) 응, 도서관이다
2) 7시에 일어난다
3) 부산을 여행했다
4) 영국에 가고 싶다
5) 지금 무엇을 하고 있니?
6) 보통 몇 시에 자니?
7) 주말에 무엇을 했니?
8) 이번 방학에 무엇을 하려고 하니?

문법2

01 1) 신청서를 써 가지고 사무실에 내세요
2) 저는 백화점에서 가방을 사 가지고 여자 친구에게 줬어요
3) 저는 케이크를 잘라 가지고 동생과 같이 먹었어요
4) 배운 단어로 문장을 만들어 가지고 오십시오
5) 저는 고기와 채소를 사 가지고 잡채를 만들 거예요
6) 저는 은행에서 돈을 찾아 가지고 친구 생일 선물을 샀어요
7) 저는 도서관에서 책을 빌려 가지고 읽었어요
8) 떡볶이를 만들어 가지고 가족들과 맛있게 먹었어요

02 1) 다음 주 금요일까지 보고서를 써가지고 와야 합니다
2) 고기를 사 가지고 불고기를 만들려고 해요
3) 채소를 씻어 가지고 냉장고에 넣으세요
4) 용돈을 받아 가지고 가방을 살 거예요

5) 편지를 써 가지고 고향 친구에게 보냈어요
6) 한국어를 배워 가지고 한국 회사에서 일하고 싶습니다
7) 샌드위치를 준비해 가지고 갑시다
8) 음식을 많이 만들어 가지고 반 친구들과 같이 먹을 거예요

03 내일 한 시까지 모두 모여라

새 어휘

01 1) 빠진 2) 차례를
3) 조 4) 뵈면

02 1) 연습했으니까 2) 뵈었던
3) 선배 4) 차례예요

주제 어휘

01

1) 조 •　　• 과제 모임을 할 때 이 사람이 없으면 안 돼요.
2) 조장 •　　• 다른 학생들 앞에서 준비한 것을 이야기하는 사람이에요.
3) 조원 •　　• 같이 과제 발표를 준비하는 사람들이에요.
4) 발표자 •　　• 같이 과제 발표를 준비하는 모임이에요.

02 1) 내용을 정리해서 2) 피피티(PPT)를 만들
3) 일을 맡아서 4) 발표했으면

문법1

01 1) 여기서 기다려라 2) 내일 3시에 와라
3) 열심히 공부해라 4) 나한테 말해라
5) 일찍 자라 6) 울지 마라
7) 떠들지 마라 8) 너무 많이 먹지 마라

02 1) 일찍 와라
2) 약속을 잘 지켜라
3) 부모님께 자주 연락을 드려라
4) 부모님 말씀을 잘 들어라
5) 방 청소를 해라
6) 수업 시간에 휴대전화를 보지 마라
7) 술을 마시지 마라
8) 고기만 먹지 마라

문법2

01 1) 보고 싶
2) 편리하
3) 많고말고요
4) 다 하고말고요
5) 열심히 하고 있고말고요
6) 사실이고말고요
7) 가고말고요
8) 되고말고요

02 1) 아름답 2) 많
3) 편리하고말고요 4) 탈 수 있고말고요
5) 있고말고요 6) 친절하고말고요
7) 괜찮고말고요 8) 알려 드리고 말고요

04 뒤풀이를 하는 한국 문화에 대해서 들은 적이 있어

새 어휘

01 1) 문화를 2) 기회가
3) 행사예요 4) 뒤풀이를

02 1) 공연을 2) 뒤풀이를
3) 문화를 4) 기회가

주제 어휘

01 1) 즐거워요? 2) 한잔할까요?
3) 술자리/뒤풀이 4) 분위기가

02 1) 분위기는 2) 즐겁게
3) 건배했어요 4) 회비를 냈어요

문법1

01 1) 한국 역사 2) 한국의 음식 문화

3) 사람에 대해서 4) 재료에 대해서
5) 자동차에 대해서 6) 여행
7) 가족의 사랑에 대한 8) 축구에 대한

02 1) 보고서
2) 야구
3) 입학 정보에 대해서
4) 한국 음식에 대해서 관심이 많아요
5) 가족의 사랑에 대한 영화예요
6) 비행기 시간에 대해서 물어보려고 전화했어요
7) 컴퓨터공학에 대해서 공부해 보고싶어요
8) 교육에 대한 책이 있어요?

문법2

01 1) 심심하니까 TV를 보자
2) 오늘 같이 점심을 먹자
3) 주말에 같이 테니스를 치자
4) 이번 공연에서 이 노래를 부르자
5) 오늘 저녁에 김밥을 만들자
6) 술을 마시지 말자
7) 매운 음식을 시키지 말자
8) 바람이 많이 부니까 밖에 나가지 말자

02 1) 냉면을 먹자
2) 도서관에서 공부하자
3) 저녁부터 먹자
4) 클래식을 듣자
5) 사지 말자/다른 것을 사자
6) 지하철을 타고 가자
7) 연락해 보자
8) 이따가 가자

제5과 쇼핑

01 다른 구매 사이트에 비해서 값이 훨씬 싸

새 어휘

01
1) 직접	책, 옷, 휴대전화 등이에요.
2) 공동 구매하다	다른 사람의 도움을 받지 않고 해요.
3) 공동 구매 사이트	같은 물건을 여러 사람이 같이 사요.
4) 물건	여러 사람이 같은 것을 싸게 살 수 있는 인터넷 사이트예요.

02 1) 직접 2) 훨씬
3) 품질이 4) 결제를

주제 어휘

01 1) 모바일 2) 배달되었는데
3) 모바일 상품권을 4) 주문하신

02 1) 앱(애플리케이션) 2) 회원 가입을
3) 주문하실 4) 배달해

문법1

01 1) 작년에 비해서 올해 눈이 자주 내려요
2) 다른 도시에 비해서 서울이 훨씬 복잡해요
3) 동생에 비해서 형이 한국말을 더잘해요
4) 다른 과에 비해서 우리 과에는 여학생이 많아요
5) 지난달에 비해서 이번 달에 돈을 많이 썼어요
6) 낮에 비해서 밤이 길어요
7) 값에 비해서 음식 맛이 좋아요
8) 학생 수에 비해서 학생식당이 좁아요

02 1) 서울에 비해서 우리 고향이 추워요
2) 동대문시장에 비해서 남대문시장 물건 값이 싸요
3) 언니에 비해서 동생이 더 키가 커요
4) 다른 교수님 수업에 비해서 쉬울거예요
5) 다른 회사에 비해서 그 회사는 월급이 많아요
6) 이 옷은 값에 비해서 품질이 좋아요
7) 가족 수에 비해서 방이 많아요
8) 먹는 것에 비해서 날씬해요

문법2

01

1) 한국말이 어려워요 •	• 맛있어요
2) 하숙집이 가까워요 •	• 열심히 하지 않아요
3) 닭갈비가 매워요 •	• 잘 쓰지 못했어요
4) 운동을 해요 •	• 더 먹을 수 있어요
5) 배가 불러요 •	• 피곤해요
6) 지난 주말에 쉬었어요 •	• 기억이 잘 나지 않아요
7) 책을 읽었어요 •	• 재미있어요
8) 보고서를 썼어요 •	• 좀 시끄러워요

1) 한국말이 어렵기는 하지만 재미있어요
2) 하숙집이 가깝기는 하지만 좀 시끄러워요
3) 닭갈비가 맵기는 하지만 맛있어요
4) 운동을 하기는 하지만 열심히 하지 않아요
5) 배가 부르기는 하지만 더 먹을 수 있어요
6) 지난 주말에 쉬기는 했지만 피곤해요
7) 책을 읽기는 했지만 기억이 잘 나지 않아요
8) 보고서를 쓰기는 했지만 잘 쓰지 못했어요

02 1) 여행을 좋아하기는 하지만 자주 못 가요
2) 가족이 보고 싶기는 하지만 고향에 갈 수 없어요
3) 비가 오기는 하지만 많이 오지 않아요
4) 술을 마시기는 하지만 잘 못 마셔요
5) 스키를 탈 수 있기는 하지만 잘 못 타요
6) 숙제를 하기는 했지만 아직 선생님께 못 드렸어요
7) 점심을 먹기는 했지만 배가 고파요
8) 프랑스어를 배우기는 했지만 이 책은 어려워서 읽을 수 없어요

02 여기는 구경거리가 참 많구나

새 어휘

01 1) 구경거리　2) 디자인이
3) 유행하는　4) 요즘

02 1) 유행하는　2) 구경거리
3) 요즘　4) 고르

주제 어휘

01 1) 수산 시장　2) 꽃 시장
3) 장바구니를　4) 새벽 시장

02 1) 전통 시장　2) 구경거리
3) 먹을거리　4) 깎아

문법1

01 1) 저기 버스가 오는구나
2) 경치가 참 아름답구나
3) 저 사람이 민수 동생이구나
4) 이 김치가 참 맵구나
5) 바람이 많이 부는구나
6) 영수가 노래를 잘 부르는구나
7) 그렇군요
8) 벌써 한 학기가 끝났군요

02 1) 늦게까지 일하는구나
2) 잘 만들었구나
3) 멋있구나
4) 열심히 공부하는구나
5) 영화를 좋아하는구나
6) 키가 크구나
7) 눈이 많이 내렸군요
8) 책을 많이 읽는군요

문법2

01 1) 케이크나
2) 김밥이나
3) 라면이나 주세요
4) 만화책이나 보겠습니다
5) 산책이나 하려고 해요
6) 청소나 하겠습니다
7) 자전거나 타겠습니다
8) 아르바이트나 하겠습니다

02 1) 샌드위치나
2) 책이나 사줘
3) 커피나 마시자
4) 집에서 영화나 보자

5) 아르바이트나 하려고 해요
6) 잠이나 자려고 해요
7) 영화관에나 갑시다
8) 삼겹살이나 사 주세요

03 10분 정도밖에 안 걸릴 거야

새 어휘

01 1) 입맛이 없으니까 2) 간단해요
3) 멀리 4) 수학을
02 1) 간단하 2) 정도
3) 멀리 4) 수학

주제 어휘

01

1) 전자레인지	물건을 싸게 팔아요.
2) 할인 행사	생활할 때 많이 쓰는 물건이에요.
3) 생활용품	하나를 사면 하나를 더 줘요.
4) 1+1(원 플러스 원)	여기에 넣으면 음식을 따뜻해져요.

02 1) 삼각김밥 2) 생활용품
3) 할인 상품 4) 1+1(원 플러스 원)

문법1

01 1) 예쁜 꽃이 많이 피
2) 회사 일이 많
3) 배가 아프기 때문에
4) 휴일이기 때문에
5) 이 음식이 너무 맵기 때문에
6) 예쁜 옷이 많기 때문에
7) 늦게 일어났기 때문에
8) 눈 때문에
02 1) 노래를 아주 잘 부르기 때문에 그 가수를 좋아해요
2) 집에 일이 있기 때문에 일찍 집에 가요
3) 내일 시험이 있기 때문에 늦게까지 공부해요
4) 생일이기 때문에 케이크를 샀어요
5) 늦게 잤기 때문에 늦게 일어났어요
6) 많이 아프기 때문에 숙제를 하지 못했어요
7) 숙제가 많기 때문에 잠을 못 잤습니다
8) 네, 한국 친구가 많기 때문에 한국말을 잘 해요

문법2

01 1) 한국 친구가 한 명밖에 없어요
2) 그 사람의 얼굴밖에 몰라요
3) 교실에서는 한국말밖에 안 씁니다
4) 제 친구는 노래방에 가면 그 노래밖에 안 불러요
5) 학생이 네 명밖에 안 왔어요
6) 오늘은 한 시간밖에 공부하지 않았어요
7) 아침에 우유 한 잔밖에 안 마셨어요
8) 어제 숙제 때문에 세 시간밖에 못 잤어요
02 1) 조금밖에 못해요
2) 한 명밖에 없어요
3) '아리랑'밖에 몰라요
4) 불고기밖에 안 먹어 봤어요
5) 한 달밖에 안 배웠어요
6) 동생 한 명밖에 없어요
7) 걸어서 10분밖에 안 걸려요
8) 한국밖에 여행하지 않았어요

04 쓰던 물건을 싸게 살 수 있어

새 어휘

01 1) 오토바이를 2) 모자라서
3) 새것으로 4) 알아봐야
02 1) 모자랐어요 2) 팔았어요
3) 새것 4) 알아보는

주제 어휘

01 1) 헌 2) 재활용을

3) 구하려고 4) 오래됐지만

02 1) 필요 없는 2) 헌
3) 오래된 4) 중고품을

문법1

01 1) 부르던 2) 놀던
3) 입던 4) 하던
5) 듣던 6) 있던
7) 없던 8) 보던

02 1) 나와 친하게 지내던
2) 살던 집이야
3) 만들어 먹던 음식이야
4) 치던 피아노인데
5) 자주 입던 옷인데
6) 읽던 책은 소설책이야
7) 가던 공원이야
8) 사귀던 사람인데

문법2

01 1) 우리 집 2) 농구 선수
3) 봄처럼 4) 형제처럼
5) 한국사람처럼 6) 어른처럼
7) 우리 어머니처럼 8) 다른 가게처럼

02 1) 가수처럼 노래를 잘 불러요
2) 가족처럼 잘 지내요
3) 미국 사람처럼 영어를 잘해요
4) 친형처럼 잘 도와줘요
5) 그림처럼 아름다워요
6) 우리 어머니가 만들어 주신 음식처럼 맛있어요
7) 저는 김수현처럼 잘생긴 사람이 좋아요
8) 우리 아버지처럼 일을 열심히 하는 사람이 되고 싶어요

제6과 건강

01 간편하게 먹을 수 있는 건강 식품도 많이 나온다고 해

새 어휘

01 1) 식품이 2) 간편하
3) 입에 맞는 4) 나왔어요?

02 1) 나왔습니다 2) 간편하
3) 식품 4) 건강

주제 어휘

01 1) 채소류 2) 패스트푸드
3) 생선류 4) 곡류

02 1) 육류를 2) 생선류를
3) 유제품을 4) 유기농식품을

문법1

01 1) 과 친구들 중에서 아마라 씨하고 제일 친해요
2) 한국에서 먹어 본 음식 중에서 갈비가 제일 맛있었어요
3) 자장면하고 우동 중에서 뭘 드시겠어요?
4) 버스와 지하철 중에서 어느 것이 더 빨라요?
5) 다음 중에서 하나를 고르십시오
6) 여러분 중에서 독일어를 할 수 있는 사람이 있어요?
7) 가족 중에서 어머니가 제일 보고싶어요
8) 말하기, 듣기, 쓰기, 읽기 중에서 말하기가 제일 어려워요

02 1) 조원
2) 친구들
3) 학교 시설 중에서
4) 가수 중에서
5) 읽은 책 중에서
6) 수요일하고 금요일 중에서
7) 음식 중에서

8) 학교 근처 식당 식당 중에서

문법2

01 1) 미선 씨가 학교 홈페이지에 들어가서 정보를 찾는다고 해요
2) 민철 씨가 기숙사에 산다고 해요
3) 에리코 씨가 점심시간이어서 학생 식당이 복잡하다고 해요
4) 마리아 씨가 학교 헬스클럽 회원 등록은 다음 주까지라고 해요
5) 야마다 씨가 마이클 씨는 미국 사람이 아니라고 해요
6) 웨이 씨가 며칠 전에 친구가 책을 빌려 갔다고 해요
7) 제리 씨가 방학 때 친구들과 제주도에 갈 거라고 해요
8) 아버지께서 내일부터 열심히 운동하겠다고 하세요.

02 1) 그동안 연락 못 드려서 죄송하다고 했다
2) 공부 때문에 바쁜 거 안다고 하셨다
3) 엄마하고 아버지는 잘 지낸다고 하셨다
4) 어제 받았다고 하셨다
5) 고맙다고 하셨다
6) 한국에서 인기가 많은 건강 식품이라고 했다
7) 아빠 건강을 위해서 보내 드렸다고 했다
8) 잘 먹겠다고 하셨다

02 계속 기침이 나는데 어떻게 하면 좋냐고 해요

새 어휘

01 1) 끓였어요 2) 계속
3) 전해 4) 감기에 걸렸어요

02 1) 기침이 났다 2) 계속
3) 생강차를 4) 끓여

주제 어휘

01
1) 계단에서 넘어졌어요 •	• 토하다
2) 음식을 빨리 먹었어요 •	• 배탈이 나다
3) 술을 아주 많이 마셨어요 •	• 소화가 안 되다
4) 어제 산 김밥을 먹었어요 •	• 다리를 다치다

02 1) 열이 나서 2) 목이 부어서
3) 콧물이 나서 4) 몸살이 난

문법1

01 1) 학교 버스는 몇 시까지 운행하냐고
2) 기말 시험이 언제냐고
3) 주말에 뭘 할 거냐고 해요
4) 요즘 무슨 노래가 인기가 많냐고 해요
5) 제리 씨가 무슨 동아리에 들었냐고 해요
6) 닭갈비는 어떻게 만드냐고 해요
7) 고향에서 어디가 제일 아름답냐고 해요
8) 한국 생활이 어떠냐고 하세요

02 1) 잘 봤냐고 2) 어떠냐고
3) 많이 사귀었냐고 4) 뭐냐고
5) 어떻게 만났냐고 6) 어떤 사람이냐고
7) 뭘 하냐고 8) 뭘 할 거냐고

문법2

01 1) 쇼핑을 하거나 음악을 들어요
2) 미술관에 가거나 영화를 봐요
3) 책을 읽거나 컴퓨터 게임을 해요
4) 아르바이트를 하거나 여행을 해요
5) 한국말 공부를 하거나 같이 시내 구경을 해요
6) 수업이 끝나면 친구들과 같이 점심을 먹거나 도서관에 가요
7) 몸이 아프거나 고향 음식이 먹고싶을 때 엄마 생각이 나요

8) 잘 사용하지 않거나 필요 없는 물건은 벼룩시장에 파세요

02 1) 따뜻한 우유를 마시거나 자기 전에 가벼운 운동을 하세요
2) 음식을 조금 먹거나 약을 드세요
3) 과 사무실에 물어보거나 인터넷에서 찾아보세요
4) 인터넷에서 찾아보거나 벼룩시장에 가보세요
5) 교과서 시디(CD)를 듣거나 한국 드라마를 보세요
6) 동아리에 들거나 멘토링 프로그램을 신청해 보세요
7) 아르바이트를 하거나 부모님께 이야기하세요
8) 동아리 활동을 하거나 모임에 나가 보세요

03 의사 선생님이 운동을 하라고 하셨어요.

새 어휘

01 1) 씩 2) 건강 검진을 받아요
3) 스트레스가 풀릴 4) 요가는

02 1) 요가를
2) 씩
3) 스트레스가 풀리는
4) 건강 검진을 받으려고

주제 어휘

01 1) 줄넘기를 2) 등산을
3) 걷기를 4) 스트레칭을

02 1) 걷기 2) 자전거 타기
3) 수영을 4) 등산을

문법1

01 1) 리에가 우유를 사 가지고 오라고
2) 제임스가 옷을 옷걸이에 걸라고
3) 마이클이 창문을 닫지 말라고 해요
4) 선생님께서 다음 주에 시험이 있으니까 열심히 공부하라고 하세요
5) 선생님께서 휴대전화를 보지 말라고 하세요
6) 형이 물을 달라고 해요
7) 웨이가 공책을 빌려 달라고 해요
8) 마리아가 아이에게 과자를 주라고 해요

02 1) 선생님께서 날마다 학교에 오라고 하셨어요
2) 선생님께서 수업을 열심히 들으라고 하셨어요
3) 선생님께서 교실에서 떠들지 말라고 하셨어요
4) 선생님께서 지각하지 말라고 하셨어요
5) 선생님께서 교실에서 김밥을 먹지말라고 하셨어요
6) 친구가 전화해 달라고 했어요
7) 친구가 자리를 바꿔 달라고 했어요
8) 친구가 돈을 빌려 달라고 했어요

문법2

01 1) 수영을 할 줄 알아요
2) 요리를 할 줄 알아요
3) 스키를 탈 줄 몰라요
4) 태권도를 할 줄 몰라요
5) 자전거를 탈 줄 알아요
6) 프랑스어를 할 줄 몰라요
7) 골프를 칠 줄 몰라요
8) 이 컴퓨터 게임을 할 줄 알아요

02 1) 일본어는 할 줄 모릅니다
2) 스파게티를 만들 줄 압니다
3) 커피를 만들 줄 압니다
4) 컴퓨터를 할 줄 압니다
5) 영어를 할 줄 압니다
6) 중국어는 할 줄 모릅니다
7) 피피티(PPT)를 만들 줄 압니다
8) 운전을 할 줄 압니다

04 이제부터 나도 아침을 먹어야겠다

새 어휘

01 1) 집중하세요 2) 이제는

3) 살을 뺄　　4) 굶으면

02 1) 살을 뺄　　2) 굶으면

3) 집중하기가　　4) 이제

주제 어휘

01

1) 채식	보통 때보다 음식을 많이 먹습니다.
2) 육식	고기를 먹지 않고 채소, 과일 같은 음식을 먹는 것
3) 과식하다	쇠고기, 닭고기, 돼지고기 같은 육류를 먹는 것
4) 외식하다	음식을 집에서 만들어 먹지 않고 밖에서 사 먹습니다.

02 1) 편식하면　　2) 골고루 먹어야

3) 소식하십시오　　4) 천천히 먹는

문법1

01 1) 살을 빼야겠어요

2) 방 청소를 해야겠어요

3) 전화해 봐야겠어요

4) 약을 먹어야겠어요

5) 택시를 타야겠어요

6) 피곤해서 일찍 집에 가서 쉬어야 겠어요

7) 들어 봐야겠어요

8) 우산을 가지고 가야겠어요

02 1) 중요한 약속이 있어서 먼저 가 봐야겠어요

2) 오늘은 집에 일찍 가서 쉬어야겠어요

3) 빨리 써야겠어요

4) 그럼 저도 요가를 배워야겠어요

5) 생일 선물을 사야겠어요

6) 그래요? 저도 그 드라마를 봐야겠어요

7) 그럼 친구들과 놀러 가야겠어요

8) 그럼 지하철을 타고 가야겠어요

문법2

01 1) 영수 씨가 이 수업을 같이 듣자고 해요

2) 제임스 씨가 오후에 도서관에 가자고 해요

3) 야마다 씨가 다른 사람들을 기다리자고 해요

4) 왼 씨가 같이 재미있게 놀자고 해요

5) 리에 씨가 일요일에 같이 샌드위치를 만들자고 해요

6) 마리아 씨가 더운데 창문을 열자고 해요

7) 웨이 씨가 이번 주에는 동아리 모임을 하지 말자고 해요

8) 마이클 씨가 시험이 끝났으니까 오늘은 공부하지 말자고 해요

02 1) 누엔 씨가 이번 주말에 같이 공부하자고 했어요

2) 같이 점심을 먹자고 했어요

3) 이번 주에 모임을 하자고 하셨어

4) 같이 영화를 보자고 해요

5) 이태원에 놀러 가자고 해요

6) 눈이 많이 오니까 고속버스를 타지 말고 기차를 타고 가자고 합시다

7) 보고서를 써야 하니까 만나지 말자고 했어요

8) 같이 공부하자고 했어요

제7과 컴퓨터와 인터넷

01 사용하는 사람이 많아서 그런지 인터넷이 잘 안 돼요

새 어휘

01 1) 인터넷을 하　　2) 와이파이가 되

3) 사용합니다　　4) 곳

02 1) 와이파이가 되는　　2) 곳은

3) 사용한다　　4) 인터넷을 한다

주제 어휘

01 1) 인터넷이 잘 돼요　　2) 무선인터넷을

3) 인터넷이 안 되는　　4) 인터넷을 연결해서

02 1) 무선네트워크를

2) 인터넷을 연결하십시오
3) 인터넷 속도가 빠르지
4) 인터넷 속도가 느립니다

문법1

01 1) 여행을 많이 해서
2) 여자 친구가 중국 사람이어서
3) 운동을 시작해서 그런지
4) 책을 많이 읽어서 그런지
5) 동아리 활동을 해서 그런지
6) 음악을 많이 들어서 그런지
7) 머리가 좋아서 그런지
8) 잘 생겨서 그런지

02 1) 시험 점수가 나빠서
2) 요가를 해서
3) 주말이어서 그런지 길이 막혀요
4) 구경할 것이 많아서 그런지 언제나 사람이 많아요
5) 요즘 일을 많이 해서 그런지 몸살감기에 걸린 것 같아요
6) 여자 친구가 생겨서 그런지 동아리 모임에 잘 안 나와요
7) 시험이 끝나서 그런지 학생들이 많이 없어요
8) 살이 빠져서 그런지 더 예뻐진 것 같아요

문법2

01

1) 모두 월요일이 좋다 •	• 우산을 가지고 가다
2) 백화점은 물건 값이 비싸다 •	• 동대문 시장에 갑시다
3) 리에가 좀 늦는다 •	• 그날 반모임을 합시다
4) 지금 길이 복잡하다 •	• 우리 먼저 주문하자
5) 제주도가 아름답다 •	• 제주도에 갑시다
6) 오후에 비가 올 것이다 •	• 지하철을 타자
7) 웨이 씨가 그 영화를 봤다 •	• 다른 영화를 봅시다
8) 마리아 씨가 조장이다 •	• 마리아 씨에게 물어봐

02 1) 케이티엑스(KTX)를 타면 2시간 50분쯤 걸린다고 하니까
2) 해운대 근처에 호텔이 많다고 하니까
3) 인터넷으로 예약하면 편하다고 하니까 인터넷으로 예약하자
4) 부산은 바다가 가까워서 생선이 신선하고 맛있다고 하니까 회를 먹자
5) 생선이 많이 들어간 부산 어묵도 유명하다고 하니까 부산 어묵도 먹자
6) 해운대가 부산에서 제일 큰 바닷가라고 하니까 해운대에 가자
7) 수산 시장에 여러 가지 생선도 많고 구경거리도 많다고 하니까 수산 시장에 가 보자
8) 전통 시장이 수산 시장에서 가깝다고 하니까 거기에 가자

02 전공과목을 어려워하는 학생들이 인터넷 강의를 많이 들어요

새 어휘

01 1) 다들 2) 전공과목
3) 귀찮아서 4) 이해가 되지

02 1) 다들 2) 인터넷 강의를
3) 이해가 되지 4) 귀찮기는

주제 어휘

01 1) 화상 통화를 합니다
2) 온라인 게임을 합니다
3) 인터넷 뱅킹을 합니다
4) 에스엔에스(SNS)를 합니다

02 1) 온라인 게임을 하는데
2) 이메일을 보내요
3) 동영상을 봐요
4) 인터넷 강의를 듣기

문법1

01

1) 깨끗하게 청소해요.	피곤해요.
2) 잠을 많이 자요.	저 옷을 살 거예요.
3) 1시간을 기다려요.	살이 찌지 않아요.
4) 밥을 많이 먹어요.	중요한 회의니까 꼭 오세요.
5) 일요일이에요.	회사에 가서 일해야 합니다.
6) 이름을 불러요.	친구가 오지 않았어요.
7) 바빠요.	방이 금방 더러워져요.
8) 비싸요.	친구가 대답하지 않아요.

1) 깨끗하게 청소해도 방이 금방 더러워져요
2) 잠을 많이 자도 피곤해요
3) 1시간을 기다려도 친구가 오지 않았어요
4) 밥을 많이 먹어도 살이 찌지 않아요
5) 일요일이어도 회사에 가서 일해야 합니다
6) 이름을 불러도 친구가 대답하지 않아요
7) 바빠도 중요한 회의니까 꼭 오세요
8) 비싸도 저 옷을 살 거예요

02 1) 음식이 맛이 없어도 맛있게 먹는
2) 바빠도 전화해 주는
3) 피곤해도 나를 만나러 오는
4) 시험을 못 봐도
5) 점수가 나빠도
6) 돈이 없어도
7) 남자 친구가 없어도
8) 죽어도 못 먹어. 내가 어떻게 이걸 먹어

문법2

01 1) 가고 싶어해요　2) 힘들어해요
3) 무서워해요　4) 귀여워하세요
5) 기뻐해요　6) 배고파해요
7) 재미없어해요　8) 외로워해요

02 1) 기뻐하셨어요
2) 좋아했으면
3) 열심히 하기는 하지만 문법을 어려워해요
4) 약속 시간에 늦게 와서 미안해해요
5) 멀미 때문에 힘들어했어요
6) 매운 음식을 싫어하니까
7) 명동에 가고 싶어해요
8) 그럼요, 친구들이 맛있어했어요

03 컴퓨터를 껐다가 다시 켜 보세요

새 어휘

01 1) 고장이 나서　2) 켭니다
3) 인터넷이 끊겨서　4) 놀랐어요

02 1) 인터넷이 끊길　2) 고장이 나서
3) 끄고　4) 켜요

주제 어휘

01

1) 수리비	모르는 것을 물어봐요.
2) 문의하다	고장이 난 것을 수리해 주는 사람
3) 수리 기사	휴대전화나 컴퓨터 등이 고장이 나면 가는 곳
4) 서비스 센터	고장이 난 것을 수리해 줬을 때 주는 돈

02 1) 접속이 안 되　2) 맡기
3) 수리해　4) 문의하
(나) → (마) → (가) → (다) → (라)

문법1

01 1) 끊겼어요　2) 씻겼어요
3) 들려요?　4) 걸리
5) 들립니다　6) 안겼어요
7) 열려요　8) 쫓기

02 1) 씻겼어요　2) 걸렸어요
3) 안기　4) 끊겼어요
5) 들렸어요　6) 들렸어요

7) 끊겼어요　　8) 팔려요

문법2

01

1) 옷을 샀습니다.	껐습니다.
2) 시장에 갔습니다.	왔습니다.
3) 창문을 열었습니다.	바꿨습니다.
4) 옷을 입었습니다.	지웠습니다.
5) 음식을 시켰습니다.	닫았습니다.
6) 의자에 앉았습니다.	벗었습니다.
7) 라디오를 켰습니다.	취소했습니다.
8) 칠판에 이름을 썼습니다.	일어섰습니다.

02 1) 신발을 샀다가 좀 작아서 바꿨어요
2) 밖에 나갔다가 비가 와서 다시 들어왔어요
3) 코트를 입었다가 더워서 벗었어요
4) 창문을 열었다가 바람이 많이 불어서 닫았어요
5) 에어컨을 켰다가 더워서 껐어요
6) 예약을 했다가 일이 있어서 예약을 취소했어요
7) 학교에 갔다가 몸이 아파서 일찍 돌아왔어요
8) 버스를 탔다가 잘못 타서 금방 내렸어요

04 동영상이 잘 찍혔니?

새 어휘

01 1) 웹하드에 올려요　　2) 고생했어요
3) 다행히　　4) 걱정했어요

02 1) 다행히　　2) 찍혀어
3) 고생했겠구나　　4) 걱정했는데

주제 어휘

01 1) 파일　　2) 대용량
3) 다운로드 기간　　4) 공유하다

02 1) 웹하드　　2) 다운로드할
3) 자료를 올려　　4) 삭제하니까

문법1

01 1) 보였어요　　2) 쓰였어요
3) 닫혔어요　　4) 찍혔어요
5) 잡혔어요　　6) 놓인
7) 섞이　　8) 쌓였어요

02 1) 닫혀서　　2) 보여요
3) 밟혔어요　　4) 쌓이면
5) 바뀌었어　　6) 섞이면
7) 잡혀서　　8) 쓰인

문법2

01

1) 와이파이를 사용하는 사람들이 많다	필요 없는 물건을 많이 사다
2) 갑자기 눈이 내리다	인터넷 속도가 느려지다
3) 물건 값이 싸다	차가 밀리다
4) 주말에 집에만 있다	저녁에 과식하다
5) 커피를 많이 마시다	배탈이 나다
6) 스트레칭을 자주 해 주지 않다	다리가 붓다
7) 점심을 안 먹다	텔레비전만 보다
8) 오래된 음식을 먹다	잠이 안 오다

1) 와이파이를 사용하는 사람들이 많으면 인터넷 속도가 느려지
2) 갑자기 눈이 내리면 차가 밀리
3) 물건 값이 싸면 필요 없는 물건을 많이 사기 쉬워요
4) 주말에 집에 있으면 텔레비전만 보기 쉬워요
5) 커피를 많이 마시면 잠이 안 오기 쉬워요
6) 스트레칭을 자주 해 주지 않으면 다리가 붓기 쉬워요
7) 점심을 안 먹으면 저녁에 과식하기 쉬워요
8) 오래된 음식을 먹으면 배탈이 나기 쉬워요

02 1) 밤마다 야식을 먹으면 살이 찌
2) 눈이 올 때 구두를 신으면 넘어지
3) 비를 맞으면 감기에 걸리기 쉬워
4) 모바일 게임을 많이 하면 눈이 나빠지기 쉬워
5) 주말에는 표가 다 팔리기 쉬우니까 표를 미리 사

6) 밥을 빨리 먹으면 소화가 안 되기 쉬우니까 천천히 먹어
7) 계속 굶으면 건강이 나빠지기 쉬우니까 굶지 말고 운동을 해
8) 무거운 물건을 노트북 위에 놓으면 노트북이 고장나기 쉬우니까 올려놓지 마

3) 민철 선배가 발표를 잘하는 줄 알고 있어
4) 슈와 씨가 발표 자료를 잘 만드는 줄 알고 있어
5) 에리코하고 제임스가 헤어진 줄 알고 있었어
6) 제임스가 사진 동아리에 든 줄 알고 있어
7) 제임스가 사진에 관심이 많은 줄 알아
8) 몸살이 날 줄 알았어

제8과 대학 문화

01 웨이 씨가 장학금을 받을 줄 알았어요

새 어휘

01 1) 늘　2) 장학금을
3) 한턱냈어요　4) 다
02 1) 한턱낼　2) 부럽다
3) 늘　4) 다

주제 어휘

01 1) 식비　2) 교통비
3) 통신비　4) 교육비
02 1) 계산할　2) 포인트를 사용할
3) 쿠폰을 사용하면　4) 할인을 받

문법1

01 1) 영수는 친구가 많은
2) 네가 그럴
3) 내일 단어 시험이 있는 줄 알고 있어
4) 그 두 사람이 사귀는 줄 알았어
5) 웨이가 리에를 좋아하는 줄 알았어
6) 김 선생님이 결혼한 줄 알고 있었어
7) 웨이가 거짓말을 하는 줄 알고 있었어
8) 리에 어머니가 한국 사람인 줄 알고 있어
02 1) 모임에 늦을
2) 모임에 빠지는

문법2

01 1) 아무 데나　2) 아무 신문이나
3) 아무 때나　4) 아무 약이나
5) 아무거나　6) 아무 음식이나
7) 아무 자리에나　8) 아무나
02 1) 아무 데나　2) 아무거나
3) 아무 옷이나　4) 아무 음식이나 먹자
5) 아무 영화나 봐　6) 아무거나 사
7) 아무 색이나 사　8) 아무 데나 앉자

02 얼마나 재미있었는지 몰라

새 어휘

01 1) 농담을　2) 마음에 들어?
3) 매너가　4) 미팅
02 1) 매너가　2) 농담이
3) 미팅이　4) 마음에 들지

주제 어휘

01 1) 첫눈에 반해서　2) 짝이 되어서/돼서
3) 설레어서/설레서　4) 파트너를 정했는데
02 1) 이상형은　2) 첫인상이 좋은
3) 관심을 가지고　4) 연락처를 주고받았어요

문법1

01 1) 웨이 씨가 요리를 얼마나 잘하는지
2) 고향의 겨울은 얼마나 추운지
3) 잡채가 얼마나 맛있는지 몰라요

4) 여자 친구가 얼마나 예쁜지 몰라요
5) 어제 바람이 얼마나 많이 불었는지 몰라요
6) 친구를 얼마나 오래 기다렸는지 몰라요
7) 억수르 씨가 얼마나 부자인지 몰라요
8) 멘토링 프로그램에서 만난 한국 친구가 얼마나 좋은 친구인지 몰라요

02 1) 얼마나 열심히 하고 있는지
2) 마이클 씨가 농구를 얼마나 잘하는지
3) 그 식당 음식이 얼마나 맛있는지 몰라요
4) 얼마나 먼지 몰라요
5) 인터넷 속도가 얼마나 빠른지 몰라요
6) 네, 얼마나 많이 받았는지 몰라요
7) 네, 얼마나 보고 싶은지 몰라요
8) 얼마나 어려운지 몰라요

문법2

01 1) 없는 2) 모르는
3) 공부하는 척했어요 4) 이해한 척했어요
5) 먹은 척했어요 6) 들은 척했어요
7) 마음에 드는 척했어요 8) 학생인 척했어요

02 1) 예쁜 2) 귀여운
3) 똑똑한 척 하 4) 아는 척
5) 멋있는 척 6) 힘이 센 척하
7) 부자인 척하 8) 바쁜 척하

03 저기에서 공연을 하나 봐

새 어휘

01

1) 기간	여기저기 다닙니다.
2) 축제	언제부터 언제까지
3) 장터	여러 가지 물건을 사고 파는 곳
4) 돌아다니다	여러 사람들이 모여서 즐겁게 노는 행사

02 1) 돌아다녔어요 2) 장터
3) 볼거리가 4) 모습을

주제 어휘

01 1) 초대 가수 2) 장터
3) 노래 대회 4) 전시회

02 1) 공연을 2) 무대
3) 초대 가수 4) 불꽃놀이

문법1

01 1) 제임스 씨가 한국 노래를 많이 듣나 봐요
2) 마이클 씨가 축구를 좋아하나 봐요
3) 로라 씨가 배가 고픈가 봐요
4) 마리아 씨가 돈이 많은가 봐요
5) 저 사람은 일본 사람인가 봐요
6) 웨이 씨가 시험을 잘 봤나 봐요
7) 영수 씨가 늦게 일어났나 봐요
8) 선생님께서 오늘 모임에 안 오실 건가 봐요

02 1) 마이클 씨가 리에 씨를 보고 늘 웃는 걸 보면 리에 씨를 좋아하나 봐요
2) 영수 씨가 약을 먹고 있는 것 보면 몸이 아픈가 봐요
3) 오늘 마리아 씨가 옷을 예쁘게 입은 걸 보면 오늘 데이트가 있나 봐요
4) 원 씨가 한국 노래에 대해서 많이 아는 걸 보면 한국 노래를 많이 듣나 봐요
5) 슈와 씨가 오늘 학교에 안 온 걸 보면 무슨 일이 있나 봐요
6) 오늘 로라 씨가 선물을 많이 받은 걸 보면 오늘 생일인가 봐요
7) 제임스 씨가 롯데월드에 어떻게 가냐고 묻는 걸 보면 롯데월드에 갈 건가 봐요
8) 누엔 씨가 어제 발표를 잘 한 걸 보면 연습을 많이 했나 봐요

문법2

01 1) 텔레비전을 보면서 2) 인터넷을 하면서
3) 버스를 타고 오면서 4) 학교에 다니면서
5) 커피를 마시면서 6) 라디오를 들으면서
7) 사진을 보면서 8) 피아노를 치면서

02 1) 운전을 하면서 음악을 들어요
2) 운전을 하면서 전화를 하지 마세요
3) 영화를 보면서 팝콘을 먹어요
4) 영화를 보면서 떠들지 마세요
5) 길을 걸으면서 친구와 이야기해요
6) 길을 걸으면서 담배를 피우지 마세요
7) 수업을 들으면서 공책에 써요
8) 수업을 들으면서 인터넷 게임을 하지 마세요

04 그룹 스터디룸에서 할까 해

새 어휘

01 1) 그룹 스터디룸 2) 가능하면
3) 스터디 모임 4) 미리
02 1) 미리 2) 가능합니다
3) 스터디 모임 4) 먼저

주제 어휘

01 1) 세미나를 하면 2) 세미나실은
3) 토론해요
4) 세미나실을 예약했어요
02 1) 요약해서 2) 토론합니다
3) 세미나를 합니다 4) 주

문법1

01

1) 동대문시장 물건 값이 싸다	동대문시장에 가다
2) 머리가 좀 아프다	김밥이나 먹다
3) 다음 주에 시험이 있다	아르바이트를 하다
4) 컴퓨터가 오래되다	오늘부터 도서관에서 공부하다
5) 오후에 수업이 없다	주말에 거기에 가다
6) 방학 때 시간이 많다	친구들하고 쇼핑이나 하러 가다
7) 서울타워에 못 가 보다	새것으로 바꾸다
8) 점심 먹을 시간이 없다	약을 먹다

1) 동대문시장 물건 값이 싸니까 동대문시장에 갈까
2) 머리가 좀 아파서 약을 먹을까
3) 다음 주에 시험이 있어서 오늘부터 도서관에서 공부할까 해요
4) 컴퓨터가 오래돼서 새것으로 바꿀까 해요
5) 오후에 수업이 없으니까 친구들하고 쇼핑이나 하러 갈까 해요
6) 방학 때 시간이 많으니까 아르바이트를 할까 해요
7) 서울타워에 못 가 봐서 주말에 거기에 갈까 해요
8) 점심 먹을 시간이 없어서 김밥이나 먹을까 해요

02 1) 인사동에 가 볼까
2) 된장찌개를 먹을까
3) 옷을 선물할까 해요
4) 경복궁에 갈까 해요
5) 오후 3시쯤 연락할까 해요
6) 일본으로 여행을 갈까 해요
7) 10년 후쯤 결혼할까 해요
8) 비가 오면 집에서 쉴까 해요

문법2

01 1) 피어 2) 켜져
3) 비어 있는 4) 모여 있는
5) 누워 있어요 6) 꽂혀 있어요
7) 쌓여 있었어요 8) 서 계세요
02 1) 모여 2) 걸려
3) 놓여 4) 닫혀
5) 비어 6) 들고
7) 쓰고 8) 와

제9과 부탁과 상담

01 공책을 보여 달라고 했어요

새 어휘

01 1) 서로 2) 사이가 멀어지
3) 말을 걸 4) 속상했어요

02 1) 말을 걸어 2) 서로
3) 사이가 멀어진 4) 속상해요

주제 어휘

01 1) 고민거리가 2) 고민할
3) 고민이 있을 4) 고민을 해결해

02 1) 고민이 생겼어요 2) 조언해
3) 고민이시군요 4) 고민이 해결될

문법1

01 1) 아무 일 2) 아무것
3) 아무 관심도 4) 아무 생각도
5) 아무 소리도 6) 아무 데도
7) 아무도 8) 아무 자료도

02 1) 아무 연락 2) 아무 대답
3) 아무 데도 4) 아무것도
5) 아무 도움도 6) 난 아무 말도 안 했어
7) 아직 아무 계획도 없어요
8) 아무도 없었어요

문법2

01 1) 먹여요 2) 보여
3) 붙였어요 4) 읽히셨어요
5) 눕혔어요 6) 입혔어요
7) 맞춰 8) 낮춰

02 1) 입혀 2) 읽히세요
3) 먹여 4) 죽었어요
5) 높여 6) 맞았어요
7) 보여 8) 늦출

02 일찍 일어날 수 있을지 모르겠어요

새 어휘

01 1) 맡 2) 무척
3) 절대로 4) 깨워

02 1) 깨웠는데 2) 무척
3) 맡아서 4) 절대로

주제 어휘

01 1) 실수했어요 2) 외로울
3) 신기했어요 4) 말이 안 통했지만

02 1) 말이 안 통해서 2) 고생했어요
3) 자유롭 4) 그리울

문법1

01 1) 도서관에 그 책이 있을지
2) 늦지 않게 도착할지
3) 다음 학기에도 장학금을 받을 수 있을지 모르겠어요
4) 시험을 잘 볼지 모르겠어요
5) 친구들이 다 먹을 수 있을지 모르겠어요
6) 학교 근처에 싸고 깨끗한 집이 있을지 모르겠어요
7) 올 수 있을지 모르겠어요
8) 오늘 다 끝낼 수 있을지 모르겠어요

02 1) 휴가를 갈 수 있을지
2) 발표를 잘 할지
3) 참석할 수 있을지 모르겠어요
4) 열었을지 모르겠어요
5) 잘 팔릴지 모르겠어요
6) 리에 씨가 장갑을 좋아할지 모르겠어요
7) 그 가수는 인기가 많아서 표가 있을지 모르겠어요
8) 웨이 씨가 요즘 바빠서 도와 줄 수 있을지 모르겠어요

문법2

01 1) 리에를 웃겨요
2) 택시를 세웠어요
3) 아이를 차에 태웠어요
4) 의사 선생님이 환자를 살렸어요
5) 어머니가 아이를 재워요
6) 할머니가 아이의 모자를 벗겨요
7) 언니가 동생의 손을 씻겨요
8) 친구에게 가방을 맡겼어요

02 1) 신겨야 2) 씌우세요
3) 씻기 4) 벗기세요
5) 울리지 6) 재우세요
7) 들려 8) 알려

03 정해진 날짜까지 시험을 봐야 합니다

새 어휘

01 1) 정하 2) 상담을 받아
3) 졸업 증명서를 4) 한국어능력시험이

02 1) 상담을 받았어요.
2) 한국어능력시험을
3) 졸업 증명서와
4) 성적 증명서를

주제 어휘

01 1) 면접시험을 2) 서류를 내야
3) 추천서를 4) 자기소개서를

02 1) 서류를 내야 2) 실기시험
3) 합격한 4) 등록금을

문법1

01
1) 시험을 잘 보다
2) 도서관에 들어가다
3) 사람들과 잘 지내다
4) 감기에 걸리지 않다
5) 그 나라에 여행가다
6) 싸고 좋은 옷을 사다
7) 미국 은행에 들어가다
8) 주말에 그 영화를 보다

- 예절을 지켜야 합니다.
- 비자가 있어야 합니다.
- 표를 미리 사야 합니다.
- 동대문시장에 가야 해요.
- 학생증이 있어야 합니다.
- 복습을 많이 해야 해요.
- 옷을 따뜻하게 입어야 해요.
- 영어와 컴퓨터를 잘 해야 해요.

02 1) 한국 대학교에 진학하기 위해서는 한국어능력시험을 잘 봐야 해
2) 보고서를 잘 쓰기 위해서는 자료를 많이 찾는 게 좋아
3) 발음이 좋아지기 위해서는 시디(CD)를 많이 들어야 해
4) 한국 회사에서 일하기 위해서는 한국어 공부를 열심히 해야 해
5) 발표를 잘하기 위해서는 연습을 많이 해야 해
6) 한국어능력시험을 잘 보기 위해서는 단어 공부를 많이 해야 해
7) 상담을 받기 위해서는 상담 신청을 해야 해
8) 그룹 스터디룸을 이용하기 위해서는 1주일 전에 예약을 해야 해

문법2

01 1) 이가 빠졌어요
2) 종이가 찢어졌어요
3) 연락이 끊어졌어요
4) 감자가 잘 삶아졌어요
5) 컴퓨터가 켜졌어요
6) 거울이 깨졌어요

7) 학교가 세워졌어요
8) 한글이 만들어졌어요

02 1) 끊어졌다　　2) 꺼졌다
3) 써지지　　4) 벗겨지
5) 찢어졌다　　6) 펴지
7) 켜지　　8) 빠진

04 과제는 이번 주까지 내지 않으면 안 됩니다

새 어휘

01 1) 제출을　　2) 부탁드렸어요
3) 다녀와요　　4) 연기했어요

02 1) 부탁드려　　2) 제출은
3) 편찮으시다고　　4) 연기했어요

주제 어휘

01 1) 부탁하다　　2) 부탁을 받다
3) 부탁을 들어주다　　4) 부탁을 거절하다

02 1) 부탁을 거절했다　　2) 부탁했다
3) 부탁을 들어주었다　　4) 도움을 준

문법1

01
1) 피아노를 칠 수 있습니다	방값이 비쌉니다.
2) 디자인은 괜찮습니다.	또 고장이 났습니다.
3) 방은 크고 좋습니다.	기억이 나지 않습니다.
4) 수리를 받았습니다.	색이 마음에 들지 않습니다.
5) 이메일을 보냈습니다.	새것처럼 깨끗합니다.
6) 전에 배웠습니다.	잘 치지 못합니다.
7) 한국 사람입니다.	교포이기 때문에 한국말을 잘 못합니다.
8) 중고품입니다.	아직 답장을 받지 못했습니다.

1) 피아노를 칠 수 있습니다만 잘 치지 못합니다
2) 디자인을 괜찮습니다만 색이 마음에 들지 않습니다
3) 방은 크고 좋습니다만 방값이 비쌉니다
4) 수리를 받았습니다만 또 고장이 났습니다
5) 이메일을 보냈습니다만 아직 답장을 받지 못했습니다
6) 전에 배웠습니다만 기억이 나지 않습니다
7) 한국 사람입니다만 교포이기 때문에 한국말을 잘 못합니다
8) 중고품입니다만 새것처럼 깨끗합니다

02 1) 죄송합니다만 사진 좀 찍어
2) 죄송합니다만 자리 좀 바꿔 주시겠어요?
3) 죄송합니다만 먼저 일어나야겠습니다
4) 미안합니다만 다른 중요한 약속이 있는데요
5) 죄송합니다만 추천서를 써 주실 수 있으세요?
6) 감사합니다만 다른 아르바이트를 구했습니다
7) 부탁을 들어 드리고 싶습니다만 다른 중요한 일이 있어서 도와 드릴 수 없습니다
8) 죄송합니다만 다시 한 번 말씀해 주시겠어요?

문법2

01 1) 신발을 벗지
2) 준비 운동을 하지
3) 비자를 받지 않으면 안 됩니다
4) 예절을 지키지 않으면 안 됩니다
5) 연습하지 않으면 안 됩니다
6) 보고서를 잘 쓰지 않으면 안 됩니다
7) 잘 쉬지 않으면 안 됩니다
8) 키가 크지 않으면 안 됩니다

02 1) 담배를 끊지
2) 이 약을 먹지
3) 12시까지 들어가지 않으면 안 돼요
4) 표를 예매하지 않으면 안 돼
5) 이 수업을 듣지 않으면 안 돼요
6) 이번 주까지 신청하지 않으면 안 돼요

7) 회원 카드를 만들지 않으면 안 돼요
8) 뒤풀이에 가지 않으면 안 돼

제10과 여가 생활

01 전공 책이 아니라 자격증을 따려고 보는 책이야

새 어휘

01 1) 남 2) 도움이 될
3) 취직해서 4) 자격증을 따야

02 1) 대학원 2) 자격증을 따려고
3) 남아서 4) 도움이 되는

주제 어휘

01 1) 시간이 날 2) 시간을 낭비하
3) 시간을 내서 4) 시간을 활용해서

02 1) 계획을 세워서 2) 계획을 짜
3) 시간을 낭비하 4) 계획표를 만들어서

문법1

01 1) 그 사람은 배우가 아니라 가수야
2) 저 건물은 학생회관이 아니라 체육관이에요
3) 제 고향은 도시가 아니라 시골입니다
4) 영수를 도와준 사람은 내가 아니라 누엔이다
5) 그 휴대전화는 내 것이 아니라 제임스 거야
6) 지금은 놀 때가 아니라 열심히 공부해야 할 때야
7) 저는 공부를 싫어하는 게 아니라 공부에 관심이 없는 거예요
8) 아버지께서 화를 내신 게 아니라 네가 잘못한 것을 말씀하신 거야

02 1) 소설책이 2) 이번 주가
3) 두 시가 아니라
4) 무슨 일이 있는 것이 아니라
5) 내가 아니라
6) 네가 모르는 사람이 아니라
7) 어려운 부탁이 아니라
8) 그런 게 아니라

문법2

01

1) 닭갈비를 먹다	만화 동아리에 들다
2) 방학 때 고향에 가다	역사 수업을 듣다
3) 수영을 하다	된장찌개를 먹다
4) 치마를 입다	공동 구매 사이트에서 사다
5) 가게에 직접 가서 사다	이메일로 보내다
6) 사진을 웹하드에 올리다	여행을 가다
7) 춤 동아리에 들다	바지를 입다
8) 한국어 수업을 듣다	요가를 하다

1) 된장찌개를 먹을지
2) 여행을 갈지
3) 수영을 할지 요가를 할지 고민하고 있어요
4) 치마를 입을지 바지를 입을지 생각 중이에요
5) 가게에 직접 가서 살지 공동 구매 사이트에서 살지 아직 정하지 못했어요
6) 사진을 웹하드에 올릴지 이메일로 보낼지 아직 모르겠어요
7) 춤 동아리에 들지 만화 동아리에 들지 생각 중이에요
8) 한국어 수업을 들을지 역사 수업을 들을지 고민하고 있어요

02 1) 자격증 시험을 준비할지 아르바이트를 할지
2) 설렁탕을 먹을지 김치찌개를 먹을지
3) 고속버스를 타고 갈지 케이티엑스(KTX)를 타고 갈지 생각 중이에요
4) 인사동에 갈지 명동에 갈지 아직 모르겠어요
5) 대학원에 갈지 취직할지 생각 중이에요

6) 지난번에 갔던 식당에서 할지 새로 생긴 식당에서 할지 아직 못 정했어요
7) 등산을 갈지 집에 있을지 모르겠어요
8) 수리를 받을지 새것으로 바꿀지 생각 중이야

02 그 식당 음식은 먹으면 먹을수록 자꾸 먹고 싶어져요

새 어휘

01 1) 방송에 나오니까 2) 줄을 서서
3) 유명한 4) 자꾸
02 1) 유명해서 2) 방송에 나와서
3) 줄을 서서 4) 자꾸

주제 어휘

01 1) 인기 메뉴가 2) 소문이 났어요
3) 맛집 블로그가 4) 비결이
02 1) 맛집 투어를 2) 맛집 블로그를
3) 소문이 난 4) 추천하는

문법1

01 1) 만나면 만날수록
2) 생각하면 생각할수록
3) 웃으면 웃을수록
4) 살면 살수록
5) 걸으면 걸을수록
6) 들으면 들을수록
7) 가까우면 가까울수록
8) 크면 클수록
02 1) 배우면 배울수록
2) 하면 할수록
3) 잘생기면 잘생길수록
4) 연습하면 연습할수록
5) 보면 볼수록
6) 네, 이 노래는 들으면 들을수록 좋아요
7) 글쎄, 싸면 쌀수록 잘 팔릴 것 같은데
8) 돈은 많으면 많을수록 좋아요

문법2

01 1) 3일 2) 2년
3) 10년 만에 4) 한 달 만에
5) 1년 만에 6) 한 시간 만에
7) 5시간 만에 8) 6년 만에
02 1) 1년 만에 여행을 가요
2) 일주일 만에 전화를 드렸는데
3) 한 달 만에 살을 뺄 수 있어요
4) 일주일 만에 구했어
5) 한 시간 만에
6) 끊으려고 했는데 한 달 만에 다시 피워요
7) 얼마 만에 연극을 봐요?
8) 이 일을 얼마 만에 끝냈어요?

03 야경을 볼 수 있어서 아주 좋더군요

새 어휘

01 1) 군데 • • 밤의 경치예요.
2) 야경 • • 장소를 셀 때 사용해요.
3) 여러 • • 서울의 여기저기를 다니는 버스예요.
4) 서울 시티투어버스 • • 하나나 둘이 아니라 많을 때 써요.
02 1) 서울 시티투어버스를 2) 여러
3) 야경 4) 야간 코스를

주제 어휘

01 1) 요금 • • 이 버스는 밤에 다녀요.
2) 야간 운행 • • 6,000원, 12,000원
3) 2층 버스 • • 영어, 중국어, 일본어
4) 외국어 서비스 • • 두 층으로 되어 있는 버스
02 1) 요금은

2) 순환해요
3) 안내 방송
4) 외국어 서비스

문법1

01

1) 제가 한턱내다	좀 쉬세요.
2) 제가 예매를 하다	따라하십시오.
3) 제가 도와드리다	찾으러 갑시다.
4) 제가 먼저 노래하다	걱정하지 마세요.
5) 그 길은 복잡하다	다른 길로 갑시다.
6) 일을 많이 해서 피곤하다	다른 가게에 가자.
7) 그 가게는 문을 닫았다	같이 영화 보러 갈까요?
8) 자동차를 다 수리했다	내일 같이 저녁을 먹읍시다.

02 1) 제가 청소를 할 테니까 빨래를 하십시오
2) 시험을 잘 볼 테니까 걱정하지 마세요
3) 오후에 비가 올 테니까 우산을 가지고 가세요
4) 제가 읽을 테니까 잘 들으십시오
5) 제가 가르쳐 줄 테니까 걱정하지 마세요
6) 시험 기간이어서 자리가 없을 테니까 가지 마세요
7) 네, 제임스 씨가 잘 할 테니까 제임스 씨에게 부탁합시다
8) 네, 집에 잘 도착했을 테니까 걱정하지 마세요

문법2

01 1) 무대가 아주 크　2) 중국 노래도 부르
3) 춤도 잘 추더군요　4) 기타도 잘 치더군요
5) 재미있는 이야기를 하더군요
6) 옷을 멋있게 입었더군요
7) 사람들이 많이 왔더군요
8) 사람들이 박수를 많이 치더군요

02 1) 음식이 맛있
2) 가수가 노래도 잘하고 춤도 잘 추
3) 아주 재미있더군요
4) 좀 어렵더군요
5) 이야기를 재미있게 하더군요
6) 누엔 씨가 발표를 잘하더군요
7) 아주 편하더군요
8) 네, 회사에 취직을 했더군요

04 여행 전문가가 되는 게 꿈이에요

새 어휘

01 1) 관광지여서　2) 세계
3) 기분전환이 될　4) 전문가

02 1) 관광지　2) 기분전환이 돼서
3) 전문가가　4) 세계

주제 어휘

01

1) 요즘 인기 있는 노래를 알 수 있어요.	음악 프로그램
2) 건강에 대한 정보를 알 수 있어요.	뉴스
3) 축구, 야구, 농구 등을 볼 수 있어요.	스포츠 방송
4) 세계 여러 나라의 일을 알 수 있어요.	건강 프로그램

02 1) 다큐멘터리
2) 토론 프로그램
3) 예능 프로그램
4) 생활 정보 프로그램

문법1

01 1) 그렇지만　2) 그리고
3) 그러면　4) 그리고
5) 그런데　6) 그러니까
7) 그래서　8) 그런데

02 1) 그렇지만 저는 운동을 싫어해요
2) 그런데 아직 한국말을 잘 못 합니다

3) 그러면 건강이 좋아질 거예요
4) 그리고 영화를 봤어요
5) 그래서 점심을 못 먹었어요
6) 그러니까 운동을 하세요
7) 그런데 바빠서 쉴 시간이 없어요
8) 그래서 동아리 모임에 못 가요

문법2

01 1) 퇴근 시간이
2) 사장님이 되
3) 얼음이 되었어요
4) 방학이 되면
5) 시간이 되었어요
6) 저녁이 되니까
7) 선배가 되었으니까
8) 남편이 되었어요

02 1) 기자가
2) 의사가
3) 축구 선수가 되고 싶었어요
4) 경찰이 되고 싶었어요
5) 40살이 되면 은행에서 일하고 있을 거예요
6) 40살이 되면 학생들을 가르치고 있을 거예요
7) 아이들과 잘 놀아주는 아빠가 되고 싶어요
8) 요리를 잘하는 엄마가 되고 싶어요

02 번역

소개

제 1 과

Chapter 1
Introduction

第 1 課 紹介

第 1 課 介绍

01 대학교에 입학하기 위해서 한국말을 공부하고 있어요

I am studying Korean so I can be admitted to univerity.

大学に入学するために韓国語を勉強しています。

为进入大学，学习韩国语呢。

EN

Michael	Hello. I'm Michael. I am from Australia.
Shaoming	Hello. I'm Hwang, Shaoming from China. I am studying Korean so I can be admitted to a Korean university.
Michael	I study architecture. I haven't been able to make a lot of friends yet, so let's get to know each other in the future.
Shaoming	Yes. It's nice to meet you.

JP

マイケル	こんにちは。私はマイケルです。オーストラリアから来ました。
シャオミン	こんにちは。私は中国から来たファン・シャオミンです。韓国の大学に入学するために韓国語を勉強しています。
マイケル	私は建築学を勉強します。まだたくさんの友達と付きあえていないですが、これから仲良くしましょう。
シャオミン	はい、お会いできてうれしいです。

CH

迈克	你好。我叫迈克。是从澳洲来的。
晓明	你好。我是从中国来的黄晓明。为进入大学，学习韩国语呢。
迈克	我学习建筑学。还没交很多朋友，希望以后好好相处。
晓明	好的，认识你很高兴。

새 어휘

EN New Vocabulary JP 新しい語彙 CH 生词

입학하다	EN to be admitted (to school)	JP 入学する	CH 进入 / 入学
건축학	EN architecture	JP 建築学	CH 建筑学
사귀다	EN to make friends	JP 付きあう	CH 交
앞으로	EN in the future	JP これから	CH 以后
지내다	EN to get along	JP 過ごす	CH 相处

주제 어휘

EN Thematic Vocabulary JP テーマ語彙 CH 主题词汇

자기소개 EN Self-introduction JP 自己紹介 CH 自我介绍

이름	EN name	JP 名前	CH 姓名
국적	EN nationality	JP 国籍	CH 国籍
가족	EN family	JP 家族	CH 家人
형제	EN siblings (brothers)	JP 兄弟	CH 兄弟
외동딸	EN only daughter	JP 一人娘	CH 独生女
외동아들	EN only son	JP 一人息子	CH 独生子
고향	EN hometown	JP 故郷	CH 故乡/老家
나이	EN age	JP 年齢	CH 年龄
__년생	EN born in ___	JP 一年生まれ	CH _年生
태어나다	EN to be born	JP 生まれる	CH 出生
학과	EN department (major)	JP 学科	CH 学科
취미	EN hobby	JP 趣味	CH 爱好
직업	EN occupation	JP 職業	CH 职业
꿈	EN dream	JP 夢	CH 梦想

문법 1

EN Grammar JP 文法 CH 语法

–기 위해서

EN This is attached to the verb stem and is used to denote the purpose or intention of a given action. '을/를 위해서' is used with nouns and '위해서' can be used in its contracted form '위해'.

JP 動詞の語幹に付いて、あることをする目的や意図をあらわす。名詞には'을/를 위해서'を使う。'위해서'は'위해'に略して使える。

CH 用于动词词干后，表示做事的目的或意图。名词后接"을/를 위해서"，"위하여"可缩写为"위해"。

1. I came to Korea to learn Korean. 韓国語を学ぶために韓国に来ました。 为了学习韩国语来到韩国。
2. I am studying medicine in order to become a doctor.
   医者になるために医学を勉強しています。 为了当医生，学习医学呢。
3. I waited until the rain stopped so that I wouldn't get wet.
   雨にあたらないように雨が止むまで待ちました。 为了不淋雨，等到雨停。
4. My father is working diligently for the family.
   父は家族のために一生懸命仕事をしています。 爸爸为了家族，努力工作。

문법 2

EN Grammar JP 文法 CH 语法

못

EN It is used in front of a verb to express that someone is incapable of carrying out an action or that the action itself cannot be carried out. It can be used interchangeably with '–지 못하다.' In sentences with an object, '못' is placed after the object.

JP 動詞の前に使われて、能力がなかったり、あることを果たせないことをあらわす。'–지 못하다'にかえて使うことができる。目的語がある文章で'못'は目的語の後に使う。

CH 用于动词前，表示没有能力或不能做某事。还可以用"–지 못하다"。有宾语的句子中，"못"则用于宾语后。

1. I have never learned the piano, so I cannot play the piano.
   私はピアノを習ったことがなくてピアノを弾けません。 我没学过钢琴，不会弹钢琴。
2. My friend is good at drawing pictures, but I can't draw.
   私の友達は絵を上手に描きますが、私は描けません。 我朋友画儿画得很好，可是我不会。
3. That friend didn't come to the class reunion, so I couldn't meet her.
   その友達が同窓会に来なくて会えませんでした。 那个老同学不来校友会，见不着。
4. It was too late, so I couldn't call my friend.
   時間が遅すぎて友達に電話をできませんでした。 时间太晚了，没能给朋友打电话。

02 아름다운 도시니까 꼭 한번 가 보세요

It's a beautiful city, so you should certainly visit it once.

美しい都市なのでぜひ一度行ってみてください。

它是一座美丽的城市，一定要去看一次。

EN

Misun	Where is your hometown?
Rie	My hometown is Tokyo. Misun, have you ever been to Tokyo?
Misun	No, even though it's close to Korea, I haven't been able to go yet. I want to go.
Rie	There is no city as big as Tokyo in Japan. It is a beautiful city, so you should certainly visit it once.

JP

ミソン	故郷がどこですか。
りえ	私の故郷は東京ですが、ミソンさんは東京に行ったことがありますか。
ミソン	いいえ、韓国から近いけれども、まだ行ったことがありません。行ってみたいです。
りえ	日本で東京ほど大きい都市はありません。美しい都市なのでぜひ一度行ってみてください。

CH

美善	老家在哪儿？
利惠	我老家是东京，美善你去过东京吗？
美善	没有，离韩国近，可是还没去过。想去看看。
利惠	在日本没有比东京大的城市了，它是一座美丽的城市，一定要去看一次。

새 어휘

EN New Vocabulary JP 新しい語彙 CH 生词

	EN	JP	CH
가깝다	to be close	近い	近
도시	to be city	都市	城市
아름답다	to be beautiful	美しい	美丽
한번	once (one time)	一度	一次

주제 어휘

EN Thematic Vocabulary JP テーマ語彙 CH 主题词汇

위치 및 장소 EN Position & Location JP 位置及び場所 CH 位置及处所

	EN	JP	CH
동쪽	East	東	东边
서쪽	West	西	西边
남쪽	South	南	南边
북쪽	North	北	北边
도시	city	都市	城市
시골	country	田舎	乡下
수도	capital	首都	首都
섬	island	島	岛
바닷가	beach	海辺	海边

문법 1

EN Grammar JP 文法 CH 语法

–어 보다

EN It is attached to the verb stem to express an attempt at a certain action. If the verb stem ends in the vowel sounds, 'ㅏ' or 'ㅗ', '–아 보다' is used and in all other cases, '–어 보다' is used. '–여 보다' is used with verbs that end in '하다'.

JP 動詞の語幹に付いて、ある動作を試みることをあらわす。動詞の語幹の母音が 'ㅏ,ㅗ'で終われば '-아 보다' を使い、それ以外の場合は'-어 보다'を使う。'하다'には'-여 보다'を使う。

CH 用于动词词干后，表示试图做某种动作。动词词干元音以"ㅏ，ㅗ"结尾，用"-아 보다"，否则用"-어 보다"。以"하다"结尾，用"-여 보다"。

❶ I made this food. Please try it.
私が作った料理ですが、召し上がってみてください。　请尝一尝我做的菜。

❷ May I try on this red clothing?
この赤い服を着てみることができますか。　这件红色衣服能试试吗？

❸ You should go to Mount Sulak once, since it is beautiful.
ソラクサンが美しいので一度行ってみてください。　雪岳山很漂亮，去看一次吧。

❹ Youngsu will come soon. Just wait a little longer.
ヨンスさんがすぐ来るでしょう。もう少々お待ちください。　英洙马上就会回来的。请再稍等一下。

문법 2

EN Grammar JP 文法 CH 语法

만큼

EN It is placed after the noun to state the similarity in degree or limit with the previously mentioned noun. 'N만큼 -는/은/ㄴ N은/는 없다' means that something is 제일, 가장(the geatest or the best)

JP 名詞に付いて、前にくる名詞と程度や限度が似ていることをあらわす。
'N만큼 -는/은/ㄴ N은/는 없다'は'제일, 가장'の最上級の意味をあらわす。

CH "N만큼 -는/은/ㄴ N은/는 없다" 表示最高级的 "제일, 가장" 的意思。

❶ My father is tall. My younger brother is just as tall as my father.
父は背が高いです。私の弟も父と同じくらい背が高いです。　爸爸个子高。我弟弟有爸爸那么个高。

❷ James speaks Korean just as well as Rie.
ジェームスさんはりえさんと同じくらい韓国語が上手です。　詹姆斯没有利惠那么会说韩国语。

❸ There was a lot of rainfall last summer. This summer, it rained just as much as last year.
昨年の夏に雨がたくさん降りました。今年の夏にも昨年の夏と同じくらい雨がたくさん降りました。
去年夏天下了很多雨。这个夏天和去年夏天下得一样多。

❹ In Korea, there is no other island that has as beautiful a view as Jeju Island.
韓国でチェジュドほど景色が美しい島はありません。　在韩国再没有比济州岛景色优美的岛了。

03 성격이 맞아서 금방 친해졌어요

Our personalities match so we became friends right away.

性格が合ってすぐに親しくなりました。

我们性格合得来，很快就熟悉了。

EN

Misun	Dormitory life is fun, isn't it?
Maria	Yes, it is fun. I'm doing well, since my roommate helps me a lot.
Misun	Is your roommate Korean?
Maria	Yes, she is friendly and smart. Our personalities match so we became friends right away.

JP

ミソン	寄宿舎での生活が面白いでしょう。
マリア	はい、面白いです。ルームメートがたくさん助けてくれて仲良くしています。
ミソン	ルームメートが韓国人ですか。
マリア	はい、親切で賢いです。私たちは性格が合ってすぐに親しくなりました。

CH

美善	宿舍生活有意思吗?
玛丽亚	是的，有意思。同屋帮了我很多，过得很好。
美善	同屋是韩国人吗?
玛丽亚	是的，又亲切又聪明。我们性格合得来，很快就熟悉了。

새 어휘

EN New Vocabulary JP 新しい語彙 CH 生词

생활	EN life	JP 生活	CH 生活
방 친구	EN roommate	JP ルームメート	CH 同屋
도와주다	EN to help	JP 助けてくれる/あげる	CH 帮/帮助
똑똑하다	EN to be smart	JP 賢い	CH 聪明
성격이 맞다	EN personalities match	JP 性格が合う	CH 性格合得来
금방	EN right away	JP すぐに	CH 很快
친하다	EN to become friends (close)	JP 親しい	CH 熟悉

주제 어휘

EN Thematic Vocabulary JP テーマ語彙 CH 主题词汇

성격 및 외모 EN Personality & Physical Appearance JP 性格及び外見 CH 性格及外貌

친절하다	EN kind / friendly	JP 親切だ	CH 亲切
마음이 넓다	EN understanding	JP 心が広い	CH 心胸宽广
마음이 따뜻하다	EN warm-hearted	JP 心が温かい	CH 热心肠
성격이 좋다	EN to have a good personality	JP 性格がいい	CH 性格好
성격이 밝다	EN to have a bright personality	JP 性格が明るい	CH 性格开朗
멋있다	EN to be cool	JP かっこいい	CH 帅
뚱뚱하다	EN to be fat	JP 太っている	CH 胖
날씬하다	EN to be thin	JP やせている	CH 苗条
키가 크다	EN to be tall	JP 背が高い	CH 个高
키가 작다	EN to be short	JP 背が低い	CH 个矮

문법 1

EN Grammar JP 文法 CH 语法

–지요?

EN It is attached to the action verb or descriptive verb stem in order to ask a question to confirm something that is already known as fact. When using the past or present perfect tense, '–었지요?/았지요?/였지요?' is used.

JP 動詞や形容詞の語幹に付いて、すでに知っていることを確認するように尋ねるとき使う。過去や完了をあらわすときは'–었지요?/았지요?/였지요?'を使う。

CH 用于动词或形容词词干后，以确认的语气来提问已知内容。表示过去或完成时，用"–었지요?/았지요?/였지요?"。

1. Wei lives in the dormitory, doesn't he? ウェイさんが寄宿舎に住むでしょう。 伟住宿舍吧?
2. The weather is very nice today, isn't it? 今日天気がとてもいいでしょう。 今天天气真好吧?
3. Michael is from Canada, isn't he? マイケルさんがカナダ人でしょう。 迈克是加拿大人吧?
4. You met your friends yesterday, didn't you? 昨日友達に会ったでしょう。 昨天见朋友了吧?

문법 2

EN Grammar JP 文法 CH 语法

–어지다

EN It is attached to the descriptive verb stem in order to signify that the state of the subject has changed from before. If the descriptive verb stem ends in the vowel sounds 'ㅏ' or 'ㅗ', '–아지다' is used and in all other cases, '–어지다' is used. For descriptive verb stems that end in '하다', '–여지다' is used.

JP 形容詞の語幹に付いて、ある状態に変化することをあらわす。形容詞の語幹の母音が'ㅏ,ㅗ'で終われば'–아지다'を、それ以外の場合は'–어지다'を使う。'하다'には'–여지다'を使う。

CH 用于形容词词干后，表示变成某种状态。形容词词干以元音"ㅏ，ㅗ"结尾时，用"–아지다"，否则用"–어지다"。以"하다"结尾时，用"–여지다"。

1. The grammar is getting more difficult than during Beginner Level 1.
   1級のときより文法が難しくなっています。 语法比一级时难了。
2. I put in too much salt, so the food became salty. 塩をたくさん入れて料理がしょっぱくなりました。 放了很多盐菜咸了。
3. In the future, the weather will get colder. これから天気がもっと寒くなるでしょう。 以后天气会变冷的。
4. I've become accustomed to life in Korea, so living here is not difficult.
   韓国での生活に慣れて韓国での生活がしんどくありません。 熟悉韩国生活了，韩国生活不难了。

04 저도 한국 요리를 배웠으면 좋겠어요

I wish I could learn to cook Korean food too.

私も韓国料理を習えたらいいです。

我要是也学韩国料理就好了。

EN

Erico	Are you involved in any clubs?
Amara	Yes, I am in the cooking club. Today, we are going to make traditional Korean food with several ingredients.
Erico	That sounds like fun. I wish I could learn to cook Korean food too.
Amara	If you're interested, come to our club.

JP

えりこ	サークル活動をしますか。
アマラ	はい、私は料理サークルに加入しました。今日はいろいろな材料で韓国の伝統料理を作るつもりです。
えりこ	面白そうです。私も韓国料理を習えたらいいです。
アマラ	韓国料理に関心があったら私たちのサークルに来てみてください。

CH

惠理子	参加社团活动吗?
阿马拉	是啊。我加入了社团。今天要拿各种材料做韩国料理。
惠理子	挺有意思的。我要是也学韩国料理就好了。
阿马拉	如果对韩国料理感兴趣，来我们社团看看吧。

새 어휘

EN New Vocabulary JP 新しい語彙 CH 生词

	EN	JP	CH
동아리 활동	club activities	サークル活動	社团活动
요리	cooking	料理	料理
동아리에 들다	to join a club	サークルに加入する	加入社团
여러 가지	several	いろいろ	各种
재료	ingredients	材料	材料
전통	tradition / traditional	伝統	传统
관심	interest	関心	兴趣

주제 어휘

EN Thematic Vocabulary JP テーマ語彙 CH 主题词汇

동아리 종류

EN Clubs JP サークルの種類 CH 社团种类

	EN	JP	CH
탈춤 동아리	Talchum(mask dance) club	タルチュム(仮面劇)サークル	假面舞社团
국악 동아리	Korean traditional music club	国楽サークル	国乐社团
사진 동아리	photography club	写真サークル	摄影社团
영화 동아리	movie club	映画サークル	电影社团
등산 동아리	hiking club	登山サークル	登山社团
태권도 동아리	Taekwondo club	テコンドーサークル	跆拳道社团
여행 동아리	travel club	旅行サークル	旅行社团
마술 동아리	magic club	手品サークル	魔术社团
연극 동아리	drama club	演劇サークル	话剧社团
만화 동아리	comic club	漫画サークル	漫画社团

문법 1

EN Grammar JP 文法 CH 语法

을/를 가지고

EN It is attached to the noun in order to state its use as a tool, means, method, or ingredient.

JP 名詞に付いて、道具や手段、方法、材料であることをあらわす。

CH 用于名词后，表示工具或手段、方法、材料。

❶ The child is playing with the cell phone. 子どもが携帯電話で遊びます。 孩子在拿手机玩儿。

❷ We learn Korean with this textbook. この教科書で韓国語を学びます。 拿这个教材学韩国语。

❸ I bought a book with the money my grandmother gave me.
おばあさんにもらったお金で本を買いました。 拿奶奶给的零花钱买了书。

❹ Bibimbap is made with beef and vegetables. 牛肉と野菜でビビンバを作ります。 拿牛肉和蔬菜做拌饭。

문법 2

EN Grammar JP 文法 CH 语法

–었으면 좋겠다

EN It is attached to the action verb or descriptive verb stem in order to express a strong desire or wish. If the action verb or descriptive verb stem ends in the vowel sounds 'ㅏ' or 'ㅗ', '–았으면' is used, and in all other cases, '–었으면' is used. For verb or descriptive verb stems that end in '하다', '–였으면' is used.

JP 動詞と形容詞の語幹に付いて、強い'願い、望み'をあらわす。
動詞や形容詞の語幹の母音が'ㅏ、ㅗ'で終われば '–았으면'を使い、それ以外の場合は'–었으면'を使う。'하다'には'–였으면'を使う。

CH 助用于动词，形容词词干后，表示"바람, 희망"。
动词或形容词词干元音以"ㅏ，ㅗ"结尾时，用"–았으면"，否则用"–었으면"。以"하다" 结尾时，用"–였으면"。

❶ I wish I were good at Korean. 韓国語が上手だったらいいです。 韩国语说得流利就好了。

❷ I wish we had no homework. 宿題がなかったらいいです。 没有作业就好了。

❸ I hope the weather is nice tomorrow. 明日天気が晴れたらいいです。 明天天气晴就好了。

❹ I wish today were Sunday. 今日が日曜日だったらいいです。 今天是星期天就好了。

제2과

학교생활

Chapter 2

School Life

第２課 学校生活

第２课 学校生活

01 조교님 덕분에 많은 것을 알았습니다

I learned many things, thanks to the TA.

助手のおかげでたくさんのことがわかりました。

在助教的帮助下我学到了很多东西。

EN

TA	What can I help you with? (literal: What are you here for?)
James	I want to take Professor Kim's class. Do you think it will be difficult for a foreigner?
TA	The class won't be difficult. The attendance and reports are very important. If you also make a presentation, you will get a very good score.
James	I learned many things, thanks to you. Thank you.

JP

助手	何の用事で来ましたか。
ジェームス	助手、キム教授の授業を受けようと思いますが、外国人に難しいでしょうか。私がよくわからなくて来たのですが。
助手	授業は難しくないでしょう。出席と報告書がとても重要です。発表もしたらいい点数をもらえるでしょう。
ジェームス	助手のおかげでたくさんのことがわかりました。ありがとうございます。

CH

助教	因为什么事儿来的呢?
詹姆斯	助教，想听金教授的课，外国人会很难吗? 我不太懂，所以来的。
助教	课应该不难。出勤和报告书很重要。发表的话，会得高分的。
詹姆斯	在助教的帮助下，我学到了很多东西。谢谢。

새 어휘

EN New Vocabulary JP 新しい語彙 CH 生词

	EN	JP	CH
조교	teaching assistant (TA)	助手	助教
외국인	foreigner	外国人	外国人
출석	attendance	出席	出勤
보고서	report	報告書	报告书
중요하다	to be important	重要だ	重要
발표하다	to present	発表する	发表

주제 어휘

EN Thematic Vocabulary JP テーマ語彙 CH 主题词汇

수업 EN Class JP 授業 CH 课程

	EN	JP	CH
휴강	cancelling a class	休講	停课
출석하다	to attend class	出席する	出勤
결석하다	absent	欠席する	缺勤
지각하다	tardy/late	遅刻する	迟到
중간시험	midterm exam	中間試験	期中考试
기말시험	final exam	期末試験	期末考试
시험을 보다	to take an exam	試験を受ける	考试
과제물	assignment	(研究)課題	课外作业

문법 1

EN Grammar JP 文法 CH 语法

덕분에

EN It is attached to the noun to state the reason for a positive result. If the action verb stem ends in a consonant, '–은 덕분에' is used and if it ends in a vowel, '–ㄴ 덕분에' is used.

JP 名詞に付いて、肯定的な結果についての理由をあらわす。子音で終わる動詞の語幹には '–은 덕분에'を使用し、母音で終わる動詞の語幹には '–ㄴ 덕분에'を使用する。

CH 用于名词后，表示积极性结果的缘由。以辅音结尾的动词词干，用 "–은 덕분에"，以元音结尾的动词词干，用 "–ㄴ 덕분에"。

1. I learned a lot of Korean, thanks to the teacher.
   先生のおかげで韓国語をたくさん学びました。 在老师的帮助下，学会了很多韩国话。
2. My life in Korea was very fun, thanks to my friends.
   友達のおかげで韓国での生活がとても面白いです。 在朋友的帮助下，韩国生活非常有意思。
3. I can make a phone call any time, thanks to my cell phone.
   携帯電話のおかげでいつでも電話をすることができます。 多亏有手机，什么时候都能打电话。
4. I lost weight due to swimming so hard. (literal: I became thin due to swimming diligently.),
   一生懸命水泳をしたおかげでスリムになりました。 多亏努力游泳，变瘦了。

문법 2(1)

EN Grammar JP 文法 CH 语法

ㄷ 동사

EN The ㄷ irregular verbs denote a few of the verbs whose verb stem ends in 'ㄷ' and changes from 'ㄷ' to 'ㄹ' when placed in front of an ending that begins with a vowel (걷다to walk, 듣다to listen to, 묻다to ask, 싣다to load, etc.).

JP ㄷ動詞は語幹が 'ㄷ'で終わる動詞の中で、母音で始まる語尾の前で 'ㄷ'が 'ㄹ'に変わる一部の動詞(걷다, 듣다, 묻다, 싣다 など)を言う。

CH ㄷ动词是指词干以"ㄷ"结尾的动词中，在以元音开头的词尾前，收音"ㄷ"变成"ㄹ"的部分动词（걷다, 듣다, 묻다, 싣다等）。

Reference ▶ The final consonant 'ㄷ' in verbs such as '닫다' (to close) and '받다' (to receive) does not change to 'ㄹ'.

- Please close the door because it is too noisy.
- I received flowers from my boyfriend yesterday.

参考 ▶ '닫다', '받다'などの動詞はパッチム 'ㄷ'が 'ㄹ'に変わらない。
• うるさいのでドアを閉めてください。
• 昨日彼氏から花をもらいました。

参考 ▶ "닫다", "받다"等动词收音"ㄷ"不变成"ㄹ"。
• 有点儿吵，请关门。
• 昨天从男朋友那里收到了花。

❶ I feel better when I listen to music. 音楽を聞いたら気分がよくなります。 听音乐，心情变好。

❷ I asked my friend for her telephone number. 友達に電話番号を尋ねました。 向朋友询问电话号码。

❸ My house is close by, so I walk to school. 家が近くて家から学校まで歩いて来ます。 家近，从家走到学校。

❹ I'm trying to put this bag in the car. Please help me.
このかばんを車に載せようと思うのですが、手伝って下さい。 要把这个包装进车里，请帮个忙。

문법 2(2)

EN Grammar JP 文法 CH 语法

르 동사

EN The 르 irregular verbs denote the action verbs (고르다to choose, 모르다 to not know, 부르다 to call (over), etc.) and the descriptive verbs (다르다different, 마르다skinny/dry, 빠르다fast, etc.) whose stem ends in '르' and when used together with an ending that begins with a vowel, the vowel 'ㅡ' disappears and an additional 'ㄹ' is added in the syllable that precedes the '르'.

JP 르不規則動詞は語幹が '르'で終わる動詞や形容詞の中で、後に母音で始まる語尾がくると母音 'ㅡ' がなくなり '르'の前にある音節にパッチム 'ㄹ'が生じる動詞(고르다, 모르다, 부르다 など)や形容詞(다르다, 마르다, 빠르다 など)を言う。

CH 르 不规则动词，是指词干以"르"结尾的动词或形容词中，后接元音开头的词尾时，元音"ㅡ"消失，"르"前的音节出现收音"ㄹ"的动词（고르다, 모르다, 부르다 等）或形容词(다르다, 마르다, 빠르다 等）。

❶ An airplane is faster than a train. 飛行機が汽車より速いです。 飞机比火车快。

❷ My stomach is full because I ate a lot. ごはんをたくさん食べてお腹がいっぱいです。 饭吃多了，肚子饱。

❸ In the summer, we have to wear sunscreen when we go outside
夏には外に出るとき日焼け止めを塗らなければいけません。 夏天出门时，要擦防晒霜。

❹ Choose the correct answer and write it in the space provided.
正しい答えを選んで空欄に書いてください。 选择正确的答案填空。

02 게시판만 보지 말고 홈페이지에 들어가 보세요

Don't just look at the bulletin board, but go to the homepage too.

掲示板だけ見ないでホームページに 入ってみてください。

不要只看公告板，你进入网站看看吧。

EN

Misun	Michael, what are you looking for on the departmental office bulletin board?
Michael	I am looking for part-time jobs at school. But there isn't much information on the bulletin board.
Misun	Don't just look at the bulletin board, but go to the school homepage too. There should be more information there.
Michael	Yes, thank you for letting me know.

JP

ミソン	マイケルさん、学科の事務室の掲示板で何を探しますか。
マイケル	学校の中でできるアルバイトを探しています。ところが掲示板を見たら情報があまりありません。
ミソン	学科の事務室の掲示板だけ見ないで学校のホームページに入ってみてください。そこに情報がもっとたくさんあるでしょう。
マイケル	はい、教えてくれてありがとうございます。

CH

美善	迈克，你在系办公室公告板找什么呢？
迈克	在找能在学校里面做的兼职。可是看公告板信息不太多。
美善	不要只看公告板，你进入网站看看吧。那里应该有很多信息的。
迈克	好的，谢谢你告诉我。

새 어휘

EN New Vocabulary JP 新しい語彙 CH 生词

	EN	JP	CH
과 사무실	departmental office	学科の事務室	系办公室
게시판	bulletin board	掲示板	公告板
정보	information	情報	信息
별로	not much (not particularly)	別に	不太
홈페이지	homepage	ホームページ	网站
알려 주다	to let known/inform	知らせてくれる/あげる	告诉

주제 어휘

EN Thematic Vocabulary JP テーマ語彙 CH 主题词汇

정보 찾기 EN Finding Information JP 情報検索 CH 信息查询

	EN	JP	CH
입학 정보	admission information	入学情報	入学信息
아르바이트 정보	part-time job information	アルバイト情報	打工信息
취업 정보	career information	就職情報	就业信息
생활 정보	lifestyle information	生活情報	生活信息
개인 정보	personal information	個人情報	个人信息
정보를 찾다	to find information	情報を探す	查询信息
정보를 교환하다	to exchange information	情報を交換する	交换信息
홈페이지에 들어가다	to go to the homepage	ホームページに入る	进入网站
검색하다	to search	検索する	查找

문법 1

EN Grammar JP 文法 CH 语法

–으니까

EN It is placed after an action verb stem to signify a realizaion that is a result of the action that precedes it. If the verb stem ends in a consonant, '–으니까' is used and if it ends in a vowel, '–니까' is used.

JP 動詞の語幹に付いて、前の動作をした結果として後の事実を発見したことをあらわす。子音で終わる動詞の語幹には'–으니까'を、母音で終わる動詞の語幹には'–니까'を使う。

CH 用于动词词干后，表示由于之前动作结果，发现了之后的事实。以辅音结尾的动词词干用"–으니까"，以元音结尾的动词词干用"–니까"。

1. After trying the Kimchi stew, I found that it was a bit salty.
   味見をしたらキムチチゲが少ししょっぱかったです。 尝一尝，觉得泡菜汤有点儿咸。
2. After going to the coffee shop, I found that there weren't many customers.
   コーヒーショップに行ったらお客があまり多くいませんでした。 去咖啡店，发现客人不太多。
3. After listening to the singer's song, I realized that it was good.
   その歌手の歌を聞いてみたら歌がよかったです。 听那个歌手的歌，觉得歌很好听。
4. After having met Minho, I realized that he was a good person.
   ミンホさんに会ってみたらミンホさんがいい人でした。 见了民浩，才知道民浩是个好人。

문법 2

EN Grammar JP 文法 CH 语法

–지 말고

EN It is attached to the verb stem to state that an action in the preceding clause is prohibited and an alternate action in the latter clause is being commanded or proposed.

JP 動詞の語幹に付いて、先行節の行動を禁止して、後行節の行動を命令したり提案することをあらわす。

CH 用于动词词干后，表示禁止先行小句的行为，或者命令或提议后行小句的行为。

1. Don't be absent to school tomorrow; make sure you come to school.
   明日欠席しないで必ず学校に来てください。 明天不要缺席，一定要来学校。
2. There's an exam next week, so don't just play but study hard.
   来週に試験があるので、遊ばないで一生懸命勉強してください。 下星期有考试，别玩了，学习吧。
3. Since the weather is hot, let's eat naengmyun instead of eating kimchijjigae.
   天気が暑いので、キムチチゲを食べないで冷麺を食べましょう。 天气热，别吃泡菜汤，吃冷面吧。
4. I think the subway will be faster. Why don't we take the subway instead of taking the bus?
   地下鉄がもっと速いようですが、バスに乗らないで地下鉄に乗るのはどうですか。
   地铁好像更快，别坐公交车，坐地铁怎么样？

03 한국 친구에게서 도움을 받을 수 있어요

You can get help from a Korean friend.

韓国の友達から助けてもらえます。

可以从韩国朋友那里得到帮助。

EN

Wien	Do you have Korean friends?
Wei	Yes, there's a mentor program at my school, so I meet Korean friends every week. Yesterday I spoke Korean for about 4 hours.
Wien	4 hours? After hearing that, I want to sign up for the mentor program too.
Wei	Yes, you can get help from a Korean friend and your Korean will also improve a lot.

JP

ウィン	韓国の友達がいますか。
ウェイ	はい、私たちの学校にはメンタリングプログラムがあって毎週韓国の友達に会います。昨日は韓国語で4時間くらい話しました。
ウィン	4時間もですか。ウェイさんの話を聞いたら私もメンタリングプログラムを申請したいのですが。
ウェイ	はい、韓国の友達から助けてもらえるし、韓国語の実力もとても伸びるでしょう。

CH

云	有韩国朋友吗?
伟	是的，我们学校有启导项目，每周见韩国朋友。昨天用韩国语说了四个小 时左右呢。
云	四个小时? 听伟的事儿，我也想申请启导项目。
伟	好啊。能得到韩国朋友的帮助，也能提高韩国语实力。

새 어휘

EN New Vocabulary JP 新しい語彙 CH 生词

멘토링 프로그램	EN mentor program	JP メンタリングプログラム	CH 启导项目
매주	EN every week	JP 毎週	CH 每周
신청하다	EN to sign up/apply	JP 申請する	CH 申请
도움	EN help	JP 助け	CH 帮助
실력	EN skill/ability	JP 実力	CH 实力
늘다	EN to improve	JP 伸びる	CH 提高

주제 어휘

EN Thematic Vocabulary JP テーマ語彙 CH 主题词汇

멘토링 프로그램 EN mentor program JP メンタリングプログラム CH 启导项目

멘토링 프로그램	EN mentor program	JP メンタリングプログラム	CH 启导项目
신청서를 쓰다	EN to fill out an application	JP 申請書を書く	CH 写申请书
선착순	EN first-come first-serve	JP 先着順	CH 先后顺序
성별	EN gender	JP 性別	CH 性别
연락처	EN contact information	JP 連絡先	CH 联系方式
주 1회	EN once a week	JP 週1回	CH 每周一次
오리엔테이션	EN orientation	JP オリエンテーション	CH 迎新会
참석하다	EN to attend/participate	JP 参加する	CH 参加

문법 1

EN Grammar JP 文法 CH 语法

이나

EN This is attached to the noun to express that the amount or degree of something is more than expected. It also contains the meaning of astonishment.

'이나' is used for a noun that ends in a consonant, and '나' is used for a noun that ends in a vowel.

JP 名詞に付いて、数量や程度が予想より多いことをあらわす。また驚きの意味をあらわしもする。
子音で終わる名詞には'이나'を、母音で終わる名詞には'나'を使う。

CH 用于名词后，表示数量或程度比预想的要多。还表示惊讶的意思。
以辅音结尾的名词用"이나"，以元音结尾的名词用"나"。

❶ I memorized 50 words yesterday. 私は昨日単語を50個も覚えました。 我昨天都背了五十个单词。

❷ It snowed as much as 30cm in Seoul. ソウルに雪が30cmも降りました。 首尔都下了30厘米的雪。

❸ You ate three portions of bulgogi all by yourself?
一人でプルコギを3人分も食べましたか。 自己都能吃三人份烤肉。

❹ 10 hours? You slept that much?
10時間もですか。そんなにたくさん寝ましたか。 十个小时吗？竟然睡了那么多？

문법 2

EN Grammar JP 文法 CH 语法

에게서

EN It is attached to a noun that denotes a person to express the starting point of the action. It can be used interchangeably with '한테서' as well as '에게' and '한테'. In order to show respect towards a person of higher standing, '께' is used.

JP 人をあらわす名詞に付いて、ある動作が始まる出発点をあらわす。'한테서'にかえて使うことができ、'에게','한테'でも使える。目上の人である場合には'께'を使う。

CH 用于表示人的名词后，表示动作开始的出发点。可以写成"한테서"，也可以写成"에게"，"한테"。对长辈用"께"。

Reference ▶ '에서' is used when speaking about a location.
- The e-mail came from the office.
- A package came from my hometown.

参考 ▶ 場所である場合には '에서'を使う。
- 事務室からメールが来ました。
- 故郷から小包が来ました。

参考 ▶ 用于场所名词时，用"에서"。
- 从办公室来了邮件。
- 从老家来了包裹。

❶ I received a call from my Korean friend. 韓国の友達から電話が来ました。 从韩国朋友那儿来了电话。

❷ I received a birthday gift from my girlfriend.
彼女から誕生日プレゼントをもらいました。 从女朋友那里收到了生日礼物。

❸ I heard that story from Misun. ミソンさんからその話を聞きました。 从美善那里，听到了那个故事。

❹ I learned Korean from Teacher Kim. 私はキム先生から韓国語を学びました。 我从金老师那里学了韩国语。

04 지금 안에서 수업하는 중이에요

There is class going on right now.

今、中で授業中です。

现在教室里面正在上课呢。

EN

TA	Please be quiet.
Rie	Huh? Us?
TA	Yes, please don't chat here. There is class going on right now.
Rie	I'm sorry. I didn't think there was class.

JP

助手	静かにしてください。
りえ	はい、私たちですか。
助手	はい、ここで騒がないでください。今、教室の中で授業中です。
りえ	申し訳ありません。授業がないと思ってました。

CH

助教	请安静一下。
利惠	嗯？我们吗？
助教	对啊，请不要在这里喧哗。现在教室里面正在上课呢。
利惠	不好意思。我以为没有课呢。

새 어휘

EN New Vocabulary JP 新しい語彙 CH 生词

한국어	EN	JP	CH
조용히	quietly	静かに	安静
저희	us (our)	私たち	我们
떠들다	to chat	騒ぐ	（大声）喧哗
수업하다	to have class	授業をする	上课
죄송하다	to be sorry	申し訳ない	不好意思

주제 어휘

EN Thematic Vocabulary JP テーマ語彙 CH 主题词汇

예절 EN Etiquette JP 礼節(マナー) CH 礼节

한국어	EN	JP	CH
학교 예절	school etiquette	学校のマナー	学校礼仪
생활 예절	lifestyle etiquette	生活のマナー	生活礼仪
인사 예절	etiquette in greeting others	挨拶のマナー	问候礼仪
식사 예절	dining etiquette	食事のマナー	用餐礼仪
방문 예절	etiquette when visiting others	訪問のマナー	访问礼仪
언어 예절	language etiquette	言語のマナー	语言礼仪
전화 예절	telephone etiquette	電話のマナー	电话礼仪
윗사람	one's elder	目上の人	长辈
어른	adult	大人	大人
아랫사람	one's junior	目下の人	晚辈
존댓말	honorific speech	尊敬語	敬语
반말	casual speech/ informal speech	パンマル	平语
예절을 지키다	to mind your manners	礼節を守る	遵守礼节
예의가 없다	to have no manners/ rude	礼儀を欠く	没有礼貌

문법 1

EN Grammar JP 文法 CH 语法

–는 중이다

EN It is attached to the verb stem in order to express that a certain action is in progress. After a noun, '중이다' is used.

JP 動詞の語幹に付いて、あることが進行していることをあらわす。名詞の後では '중이다'で使う。

CH 用于动词词干后，表示某件事正在进行中。名词后，用"중이다"。

❶ I am in the middle of waiting for my friend right now. 私は今、友達を待っているところです。 我现在等朋友呢。

❷ I'm on my way right now. Please wait just a little longer.
今行く途中です。もう少々お待ち下さい。 现在在走呢。请稍等。

❸ We're in the middle of class right now, so please be quiet.
授業中なので静かにして下さい。 在上课呢，请安静一下。

❹ The company president is in the middle of a meeting right now, so he cannot answer the phone.
社長は今、会議中なので電話をお受けになれません。 老板现在在开会，不能接电话。

문법 2

EN Grammar JP 文法 CH 语法

–는 줄 알다

EN It is attached to the action verb stem to show that the speaker previously had incorrect information about something. '알다' is typically used in the form '알았다.' '–는 줄 알았다' is used with the action verb stem and '–은/ㄴ 줄 알았다' is used with the descriptive verb stem. When using the past or present perfect tense, '은/ㄴ 줄 알았다' is used and for future tense or when making speculations, '–을/ㄹ 줄 알았다' is used.

JP 動詞の語幹に付いて、話者がある事実について勘違いしていたことをあらわす。'알다'はふつう '알았다'の形態で使う。動詞の語幹には '–는 줄 알았다'を、形容詞の語幹には'–은/ㄴ 줄 알았다'を、過去や完了をあらわすときは '–은/ㄴ 줄 알았다'を、未来や推測をあらわすときは' – 을/ㄹ 줄 알았다'を使う。

CH 用于动词词干后，表示说话人对某件事的错误理解。"알다"一般写作"알았다"。动词词干后用"–는 줄 알았다"，形容词词干后用"–은/ㄴ 줄 알았다"，表示过去或完成时用"–은/ㄴ 줄 알았다"，表示未来或推测时用" – 을/ㄹ 줄 알았다"。

❶ I thought Youngsu liked Misun.
ヨンスさんがミソンさんが好きなのだと思ってました。 我以为英洙喜欢美善呢。

❷ I thought Wei's house was far away from school because he is late to school every day.
ウェイさんが毎日学校に遅れて来て家が遠いと思ってました。 伟每天迟到，我以为他家远呢。

❸ I thought today was Wednesday. But today is Thursday.
私は今日が水曜日だと思ってました。ところが今日は木曜日です。 我以为今天是星期三。可今天是星期四。

❹ I thought you wouldn't be able to make it to the meeting. How did you come?
集まりに来られないだろうと思ってましたが、どうして来られましたか。 还以为你不能来聚会呢，怎么来了？

제3과

학교 편의 시설

Chapter 3
School Amenities

第 3 課　学校の便益施設

第 3 课　学校服务设施

01 우선 아이디부터 만드세요

Make an ID first.

まずアイディーから作ってください。

先注册一个帐号吧。

EN

Wien	I want to borrow this book.
Employee	This is not a book that you can borrow. If you need it, you can copy it.
Wien	How do I copy it?
Employee	Make an ID first and then enter your PIN. Then place the book on the copy machine over there and press the button.

JP

ウィン	この本を借りたいのですが。
職員	これは借りられない本です。必要でしたらコピーしてください。
ウィン	コピーはどのようにしますか。
職員	まずアイディーから作って、パスワードを押してください。それからあちらのコピー機に本を置いて開始ボタンを押してください。

CH

云	想借这本书。
职员	这是不能借走的书。需要的话可以复印。
云	复印怎么办?
职员	先注册帐号，再输入密码。然后把书放在那边的复印机上，按开始按钮。

새 어휘

EN New Vocabulary JP 新しい語彙 CH 生词

	EN	JP	CH
빌려 가다	to borrow	借りていく	借走
필요하다	need	必要だ	需要
복사하다	to copy	コピーする	复印
우선	first	まず	先
아이디	ID	アイディー(ID)	帐号
비밀번호	PIN	パスワード	密码
누르다	to input (to push)	押す	输入
복사기	copy machine	コピー機	复印机
버튼	button	ボタン	按钮

주제 어휘

EN Thematic Vocabulary JP テーマ語彙 CH 主题词汇

복사실 EN Copy Room JP 複写室 CH 复印室

	EN	JP	CH
복사실	copy room	複写室	复印室
복사하다	to copy	コピーする	复印
용지	paper	用紙	用纸
부수	number of copies	部数	册数
단면	single-sided	片面	单面
양면	double-sided	両面	双面
확대	enlarge	拡大	扩大
축소	reduction	縮小	缩小

문법 1

EN Grammar JP 文法 CH 语法

부터

EN It is attached to the noun in order to express that a certain action takes place first.

JP 名詞に付いて、いろいろな行為の中で一番先にすることをあらわす。

CH 用于名词后，表示相比其他行为优先实行。

❶ When I wake up in the morning, the first thing I do is wash my face.
私は朝起きたら洗顔からします。 我早晨起来先洗脸。

❷ Shall we order first and then talk? 食べ物から注文して話しましょうか。 先点菜，再聊吧。

❸ Let's open the window first and then clean. まず窓から開けて掃除しましょう。 先开窗户，再打扫吧。

❹ Wash your hands first and then eat your food.
まず手から洗って食べ物を召し上がってください。 先洗手，再吃饭吧。

문법 2

EN Grammar JP 文法 CH 语法

에다가

EN It is attached to a noun in order to express the location, object, or position in/on which an action takes place. It is used together with transitive verbs such as '넣다(to put in), 놓다(to place), 쓰다(to write)'. It is used interchangeably with '에' and '에다'.

JP 名詞に付いて、ある行為をする場所や物、位置などをあらわす。'넣다(入れる), 놓다(置く), 쓰다(書く)'などの他動詞とともに使われる。'에'または '에다'にかえて使うことができる。

CH 用于名词后，表示动作的场所或对象事物、位置等。与 "넣다､놓다､쓰다"等及物动词一起使用。可以用 "에"或"에다"。

❶ Put sugar in the coffee. コーヒーに砂糖を入れます。 往咖啡里放糖。

❷ Please write the word on the chalkboard. 黒板に単語を書いて下さい。 在黑板写一下单词。

❸ I placed the family portrait on top of the desk. 家族写真を机の上に置きました。 把全家福放在桌子上。

❹ I put the flowers that I received from my friend in a flower vase.
友達からもらった花を花瓶に挿しました。 从朋友那里收到的花，插在花瓶里。

02 편하게 음악 감상도 할 수 있어요

You can even listen to music in comfort.
楽に音楽鑑賞もできます。
也可以方便地鉴赏音乐。

EN

Amara	Have you been to the multimedia center in the library?
James	Yes, the facility is clean and nice. You can even listen to music in comfort and study a foreign language.
Amara	Can you watch movies, too?
James	Yes, they show movies for free at the multimedia center. Do you want to go together this Thursday?

JP

アマラ	図書館にあるマルチメディアセンターに行ったことがありますか。
ジェームス	はい、きれいで施設がいいです。音楽鑑賞も楽にできるし、外国語の勉強もできます。
アマラ	映画も見られますか。
ジェームス	はい、メディア室で無料で映画を上映します。今週の木曜日に一緒に行きませんか。

CH

阿马拉	去过图书馆里的多媒体中心吗?
詹姆斯	是的，又干净设施又好。也可以方便地欣赏音乐、学习外语。
阿马拉	电影也能看吗?
詹姆斯	是的，多媒体室免费上映电影。这个星期四一起去啊?

새 어휘

EN New Vocabulary JP 新しい語彙 CH 生词

	EN	JP	CH
시설	facility	施設	设施
감상	to listen to (appreciate, enjoy)	鑑賞	欣赏
미디어실	media room	メディア室	多媒体室
무료	free	無料	免费
상영하다	to show	上映する	上映

주제 어휘

EN Thematic Vocabulary JP テーマ語彙 CH 主题词汇

멀티미디어센터 이용

EN Multimedia Center Usage JP マルチメディアセンターの利用 CH 多媒体中心的利用

	EN	JP	CH
멀티미디어센터	multimedia center	マルチメディアセンター	多媒体中心
영화 감상	movie screening	映画鑑賞	电影欣赏
음악 감상	listening to music	音楽鑑賞	音乐欣赏
외국어 학습	foreign language studies	外国語学習	外语学习
자료	resources	資料	资料
열람하다	to read/to peruse	閲覧する	阅览
상영하다	to show	上映する	上映
헤드폰을 쓰다	to use headphones	ヘッドフォンをつける	带耳麦
촬영하다	to film	撮影する	拍摄
동영상을 만들다	to make a video	動画を作る	制作视频

문법 1

EN Grammar JP 文法 CH 语法

–게

EN It is attached to the descriptive verb stem in order to denote the means or degree of an action or state.

JP 形容詞の語幹に付いて、動作や状態の方式、程度などをあらわす。

CH 用于形容词词干后，表示动作或状态的方式和程度等。

❶ I had an enjoyable weekend. (literal: I spent the weekend in an enjoyable manner)
週末を楽しく過ごしました。 周末过得开心。

❷ Please give me a pretty haircut (literal: please cut my perttily). 髪をかわいく切って下さい。 把头发剪漂亮一点。

❸ Yesterday, my friends and I ate samgyupsal and it was tasty. (literal: I ate it deliciously)
昨日友達とサムギョプサルをおいしく食べました。 昨天和朋友们吃五花肉吃得很好。

❹ If you go to the Dongdaemun marketplace, you will be able to buy pretty clothes for cheap.
東大門市場に行ったら、かわいい服を安く買えるでしょう。 去东大门市场，能很便宜地买到漂亮衣服。

문법 2

EN Grammar JP 文法 CH 语法

–을래요?

EN This is attached to the action verb stem in order to ask the other person's inclination regarding something. If the action verb stem ends in a consonant, '–을래요?' is used and if it ends in a vowel, '–ㄹ래요?' is used.

JP 動詞の語幹に付いて、あることについて相手の意向を尋ねることをあらわす。子音で終わる動詞の語幹には '–을래요?'を、母音で終わる動詞の語幹の後には '–ㄹ래요?'を使用する。

CH 用于动词词干后，表示关于某件事情咨询对方的意见。以辅音结尾的动词词干用"–을래요?"，以元音结尾的动词词干用"–ㄹ래요?"。

❶ Do you want to watch a movie together tomorrow? 明日一緒に映画を見ませんか。 明天能一起看电影吗?

❷ Do you want to wear this if you're cold? 寒かったらこの服を着ませんか。 如果冷，要穿这件衣服吗?

❸ This brea is good. Do you want some?
このパンがおいしいですが、少し召し上がりませんか。 这个面包很好吃，你要吃点儿吗?

❹ The weather is nice. Do you want to go to the park?
天気がいいですが、一緒に公園に行きませんか。 天气好，要一起去公园吗?

03 학교 버스는 한 시간마다 있어요

The school bus comes every hour.

スクールバスは1時間ごとにあります。

校车每隔 1 个小时运行一次。

EN

Erico	How do you get to the Seoul campus?
Youngsu	Use the school bus. It is very convenient because you don't have to transfer.
Erico	How frequently does the school bus come?
Youngsu	The bus usually comes every hour. It is very fast because it takes the freeway. If you go to the homepage, you can find specific information regarding the school bus.

JP

えりこ	ソウルキャンパスに行くとき、どのように行きますか。
ヨンス	スクールバスを利用してください。乗り換えなくてもいいのでとても便利です。
えりこ	スクールバスはどれくらいの間隔で来ますか。
ヨンス	ふつう1時間ごとにあります。高速道路を経由して行くのでとても速いです。ホームページに入ったら詳しくわかります。

CH

惠理子	要去首尔校区，怎么去？
英洙	利用校车吧。不用换乘，很方便。
惠理子	校车有多常来？
英洙	一般一个小时来一次。走高速公路，挺快的。进入学校网站，能详细了解到。

새 어휘

EN New Vocabulary JP 新しい語彙 CH 生词

	EN	JP	CH
캠퍼스	campus	キャンパス	校区
이용하다	to use	利用する	利用 / 使用
편리하다	to be convenient	便利だ	方便
고속도로	freeway	高速道路	高速公路
자세히	specifically/in detail	詳しく	详细

주제 어휘

EN Thematic Vocabulary JP テーマ語彙 CH 主题词汇

학교 버스 이용 EN School Bus Usage JP スクールバスの利用 CH 校车的利用

	EN	JP	CH
출발하다	to depart	出発する	出发
도착하다	to arrive	到着する	到达
예약하다	to make a resevation/ to book	予約する	预订
예약을 취소하다	to cancel a reservation	予約を取り消す	取消预定
왕복	roundtrip	往復	往返
예약 문자메시지	reservation text message	予約メール	预订短信
신분증	ID card	身分証	身份证
운행 시간	hours of operation	運行時間	运行时间
운행하다	to operate/to run	運行する	运行

문법 1

EN Grammar JP 文法 CH 语法

마다

EN It is attached to the noun in order to express that the same or similar action or state repeats at regular intervals. It is also used to signify '낱낱이 모두(each and every one)', '하나도 빠짐이 없이(without the exception of even one)'.

JP 名詞に付いて、一定した期間に似た行動や状態が繰り返されることをあらわす。'낱낱이 모두', '하나도 빠짐이 없이'をあらわしもする。

CH 用于名词后，表示一段时间，反复类似的行动或状态。也表示"낱낱이 모두"，"하나도 빠짐이 없이"的意思。

1. The bus comes every 30 minutes. バスは30分ごとに来ます。 公共汽车每三十分钟来一趟。
2. I like to travel, so I travel during every vacation.
旅行が好きで学校の休みごとに旅行に行きます。 因为喜欢旅游，每次放假都去旅游。
3. There are a lot of people in each store. 店ごとに人が多いです。 所有的店，人都很多。
4. Each country has a different language and different food.
国ごとに言語も異なるし、食べ物も異なります。 每个国家的语言和饮食都不一样。

문법 2

EN Grammar JP 文法 CH 语法

으로 해서

EN It is used with a noun that denotes a location to mean 'to pass through' or 'via' a certain route. If the noun ends in a consonant, '으로 해서' is used and if it ends in a vowel or the sound 'l', 'ro 해서' is used. It is used together with '가다/ 오다'

JP 場所をあらわす名詞に付いて、その'場所を経由して'の意味をあらわす。
子音で終わる名詞には'으로 해서'を、母音と'ㄹ'で終わる名詞には'로 해서'を使う。'가다/오다'と一緒に使われる。

CH 用于表示场所的名词后，表示"장소를 경유하여"的意思。
以辅音结尾的名词用"으로 해서"，以辅音和"ㄹ"结尾的名词用"로 해서"。与"가다/오다"一起使用。

1. Which way should I take to get there? どこを経由して行きましょうか。 往哪个方向走呢?
2. Please go past City Hall. 市庁の前を通って行って下さい。 往市厅方向走吧。
3. I'm going through Daejeon to Busan. テジョンを経由してプサンに行くつもりです。 经由大田前往釜山。
4. I go past the school entrance to the subway station.
私は学校の正門の前を通って地下鉄駅に行きます。 我经由学校正门去地铁站。

04 새로 지은 건물의 지하 1층에 있어요

It is in B1 of the newly constructed building.

新しく建てた建物の地下1階にあります。

在新建建筑的地下 1 楼。

EN

James	Where is the school fitness center?
Youngsu	It is in B1 of the newly constructed building.
James	Is the school fitness center popular?
Youngsu	Yes, I assume so because membership registrations end early.

JP

ジェームス	学校のジムがどこにありますか。
ヨンス	あそこの新しく建てた建物の地下1階にあります。
ジェームス	学校のジムは人気が高いですか。
ヨンス	はい、会員登録が早く終わるのをみるとそのようです。

CH

詹姆斯	学校健身房在哪儿?
英洙	在那个新建教学楼的地下一楼。
詹姆斯	学校健身房受欢迎吗?
英洙	是的，看注册会员那么早就结束，应该是那样吧。

새 어휘

EN New Vocabulary JP 新しい語彙 CH 生词

한국어	EN	JP	CH
새로	newly	新しく	新
짓다	to build	建てる	建
지하	basement (underground)	地下	地下
인기가 많다	to be popular	人気が高い	受欢迎
회원 등록	membership registration	会員登録	注册会员
그렇다	to be so (yes)	そうだ	那样

주제 어휘

EN Thematic Vocabulary JP テーマ語彙 CH 主题词汇

체육 시설 EN Gym Facilities JP 体育施設 CH 体育设施

한국어	EN	JP	CH
체육관	gymnasium	体育館	体育馆
운동장	sports field	運動場	操场
축구장	soccer field	サッカー場	足球场
농구장	basketball court	バスケットボールコート	篮球场
야구장	baseball field	野球場	棒球场
탁구장	ping-pong room	卓球場	乒乓球场
테니스장	tennis court	テニスコート	网球场
수영장	swimming pool	プール	游泳馆
사물함	locker	ロッカー	保管箱
탈의실	dressing room	脱衣室	更衣室
샤워실	shower room	シャワー室	淋浴室

문법 1(1)

EN Grammar JP 文法 CH 语法

ㅎ 동사

EN These verbs are descriptive verbs that end in 'ㅎ' where the 'ㅎ' (까맣다black, 노랗다yellow, 빨갛다red, 파랗다blue, 하얗다white, 그렇다to be so, 어떻다how, 이렇다like this, 저렇다like that, etc.) disappear when used together with a final ending that begins with a vowel. If a final ending that begins with 'ㅡ' follows the ㅎverb, the 'ㅎ' disappears and if the verb is followed by a final ending that begins with 'ㅓ/ㅏ' the final consonant 'ㅎ' disappears and 'ㅓ/ㅏ' becomes 'ㅐ' and 'ㅑ' becomes 'ㅒ'.

JP 'ㅎ'で終わる形容詞の中で、母音で始まる語尾の前でパッチム'ㅎ'がなくなる一部の形容詞(까맣다, 노랗다, 빨갛다, 파랗다, 하얗다, 그렇다, 어떻다, 이렇다, 저렇다 など)を言う。ㅎ動詞は後に'ㅡ'で始まる語尾がくるとパッチム'ㅎ'がなくなり、'ㅓ/ㅏ'で始まる語尾がくるとパッチム'ㅎ'がなくなり、'ㅓ/ㅏ'は'ㅐ'になり、'ㅑ'は'ㅒ'になる。

CH 是指以"ㅎ"结尾的形容词中，在元音开头的词尾前，收音"ㅎ"消失的部分形容词(까맣다, 노랗다, 빨갛다, 파랗다, 하얗다, 그렇다, 어떻다, 이렇다, 저렇다等）。ㅎ动词后接"ㅡ"开头的词尾，"ㅎ"就会消失；后接"ㅓ/ㅏ"开头的词尾，"ㅎ"也会消失，"ㅓ/ㅏ"变成"ㅐ"，"ㅑ"变成"ㅒ"。

Reference ▶ The final consonant 'ㅎ' does not disappear for '좋다to like, 넣다to put in, 놓다to place.'
- I like Korea.
- Place the book on top of the desk.

参考 ▶'좋다, 넣다, 놓다'はパッチム'ㅎ'がなくならない。
- 私は韓国が好きです。
- 本を机の上に置いてください。

参考 ▶"좋다, 넣다, 놓다"的收音"ㅎ"不消失。
- 我喜欢韩国。
- 把书放在桌子上吧。

❶ I drew a picture on white paper. 白い紙に絵を描きました。 在白纸上画画儿了。

❷ In Korea, the sky is clear and blue in the fall. 韓国は秋に空が晴れて青いです。 韩国秋天天空又晴又蓝。

❸ I like red flowers better than yellow flowers.
私は黄色い花より赤い花がもっと好きです。 比起黄花，我更喜欢红花。

❹ How is life in Korea? 韓国での生活がどうですか。 韩国生活怎么样?

문법 1(2)

EN Grammar JP 文法 CH 语法

ㅅ 동사

EN These are verbs (낫다 to recover, 붓다 to swell, 젓다 to stir, 짓다 to build, etc.) that end with 'ㅅ' where the 'ㅅ' disappears in front of a final ending that begins with a vowel.

JP 'ㅅ'で終わる動詞の中で、母音で始まる語尾の前でパッチム'ㅅ'がなくなる一部の動詞(낫다, 붓다, 젓다, 짓다 など)を言う。

CH 指以"ㅅ"结尾的动词中，在元音开头的词尾前，收音"ㅅ"消失的部分动词(낫다, 붓다, 젓다, 짓다等）。

Reference ▶ Verbs such as (웃다 to laugh, 벗다 to take off, 씻다 to wash) do not lose the final consonant 'ㅅ'.
- My friend laughed after hearing my story.
- Wash your hands first.

参考 ▶'웃다, 벗다, 씻다'などの動詞はパッチム'ㅅ'がなくならない。
- 友達が私の話を聞いて笑いました。
- まず手から洗ってください。

参考 ▶"웃다, 벗다, 씻다"等动词的收音"ㅅ"不消失。
- 朋友听了我的故事后笑了。
- 先洗手吧。

❶ Put surar in the coffee, stir it wel, and drink it.
コーヒーに砂糖を入れてよくかき混ぜて召し上がってください。 咖啡里放糖后，好好搅和一下再喝吧。

❷ I was sick with the cold, but now I've gotten a lot better.
風邪を引いて具合が悪かったですが、今はよく治りました。 因为感冒病了一阵，现在好多了。

❸ I think Piu Piu's health isn't very good. Her face is very swollen.
ピュピュさんが健康がよくないみたいです。顔がとても腫れました。 飘飘好像身体不好。脸肿了很多。

❹ I named my dog 'Merry'. I call her 'Merry'.
子犬の名前を'メリー'と名づけました。子犬を'メリー'と呼びます。 把小狗的名字起为"玛丽"，叫它"玛丽"吧。

문법 2

EN Grammar JP 文法 CH 语法

–는 걸 보면

EN It is attached to the action verb stem and is used to express the gounds or reason for a speculation made by the speaker. '–는 걸 보면' is used with verbs and '–은/ㄴ 걸 보면' is used with descriptive verbs. When used with the past tense or present perfect, '–은/ㄴ 걸 보면' is used.

JP 動詞の語幹に付いて、話者が推測した内容の根拠や理由をあらわす。動詞の語幹には '–는 걸 보면'を、形容詞の語幹には'–은/ㄴ 걸 보면'を使う。過去や完了をあらわすときは'–은/ㄴ 걸 보면'を使う。

CH 用于动词词干后，表示说话人推测内容的根据或原因。动词词干用"–는 걸 보면"，形容词词干用 "–은/ㄴ 걸 보면"。表示过去或完成时，用"–은/ㄴ 걸 보면"。

❶ I think Erico likes books as I always see her reading.
えりこさんがいつも本を読むのをみると、本が好きみたいです。 看惠理子经常看书，好像很喜欢书的样子。

❷ I think the food at that restaurant is good since there are a lot of customers.
お客が多いのをみると、あの食堂の料理がおいしいようです。 看店里客人很多，店里的菜应该很好吃。

❸ I think that student is majoring in Business since he has business administration textbooks.
経営学の専門書籍を持っているのをみると、あの人が経営学科の学生のようです。
那个人有经营学专业的书，好像是经营系的学生。

❹ I think Wei must be very sick as he didn't come to school today.
ウェイさんが今日学校に来なかったのをみると、体の具合がとても悪いようです。
伟今天没来学校，好像身体很不舒服。

제4과

모임

Chapter 4
Meeting

第 4 課　集まり

第 4 课　聚会

01 지난번에 갔던 식당에서 할 거야

The meeting will be at the restaurant we went to last time.

前回行った食堂でするつもりだ。

在上次去过的餐馆举行。

EN

Youngsu	Misun, tomorrow's the back-to-school meeting. Are you going to go?
Misun	Yes, but where is it at?
Youngsu	It will be at the restaurant we went to last time. Do you remember? A lot of our classmates and underclassmen will come so don't forget and make sure you come.
Misun	Okay. I'll be sure to go.

JP

ヨンス	ミソン、明日開講の集まりがあるが、行くつもりか。
ミソン	うん、ところでどこでするの。
ヨンス	前回行った食堂でするつもりだ。思い出しただろう。同期と後輩もたくさん来るから、忘れずに必ず来い。
ミソン	わかった。必ず行くよ。

CH

英洙	美善，明天有开讲聚会，你去吗？
美善	嗯，可是在哪儿开呢？
英洙	在上次去过的餐馆举行。你记得吧？同届生和后辈们都来，别忘了，一定来啊。
美善	知道了。一定去。

새 어휘

EN New Vocabulary JP 新しい語彙 CH 生词

	EN	JP	CH
개강 모임	back-to-school meeting	開講の集まり	开课聚会
지난번	last time	前回	上次
기억이 나다	to remember	思い出す	记得
동기	classmates	同期	同期/同届
후배	juniors/underclassmen	後輩	后辈
잊다	to forget	忘れる	忘

주제 어휘

EN Thematic Vocabulary JP テーマ語彙 CH 主题词汇

개강 모임 EN Back-to-school Meeting JP 開講の集まり CH 开课聚会

	EN	JP	CH
개강 모임	back-to-school meeting	開講の集まり	开课聚会
개강하다	to start school	開講する	开课
학기 초	start of semester	学期初め	学期初
학기가 시작되다	to start the semester	学期が始まる	开学
종강 모임	end-of-semester meeting	終講の集まり	结课聚会
종강하다	to finish a semester	終講する	结课
학기 말	end of semester	学期末	学期末
학기가 끝나다	to end the semester	学期が終わる	学期结束
이야기를 나누다	to have a conversation with	話を交わす	交谈

문법 1 –어

EN Grammar JP 文法 CH 语法

EN This is attached to the action verb or descriptive verb stem and is usually used when speaking to a person of lower or equal speech level. It is the informal version of the phrases '–어요/아요/여요.' If the action verb or descriptive verb stem ends in the vowel sounds 'ㅏ' or 'ㅗ', '–아' is used and in all other cases, '–어' is used. If the stem ends in '하다,' '–여' is used. In the past or present perfect tense, '–었어/았어/였어' is used, and when used for the future tense or speculation, '–겠어' is used.

JP 動詞や形容詞の語幹に付いて、主に目下の人や同級の人に話すとき使う。非格式体 '–어요/아요/여요'のパンマルである。
動詞や形容詞の語幹が 'ㅏ,ㅗ'で終われば '–아'を使い、それ以外の場合は '–어'を使う。'하다'には '–여'を使う。過去や完了をあらわすときは '–었어/았어/였어'を、未来や推測をあらわすときは '–겠어'を使う。

CH 用于动词或形容词词干后，主要跟晚辈或同辈的人说话时用。是非格式体"–어요/아요/여요"的平语。
动词或形容词词干以"ㅏ、ㅗ"结尾用"–아"，否则用"–어"。以"하다"结尾时用"–여"。表示过去或完成时用"–었어/았어/였어"，表示未来或推测时，用"–겠어"。

Reference ▶ The following personal pronouns are changed as following:
This is attached to a person's name in order to call that person. For nouns with a final consonant, '아' is used and for nouns without a final consonant, '야' is used.
'이/가 아니에요' is changed to 이/가 아니야.'
e.g.) 내 책이 아니야. → It is not my book.

参考 ▶ 人称代名詞は次のようにかえる。
人の名前に付いて、他の人を呼ぶとき使う。パッチムがある名詞には '아'を、パッチムがない名詞には'야'を使う。
'이/가 아니에요'は '이/가 아니야'にかえる。

参考 ▶ 人称代词如下替换。
用于人名后，叫别人时用。有收音的名词用"아"，没有收音的名词用"야"。例如：미선아, 영수야。
"이/가 아니에요" 换成"이/가 아니야"。例如：내 책이 아니야。

높임말	반말
네 / 아니요	응 / 아니
안녕하셨어요?	잘 있었어?
안녕히 계세요	잘 있어
안녕히 가세요	잘 있어

높임말	반말
안녕히 주무세요	잘 잤어?
고마워요	고마워
미안해요	미안해
드세요 / 잡수세요	먹어

❶ I swim every morning. 私は毎朝水泳をする。 我每天早上游泳。

❷ Misun, are you still very busy these days? ミソン、最近もとても忙しいの。 美善，最近忙吗？

❸ This is the coffee shop that I often come to study.
ここは私がよく来て勉強をするコーヒーショップだ。 这里是我经常来学习的咖啡店。

❹ I met a friend yesterday and watched movie. 昨日友達に会って映画を見た。 昨天见了朋友，看了电影。

문법 2

EN Grammar JP 文法 CH 语法

–었던

EN This is attached to the action verb or descriptive verb stem when thinking back on an action or state that has been completed in the past. It is most often used with expressions regarding the past. A noun follows '–었던.' If the action verb or descriptive verb stem ends with the vowel sounds 'ㅏ' or 'ㅗ', '–았던' is used and for all other cases, '–었던' is used. If the stem ends in '하다', '–였던' is used.

JP 動詞や形容詞の語幹に付いて、過去に完了した動作や状態を回想しながら話すとき使う。主に過去の時間をあらわす表現とともに使われる。'–었던'の後には名詞がくる。
動詞や形容詞の語幹が 'ㅏ,ㅗ'で終われば '–았던'を使い、それ以外の場合は '–었던'を使う。'하다'には '–였던'を使う。

CH 用于动词或形容词词干后，回想并叙述过去已完成的动作或状态时用。主要和表示已过去时间形式一起使用。"–었던"后接名词。
动词或形容词词干以"ㅏ、ㅗ"结尾时用"–았던"，否则用"–었던"。以"하다"结尾时用"–였던"。

1. Shall we go to the restaurant that we went to last week?
先週行った食堂に行きましょうか。 去上周去过的饭店啊?
2. Please sit in the seats tha tyou sat in yesterday. 昨日座った席に座ってください。 坐昨天坐过的座位吧。
3. This is the house that our family used to live in 10 years ago.
この家は私の家族が10年前に住んでいた家です。 这个房子是我们家族十年前住过的房子。
4. What was the most difficult thing for you until now?
今まで最もつらかったことは何ですか。 到现在最辛苦的事儿是什么?

02 케이크는 내가 사 가지고 갈게

I'll buy the cake.
ケーキは私が買って行くよ。
蛋糕我买了带过去。

EN

Rie	Since tomorrow is Maria's birthday, why don't we have a party after class?
Michael	That's a good idea. I'll buy the cake. But how many candles should I get?
Rie	She's the same age as me so we need 20. I'll prepare the cookies and beverages. Let's keep it a secret from Maria.
Michael	Alright. See you tomorrow.

JP

りえ	明日がマリアの誕生日だが、授業が終わってからパーティーをするのはどうか。
マイケル	それはいい考えだ。ケーキは僕が買って行くよ。ところでろうそくは何個準備しなければならないの。
りえ	私と同い年だから20個あったらいい。私はお菓子と飲み物を準備するよ。マリアには秘密だ。
マイケル	わかった。明日会おう。

CH

利惠	明天是玛丽亚的生日，下课后去派对，怎么样？
迈克	好主意。蛋糕我买了带过去。可是蜡烛要准备几个呢？
利惠	她和我同岁，有二十个就行。我来准备饼干和饮料吧。跟玛丽亚保密。
迈克	知道了。明天见。

새 어휘

EN New Vocabulary JP 新しい語彙 CH 生词

	EN	JP	CH
생각	idea	考え	主意
초	candle	ろうそく	蜡烛
동갑	same age	同い年	同岁
과자	cookie	お菓子	饼干
음료수	beverage	飲み物	饮料
비밀	secret	秘密	秘密/保密

주제 어휘

EN Thematic Vocabulary JP テーマ語彙 CH 主题词汇

생일 파티 EN Birthday Party JP 誕生日パーティー CH 生日派对

	EN	JP	CH
파티하다	to have a party	パーティーをする	派对
풍선을 불다	to blow balloons	風船をふくらます	吹气球
생일 카드를 쓰다	to write a birthday card	誕生日カードを書く	写生日卡
생일 축하 노래를 부르다	to sing "Happy Birthday"	誕生日祝いの歌を歌う	唱生日歌
촛불을 끄다	to blow out the candles	ろうそくの火を消す	吹蜡烛
폭죽을 터뜨리다	to shoot fireworks	爆竹を鳴らす	燃放烟花
박수를 치다	to clap	拍手をする	鼓掌
케이크를 자르다	to cut the cake	ケーキを切る	切蛋糕
생일 선물을 주다	to give a birthday gift	誕生日プレゼントをあげる	给生日礼物

문법 1

EN Grammar JP 文法 CH 语法

–는다, –니?

EN '–는다' is attached to the action verb stem or descriptive verb stem and is used for people of lower or equal speech level. It is the informal version of the formal expression '-습니다/ㅂ니다'. If the action verb stem ends in a consonant, '–는다' is used and if it ends in a vowel, '–ㄴ다' is used. '–다' is used for descriptive verb stems. For past or present perfect tense, '었다/았다/였다' is used and for future tense and speculation '–겠다' is used. '–니?' is used together with the action verb or descriptive verb stem in order to ask a question to a person of lower or equal speech level. It is the informal version of '–습니까/ㅂ니까?'. '–니?' is used with action verb or descriptive verb stems. For the past and present perfect tense, '–었니?/았니?/였니?' is used and for the future tense and speculation, '–겠니?' is used.

JP '–는다'は動詞や形容詞の語幹に付いて、目下の人や同級の人に使う。格式体 '–습니다/ㅂ니다'のパンマルである。子音で終わる動詞の語幹には '–는다'を、母音で終わる動詞の語幹には '–ㄴ다'を、形容詞の語幹には '-다'を使う。過去や完了をあらわすときは '–었다/았다/였다'を、未来や推測をあらわすときは '–겠다'を使う。'-니?'は動詞や形容詞の語幹に付いて、目下の人や同級の人に質問をするとき使う。格式体 '–습니까?/ㅂ니까?'のパンマルである。動詞や形容詞の語幹には '–니?'を使う。過去や完了をあらわすときは '–었니?/았니?/였니?'を、未来や推測をあらわすときは '–겠니?'を使う。

CH "–는다"用于动词或形容词词干后，用在晚辈或同辈的人身上。是格式体"–습니다/ㅂ니다"的平语。以辅音结尾的动词词干用"–는다"，以元音结尾的动词词干用"–ㄴ다"，形容词词干用"–다"。表示过去或完成时用"–었다/았다/였다"，表示未来或推测时用"–겠다"。
"–니?"用于动词或形容词词干后，向晚辈或同辈的人提问时使用。是格式体"–습니까?/ㅂ니까?"的平语。在动词或形容词词干用 "-니?"。表示过去或完成时用"–었니?/았니?/였니?"，表示未来或推测时用"–겠니?"。

❶ I like to exercise.
私は運動が好きだ。 我喜欢运动。

❷ My hometown is very beautiful.
私たちの故郷はとても美しい。 我们老家很美丽。

❸ Whose bag is this?
これは誰のかばんなの。 这是谁的包？

❹ Did you have fun playing with your friends yesterday?
昨日友達と楽しく遊んだの。 昨天和朋友玩儿得开心吗？

문법 2

EN Grammar JP 文法 CH 语法

–어 가지고

EN It is attached to the verb stem and is used to denote that the actions that precede and follow the expression take place in consecutive order, or that the latter action is founded upon the former action. If the verb stem ends in the vowel sounds 'ㅏ' or 'ㅗ', '–아 가지고' is used and for all other cases, –어 가지고' is used. If the verb stem ends in '하다', '–여 가지고' is used.

JP 動詞の語幹に付いて、前後の動作が順次起こることをあらわしたり、前の動作を基礎に後の動作が成り立つことをあらわす。動詞の語幹の母音が 'ㅏ'か 'ㅗ'で終われば '–아 가지고'を、それ以外の場合は '–어 가지고'を使う。'하다'で終われば'–여 가지고'を使う。

CH 用于动词词干后，表示前后动作按顺序发生或基于前面的动作形成了后面的动作。动词词干元音以"ㅏ"或"ㅗ"结尾时用"–아 가지고"，否则用"–어 가지고"。以"하다"结尾用"–여 가지고"。

❶ Let's buy a birthday gift and take it (to the party)
誕生日プレゼントを買って行きましょう。　买完生日礼物，再去吧。

❷ I copied the materials and used it to write my report.
資料をコピーして報告書を書きました。　复印了资料后，写了报告书。

❸ I'm planning on renting a car to go on a trip.
自動車を借りて旅行に行こうと思います。　想租车去旅行。

❹ I am going to learn Korean and use it to work at a Korean company.
韓国語を学んで韓国の会社で働くつもりです。　学习韩国语，去韩国公司工作。

03 내일 한 시까지 모두 모여라

Everyone, gather by 1PM tomorrow.

明日1時まで全員集まれ。

明天一点集合。

EN

Minchul	Next week, it's our group's turn to present. Everyone, gather by 1PM tomorrow. We need to practice for the presentation.
Amara	Sunbae, I have an important appointment tomorrow. What should I do?
Minchul	Then don't miss out on Saturday's meeting. You're going to come, right?
Amara	Of course I'll go. I'll see you on Saturday.

JP

ミンチョル	来週は私たちのグループが発表しなければいけない順番だ。明日1時まで全員集まれ。発表の練習をしなければならない。
アマラ	先輩、私は明日重要な約束があるのですが、どうしましょう。
ミンチョル	では土曜日の集まりには抜けるな。来るつもりだろう。
アマラ	もちろん行きますとも。土曜日にお会いします。

CH

民哲	下周轮到我们小组发表。明天一点集合。得练习发表。
阿马拉	前辈，我明天又重要的约会，怎么办呢?
民哲	那星期六聚会不能缺席啊。能来吧?
阿马拉	当然去。星期六见。

새 어휘

EN New Vocabulary JP 新しい語彙 CH 生词

	EN	JP	CH
조	group	組	小组
차례	turn	順番	轮到
연습하다	to practice	練習する	练习
선배	sunbae (senior/ upperclassmen)	先輩	前辈
빠지다	to miss	抜ける	缺席
뵈다	to meet (honorific)	お目にかかる	见

주제 어휘

EN Thematic Vocabulary JP テーマ語彙 CH 主题词汇

과제 모임 EN Project Meeting JP 課題の集まり CH 课业聚会

	EN	JP	CH
조	group	組	小组
조장	group leader	組長	组长
조원	group member	組員	组员
일을 맡다	to be in charge of a work	仕事を受け持つ	负责事情
내용을 정리하다	to organize the content	内容をまとめる	整理内容
피피티(PPT)를 만들다	to make a PPT	パワーポイント(PPT)を作る	做幻灯片(PPT)
발표자	presenter	発表者	发表者
발표하다	to present	発表する	发表

문법 1

EN Grammar JP 文法 CH 语法

–어라

EN It is attached to the action verb stem in order to issue a command to the listener. It is the informal version of the formal imperative final ending, '–으십시오/십시오.' If the action verb stem ends in the vowel sounds 'ㅏ' or 'ㅗ', '–아라' is used, but in all other cases, '–어라' is used. If the verb stem ends in '하다', '–여라' is used. The negation of this expression is '–지 마라.'

JP 動詞の語幹に付いて、聞き手があることをするよう命令することをあらわす。格式体の命令形終結語尾 '–으십시오/십시오'のパンマルである。動詞の語幹の母音が 'ㅏ,ㅗ'で終われば '–아라'を、それ以外の場合は '–어라'を使う。'하다'で終われば '–여라'を使う。否定形は '–지 마라'を使う。

CH 用于动词词干后，表示命令听话人做什么事情。格式体命令形终结词尾"–으십시오/십시오"的平语。动词词干元音以"ㅏ,ㅗ"结尾时用"–아라"，否则用"–어라"。以"하다"结尾则用"–여라"。否定形式用"–지 마라"。

1. It's cold, so dress warmly.
   寒いから服を暖かくして着ろ。　天气冷，衣服穿暖和点儿吧。
2. It is very windy, so close the window.
   風邪が強く吹くから窓を閉めろ。　风刮得大，关窗户吧。
3. When you come home, don't play, do your homework first.
   家に来たら遊ばないで宿題からしろ。　回家别玩，先写作业吧。
4. Don't go in the room with your shoes on.
   靴を履いて部屋に入るな。　别穿鞋进房间。

문법 2

EN Grammar JP 文法 CH 语法

-고말고요

EN It is attached to the action verb or descriptive verb stem in order to express agreement to the other person's question or statement. It means '물론이다(Of course)' and '당연히 그렇다(It is without a doubt.)' Even when using the past or present perfect tense, this expression is usually used in the present tense.

JP 動詞や形容詞の語幹に付いて、相手の質問や先にした話についての同意をあらわす。'물론이다', '당연히 그렇다'の意味だ。過去や完了をあらわすときもふつう現在形で使う。

CH 用于动词或形容词词干后，对对方的提问或之前说的话表示同意，表示"물론이다"，"당연히 그렇다"的意思。表示过去或完成时，一般用现在时态。

❶ 가 : You like kimchi, right?
가 : キムチが好きでしょう。
가 : 喜欢辣白菜吧?
나 : Of course I like it. I eat all kinds of Korean food.
나 : もちろん好きですとも。韓国料理は何でもよく食べます。
나 : 当然喜欢。韩国菜不管什么都爱吃。

❷ 가 : Is the subway station close from here?
가 : ここから地下鉄駅が近いですか。
가 : 这里离地铁站近吗?
나 : Of course it's close. It's about 5 minutes walking distance.
나 : もちろん近いですとも。歩いて5分くらいかかります。
나 : 当然近。走路需要五分钟。

❸ 가 : Christmas is a holiday in Korea, right?
가 : 韓国でクリスマスは休日でしょう。
가 : 在韩国圣诞节是休息日吧?
나 : Of course it's a holiday. We don't go to work.
나 : もちろん休日ですとも。会社に行きません。
나 : 当然是休息日。不去公司。

❹ 가 : Have you written the report?
가 : 報告書を書きましたか。
가 : 报告书写了吗?
나 : Of course I have written the report. I finished it yesterday.
나 : もちろん書きましたとも。昨日終えました。
나 : 当然写了。昨天结束了。

04 뒤풀이를 하는 한국 문화에 대해서 들은 적이 있어

I have heard about the Korean culture of after-parties.

打ち上げをする韓国の文化について聞いたことがある。

听说过有关聚餐的韩国文化。

EN

Maria	Do you have plans tonight?
Wien	There's an after-party after my club performance today.
Maria	Really? Sounds fun. I've heard from a Korean friend about the Korean culture of having after-parties following an event.
Wien	It's a good opportunity to get to know the Sunbaes(upperclassmen), so you should come with me.

JP

マリア	今日の夕方、約束があるか。
ウィン	今日はサークルの公演が終わってから打ち上げがある。
マリア	そうか。面白そうだ。韓国の友達から行事の後に打ち上げをする韓国の文化について聞いたことがある。
ウィン	先輩と親しくなれるいい機会だからお前も一緒に行こう。

CH

玛丽亚	今晚有约会吗?
云	今天社团演出结束后有聚餐。
玛丽亚	是吗？应该挺有意思的。从韩国朋友那里听说过，关于活动结束后举行聚餐的韩国文化。
云	是亲近前辈的好机会，你也一起去吧。

새 어휘

EN New Vocabulary JP 新しい語彙 CH 生词

	EN	JP	CH
공연	performance	公演	演出
뒤풀이	after-party	打ち上げ	聚餐
행사	event	行事	活动
문화	culture	文化	文化
기회	opportunity	機会	机会

주제 어휘

EN Thematic Vocabulary JP テーマ語彙 CH 主题词汇

뒤풀이 EN After-party JP 打ち上げ CH 聚餐

	EN	JP	CH
뒤풀이	after-party	打ち上げ	聚餐
2차	second round	2次会	二次（聚会的地点）
술자리	drinking party	飲み会	酒席
분위기	atmosphere	雰囲気	气氛
즐겁다	to be enjoyable	楽しい	高兴
건배하다	to make a toast	乾杯する	干杯
한잔하다	to have a drink	(酒を)一杯やる	喝一杯
회비를 내다	to pay membership fees	会費を出す	交会费

문법 1

EN Grammar JP 文法 CH 语法

에 대해서

EN It is used with a noun in order to speak about something associated with that noun. In order to describe a noun that follows it, it is used in the form, '에 대한.'

JP 名詞に付いて、その名詞と関係する内容を言うとき使う。後にある名詞を修飾する場合 '에 대한'で使う。

CH 用于名词后，叙述与那个名词有关的内容时使用。修饰后面的名词时用"에 대한"。

❶ I talked about my hobbies with my friends. 友達と趣味について話しました。 和朋友们谈一谈个人爱好。

❷ Professor, please tell us about the upcoming exam.
教授、今回の試験について教えて下さい。 教授，告诉一下这次考试的内容。

❸ I presented on Korea's economy during today's class.
今日授業時間に韓国の経済について発表しました。 今天上课时，发表了有关韩国经济的内容。

❹ This book is about Korean culture. この本は韓国の文化についての本です。 这本书是有关韩国文化的书。

문법 2

EN Grammar JP 文法 CH 语法

-자

EN It is attached to the action verb stem in order to propose doing a certain activity together. '-자' is the informal version of the formal final ending when making a suggestion, '-읍시다/ㅂ시다'. The negation of this expression is '-지 말자.'

JP 動詞の語幹に付いて、一緒に行動することを提案するとき使う。'-자'は格式体の勧誘形終結語尾 '-읍시다/ㅂ시다'のパンマルである。否定形は '-지 말자'を使う。

CH 用于动词词干，提议一起活动的时候用。"-자"是格式体祈使终结词尾"-읍시다/ㅂ시다"的平语。否定式用"-지 말자"。

❶ Let's go watch a play tomorrow. 明日一緒に演劇を見に行こう。 明天一起去看话剧吧。

❷ Let's eat naengmyun since it is hot. 天気が暑いから冷麺を食べよう。 天气热，吃冷面吧。

❸ Let's not open the window since it's noisy outside. 外がうるさいから窓を開けるのをやめよう。 外面吵，别开窗户了。

❹ Let's not go hiking tomorrow since it is raining heavily.
雨がたくさん降るから明日登山に行くのをやめよう。 雨下得很大，明天别去登山了。

제 5 과

쇼핑

Chapter 5
Shopping

第 5 課 ショッピング

第 5 课 购物

01 다른 구매 사이트에 비해서 값이 훨씬 싸

The prices are much lower compared to other websites.

他の購入サイトに比べて値段がはるかに安い。

比其他购物网站更便宜。

EN

Misun	Erico, what do you think about this watch?
Erico	It's pretty. Is it new?
Misun	Yes, I bought it a few days ago on a group purchase website. The prices were much lower compared to other websites, and it was very convenient because I could pay through my cell phone. Should I let you know the website?
Erico	Although it is cheaper to buy products through group purchases, sometimes the quality isn't as good. I like to buy products after seeing them in person.

JP

ミソン	えりこ、この時計どう。
えりこ	きれいだ。新しく買ったの。
ミソン	うん、数日前に共同購入サイトで買った。他のサイトに比べて値段もはるかに安いし、決済も携帯電話でしてとても楽だった。私がサイトを教えてあげようか。
えりこ	共同購入をしたら品物の値段が安いことは安いけど、時々品質がよくないときがある。私は品物を直接見てから買うのがもっといい。

CH

美善	惠理子，这个表怎么样？
惠理子	漂亮。新买的？
美善	嗯。几天前在团购网站买的。比其他购物网站更便宜，还用手机支付，很方便。我告诉你网站啊？
惠理子	团购东西价格是便宜，可有时也有质量不好的时候。我更喜欢亲自看了以后再买。

새 어휘

EN New Vocabulary JP 新しい語彙 CH 生词

공동 구매 사이트	EN group purchase website	JP 共同購入サイト	CH 团购网站
훨씬	EN much/by far	JP はるかに	CH 更/…得多
결제	EN to make a payment	JP 決済	CH 支付
공동 구매하다	EN to make a group purchase	JP 共同購入する	CH 团购
물건	EN product	JP 品物	CH 东西
품질	EN quality	JP 品質	CH 质量
직접	EN directly/in person	JP 直接	CH 亲自

주제 어휘

EN Thematic Vocabulary JP テーマ語彙 CH 主题词汇

모바일 쇼핑 EN Online shopping JP モバイルショッピング CH 移动购物

모바일	EN mobile	JP モバイル	CH 移动
앱(애플리케이션)	EN app (application)	JP アプリ(アプリケーション)	CH 应用程序
회원 가입	EN sign up for membership	JP 会員加入	CH 注册会员
주문하다	EN to order	JP 注文する	CH 订购
결제하다	EN to make a payment	JP 決済する	CH 支付
공동 구매하다	EN to make a group purchase	JP 共同購入する	CH 团购
배달하다	EN to be delivered	JP 配達する	CH 送货
배달되다	EN to be delivered	JP 配達される	CH 送到
모바일 상품권	EN mobile gift certificate	JP モバイル商品券	CH 移动商品券

문법 1

EN Grammar JP 文法 CH 语法

에 비해서

EN It is attached to a noun to show a standard of comparison and state that something is more (adj) than something else. It can be used as the shortened version '에 비해.'

JP 名詞に付いて、比較の基準よりもっとそうだということをあらわす。'에 비해'に略して使える。

CH 用于名词后，相比比较基准程度更深。可以缩写成"에 비해"。

❶ Today is much hotter compared to yesterday.
今日は昨日に比べてとても暑そうです。 今天跟昨天比热多了。

❷ Your Korean has improved compared to 6 months ago.
6ヶ月前に比べて韓国語の実力が上達した。 和六个月前比韩国语实力好多了。

❸ Our boarding house has bigger rooms compared to other boarding houses.
私たちの下宿は他の下宿に比べて部屋が広いです。 我们宿舍和别的宿舍比房间大一些。

❹ That person knows a lot compared to his age.
その人は年のわりに知っていることがとても多いです。 那个人相比年龄知道的很多。

문법 2

EN Grammar JP 文法 CH 语法

-기는 하지만

EN This is attached to the action verb or descriptive verb stem in order to express that the speaker acknowledges something in the former clause of the sentence but then proceeds to express his/her differing opinion regarding the same subject. What the speaker wishes to emphasize is the content in the latter clause of the sentence. When using the past or present perfect tense, '-기는 했지만' is used.

JP 動詞や形容詞の語幹に付いて、先行節の内容を認めるけれども、それと対照される話者の考えをあらわす。話者が強調しようとすることは後行節の内容である。過去や完了をあらわすときは'-기는 했지만'を使う。

CH 用于动词或形容词词干后，承认先行小句的内容，可表示与其相对的说话人的想法。说话人强调的是后行小句的内容。表示过去或完成时，用"-기는 했지만"。

❶ I know that person, but we are not close.
その人と知り合いであることは知り合いだけど、親しくないです。 虽然认识那个人，但不是很熟。

❷ Although I sleep early, I can't wake up early in the morning.
夜早く寝ることは寝るけど、朝早く起きられません。 晚上早睡，但早晨不能早起。

❸ Although I have Korean friends, we don't meet up often because we are busy.
韓国の友達がいることはいるけど、忙しくてよく会えません。 虽然有韩国朋友，但因为忙不能经常见面。

❹ The hotel we went to last time was spacious and nice, but it was too expensive.
前回行ったホテルが広くてよいことはよかったけど、料金が高すぎました。
上次去过的酒店又宽敞又好，不过太贵。

02 여기는 구경거리가 참 많구나

There is so much to see here.

ここは見ものがとても多いな。

这里看头很多。

EN

Rie	There is so much to see here. Do you come here often?
Maria	Yeah, I come here often because there are a lot of clothes with pretty designs.
Rie	This style is trending these days. But there are so many people that it's hard to shop.
Maria	Since it's crowded, let's just window shop today.

JP

りえ	ここは見ものがとても多いな。あなたはここによく来るの。
マリア	うん、デザインがかわいい服が多いのでよく来る。
りえ	これ最近流行する服だ。ところで人が多すぎて選ぶのが大変だ。
マリア	混雑しているから今日は見物でもしよう。

CH

利惠	这里看头很多。你经常来这儿吗?
玛丽亚	嗯，款式漂亮的衣服很多，经常来。
利惠	这是最近流行的衣服。可是人太多，很难挑选。
玛丽亚	有点儿复杂，今天就逛一下吧。

새 어휘

EN New Vocabulary JP 新しい語彙 CH 生词

	EN	JP	CH
구경거리	spectacle (things to see)	見もの	看头
디자인	design	デザイン	款式
요즘	these days	最近	最近
유행하다	to be in style/trendy	流行する	流行
고르다	to pick	選ぶ	挑选

주제 어휘

EN Thematic Vocabulary JP テーマ語彙 CH 主题词汇

시장 EN Marketplace JP 市場 CH 市场

	EN	JP	CH
꽃 시장	flower market	花市場	花市
수산 시장	fish market	水産市場	水产市场
전통 시장	traditional market	伝統市場	传统市场
새벽 시장	morning market	夜中の市場	早市
구경거리	spectacle (things to see)	見もの	看头
먹을거리	things to eat	食べ物	吃的
깎다	to cut	値切る	砍价
장을 보다	to buy groceries	買い物をする	赶集
장바구니	grocery bag	買い物かご	菜篮

문법 1

EN Grammar JP 文法 CH 语法

–는구나

EN This is attached to the action verb or descriptive verb stem and is used to express exclamation or wonder at having learned a new bit of information. It is usually used when looking at a particular scene or situation.
'–는구나' is used after an action verb stem and '–구나' follows a descriptive verb stem, '있다' or '없다.'
When using the past or present perfect tense, '–었구나/았구나/였구나' is used.
The honorific counterpart of '–는구나' is '–는군요/군요'.

JP 動詞や形容詞の語幹に付いて、新しく知った事実に感嘆するように話すとき使う。主にある場面や状況を見たり聞きながら話すとき使う。
動詞の語幹には'–는구나'を、形容詞の語幹や'있다''없다'の語幹には'–구나'を使用する。過去や完了をあらわすときは'–었구나/았구나/였구나'を使用する。
尊敬語で言うときは'–는군요/군요'を使う。

CH 用于动词或形容词词干后，表示对新得知的事实发出感叹。主要用来表示说话人在说话的同时看着或听着某一场景或情况。
动词词干用"–는구나"，形容词词或"있다"、"없다"词干用"–구나"。表示过去或完成时用"–었구나/았구나/였구나"。
表示尊敬时用"–는군요/군요"。

1. You are really good at drawing!
   絵を上手に描くなあ。　画儿画得很好。
2. Your school campus is very big!
   君たちの学校はキャンパスが広いなあ。　你们学校校区很大啊。
3. It's already the end of the semester next week!
   もう来週が終講だな。　下周就要结课了。
4. You took a lot of pictures when you were on vacation!
   旅行に行って写真をたくさん撮りましたね。　去旅行，照了很多照片啊。

문법 2

EN Grammar JP 文法 CH 语法

이나

EN It is attached to a noun and is used when speaking about something that is not the best choice but can be chosen easily among a wide selection. '이나' is used with nouns that end in a consonant, and '나' is used with nouns that end in a vowel.

JP 名詞に付いて、最善の選択ではないけれども、いろいろなものの中で容易に選択できる一つを言うとき使う。子音で終わる名詞には'이나'を、母音で終わる名詞には'나'を使う。

CH 用于名词后，在表示虽然不是最好的选择，但在诸多选项中，是相对容易选择的一项时使用。以辅音结尾的名词用"이나"，以元音结尾的名词用"나"。
式体终结词尾，用于名词后，用来叙述主语。

❶ Shall we go and watch a movie or something now that exams are over?
試験も終わりましたが、映画でも見ましょうか。　考试都结束了，看个电影啊？

❷ I'm going to just sleep this weekend.
今週末には睡眠でもとろうと思います。　这个周末想睡个觉。

❸ Let's have a cup of coffee or something if you have time.
時間があったらコーヒーでも一杯飲みましょう。　有时间，喝杯咖啡吧。

❹ Let's just take a walk in the park.
公園に行って散歩でもしましょう。　去公园散散步吧。

03

10분 정도밖에 안 걸릴 거야

It will only take about 10 minutes.

10分程度しかかからないだろう。

只需10分钟左右。

EN

Rie	What shall we eat for lunch today?
Amara	I can't go far because I have a math exam later today. And I don't really have an appetite, so I don't think I'll be able to eat a lot.
Rie	Then shall we go to the convenience store and just get something simple to eat, say kimbap and instant noodles? If we do that, it will only take about 10 minutes.
Amara	Okay, that sounds good.

JP

りえ	今日昼食は何を食べようか。
アマラ	私はあとで数学の試験を受けるので遠くに行けない。それから食欲もあまりなくてたくさん食べられないようだが。
りえ	ではコンビニで簡単にキムパプかカップラーメンを買って食べようか。そうしたら10分程度しかかからないだろう。
アマラ	うん、それがよさそうだ。

CH

利惠	今天午饭吃什么？
阿马拉	我过一会儿考数学考试，不能走远。而且也没胃口，吃不了很多。
利惠	那就在便利店简单吃个紫菜包饭或碗面啊？那只需10分钟左右。
阿马拉	行，那挺好。

새 어휘

EN New Vocabulary JP 新しい語彙 CH 生词

	EN	JP	CH
수학	math	数学	数学
멀리	far	遠く	远
입맛이 없다	to have no appetite	食欲がない	没胃口
간단하다	simple	簡単だ	简单
정도	about (a cetain quantity/degree)	程度	左右

주제 어휘

EN Thematic Vocabulary JP テーマ語彙 CH 主题词汇

편의점 EN Convenience Store JP コンビニ CH 便利店

	EN	JP	CH
24시간 편의점	24-hour convenience store	24時間営業コンビニ	24小时便利店
1+1(원 플러스 원)	buy one get one free	1+1(ワンプラスワン)	买一送一
할인행사	sales event	割引イベント	促销活动
할인상품	sales product	割引商品	促销 / 打折商品
생활용품	daily necessities	生活用品	生活用品
삼각김밥	samgakkimbap (triangle kimbap)	おにぎり	三角紫菜包饭
컵라면	instant noodle	カップラーメン	碗面
전자레인지	microwave	電子レンジ	微波炉

문법 1

EN Grammar JP 文法 CH 语法

–기 때문에

EN It is attached to the action verb or descriptive verb stem in order to express the cause or reason for something. In the past or present perfect tense, '–었기/았기/였기 때문에' is used. It cannot be used to make a command or a suggestion. At times, it can be used with a noun in the form '때문에'.

JP 動詞や形容詞の語幹に付いて、あることの原因や理由をあらわす。過去や完了をあらわすときは '–었기/았기/였기 때문에'を使う。命令文や勧誘文には使うことができない。名詞に '때문에'を付けて使うときもある。

CH 用于动词或形容词词干后，表示事情的原因和理由。表示过去或完成时，用"–었기/았기/였기 때문에"。不能用于命令句或祈使句。有时，名词后接"때문에"使用。

❶ It's hard because I work late every day. 毎日遅くまで仕事をするのでしんどいです。 每天工作到很晚，很累。

❷ Life in Korea is enjoyable because I have a lot of friends.
友達が多いので韓国での生活が楽しいです。 朋友很多，韩国生活很愉快。

❸ I don't go to school today because it is Sunday. 今日は日曜日なので学校に行きません。 今天星期天，不去学校。

❹ I can't play because of my exams. 試験のせいで遊べません。 因为考试，不能玩儿。

문법 2

EN Grammar JP 文法 CH 语法

밖에

EN It is attached to a noun and is used in order to limit something. It has the meaning '그것 말고는(nothing but that)' and '그것 이외에는(with the exception of that)'. Only a negation can come after this expression.

JP 名詞に付いて、あることを限定するとき使う。'그것 말고는', '그것 이외에는'の意味をあらわす。後に否定をあらわす表現だけくることができる。

CH 用于名词后，做限定时用。表示"그것 말고는"、"그것 이외에는"的意思。后面只能接表示否定的表达方式。

❶ I only have 1,000 won in my wallet. 財布にお金が千ウォンしかありません。 钱包里只有一千块钱。

❷ I only know her name. 私はその人の名前しか知りません。 我只知道那个人的名字。

❸ I'm tired because I only slept 3 hours last night.
昨日3時間しか寝られなくて疲れています。 昨天只睡了三个小时，很困。

❹ I didn't eat anything except for an apple. 朝、りんご1個しか食べませんでした。 早上只吃了一个苹果。

04 쓰던 물건을 싸게 살 수 있어

You can buy used items at a cheap price.

使っていた品物を安く買える。

可以便宜地买到二手货。

EN

Michael	I want to buy a motorcycle but I don't have enough money.
Youngsu	Click the 'flea market' tab on the school homepage. You can buy used items at a cheap price.
Michael	Really? Do they sell motorcycles too?
Youngsu	Of course. You should look into it because they even have products that are as good as new.

JP

マイケル	オートバイを買いたいが、お金が少し足りない。
ヨンス	学校のホームページの'フリーマーケット'に入ってみろ。使っていた品物を安く買える。
マイケル	そうか。オートバイも売るだろうか。
ヨンス	もちろん。新品のようにきれいなものもあるから一度調べてみろ。

CH

迈克	想买摩托车，钱有点儿不够。
英洙	进学校网站的"跳蚤市场"看看。可以便宜地买到二手货。
迈克	是吗？摩托车也卖吗？
英洙	当然。有和新的一样干干净净的，打听一下。

새 어휘

EN New Vocabulary JP 新しい語彙 CH 生词

	EN	JP	CH
오토바이	motorcycle	オートバイ	摩托车
모자라다	to lack (to not have enough)	足りない	不够
벼룩시장	flea market	フリーマーケット	跳蚤市场
팔다	to sell	売る	卖
새것	new	新しいもの	新的
알아보다	to find out/look into	調べてみる	找找看 / 打听

주제 어휘

EN Thematic Vocabulary JP テーマ語彙 CH 主题词汇

중고품 EN Used Items JP 中古品 CH 二手货

	EN	JP	CH
중고품	used items	中古品	二手货
벼룩시장	flea market	フリーマーケット	跳蚤市场
재활용	recycle	リサイクル	二次利用
헌	to be old	古い-	旧的
새	to be new	新しい-	新的
오래되다	old/aged	古い	老
필요 없다	not necessary	必要ない	不用
구하다	to look for/seek	求める	寻求

문법 1

EN Grammar JP 文法 CH 语法

–던

EN It is attached to the action verb or descriptive verb stem when thinking back on a habitual situation or state in the past or when a situation or state abruptly came to an end without being completed. '–던' is followed by a noun.

JP 動詞や形容詞の語幹に付いて、過去の習慣的な状況や状態を回想したり、その状況や状態が完了しないで中断したことをあらわす。'–던'の後には名詞がくる。

CH 用于动词或形容词后，表示回想过去习惯性的状况或状态，并表示其状况或状态未完成而停止。"–던"后接名词。
格式体终结词尾，用于名词后，用来叙述主语。

1. Where's the coffee that I was just drinking a little while ago?
   少し前に私が飲んでいたコーヒーがどこにあるかな。 之前我喝过的咖啡在哪儿？
2. Nowadays, I am using the computer that my sister used to use.
   姉が使っていたパソコンを最近私が使っています。 姐姐用过的电脑，最近我在用。
3. This is the restaurant that I used to go to often with my friends when I was going to school here.
   ここは私が学校に通うとき友達とよく行った食堂だ。 这里是我上学时经常和朋友去的饭店。
4. The weather that was cold has become warmer now because it is spring.
   寒かった天気が春になったらとても暖かくなりました。 冷过的天气，到了春天，变暖和了。

문법 2

EN Grammar JP 文法 CH 语法

처럼

EN It is attached to a noun and is used when comparing something to something else. It is used to express that something is similar in appearance or action as the noun that precedes it.

JP 名詞に付いて、比喩や比較の対象をあらわす。前にくる名詞の形や動作と似ていることをあらわすとき使う。

CH 用于名词后，表示比喻或比较对象。表示与前面名词的模样或动作很像时使用。

1. Youngsu sings well like a professional singer.
   ヨンスさんは歌手のように歌を上手に歌います。 英洙像歌手一样，歌唱得很好。
2. The view in Jeju Island is as beautiful as a picture.
   チェジュドの景色は絵のように美しいです。 济州岛的景色像画一样美丽。
3. James' girlfriend is as tall and pretty as a model.
   ジェームスさんの彼女はモデルのように背が高くてきれいです。 詹姆斯女朋友像模特一样个高又漂亮。
4. The younger brother studies well like his older brother.
   弟も兄のように勉強がよくできます。 弟弟像哥哥一样学习好。

제 6 과

건강

Chapter 6
Health

第 6 課 健康

第 6 课 健康

01 간편하게 먹을 수 있는 건강 식품도 많이 나온다고 해

I heard they are coming out with many healthy foods that are convenient to eat.

手軽に食べられる健康食品もたくさん売り出されているという。

听说出了很多能简单吃的健康食品。

EN

Misun	Nguyen, are you eating instant noodles again?
Nguyen	I have a lot of classes, so I don't have much time to eat. Among the foods that I can eat quickly, instant noodles suit my taste.
Misun	I heard they are coming out with many healthy foods that are convenient to eat nowadays. Eat those foods for your health.
Nguyen	Sure, thanks.

JP

ミソン	ヌエン、今日もラーメンを食べるの。
ヌエン	授業が多くてご飯を食べる時間があまりない。早く食べられる食べ物の中でラーメンが一番口に合う。
ミソン	最近は手軽に食べられる健康食品もたくさん売り出されているという。健康のためにそのような食べ物を食べろ。
ヌエン	うん、ありがとう。

CH

美善	阮，今天还吃方便面吗？
阮	课多，没有时间吃饭。能快点吃的东西中，拉面最合口味。
美善	听说最近出了很多能简单吃的健康食品。为了健康吃那种食品吧。
阮	好的，谢谢。

새 어휘

EN New Vocabulary JP 新しい語彙 CH 生词

입에 맞다	EN to suit one's palate (taste)	JP 口に合う	CH 合口味
간편하다	EN to be convenient	JP 手軽だ	CH 简单 / 简便
건강	EN health	JP 健康	CH 健康
식품	EN foods	JP 食品	CH 食品
나오다	EN to come out with	JP 出る(売り出される)	CH 出/出市

주제 어휘

EN Thematic Vocabulary JP テーマ語彙 CH 主题词汇

식품 EN Foods JP 食品 CH 食品

채소류	EN vegetables	JP 野菜類	CH 蔬菜类
과일류	EN fruits	JP 果物類	CH 水果类
육류	EN meats	JP 肉類	CH 肉类
곡류	EN grains	JP 穀類	CH 谷类
생선류	EN fish	JP 魚類	CH 海鲜类
유제품	EN dairy	JP 乳製品	CH 乳制品
유기농식품	EN organic foods	JP 有機農食品	CH 有机食品
패스트푸드	EN fast food	JP ファーストフード	CH 快餐

문법 1

EN Grammar JP 文法 CH 语法

중에서

EN It is attached to a noun and is used to mean, 'among two or more objects'. It can be shortened and used as '중에'.

JP 名詞に付いて、それが示す'2個以上のものごとの中で'の意味をあらわす。'중에'に略して使える。

CH 用于名词后，表示"两个以上的所指东西中"的意思，可简写为"중에"。

Reference ▶ If the object that is being specified is not more than two but just one, '에서' is used.
Ex) The most populated city in Korea is Seoul.
Find the sentence that is written incorrectly in this text.

参考 ▶ 示す対象が2個以上ではなく単に1つであるときは '에서'を使用する。
- 韓国で人口が最も多い都市はソウルです。
- この文で間違って書いた文章を探してみてください。

参考 ▶ 所指对象不是两个以上，而是单个时，用"에서"。
- 在韩国，人们居住最多的城市是首尔。
- 在这个文章里，请找出写错的句子。

❶ Among Korean foods, I like bulgogi the best.
私は韓国料理の中でプルコギが好きです。 韩国菜里面，我喜欢烤肉。

❷ What sport [among all other sports] are you good at?
運動の中で何の運動が上手にできますか。 运动项目里面，最拿手的是什么运动?

❸ Among the students in our class, James is the tallest.
私たちのクラスの学生の中でジェームスが一番背が高いです。 我们班学生中，詹姆斯个最高。

❹ Among the countries that I've visited until now, Italy was the most beautiful.
今まで行ったことがある国の中でイタリアが一番美しかったです。 到目前我去过的国家里面，意大利最美。

문법 2

EN Grammar JP 文法 CH 语法

-는다고 하다

EN This is attached to the action verb or descriptive verb stem when reiterating something that someone else said or when you wish to indirectly voice your opinion. If the action verb stem ends in a consonant, '-는다고 하다' is used and if it ends in a vowel, '-ㄴ다고 하다' is used. With descriptive verb stems, '-다고 하다' is used and with nouns, '이라고/라고 하다' is used. When expressing something in the past or present perfect tense, '-었다고/았다고/였다고 하다' is used and for future tense and speculation, '-겠다고 하다' is used.

JP 動詞や形容詞の語幹に付いて、他の人が叙述した内容や自身が言った内容を間接的に人に伝えるとき使う。子音で終わる動詞の語幹には '-는다고 하다'を、母音で終わる動詞の語幹には '-ㄴ다고 하다'を、形容詞の語幹には '-다고 하다'を使い、名詞には'이라고/라고 하다'を使う。過去や完了をあらわすときは '-었다고/았다고/였다고 하다'を、未来や推測をあらわすときは '-겠다고 하다'を使う。

CH 用于动词或形容词后，间接转述别人叙述的内容或自己说的内容时使用。以辅音结尾的动词词干用"-는다고 하다"，以元音结尾的动词词干用"-ㄴ다고 하다를"，形容词词干用"-다고 하다"，名词用"이라고/라고 하다"。表示过去或完成时用"-었다고/았다고/였다고 하다"，表示未来或推测时用"-겠다고 하다"。

❶ I heard that Piu Piu is learning how to cook Korean food these days.
最近ピュピュさんが韓国料理を習うといってます。 听说最近飘飘在学做韩国菜。

❷ I heard that Wien is busy preparing for his class presentation.
ウィンさんは授業の発表の準備のせいで忙しいといってます。 听说云因为准备课堂发表很忙。

❸ I heard that Michael's older brother is a doctor.
マイケルさんのお兄さんが医者だといいます。 听说迈克的哥哥是医生。

❹ I heard that Youngsu visited his hometown last weekend.
ヨンスさんは先週末に故郷に行ってきたといってます。 听说英洙上周末回了趟老家。

02 계속 기침이 나는데 어떻게 하면 좋냐고 해요

She says she keeps coughing and is asking what she should do.

ずっと咳が出ますが、どうしたらいいのかといってます。

问一直咳嗽怎么办才好。

EN

Misun	What did Rie say as to why she didn't come to school yesterday?
Maria	Rie said she caught a cold. She says she keeps coughing and is asking what she should do.
Misun	At times like that, she'll recover quickly if she drinks ginger tea or eats boiled pear.
Maria	That's good information. I'll pass that along to Rie.

JP

ミソン	りえさんが昨日なぜ学校に来なかったといってますか。
マリア	りえさんが風邪を引いたといってます。ずっと咳が出ますが、どうしたらいいのかといってます。
ミソン	そのようなときは生姜茶を飲んだり、梨を煮て食べたら早く治ります。
マリア	いい情報ですね。私がりえさんに伝えてあげますよ。

CH

美善	利惠有说昨天为什么没来学校吗?
玛丽亚	听说利惠感冒了。问一直咳嗽怎么办才好。
美善	那时喝姜茶或煮梨吃就好了。
玛丽亚	好方法。我来转告利惠。

새 어휘

EN New Vocabulary JP 新しい語彙 CH 生词

새 어휘	EN	JP	CH
감기에 걸리다	to catch a cold	風邪を引く	感冒
계속	continue	ずっと	一直
기침이 나다	to cough	咳が出る	咳嗽
생강차	ginger tea	生姜茶	姜茶
배	pear	梨	梨
끓이다	to boil	沸かす	煮
전하다	to pass on (information)	伝える	转告

주제 어휘

EN Thematic Vocabulary JP テーマ語彙 CH 主题词汇

증상 EN Symptoms JP 症状 CH 症状

주제 어휘	EN	JP	CH
열이 나다	to have a fever	熱が出る	发烧
소화가 안 되다	to have indigestion	消化が悪い	消化不良
배탈이 나다	to have a stomachache	お腹を壊す	闹肚子
머리가 아프다	to have a headache	頭が痛い	头疼
콧물이 나다	to have a runny nose	鼻水が出る	流鼻涕
몸살이 나다	to have a body ache/ my body aches	過労で病気になる	浑身难受
목이 붓다	to have a sore throat	のどが腫れる	喉咙肿了
토하다	to vomit	吐く	吐
멀미하다	to have motion sickness	乗り物酔いする	晕
다리를 다치다	to hurt one's leg/ injure	足をけがする	腿受伤了

문법 1

EN Grammar JP 文法 CH 语法

–냐고 하다

EN This is attached to the action verb or descriptive verb stem and is used to indirectly ask a question that someone else has asked. '–냐고 하다' is used with the action verb or descriptive verb stem. When using the past or present perfect tense, '–었냐고/았냐고/였냐고 하다' is used, and for the future tense or speculation, '–겠냐고 하다' is used.

JP 動詞や形容詞の語幹に付いて、他の人が質問した内容を間接的に人に伝えるとき使う。動詞や形容詞の語幹には '–냐고 하다'を、過去や完了をあらわすときは '–었냐고/았냐고/였냐고 하다'を、未来や推測をあらわすときは '–겠냐고 하다'を使う。

CH 用于动词或形容词后，间接转述别人的质问内容时使用。动词或形容词词干后用"–냐고 하다"，表示过去或完成时用"–었냐고/았냐고/였냐고 하다"，表示未来或推测时用"–겠냐고 하다"。

Reference ▶ '–느냐고 하다' can be used with a verb stem and '–으냐고 하다' can be used with a descriptive verb stem that ends in a consonant.
EX) She is asking what book you're reading.
He is asking what time is good for you to meet with him.

参考 ▶ 動詞の語幹に'–느냐고 하다'を、子音で終わる形容詞の語幹に'–으냐고 하다'を使うことができる。
– 何の本を読むのかといってます。
– 何時に会ったらいいのかといってます。

参考 ▶ 动词词干后用"–느냐고 하다"，辅音结尾的形容词词干可以用"–으냐고 하다"。
– 问看什么书。
– 问几点见面比较好。

❶ My mother is asking if you're doing well.
母が元気でやっているのかといってます。 妈妈问过得怎么样。

❷ He is asking if Youngsu is busy these days.
ヨンスが最近忙しいのかといってます。 他问英洙最近忙不忙。

❸ Nguyen is asking where the subway station is.
ヌエンが地下鉄駅がどこなのかといってます。 阮问地铁站在哪儿。

❹ Maria is asking where you bought this clothing.
マリアがこの服をどこで買ったのかといってます。 玛丽亚问这件衣服是在哪儿买的。

문법 2

EN Grammar JP 文法 CH 语法

-거나

EN This is attached to the action verb or descriptive verb stem when choosing between either the previous or latter option.

JP 動詞や形容詞の語幹に付いて、前のことや後のことの中で一つを選択するとき使う。

CH 用于动词或形容词干后，选择前后两项中的一项时使用。

❶ I come to school by riding my bicycle or walking.
私は自転車に乗ったり歩いて学校に来ます。 我要么骑车要么走路来学校。

❷ When I have time, I either take a walk or read a book.
私は時間があったら散歩をしたり本を読みます。 我有时间的话，要么散步要么看书。

❸ Eating salty or spicy food is not good for your health.
しょっぱかったり辛い食べ物は健康によくありません。 咸或者辣的东西，对身体不好。

❹ When I miss my family, I look at a picture or give them a call.
家族が会いたかったら写真を見たり電話をかけます。, 想念家人，要么看照片要么打电话。

03 의사 선생님이 운동을 하라고 하셨어요

The doctor told me to exercise.
医者が運動をするようにおっしゃいました。
医生让我运动。

EN

Erico	I got a physical examination done and the doctor told me to exercise. So, I'm planning on doing yoga. Misun, do you know how to do yoga?
Misun	Yes, a little bit. Even now, I am learning yoga twice a week.
Erico	Do you think I'll be good at yoga, too?
Misun	Yes, I'm sure you'll do well. Through yoga, I release stress and also improve my health.

JP

えりこ	健康診断を受けましたが、医者が運動をするようにおっしゃいました。それでヨガをしようと思います。ミソンさん、ヨガができますか。
ミソン	はい、少しできます。最近も一週間に2回ずつヨガを習っています。
えりこ	私もヨガが上手にできるでしょうか。
ミソン	はい、上手にできるでしょう。ヨガをしたらストレスが解消して健康もよくなります。

CH

惠理子	体检时，医生让我运动。于是我想做瑜伽。美善你会做瑜伽吗？
美善	是的，会一点儿。最近每周平均学两次。
惠理子	我也能做好吗？
美善	是的，应该能做好。做瑜伽能缓解疲劳，身体也会变好的。

새 어휘

EN New Vocabulary JP 新しい語彙 CH 生词

건강 검진을 받다	EN to receive a physical examination	JP 健康診断を受ける	CH 体检
요가	EN yoga	JP ヨガ	CH 瑜珈
–씩	EN each	JP –ずつ	CH 每…平均
스트레스가 풀리다	EN to release stress	JP ストレスが解消する	CH 缓解疲劳

주제 어휘

EN Thematic Vocabulary JP テーマ語彙 CH 主题词汇

운동 EN Exercise JP 運動 CH 运动

스트레칭	EN stretching	JP ストレッチ	CH 伸展运动
요가	EN yoga	JP ヨガ	CH 瑜珈
수영	EN swimming	JP 水泳	CH 游泳
등산	EN hiking	JP 登山	CH 爬山
줄넘기	EN jump roping	JP 縄跳び	CH 跳绳
걷기	EN walking	JP ウォーキング	CH 走路
달리기	EN running	JP ランニング	CH 跑步
자전거 타기	EN bicycling	JP 自転車に乗ること	CH 骑自行车

문법 1

EN Grammar JP ぶんぽう CH 语法

–으라고 하다

EN This is attached to the action verb stem and is used to indirectly relay a command or a request that another person has made. If the action verb stem ends in a consonant, '–으라고 하다' is used and if it ends in a vowel, '라고 하다' is used. The negation of this expression is '–지 말라고 하다.' '주다' changes to '달라고 하다' and '–어/아/여 주다' changes to '–어/아/여 달라고 하다.' In the case that something is carried out for someone else, '주라고 하다' and '–어/아/여 주라고 하다' is used.

JP 動詞の語幹に付いて、他の人が命令したりお願いした内容を間接的に人に伝えるとき使う。子音で終わる動詞の語幹には '–으라고 하다'を、母音で終わる動詞の語幹の後には '–라고 하다'を使用する。'–으라고/라고 하다'の否定形は '–지 말라고 하다'である。'주다'は'달라고 하다'にかわり、'–어/아/여 주다'は '–어/아/여 달라고 하다'にかわる。他の人のためにする場合には '주라고 하다'と'–어/아/여 주라고 하다'で使う。

CH 用于动词词干后，间接转述别人命令或拜托的内容时使用。以辅音结尾的动词词干用"–으라고 하다"，以元音结尾的动词词干用"–라고 하다"。"–으라고/라고 하다"的否定式是"–지 말라고 하다"。"주다"变成"달라고 하다"，"–어/아/여 주다"变成"–어/아/여 달라고 하다"。为别人做某事时用"주라고 하다"和"–어/아/여 주라고 하다"。

1. Wei says to come quickly. ウェイさんが早く来いといってます。 伟让我快过来。
2. My girlfriend told me not to smoke cigarettes. 彼女がたばこを吸うなといってます。 女朋友不让我抽烟。
3. Misun says to help her. ミソンさんが助けてくれといいました。 美善让我帮帮她。
4. Misun told me to help Youngsu. ミソンさんがヨンスさんを助けてあげろといってます。 美善让我帮助英洙。

문법 2

EN Grammar JP ぶんぽう CH 语法

–을 줄 알다

EN This is attached to the verb stem and is used when someone is capable of carrying out a certain action or knows the method to doing something. If someone does not have the ability to carry out a certain action or does not know the method to doing something, '–을 줄 모르다' is used. If the verb stem ends in a consonant, '–을 줄 알다' is used and if it ends with a vowel, '–ㄹ 줄 알다' is used.

JP 動詞の語幹に付いて、あることをできる能力があったり、あることをする方法がわかるとき使う。あることをする能力がなかったり、する方法がわからないときは '–을 줄 모르다'を使う。子音で終わる動詞の語幹には '–을 줄 알다'を、母音で終わる動詞の語幹には '–ㄹ 줄 알다'を使用する。

CH 用于动词词干后，具有做事的能力或知道做事的方法时使用。没有做事的能力或不知道做事的方法时用"–을 줄 모르다"。以辅音结尾的动词词干用"–을 줄 알다"，以元音结尾的动词词干用"–ㄹ 줄 알다"。

1. I know how to swim. 私は水泳ができます。 我会游泳。
2. I want to eat bulgogi. Do you know how to make it? プルコギを食べたいのですが、作れますか。 想吃烤肉，你会做吗?
3. These days, even grandfathers and grandmothers know how to send text messages.
最近はおじいさん、おばあさんも携帯メールを送れます。 最近爷爷奶奶也会发短信。
4. It's a little inconvenient because I don't know how to drive. That is why I am planning on learning how to drive.
運転ができなくて少し不便です。それで運転を習おうと思います。 不会开车很不方便。于是想学开车。

04 이제부터 나도 아침을 먹어야겠다

From now on, I should eat breakfast too.

これから私も朝ごはんを食べなくちゃ。

从今以后我也要吃早饭。

EN

Misun	Rie, Erico suggested eating breakfast together. Do you want to go?
Rie	I don't eat breakfast. I'm trying to lose weight.
Misun	I saw on the news that if you skip breakfast, you gain weight more easily. Also, it's not good because you can't focus when you are studying or working.
Rie	Really? From now on, I should eat breakfast too.

JP

ミソン	りえ、えりこが朝ごはんを食べようといってるが、一緒に行かないか。
りえ	私は痩せようと朝ごはんを食べないが。
ミソン	私がニュースで見たが、朝ごはんを抜いたら簡単に太るといっていた。それから勉強や仕事に集中できなくてよくないといっていた。
りえ	そうか。これから私も朝ごはんを食べなくちゃ。

CH

美善	利惠，惠理子说要吃早饭，一起去吗?
利惠	我为了减肥不吃早饭。
美善:	我在新闻上看，说不吃早饭容易胖。还有学习或工作不易集中，对身体 不好。
利惠	是吗? 从今以后我也要吃早饭。

새 어휘

EN New Vocabulary JP 新しい語彙 CH 生词

	EN	JP	CH
살을 빼다	to lose weight	痩せる	减肥
굶다	to starve/skip a meal	食事を抜く	饿/不吃
살이 찌다	to gain weight	太る	胖
집중하다	to focus	集中する	集中精神
이제	now	今	今后 / 以后

주제 어휘

EN Thematic Vocabulary JP テーマ語彙 CH 主题词汇

식습관 EN Eating Habits JP 食習慣 CH 饮食习惯

	EN	JP	CH
과식하다	to overeat	過食する	暴食
소식하다	to eat minimal portions	少なく食べる	少吃
편식하다	to eat only what one wants	偏食する	偏食
외식하다	to eat out	外食する	在外就餐
야식	late-night snack	夜食	宵夜
채식	vegetarian diet	菜食	素食
육식	meat focused diet	肉食	肉食
골고루 먹다	to eat a balanced meal	まんべんなく食べる	吃得均匀
빨리 먹다	to eat quickly	早く食べる	吃得快
천천히 먹다	to eat slowly	ゆっくり食べる	吃得慢

문법 1

EN Grammar JP 文法 CH 语法

–어야겠다

EN It is attached to the action verb or descriptive verb stem and is used to express resolve, determination, or speculation. It is the shortened version of '–어야 하겠다' which is a combination of the ending '–어야' and the verb '하겠다.' If the verb stem ends in the vowel sounds 'ㅏ' or 'ㅗ', '–아야겠다' is used and in all other cases, '–어야겠다' is used. If the verb stem ends in '하다', '–여야겠다' is used.

JP 動詞や形容詞の語幹に付いて、意志や決心、推測をあらわすとき使う。語尾 '–어야'と動詞 '하겠다'がともに使われた'–어야 하겠다'の略した表現である。動詞の語幹が'ㅏ,ㅗ'で終われば'–아야겠다'を使い、それ以外の場合は'–어야겠다'を使う。'하다'には'–여야겠다'を使う。

CH 用于动词或形容词词干后，表示意志、决心和推测时使用。它是词尾"–어야"与动词"하겠다" 组合后形成的 "–어야 하겠다"的缩写形式。动词词干以"ㅏ、ㅗ"结尾的用"–아야겠다"，否则用"–어야겠다"。以"하다"结尾时用"–여야겠다"。

❶ I should clean. The room is dirty.
部屋が汚くて掃除をしなければ。　房间很脏，得清扫了。

❷ I should wear glasses because my eyes have gotten bad.
目が悪くなってメガネをかけなければ。　眼睛变不好了，得戴眼镜了。

❸ I should sleep early today because I need to wake up early tomorrow.
明日早く起きなければならないので今日は早く寝なければ。　明天得早起，今天得早点睡了。

❹ Your hair got very long. You should cut your hair.
お前、髪がとても伸びたな。髪少し切らなくちゃ。　你的头发长了很多。得剪剪了。

문법 2

EN Grammar JP 文法 CH 语法

–자고 하다

EN It is attached to the action verb stem and is used to pass along a proposition made by someone else or indirectly express a proposition that you have made. The negation of this expression is '–지 말자고 하다.'

JP 動詞の語幹に付いて、他の人から聞いた提案や自身が言った提案の内容を間接的に人に伝えるとき使う。否定形は'–지 말자고 하다'を使う。

CH 用于动词词干后，间接地向第三者转述自己听到的建议或自己提的建议。否定式用"–지 말자고 하다"。

❶ My friend says that we should watch a movie tomorrow.
友達が明日一緒に映画を見ようといってます。 朋友提议明天一起看电影。

❷ My mom suggested eating doenjangjjigae for dinner.
お母さんが夕食に味噌チゲを食べようといいました。 妈妈提议晚上吃大酱汤。

❸ I suggested taking a taxi to my friend because my leg hurts.
私が友達に足が痛いからタクシーに乗ろうといいました。 我跟朋友建议腿有点儿疼坐出租车。

❹ My friend said that we should not drink from now on.
友達がこれからお酒を飲むのをやめようといいました。 朋友提议从今以后不要喝酒了。

컴퓨터와 인터넷

제 7 과

Chapter 7
Computer & Internet

第 7 課　コンピューターとインターネット

第 7 课　电脑和网络

01 사용하는 사람이 많아서 그런지 인터넷이 잘 안 돼요

Perhaps it's because many people are using it, but the internet doesn't work very well.

使用する人が多いせいかインターネットがよくできません。

可能是因为用的人多，网络不稳定啊。

EN

Nguyen Youngsu, Can I use your laptop for a second?

Youngsu Yes, but if you want to use the internet, you need to go to a place where there is good Wi-Fi. Perhaps it's because many people are using it, but the internet doesn't work very well here.

Nguyen Really? Then where should I go?

Youngsu They say that internet works well on the 2nd floor, so go there.

JP

ヌエン ヨンスさん、ノートパソコンを少々使用してもいいですか。

ヨンス はい、ところでインターネットをしたいならワイファイがよくできるところに行ってください。ここは使用する人が多いせいかインターネットがよくできません。

ヌエン そうですか。ではどこへ行かなければいけませんか。

ヨンス 2階ではインターネットがよくできるというので、そこへ行ってください。

CH

阮 英洙，可以用一下电脑吗？

英洙 好的，不过想上网就去有wi-fi的地方吧。可能是因为这里用的人多，网络 不稳定啊。

阮 是吗？那得去哪儿呢？

英洙 听说二楼网络畅通，去那儿吧。

새 어휘

EN New Vocabulary JP 新しい語彙 CH 生词

	EN	JP	CH
노트북	laptop	ノートパソコン	笔记本电脑
사용하다	to use	使用する	用
인터넷을 하다	to use the internet/ go on the internet	インターネットをする	上网
와이파이가 되다	to have Wi-Fi	ワイファイができる	有wi-fi
곳	place	ところ	地方

주제 어휘

EN Thematic Vocabulary JP テーマ語彙 CH 主题词汇

인터넷 연결 EN Internet Connection JP インターネットの連結 CH 网络连接

	EN	JP	CH
무선인터넷	wireless internet	無線インターネット	无线上网
무선네트워크	wireless network	無線ネットワーク	无线网络
인터넷을 연결하다	to connect to the internet	インターネットをつなげる	连接网络
인터넷이 연결되다	to have internet connection	インターネットがつながる	网络已连接
인터넷 속도가 빠르다	internet is fast	インターネット速度が速い	网速快
인터넷 속도가 느리다	internet is slow	インターネット速度が遅い	网速慢
인터넷이 잘 되다	good internet connection	インターネットができる	网络畅通
인터넷이 안 되다	There is bad internet connection/the internet is not working	インターネットができない	网络不稳定

문법 1

EN Grammar JP 文法 CH 语法

–어서 그런지

EN It is attached to the action verb or descriptive verb stem when speculating about a cause or reason. The former clause is an uncertain cause or reason regarding the latter content. If the action verb or descriptive verb stem ends in the vowel sounds 'ㅏ' or 'ㅗ', '–아서 그런지' is used. In all other cases, '–어서 그런지' is used. If the stem ends in '하다', '–여서 그런지' is used.

JP 動詞や形容詞の語幹に付いて、原因や理由を推測するとき使う。前の内容は後の内容についての不確実な原因や理由をあらわす。動詞や形容詞の語幹が'ㅏ,ㅗ'で終われば'–아서 그런지'を、それ以外の場合は'–어서 그런지'を使う。'하다'には'–여서 그런지'を使う。

CH 用于动词或形容词词干后，用来推测原因或理由。前一内容是后一内容的不确定性的原因或理由。动词或形容词词干以"ㅏ、ㅗ"结尾的用"–아서 그런지"，否则用"–어서 그런지"。以"하다"结尾的用"–여서 그런지"。

❶ Perhaps it's because he is busy with his part-time job, but Youngsu doesn't come out to meetings these days.
ヨンスさんが最近アルバイトをするせいか集まりによく出てきません。 英洙最近好像是因为打工，不经常来聚会。

❷ Perhaps it's because he didn't do well on his exam, but Wei isn't speaking today.
ウェイさんが試験でいい点数をとれなかったせいか今日しゃべりません。
伟好像是因为考试没考好，今天不说话。

❸ Perhaps it's because the weather is cold, but there aren't many customers today.
天気が寒いせいか今日はお客があまりいません。 好像是因为天气冷，今天没什么客人。

❹ Perhaps it's because it is a holiday, but there are a lot of people at the movie theater.
休日のせいか映画館に人が多いです。 好像是因为休息日，剧场里人多。

문법 2

EN Grammar JP 文法 CH 语法

–는다고 하니까

EN It is attached to the action verb or descriptive verb stem when giving instructions or making a suggestion stating a fact that the speaker has heard elsewhere as the reason or grounds for said action. If the action verb stem ends in a consonant, '–는다고 하니까' is used and if it ends in a vowel, '–ㄴ다고 하니까' is used. For descriptive verb stems, '–다고 하니까' is used and for nouns, 'eerago 하니까' is used. In the past or present perfect tense, '–었다고/았다고/였다고' is used with the action verb or descriptive verb stem.

JP 動詞や形容詞の語幹に付いて、聞いたり知っている事実を理由や根拠として後の行動を指示したり勧誘するとき使う。子音で終わる動詞の語幹には '–는다고 하니까'を、母音で終わる動詞の語幹には '–ㄴ다고 하니까'を、形容詞の語幹には '–다고 하니까'を、名詞には '이라고 하니까'を使う。過去や完了をあらわすときは動詞や形容詞の語幹に '–었다고/았다고/였다고 하니까'を使う。

CH 用于动词或形容词词干后，以已知事实为理由或依据，指示或建议后面的行动时使用。以辅音结尾的动词词干后用"–는다고 하니까"，以元音结尾的动词词干后用"–ㄴ다고 하니까"，形容词词干后用"–다고 하니까"，名词用"이라고 하니까"。表示过去或完成时，动词和形容词词干后接"–었다고/았다고/였다고 하니까"。

❶ They say Youngsu knows it very well, so ask Youngsu.
ヨンスがよくわかるというからヨンスに尋ねてみろ。 英洙很明白，问问英洙吧。

❷ They say the final exam is difficult, so let's start studying today.
期末試験が難しいというから今日から勉強しよう。 期末考试有点儿难，今天开始学习吧。

❸ They say it's Maria's birthday tomorrow, so let's go together to buy a gift for her.
明日がマリアさんの誕生日だというので一緒にプレゼントを買いましょう。 明天是玛丽亚的生日，一起买礼物吧。

❹ Rie says she has finished preparing for her presentation, so let's hurry up.
りえさんがもう発表の準備を終えたというので私たちも早くしましょう。 利惠已经准备完发表了，我们快点儿做吧。

02 전공과목을 어려워하는 학생들이 인터넷 강의를 많이 들어요

Student who have a hard time with classes for their major take a lot of online classes.

専攻科目を難しがっている学生がインターネット講義をたくさん聞きます。

在专业课上吃力的学生，听网络课程听得多。

EN

Wei	The classes for my major are too difficult. Even though I study diligently, I don't understand the lecture content.
Youngsu	Ask a friend in the same major for some help.
Wei	I don't want to bother anyone when everyone is busy.
Youngsu	Then take some online classes. Students who have a hard time with classes for their major take a lot of online classes.

JP

ウェイ	専攻の授業が難しすぎて一生懸命勉強しても講義の内容が理解できません。
ヨンス	同じ学科の友達に助けてくれるようにいってください。
ウェイ	みんな忙しいですが、面倒くさがるようで尋ねられません。
ヨンス	ではインターネット講義を聞いてみてください。専攻科目を難しがっている学生がインターネット講義をたくさん聞きます。

CH

伟	专业课太难，努力学习也很难理解讲课内容。
英洙	让相同专业的同学来帮你一把吧。
伟	大家都忙，就怕人家嫌麻烦，没法问。
英洙	那就听听网络课程吧。在专业课上吃力的学生，听网络课程听得多。

새 어휘

EN New Vocabulary JP 新しい語彙 CH 生词

	EN	JP	CH
이해가 되다	to understand	理解ができる	理解
다들	everyone	みんな	大家
귀찮다	to be bothersome/ annoying	面倒くさい	麻烦
인터넷 강의	online classes	インターネット講義	网络课程
전공과목	classes for one's major	専攻科目	专业课

주제 어휘

EN Thematic Vocabulary JP テーマ語彙 CH 主题词汇

인터넷 활용

EN Internet Usage JP インターネットの活用 CH 网络利用

	EN	JP	CH
정보를 찾다	to look up information	情報を探す	查信息
이메일을 보내다	to send an e-mail	メールを送る	发电子邮件
동영상을 보다	to watch a video clip	動画を見る	看视频
화상 통화를 하다	to video chat	ビデオ通話をする	视频通话
인터넷 강의를 듣다	to take online classes	インターネット講義を聞く	听网络课程
온라인 게임을 하다	to play online games	オンラインゲームをする	玩网络游戏
에스엔에스(SNS)를 하다	to use social media/ do SNS	SNSをする	玩儿SNS
인터넷 쇼핑을 하다	to do online shopping	インターネットショッピングをする	网络购物
인터넷 뱅킹을 하다	to do online banking	インターネットバンキングをする	用网上银行

문법 1

EN Grammar JP 文法 CH 语法

–어도

EN This is attached to the action verb or descriptive verb stem and is used when the natural conclusion or result of the former clause of the sentence is not anticipated, and instead, something that has nothing to do with the first part of the sentence is likely to arise. To emphasize what is being said, '아무리' can be used. If the verb stem ends in the vowel sounds 'ㅏ' or 'ㅗ', '–아도' is used and in all other cases, '–어도' is used. If the stem ends in '하다', '–여도' is used.

JP 動詞や形容詞の語幹に付いて、前の内容で予想できる一般的な結果があらわれず、前の文章の出来事と関係なく後の出来事が起こるとき使う。強調するとき '아무리'とともに使うことができる。動詞の語幹が 'ㅏ,ㅗ'で終われば'–아도'を使い、それ以外の場合は'–어도'を使う。'하다'には'–여도'を使う。

CH 用于动词或形容词词干后，不出现能预料到的一般结果，而发生与前面小句的事情无关的事情时使用。强调时能和"아무리"一起用。动词词干以"ㅏ、ㅗ"结尾的用"–아도"，否则用"–어도"。以"하다"结尾的用"–여도"。

1. Even if it rains tomorrow, I am going on my trip.　明日雨が降っても旅行に行くつもりです。　明天即便下雨也要去旅游。
2. No matter how much I listen to the news every day, my listening ability does not improve.
   毎日ニュースを聞いても聞き取りの実力が上達しません。　即便每天听新闻，听力能力也不提高。
3. No matter how tired I am, I always exercise.
   私はどんなに疲れていても運動を必ずします。　我不管多疲劳，也一定要运动。
4. Even a person who eats spicy food well won't be able to eat this.
   辛い食べ物をよく食べる人でもこれは食べられないでしょう。　即便是能吃辣的人，也不能吃这个。

문법 2

EN Grammar JP 文法 CH 语法

–어하다

EN This expression is used with descriptive verbs that express emotion in order to make that descriptive verb into a verb. Typically, a third party is the subject. If the descriptive verb stem ends in the vowel sounds 'ㅏ' or 'ㅗ', –아하다' is used and in all other cases, '–어하다' is used. With '하다', '–여하다' is used.

JP 感情をあらわす形容詞の語幹に付いて、形容詞を動詞にする。主に3人称が主語になる。形容詞の語幹が 'ㅏ,ㅗ'で終われば'–아하다'を使い、それ以外の場合は'–어하다'を使う。'하다'には'–여하다'を使う。

CH 用于表示感情的形容词词干后，形容词变动词。主要是第三人称作主语。形容词词干以"ㅏ，ㅗ" 结尾的用"–아하다"，否则用"–어하다"。以"하다"结尾的用"–여하다"。

1. James likes basketball.　ジェームスさんはバスケットボールが好きです。　詹姆斯喜欢篮球。
2. Rie is sad because her puppy died.　子犬が死んでりえさんが悲しがっています。　小狗死了，利惠伤心。
3. Erico is sorry because she was late to the meeting.
   えりこさんが集まりに遅れてすまながっています。　惠理子去聚会迟到了，觉得很不好意思。
4. My hometown friends miss me very much.　故郷の友達が私にとても会いたがっています。　老家朋友们很想见我。

03 컴퓨터를 껐다가 다시 켜 보세요

Try turning the computer off and then restart it.

コンピューターを消してからまたつけてみてください。

把电脑关了，重新开一下。

EN

Maria	When I was taking an online lecture, the internet suddenly got disconnected. It was working fine up until a moment ago. Why do you think this happened?
Minchul	Try turning the computer off and then restart it.
Maria	Ah, I did that and it works well again. I was surprised because I thought it was broken.
Minchul	That happens sometimes.

JP

マリア	インターネット講義を聞きますが、突然インターネットが切れました。少し前まではよくできましたが、なぜでしょうか。
ミンチョル	ではコンピューターを消してからまたつけてみてください。
マリア	あ、そうしたら、またよくできますね。私は故障したと思って驚きました。
ミンチョル	時々そのようなときがあります。

CH

玛丽亚	听网络课程，突然断网了。刚刚还好好的呢。这是怎么了？
民哲	把电脑关了，重新开一下。
玛丽	哦，那样做又好用了。我以为出故障了，吓一跳。
民哲	偶尔有那样的时候。

새 어휘

EN New Vocabulary JP 新しい語彙 CH 生词

	EN	JP	CH
인터넷이 끊기다	internet gets disconnected	インターネットが切れる	断网
끄다	to turn off	消す	关
켜다	to turn on	つける	开
고장이 나다	to be broken	故障する	出故障
놀라다	to be surprised	驚く	吓一跳

주제 어휘

EN Thematic Vocabulary JP テーマ語彙 CH 主题词汇

컴퓨터 고장 EN Broken Computer JP コンピューターの故障 CH 电脑故障

	EN	JP	CH
접속이 안 되다	to have no connection	接続ができない	不能连网
이상이 있다	to have a problem/ an issue	異常がある	有异常
문의하다	to inquire	問い合わせる	咨询
수리하다	to repair	修理する	修理
수리를 받다	to be repaired	修理を受ける	进行维修
수리 기사	repairman	修理技能士	修理工
서비스센터	customer service/ service center	サービスセンター	服务中心
수리비	repair cost	修理費	修理费
맡기다	to leave something with someone or at	預ける	放在 / 交给
문제를 해결하다	to solve the problem	問題を解決する	解决问题

문법 1

EN Grammar JP 文法 CH 语法

피동(-기-, -리-)

EN It is attached to the verb stem in order to express that the subject is being influenced by the actions or behavior of another source.

JP 動詞の語幹に'-기, 리-'を付けて、他人がする行動や動作によって影響を受けることをあらわす。

CH 动词词干后接"-기, 리-"，表示受到别人的行为或动作的影响。

❶ The baby was being held in the mother's arms. 子どもがお母さんに抱かれました。 孩子投进妈妈的怀里。

❷ The thief is being chased by the police. 泥棒が警察に追われています。 小偷在被警察追。

❸ This window doesn't open very well. この窓がよく開きません。 这个窗户打不开。

❹ I couldn't hear the sound of the telephone because it was noisy.
うるさくて電話の音がよく聞こえません。 很吵啊，听不清电话声。

문법 2

EN Grammar JP 文法 CH 语法

-었다가

EN It is usually attached to the verb stem in order to express that a different action began after the first action ended. It usually uses a verb with an opposite meaning. If the verb stem ends in the vowel sounds 'ㅏ' or 'ㅗ', '-았다가' is used and in all other cases, '-었다가' is used. If the verb stem ends in '하다', '-였다가' is used.

JP 主に動詞の語幹に付いて、ある動作が終わった後に他の動作に変わることをあらわす。主に反対の意味をもつ動詞を使う。動詞の語幹の母音が'ㅏ'か'ㅗ'で終われば'-았다가'を、それ以外の場合は'-었다가'を使う。'하다'で終われば'-였다가'を使う。

CH 主要用于动词词干后，表示某些动作结束后，立即变成其他动作。主要使用具有相反义的动词。动词词干以元音"ㅏ"或"ㅗ"结尾的用"-았다가"，否则用"-었다가"。以"하다"结尾的用"-였다가"。

❶ I went to and came back from my hometown during vacation.
学校の休みに故郷に行ってきました。 假期回了趟老家。

❷ I wore my hat and then took it off because it was hot. 帽子をかぶってから暑くて脱ぎました。 帽子戴热了，就脱掉了。

❸ I turned on the television and then turned it off because it wasn't fun.
テレビをつけてからつまらなくて消しました。 开了电视，不过没意思就关了。

❹ I promised my friend I'd meet up with her and then something came up so I had to cancel on her.
友達と約束をしてから急用ができて約束を取り消しました。 和朋友约好了，可因为有急事取消了约会。

04 동영상이 잘 찍혔니?

Did the video trun out well?

動画がよく撮れたか。

视频拍得好吗？

EN

Rie	Sunbaenim, would you like to see the video we filmed last time?
Minchul	Did the video trun out well? I was worried because the weather wasn't very nice that day.
Rie	It's easy for videos to not to come out well on cloudy days, but fortunately, ours came out well.
Minchul	You went through a lot of trouble. I think our group members will want to see it also. Please upload it on to cloud.

JP

りえ	先輩、前回撮った動画ご覧になりませんか。
ミンチョル	動画がよく撮れたか。その日天気がよくなくて心配したが。
りえ	曇っている日はよく撮れないことが多いが、幸いよく撮れました。
ミンチョル	ご苦労さま。グループ員たちも見たがっているようだが、ウェブハードに上げてくれ。

CH

利惠	前辈，要看上次拍的视频吗？
民哲	视频拍得好吗？那天天气不好，还担心了呢。
利惠	阴天容易拍不好，幸亏拍得不错。
民哲	辛苦了。组员们应该很想看吧，上传到网络硬盘吧。

새 어휘

EN New Vocabulary JP 新しい語彙 CH 生词

	EN	JP	CH
찍히다	to be filmed	撮られる	拍
걱정하다	to worry	心配する	担心
다행히	fortunately	幸いに	幸亏
잘 나오다	to come out well	(写真が)よく撮れる	拍得不错
고생하다	to go through a lot of trouble	苦労する	辛苦
웹하드에 올리다	to upload on to cloud	ウェブハードに上げる	上传到网络硬盘

주제 어휘

EN Thematic Vocabulary JP テーマ語彙 CH 主题词汇

자료 공유 EN Information Sharing JP 資料の共有 CH 资料共享

	EN	JP	CH
파일	file	ファイル	文件
공유하다	to share	共有する	共享
자료를 올리다	to upload files	資料を上げる	上传资料
다운로드하다	to download	ダウンロードする	下载
다운로드 기간	download period	ダウンロード期間	下载期限
대용량	big file	大容量	大容量
삭제하다	to delete	削除する	删除
웹하드	cloud/drive	ウェブハード	网络硬盘

문법 1

EN Grammar JP 文法 CH 语法

피동(-이-, -히-)

EN '-이-, -히-' is attached to the verb stem in order to express that the subject is being influenced by the actions or behavior of another source.

JP 動詞の語幹に'-이-, -히-'が付いて、主語が他人が行う行為や動作によって影響を受けることをあらわす。

CH 动词词干后接"-이-, -히-"，表示主语由于别人的行为或动作受到影响。

1. I can see the Han River from my house. 私の家からハンガンが見えます。 在我家能看到汉江。
2. Have you seen a book with my name written on it?
   私の名前が書かれた本をご覧になりましたか。 有看过写着我名字的书吗?
3. The thief was caught by the police. 泥棒が警察に捕まりました。 小偷被警察抓了。
4. I closed the door because the wind was blowing. 風が吹いてドアが閉まりました。 由于刮风，门被关上了。

문법 2

EN Grammar JP 文法 CH 语法

-기 쉽다

EN It is usually attached to the verb stem to express that there is a high likelihood for a particular action to be taken or for something to be in a certain state.

JP 主に動詞の語幹に付いて、ある行為をしたり、ある状態である可能性が多いことをあらわす。

CH 主要用于动词词干后，表示做某种动作或成为某种状态的可能性很大。

1. It is easy to forget if you don't write it down in your notebook.
   手帳に書かなかったら忘れやすいです。 不写在手册上，会很容易忘记的。
2. It is easy to catch a cold if you sleep with the windows open.
   窓を開けて寝たら風邪を引きやすい。 开着窗户睡觉，会容易得感冒。
3. It is easy for your eyes to get bad if you read in the dark.
   暗いところで本を読んだら目が悪くなりやすいです。 在阴暗处看书，眼睛会容易变坏的。
4. It is easy for the copy maching to break if you push the button too hard, so push it gently.
   コピー機のボタンを強く押すと故障しやすいので軽く押してください。
   使劲按复印机按钮，会容易出故障，请轻点儿按。

제8과

대학 문화

Chapter 8
College Culture

第8課 大学文化

第8课 大学文化

01 웨이 씨가 장학금을 받을 줄 알았어요

I knew Wei would receive the scholarship.

ウェイさんが奨学金を受けるだろうと思ってました。

我就知道你会拿到奖学金。

EN

Wei	I received the scholarship this time.
Amara	Congratulations! You are always so hardworking, so I knew you would receive the scholarship. I am so envious of you because you study so well.
Wei	I'll treat you out today. What do you want to eat?
Amara	I can eat just about anything and everything.

JP

ウェイ	私が今回奨学金を受けました。
アマラ	おめでとうございます。ウェイさんがいつも一生懸命なので奨学金を受けるだろうと思ってました。勉強ができるウェイさんがうらやましいです。
ウェイ	今日私がおごりますよ。何食べたいですか。
アマラ	私は何でもすべてよく食べます。

CH

伟	这次我拿到奖学金了。
阿马拉	祝贺你。你总是很认真，我就知道你会拿到奖学金。真羡慕你学习那么好。
伟	今天我请客。想吃什么？
阿马拉	我什么都喜欢吃。

새 어휘

EN New Vocabulary JP 新しい語彙 CH 生词

	EN	JP	CH
장학금	scholarship	奨学金	奖学金
늘	always	いつも	总是 / 总
부럽다	to be envious	うらやましい	羡慕
한턱내다	to treat someone out	おごる	请客
다	everything	すべて	都

주제 어휘

EN Thematic Vocabulary JP テーマ語彙 CH 主题词汇

대학생들의 소비 EN Spending of College Students JP 大学生の消費 CH 大学生的消费

	EN	JP	CH
식비	food expenses	食費	餐费
교통비	transportation costs	交通費	交通费
교육비	educational costs	教育費	教育费
통신비	cell phone expenses	通信費	通信费
문화생활비	cultural activity expenses	文化生活費	文化生活费
돈을 내다	to pay money	お金を出す	交钱
돈이 들다	to cost money	お金がかかる	要花钱
계산하다	to calculate/to pay	計算する	计算
포인트를 사용하다	to use points	ポイントを使用する	使用积分
쿠폰을 사용하다	to use coupons	クーポンを使用する	使用优惠券
할인을 받다	to get a discount	割引を受ける	享受折扣

문법 1

EN Grammar JP 文法 CH 语法

–는 줄 알다

EN It is attached to the action verb or descriptive verb stem to express that a fact is already known. '–는 줄 알다' is used with the verb stem and –은/ㄴ 줄 알다' is used with the descriptive verb stem. In the past tense, '–은/ㄴ 줄 알다' is used and when making an assumption, '–을/ㄹ 줄 알다' is used.

JP 動詞や形容詞の語幹に付いて、ある事実について知っていることをあらわす。動詞の語幹には '–는 줄 알다'を、形容詞の語幹には '–은/ㄴ 줄 알다'を使う。過去をあらわすときは '–은/ㄴ 줄 알다'を、推測の表現には '–을/ㄹ 줄 알다'を使う。

CH 用于动词或形容词干后，表示知道某事。动词词干后用"–는 줄 알다"，形容词词干后用"–은/ㄴ 줄 알다"。表过去时用"–은/ㄴ 줄 알다"，表推测时"–을/ㄹ 줄 알다"。

❶ I knew Youngsu was smart. 私はヨンスが賢いと知っていた。 我知道英洙很聪明。

❷ I know that Michael is good at swimming. 私はマイケルが水泳が上手であると知っている。 我知道迈克游泳游得很好。

❸ Michael knew that Rie would come to the meeting.
マイケルはりえが集まりに来るだろうと知っていた。 迈克知道利惠会来参加聚会。

❹ I knew that Maria was Russian. 私はマリアがロシア人であると知っていた。 我知道玛丽亚是俄罗斯人。

문법 2

EN Grammar JP 文法 CH 语法

아무 N이나

EN It is attached to a noun to express that everything is acceptable with regard to an object, time, location, or person. If the noun ends in a consonant, '이나' is used and if it ends in a vowel, '나' is used. If '아무' is followed by a person, '아무나' is used. '아무' can be used together with the postpositions '에게', '하고', etc.

JP 名詞に付いて、特定の物、時間、場所、人に関係なくすべて大丈夫であるという意味をあらわす。子音で終わる名詞には '이나'を、母音で終わる名詞には '나'を使う。'아무'の後に人がくるときには '아무나'を使う。'아무'は助詞 '에게', '하고'などとともに使うことができる。

CH 用于名词，跟特定的东西，时间，处所，人物无关，表示都可以。以辅音结尾的名词后用"이나"，以元音结尾的名词后用"나"。若"아무"后面的名词是人，则用"아무나"。"아무"可与助词"에게"，"하고"等连用。

❶ You can come anytime. いつでも来てください。 什么时候来都可以。

❷ I can eat just about anything. どんな食べ物でもすべてよく食べます。 什么都喜欢吃。

❸ There are a lot of seats available, so let's just sit anywhere.
席が多いのでどこにでも座りましょう。 位置很多，就随便坐吧。

❹ Just ask anyone. 誰にでも尋ねてください。 随便找个人问问吧。

02 얼마나 재미있었는지 몰라

You wouldn't believe how fun it was.
どんなに面白かったことかわからない。
别提多有意思了。

EN

Misun How was the group blind date yesterday? Was it fun?
Rie Yeah, you wouldn't believe how fun it was. We played games and had fun conversations too.
Misun Was there anybody you liked there?
Rie Yeah, there was a guy who joked well and had good manners. But he can't drink very well, so I pretended as though I couldn't drink either.

JP

ミソン　昨日ミーティングはどうだったの。面白かったか。
りえ　うん、どんなに面白かったことかわからない。ゲームもして面白い話もした。
ミソン　ミーティングで気に入った人がいたか。
りえ　うん、冗談もうまくてマナーもよい男がいた。ところがその人がお酒をよく飲めなくて私もお酒を飲めないふりをした。

CH

美善　昨天联谊会怎么样？有意思吗？
利惠　恩，别提多有意思了。又玩儿游戏又讲笑话。
美善　联谊会上有没有相中的人？
利惠　恩，有一个又爱开玩笑又有礼貌的男生。但是那个人不太能喝酒，所以我也假装不能喝酒。

새 어휘

EN New Vocabulary JP 新しい語彙 CH 生词

	EN	JP	CH
미팅	EN group blind date	JP ミーティング	CH 联谊会
마음에 들다	EN to like	JP 気に入る	CH 相中
농담	EN joke	JP 冗談,	CH 开玩笑
매너	EN manners	JP マナー	CH 礼貌 / 风度

주제 어휘

EN Thematic Vocabulary JP テーマ語彙 CH 主题词汇

단체 미팅 EN Group Blind Date JP 団体のミーティング CH 集体联谊会

	EN	JP	CH
설레다	EN to be excited	JP ときめく	CH 激动
이상형	EN ideal person	JP 理想のタイプ	CH 理想型
첫인상이 좋다	EN to have a good first impression	JP 第一印象がよい	CH 第一印象很好
첫눈에 반하다	EN love at first sight	JP 一目ぼれする	CH 一见钟情
관심을 가지다	EN to have interest in	JP 関心を持つ	CH 感兴趣
파트너를 정하다	EN to choose a partner	JP パートナーを決める	CH 决定伙伴
짝이 되다	EN to become a pair	JP ペアになる	CH 搭档
연락처를 주고받다	EN to share contact information	JP 連絡先を交換する	CH 交换联系方式

문법 1

EN Grammar JP 文法 CH 语法

얼마나 –는지 모르다

EN This is attached to the action verb or descriptive verb stem to place emphasis on expressing agreement. It has the meaning that something is 'very ~'. –는지 모르다' is used with the action verb stem and '–은지/ㄴ지 모르다' is used with the descriptive verb stem. For the past or present perfect tense, '–었는지/았는지/였는지 모르다' is used. For verbs, it is most often used together with adverbs like 'well, diligently, quickly, a lot.'

JP 動詞や形容詞の語幹に付いて、ある事実がとてもそうであるということを強調して言うとき使う。'아주 ~ 하다'の意味をもつ。動詞の語幹には '–는지 모르다'を、形容詞の語幹には '–은지/ㄴ지 모르다'を、過去や完了をあらわすときは '–었는지/았는지/였는지 모르다'を使う。動詞の場合には主に '잘, 열심히, 빨리, 많이'などのような程度副詞と一緒に使う。

CH 用于动词或形容词后，强调某一事情确实如此。表示"아주 ~ 하다"之义。动词词干后用"–는지 모르다"，形容词词干后用"–은지/ㄴ지 모르다"。表示过去或完成时用"–었는지/았는지/였는지 모르다"。与动词连用时主要与"잘，열심히，빨리，많이"等程度副词一同使用。

❶ You wouldn't believe how well Youngsu plays the guitar.
ヨンスさんがどんなにギターを上手に弾くことかわかりません。 你可不知道英洙弹吉他弹得有多好呢。

❷ You wouldn't believe how busy I am these days.
私は最近どんなに忙しいことかわかりません。 最近不知道我有多忙呢。

❸ You wouldn't believe what a beauty Rie's older sister is.
りえさんの姉がどんなに美人であることかわかりません。 你可不知道利惠的姐姐有多漂亮呢。

❹ You wouldn't believe how much it snowed last night.
昨日の夜にどんなに雪がたくさん降ったことかわかりません。 你可不知道昨晚下的雪有多大。

문법 2

EN Grammar JP 文法 CH 语法

-는 척하다

EN It is attached to the action verb or descriptive verb stem and is used when describing a behavior or appearance that appears to be a certain way when in fact it is not. It is used interchangeably with '-는 체하다.' '-는 척하다' is used together with the action verb stem and '-은/ㄴ 척하다' is used with the descriptive verb stem. For past or present perfect tense, '-은/ㄴ 척하다' is used.

JP 動詞や形容詞の語幹に付いて、実際のことではないけれども実際のことのように、もっともらしく飾る嘘の態度や様子をあらわす。'-는 체하다'にかえて使うことができる。動詞の語幹には '-는 척하다'を、形容詞の語幹には '-은/ㄴ 척하다'を、過去や完了をあらわすときは '-은/ㄴ 척하다'を使う。

CH 用于动词或形容词词干后，表示实际并不如此、却装作如此的虚伪的态度或样子。可以与"-는 체하다"换用。动词词干后用"-는 척하다"，形容词词干后用"-은/ㄴ 척하다"，表示过去或完成时用"-은/ㄴ 척하다"。式体终结词尾，用于名词后，用来叙述主语。

❶ People don't like that Sunbae because he acts like he knows everything even things that he doesn't know at all.
その先輩はよくわからないこともわかるふりをして人々が嫌います。
那个前辈自己不太清楚的也假装知道，所以大家讨厌她。

❷ My younger sibling pretended to be sick because (s)he didn't want to go to school.
弟(妹)が学校に行くのが嫌で具合が悪いふりをしました。
弟弟/妹妹不愿意去学校所以假装病了。

❸ He isn't wealthy, but he pretends to be.
その人はお金持ちではないが、お金持ちのふりをします。
那个人不是富豪但假装是富豪。

❹ I saw her, but I pretended not to see her because I didn't want to greet her.
私はその人を見たけれども、あいさつをするのが嫌で見ないふりをしました。
我看到那个人了，但是不愿意打招呼，所以假装没看见。

03 저기에서 공연을 하나 봐

It seems like they are having a performance there.

あそこで公演をするようだ。

好像那里有演出。

EN

Amara	There are so many fun things to see since it's the college festival period. I can hear music from over there. It seems like they are having a performance there. Let's go.
Erico	The singer looks very cool singing and playing the guitar.
Amara	I'm hungry from all this walking around. Shall we head over to the marketplace over there?
Erico	Sure, let's go and eat something.

JP

アマラ	大学祭の期間なので面白い見どころが多い。あそこから音楽が聞こえるのからすると公演をするようだ。行ってみよう。
えりこ	歌を歌いながらギターを弾く姿がとてもかっこいい。
アマラ	ずっと歩き回ったせいかお腹がすいたが、あそこの市場にも行ってみようか。
えりこ	うん、行って何かちょっと食べよう。

CH

阿马拉	现在是大学庆典期间，有意思的看点很多。音乐声是从那边传来的，好像在演出呢。去看看吧。
惠理子	一边唱歌一边弹吉他的样子真帅气。
阿马拉	可能是一直逛来逛去的原因，肚子饿了，去那边的集市看看吗？
惠理子	好的，去吃点儿什么吧。

새 어휘

EN New Vocabulary JP 新しい語彙 CH 生词

한국어	EN	JP	CH
축제	festival	祭り	庆典
기간	period (of time)	期間	期间
볼거리	things to see	見どころ	看头 / 看点
기타를 치다	to play the guitar	ギターを弾く	弹吉他
모습	appearance	姿	样子
돌아다니다	to walk around	歩き回る	逛来逛去
장터	marketplace	市場	集市

주제 어휘

EN Thematic Vocabulary JP テーマ語彙 CH 主题词汇

축제 EN Festival JP 祭り CH 庆典

한국어	EN	JP	CH
일정	schedule	日程	日程
공연	performance	公演	演出
장터	marketplace	市場	集市
전시회	exhibition	展示会	展览会
불꽃놀이	fireworks	花火大会	烟火表演
노래 대회	singing competition	歌の大会	歌唱大会
무대	stage	舞台	舞台
축제가 열리다	the festival is taking place	祭りが開かれる	举办庆典
초대 가수	guest singer (performer)	招待歌手	邀请歌手

문법 1

EN Grammar JP 文法 CH 语法

–나 보다

EN It is attached to the action verb or descriptive verb stem and expresses a speculation regarding something, given the surrounding situation or state. '–나 보다' is used with the action verb stem, '있다' or '었다' and '–은가 보다' is used with a descriptive verb stem that ends in a consonant, whereas 'ㄴ가 보다' is used with descriptive verb stems that end with a vowel. For the past or present perfect tense, '–었나/았나/였나 보다' is used and '–을/ㄹ 건가 보다' is used with the future tense.

JP 動詞や形容詞の語幹に付いて、ある状態や事実から判断してみたとき、そのようであると推測することをあらわす。動詞の語幹や '있다','없다'の語幹には '–나 보다'を、子音で終わる形容詞の語幹には '–은가 보다'を、母音で終わる形容詞の語幹には '–은가 보다'を使用する。過去や完了をあらわすときは '–었나/았나/였나 보다'を、未来をあらわすときは '–을/ㄹ 건가 보다'を使用する。

CH 用于动词或形容词词干后，根据某种状态或事实类推，表示好像如此，用来进行推测。动词词干或"있다"、"없다"词干后用"–나 보다"。以辅音结尾的形容词词干后用"–은가 보다"，以元音结尾的形容词词干后用"–ㄴ가 보다"。表过去或完成时用"–었나/았나/였나 보다"，表未来时用"–을/ㄹ 건가 보다"。

❶ Rie must like naengmyun, seeing that she eats it often.
りえさんが冷麺をよく食べるのをみると、冷麺が好きなようです。 看利恵经常吃冷面，好像很喜欢冷面。

❷ The baby is crying a lot. He must be sick.
赤ちゃんがたくさん泣きます。どこか具合が悪いようです。 婴儿哭得很厉害，好像是哪里不舒服。

❸ There are so many students at the library. It must be exam period.
図書館に学生がとても多いですね。試験期間であるようです。 图书馆有很多学生。好像现在是考试期间。

❹ There must have been a car accident in front of us seeing as though there is so much traffic.
車がとても渋滞するのをみると、前で交通事故が起きたようです。 从现在很堵车的情况看，好像前边出交通事故了。

문법 2

EN Grammar JP 文法 CH 语法

–으면서

EN It is usually used with the verb stem and is used when two actions take place simultaneously. If the action verb stem ends in a consonant, '–으면서' is used and if it ends in a vowel, '–면서' is used.

JP 主に動詞の語幹に付いて、2つの動作を同時にするとき使う。子音で終わる動詞の語幹には '–으면서'を、母音で終わる動詞の語幹には '–면서'を使う。

CH 一般用于动词词干后，表示同时进行两个动作。以辅音结尾的动词词干后用 "–으면서"，以元音结尾的动词词干后用 "–면서"。

Reference ▶ It is attached to the descriptive verb stem and is used when there are two or more conflicting states.

- This clothing is thin but warm.
- The food at that restaurant isn't very tasty, but expensive.

参考 ▶ 形容詞の語幹に付いて、2つ以上の状態が互いに相反する関係にあることをあらわす。

- この服は薄いのに暖かいです。
- あの食堂は料理がまずいのに値段が高いです。

参考 ▶ 用于形容词词干后，表示两个以上的情况处于对立的关系。

- 这件衣服薄而暖和。
- 那家餐馆的东西难吃而贵。

❶ I eat breakfast while watching the news.
私はニュースを見ながら朝ごはんを食べます。 我一边看新闻一边吃早饭。

❷ I am doing my homework while eating cookies.
お菓子を食べながら宿題をしています。 一边吃饼干一边做作业。

❸ Please look at these magazines or newspapers while waiting.
ここにある雑誌や新聞を見ながらお待ちください。 一边看这里的杂志或报纸一边等吧。

❹ Singers who sing while dancing are very popular these days.
最近は踊りながら歌う歌手が人気が高いです。 最近边跳边唱的歌手很受欢迎。

04 그룹 스터디룸에서 할까 해

I was thinking about having it in the group study room.

グループスタディルームでしようかと思う。

打算在小组学习室进行。

EN

Rie Where should we have the study meeting?

Misun I was thinking about having it in the group study room in the library. What do you think?

Rie The facility is nice, but don't you have to reserve the room first?

Misun It's possible to reserve the room one week prior to using it. I'll reserve it ahead of time.

JP

りえ　勉強会をどこでしようか。

ミソン　図書館にあるグループスタディルームでしようかと思うが、どうか。

りえ　そこは施設がよくできていることはできているけど、まず予約をしなければならなくないか。

ミソン　利用する1週間前から予約が可能だから私があらかじめ予約するよ。

CH

利惠　学习小组聚会在哪儿弄呢?

美善　打算在图书馆的小组学习室弄，怎么样?

利惠　那里的设施很好，但是不是得先预订啊?

美善　可从使用前一周开始预订，我来提前预定吧。

새 어휘

EN New Vocabulary JP 新しい語彙 CH 生词

	EN	JP	CH
스터디 모임	study meeting	勉強会	学习小组聚会
그룹스터디룸	group study room	グループスタディルーム	小组学习室
먼저	first	まず	先
가능하다	to be possible	可能だ	可以
미리	ahead of time	あらかじめ	提前

주제 어휘

EN Thematic Vocabulary JP テーマ語彙 CH 主题词汇

스터디 모임 EN Study Meeting JP 勉強会 CH 学习小组聚会

	EN	JP	CH
스터디 모임을 하다	to have a study meeting	勉強会をする	进行学习小组聚会
세미나가 있다	to have a seminar	セミナーがある	有研讨会
세미나를 하다	to take a seminar/ hold a seminar	セミナーをする	举办研讨会
세미나실	seminar room	セミナー室	研讨室
세미나실을 예약하다	to reserve the seminar room	セミナー室を予約する	预订研讨室
주제	theme (topic)	テーマ	主题
요약하다	to summarize	要約する	概括
토론하다	to debate	討論する	讨论

문법 1

EN Grammar JP 文法 CH 语法

-을까 하다

EN It is attached to the action verb stem in order to express the speaker's plan or intention. The speaker has not completely decided on following through on his/her plan or intention and is considering it. It cannot be used in a question. If the verb stem ends in a consonant, '–을까 하다' is used, and if it ends in a cowel, '–ㄹ까 하다' is used.

JP 動詞の語幹に付いて、話者の計画や意図をあらわす。話者の計画や意図はまだ確実に決定されてなく、考え中であることを意味する。質問では使用することができない。子音で終わる動詞の語幹には '–을까 하다'を、母音で終わる動詞の語幹には '–ㄹ까 하다'を使う。

CH 用于动词词干后，表示说话人的计划或意图。说话人的计划或意图不是很明确，还在考虑中。不可用于提问。以辅音结尾的动词词干后用"–을까 하다"，以元音结尾的动词词干后用"–ㄹ까 하다"。

1. I'm thinking about eating bibimbap for lunch. 昼食時、ビビンバでも食べようかと思います。 要不中午吃个拌饭也行。
2. I'm thinking about going to Jeju Island during vacation.
   学校の休みのとき、チェジュドへ旅行に行こうかと思います。 要不假期去趟济州岛旅行也行。
3. I'm thinking about doing laundry since the weather is nice today.
   今日天気がよくて洗濯をしようかと思います。 今天天气好，要不洗个衣服也行。
4. I'm thinking about joining the comic book club next semester because I like comics.
   私は漫画が好きで次の学期に漫画サークルに加入しようかと思います。
   我喜欢漫画，要不下学期加入一个漫画社团也行。

문법 2

EN Grammar JP 文法 CH 语法

–어 있다

EN It is attached to the verb stem to state that the state or results of a given action continue after the action has come to an end. If the verb stem ends in the vowel sounds 'ah' or 'ㅗ', '–아 있다' is used and in all other cases, '–어 있다' is used. If the verb stem ends in '하다', '–여 있다' is used.

JP 動詞の語幹に付いて、ある行為が終わった後、その状態や結果が持続することをあらわす。動詞の語幹の母音が 'ㅏ,ㅗ'で終われば '–아 있다'を、それ以外の場合は '–어 있다'を使う。'하다'で終われば '–여 있다'を使う。

CH 用于动词词干后，表示某种动作结束后其状态或结果一直持续下去。动词词干以元音"ㅏ、ㅗ" 结尾的用"–아 있다"，否则用"–어 있다"。以"하다"结尾的用"–여 있다"。

1. What's inside your bag? かばんの中に何が入っていますか。 包里面有什么？
2. That person sitting over there is Dr. Kim. あそこに座っていらっしゃる方がキム博士です。 在那里坐着的那位是金博士。
3. There are about 30 novels on the bookshelf in my room.
   私の部屋の本棚に小説が30冊くらい差し込まれています。 我的房间的书柜上插着30多本小说。
4. Coffee and tea have been prepared, so drink as much as you want.
   コーヒーとお茶が準備されているのでいくらでも召し上がってください。 咖啡和茶准备好了，请随便喝吧。

제9과

부탁과 상담

Chapter 9
Request & Counseling

第 9 課　お願いと相談

第 9 课　请求与咨询

01 공책을 보여 달라고 했어요

She asked me to show her my notes.

ノートを見せてくれといいました。

让我借本子给她看。

EN

Rie Sunbaenim, I'd like to speak with you. Are you busy right now?

Sunbae No, I have nothing going on. What's up?

Rie You know my friend Erico, right? That friend hasn't said a word to me since yesterday. He asked me to show her my notes but I didn't show it to her, so she must be angry.

Sunbae You must be upset. I think it would be good for you to speak to her first. If you continue to not speak to each other, you will only grow more distant.

JP

りえ 先輩、話をちょっとしたいのですが、今お忙しいですか。

先輩 いや、何事もない。どうしたの。

りえ 私の友達のえりこ、知ってるでしょう。その友達が昨日から私に話を一言もしません。ノートを見せてくれといったのですが、私が見せてあげなくて腹が立ったようです。

先輩 気に病みそうだな。私の考えではお前が先に声をかけるのがよさそうだ。お互いにずっと話をしなかったら仲がもっと遠くなるだろう。

CH

利惠 前辈，想跟你说说话，现在忙吗？

前辈 不忙，什么事都没有，怎么了？

利惠 知道我朋友惠理子吧？她从昨天开始一句话都不跟我说。她让我借本子给她看，但我没有借给她，所以好像生气了。

前辈 难过吧。我觉得最好是你先主动跟她搭话。一直互不说话，关系会变得更加疏远。

새 어휘

EN New Vocabulary JP 新しい語彙 CH 生词

한국어	EN	JP	CH
한마디	one word	一言	一句话
화가 나다	to get angry	腹が立つ	生气
속상하다	to be upset	(しゃくにさわったり、気に病んで)心が痛む	难过
말을 걸다	to initiate conversation/ to speak to someone first	声をかける	搭话
서로	each other	お互いに	互相
사이가 멀어지다	to grow distant	仲が遠くなる	关系疏远

주제 어휘

EN Thematic Vocabulary JP テーマ語彙 CH 主题词汇

고민 EN Worries JP 悩み CH 烦恼

한국어	EN	JP	CH
고민하다	to worry	悩む	烦恼
고민이다	to be a worry	悩みだ	成为烦恼
고민이 있다	to have a worry	悩みがある	有烦恼
고민이 생기다	to have a new worry	悩みができる	产生烦恼
고민거리	cause for worry	悩みの種	烦心事
고민을 해결하다	to resolve one's worries	悩みを解決する	解决烦恼
고민이 해결되다	worries resolved	悩みが解決する	烦恼被解决
조언하다	to give advice	助言する	提供建议

문법 1

EN Grammar JP 文法 CH 语法

아무 N도

EN It is used together with a negation and it means 'nothing, not a thing.' If a person comes after '아무', '아무도' is used.

JP 後に否定的なことばとともに使われ、'전혀 어떤 것도'の意味をあらわす。'아무'の後に人がくるときは'아무도'を使う。

CH 后面常接否定义的表达，表示"전혀 어떤 것도"之义。若"아무"后面的名词是人，用"아무도"。

1. Nothing happened yesterday. 昨日は何事もありませんでした。 昨天什么事情都没有。
2. Don't go anywhere; just stay here. どこにも行かないでここにいろ。 你哪儿也别去，就呆在这里吧。
3. That person didn't make any plans and just went on a trip.
   その人は何の計画もしないで旅行に行きました。 那个人什么计划都没做，就去旅行了。
4. I am offended because I feel like no one is listening to me.
   誰も私の話を聞かないようで気分が悪いです。 好像谁都不听我的话，所以心情不好。

문법 2

EN Grammar JP 文法 CH 语法

사동(-이-, -히-, -추-)

EN This is attached to the action verb or descriptive verb stem when the subject performs an action to a third party which mean a causative verb.

JP 動詞や形容詞の語幹に'-이-, -히-, -추-'などを付けて、主体が第3の対象に動作や行動をさせる意味をあらわす。

CH 动词或形容词词干后接"-이-, -히-, -추-"等，表示主体让第三者做某种动作或行为。

1. The mother feeds milk to her baby. お母さんが赤ちゃんに牛乳を飲ませます。 妈妈给婴儿喂牛奶。
2. I showed the pictures from my Europe trip to my friend.
   ヨーロッパ旅行に行って撮った写真を友達に見せてあげました。 我给朋友们看了欧洲旅行时拍的照片。
3. The grandmother put clothes on the baby. おばあさんが子どもに服を着せてやりました。 奶奶给孩子穿衣服。
4. I haven't finished my work yet. Can we push back the meeting time?
   まだ仕事が終わっていないのですが、約束の時間を少し遅らせたらいけないでしょうか。
   现在事情还没有结束，能不能把约定时间再往后推一下？

02 일찍 일어날 수 있을지 모르겠어요

I don't know if I can wake up early.

早く起きられるかわかりません。

不知道能不能早起。

EN

Youngsu	Isn't it hard studying abroad? If there's ever anything I can help you out with, let me know.
Wei	It is very hard for me to wake up early in the morning. I have an important presentation tomorrow, but I don't know if I can wake up early. I absolutely can't be late…
Youngsu	Then I'll call you and wake you up tomorrow.
Wei	Thank you, Youngsu.

JP

ヨンス	留学生活が大変ではありませんか。私が助けてあげることがあったらおっしゃってください。
ウェイ	朝起きるのがとてもしんどいです。明日重要な発表を受け持ったのですが、早く起きられるかわかりません。絶対に遅刻したらいけないのですが。
ヨンス	では明日は私が電話して起こしてあげますよ。
ウェイ	ありがとうございます、ヨンスさん。

CH

英洙	留学生活是不是很累？要是需要我帮忙的就说出来。
伟	早上早起很困难。明天负责一个重要的发表，不知道能不能早起。绝对不能迟到…
英洙	那么明天我打电话叫醒你吧。
伟	谢谢你，英洙。

새 어휘

EN New Vocabulary JP 新しい語彙 CH 生词

	EN	JP	CH
무척	very	とても	很
맡다	to be entrusted with	受け持つ	负责
절대로	absolutely	絶対に	绝对
깨우다	to wake someone up	起こす	叫醒

주제 어휘

EN Thematic Vocabulary JP テーマ語彙 CH 主题词汇

유학 생활 EN Studying Abroad JP 留学生活 CH 留学生活

	EN	JP	CH
힘들다	to be difficult	大変だ	累
외롭다	to be lonely	寂しい	寂寞
그립다	to miss	懐かしい	想念
실수하다	to make a mistake	ミスをする	失误
고생하다	to suffer/ go through a trouble	苦労する	受苦
말이 안 통하다	to not be able to communicate	話が通じない	语言不通
신기하다	to be amazing	不思議だ	新奇
자유롭다	to be free	自由だ	自由

문법 1

EN Grammar JP 文法 CH 语法

-을지 모르겠다

EN It is attached to the action verb or descriptive verb stem and is used when the content in the first clause of the sentence is not a certain fact or if the speaker isn't fully confident in the content. If the action verb or descriptive verb stem ends in a consonant, '-을지 모르겠다' is used and if it ends with a vowel, 'ㄹ지 모르겠다' is used. When using the past tense, '-었을지/았을지/였을지 모르겠다' is used.

JP 動詞や形容詞の語幹に付いて、前の内容が確実でなかったり、前の内容について確信できないとき使う。子音で終わる動詞や形容詞の語幹には '-을지 모르겠다'を、母音で終わる動詞や形容詞の語幹には '-ㄹ지 모르겠다'を使う。過去のことをあらわすときは '었을지/았을지/였을지 모르겠다'を使う。

CH 用于动词或形容词词干后，表示对前一句内容的不确定或不确信。以辅音结尾的动词或形容词词干后用"-을지 모르겠다"，以元音结尾的动词或形容词词干后用"-ㄹ지 모르겠다"。表过去的事情时用"었을지/았을지/였을지 모르겠다"。

❶ I don't know if Misun will come to tomorrow's meeting.
ミソンさんが明日集まりに来るだろうかわかりません。 不知道美善会不会参加明天的聚会。

❷ I don't know if Michael can eat spicy food.
マイケルさんが辛い食べ物をよく食べるだろうかわかりません。, 不知道迈克会不会喜欢吃辣的。

❸ I don't know if my friend will be available during the weekend.
友達が週末に暇だろうかわかりません。 不知道朋友周末有没有空。

❹ I don't know if Rie has finished preparing for her presentation.
りえさんが発表の準備をすべて終えただろうかわかりません。 不知道利惠有没有做好发表的准备。

문법 2

EN Grammar JP 文法 CH 语法

사동(-기-, -리-, -우-)

EN This is attached to the verb stem in order to state that the subject is performing an action to a third party.

JP 動詞の語幹に '-기-, -리-, -우-'などを付けて、主体が第3の対象に動作や行動をさせる意味をあらわす。

CH 动词词干后接"-기-、-리-、-우-"等，主体让第三者做某种动作或行为。

Reference ▶ There are cases when the nominative postposition in the original sentence changes from an active verb(causative verb) to the determiner '의'.
- The child took off his glasses. → The mother took off the child's glasses.
- The younger sister put on her shoes. → The older sister put on her sister's shoes for her.

参考 ▶ もとの文章の主格助詞が使役文で冠形格助詞 '의'にかわる場合がある。
- 子どもがメガネをはずします。→ お母さんが子どものメガネをはずします。
- 妹が靴を履きます。→ 姉が妹の靴を履かせます。

参考 ▶ 原句的主格助词有时在使动句中变为冠形格助词"의"。
- 孩子摘眼镜。→ 妈妈给孩子摘眼镜。
- 妹妹穿鞋。→ 姐姐给妹妹穿鞋。

❶ The older brother made his younger brother cry.
兄が弟を泣かせました。 哥哥把弟弟弄哭了。

❷ My friend told me a funny story and made me laugh.
友達が面白い話をして私を笑わせました。 朋友讲了有趣的故事，把我逗笑了。

❸ Rie left her cell phone at the service center.
りえが携帯電話をサービスセンターに預けました。 利惠把手机放在服务中心了。

❹ Sir, please let me off in front of the main entrance.
運転手さん、正門の前に止めてください。 师傅，在正门前边给我停吧。

03 정해진 날짜까지 시험을 봐야 합니다

You must take the exam before the set date.

決まった日にちまで試験を受けなければいけません。

要在指定日期内完成考试。

EN

Wien	I'm here to receive counseling on college admissions.
Employee	A high school diploma and transcript are necessary for college admissions. Also, it is beneficial to have community service credit.
Wien	Do I need to take the Test of Proficiency in Korean (TOPIK) also?
Employee	Yes, you must take the exam before the set date.

JP

ウィン	大学進学の相談を受けたくて来たのですが。
職員	大学に進学するためには高校の卒業証明書と成績証明書が必要です。それからボランティア活動の点数もあったらよいです。
ウィン	韓国語能力試験も受けなければいけませんか。
職員	はい、決まった日にちまで試験を受けなければいけません。

CH

云	我是来咨询大学升学的。
职员	为进入大学需要高中毕业证书和成绩单。还有，要是有志愿活动分数就更好了。
云	还要考韩国语能力考试吗?
职员	对，要在指定日期内完成考试。

새 어휘

EN New Vocabulary JP 新しい語彙 CH 生词

	EN	JP	CH
진학	admissions	進学	升学 / 进入
상담을 받다	to receive counseling	相談を受ける	咨询
졸업 증명서	diploma	卒業証明書	毕业证书
성적 증명서	transcript	成績証明書	成绩单
한국어능력시험	TOPIK	韓国語能力試験	韩国语能力考试
정하다	to set	決める	指定

주제 어휘

EN Thematic Vocabulary JP テーマ語彙 CH 主题词汇

진학 EN Admissions JP 進学 CH 升学

	EN	JP	CH
입학 원서	application	入学願書	入学申请书
자기소개서	personal statement	自己紹介書	自我介绍
추천서	letter of recommendation	推薦書	推荐信
면접시험	interview	面接試験	面试
실기시험	written exam	実技試験	笔试
등록금	tuition	登録金(授業料)	学费
서류를 내다	to submit (documents)	書類を出す	交材料
합격하다	to be admitted	合格する	合格

문법 1

EN Grammar JP 文法 CH 语法

–기 위해서는

EN It is attached to the action verb stem when presuming that someone has the intention or inclination to do something.

JP 動詞の語幹に付いて、あることをする意図や意向がある場合を仮定するとき使う。

CH 用于动词词干后，用来假设有做某事的意图和想法。

1. You need a passport in order to travel overseas.
   海外旅行に行くためにはパスポートがなければいけません。 为了去国外旅行，要有护照。
2. You need to take this medicine and rest in order to recover from your sickness quickly.
   病気が早く治るためにはこの薬を飲んでよく休まなければいけません。
   为了这病能早点儿好起来，服用这药以后要好好休息。
3. In order to get into a good college, you need to study diligently.
   いい大学に進学するためには勉強を一生懸命しなければいけません。 为了进入好的大学，要努力学习。
4. It is good to make Korean friends in order to speak Korean well.
   韓国語が上手になるためには韓国の友達と付きあうのがよいです。 为了提高韩语水平最好是交上韩国朋友。

문법 2

EN Grammar JP 文法 CH 语法

–어지다

EN It is attached to the action verb stem in order to express the verb passively. If the verb stem ends in the vowel sounds 'ㅏ' or 'ㅗ', '–아지다' is used and in all other cases, '–어지다' is used. If the verb stem ends in '하다', '–여지다' is used.

JP 動詞の語幹に付いて、受身の意味をあらわす。動詞の語幹の母音が 'ㅏ'か 'ㅗ'で終われば '–아지다'を、それ以外の場合は '–어지다'を使う。'하다'で終われば '–여지다'を使う。

CH 用于动词词干后，表示被动。动词词干的元音以"ㅏ"或"ㅗ"结尾的用"–아지다"，否则用"–어지다"。以"하다"结尾的用"–여지다"。

1. I used this eraser and it erases well. この消しゴムを使ってみたらよく消えます。 这个橡皮用了一下，擦得很干净。
2. Please be careful because this object is easily broken.
   この品物は割れやすいので気をつけてください。 这个东西容易被打碎小心一点。
3. I'm upset because I got coffee on my new clothes.
   新しい服にコーヒーがこぼれてしゃくにさわります。 新衣服被洒上咖啡了，闹心。
4. I will contact you once the date for the farewell party is set.
   送別会の日にちが決まったら連絡して差し上げます。 欢送会日期定下来了，会跟你联系的。

04 과제는 이번 주까지 내지 않으면 안 됩니다

You must turn in the assignment by this week.

課題は今週まで出さなければいけません。

作业一定要在这周之内交。

EN

Wei	Professor, I came to make a request. I apologize, but it would be great if you could postpone the submission of this assignment.
Professor	You must turn in the assignment by this week.
Wei	My grandfather is very ill, so I think I need to go to my hometown.
Professor	If it is possible, please submit it by the set date.

JP

ウェイ	教授、お願いすることがあって来ました。申し訳ございませんが課題の提出を少し引き延ばして下さったらと思います。
教授	課題は今週まで出さなければいけません。
ウェイ	祖父がとても具合がよくなくて故郷に行ってこなければいけないようです。
教授	可能であれば決められた日にちまで出してください。

CH

伟	教授，我想拜托您一件事情。很抱歉，作业可不可以稍微往后推迟几天交呢？
教授	作业一定要在这周之内交。
伟	我爷爷现在身体不适，我可能要回一趟老家。
教授	尽可能在指定日期内交吧。

새 어휘

EN New Vocabulary JP 新しい語彙 CH 生词

부탁드리다	EN to make a request	JP お願いする	CH 拜托
제출	EN to submit	JP 提出	CH 提交 / 交
연기하다	EN to postpone	JP 延期する	CH 推迟
편찮다	EN ill (honorific)	JP 具合がよくない	CH 不适
다녀오다	EN to go to/visit	JP 行ってくる	CH 回一趟

주제 어휘

EN Thematic Vocabulary JP テーマ語彙 CH 主题词汇

부탁 EN Request JP 頼みごと CH 请求

부탁이 있다	EN to have a request	JP 頼みごとがある	CH 有一个请求
부탁하다	EN to ask for a favor/ make a request	JP 頼みごとをする	CH 请求
부탁드리다	EN to make a request (honorific)	JP お願いする	CH 拜托
부탁을 받다	EN to be asked of a favor/ to be requested	JP 頼まれる	CH (从某人那里) 收到请求
부탁을 들어주다	EN to accept a request	JP 頼みを聞いてあげる	CH 接受请求
부탁을 거절하다	EN to refuse a request	JP 頼みを断る	CH 拒绝请求
도움을 주다	EN to give help	JP 助けてやる	CH 给予帮助
도움을 받다	EN to receive help	JP 助けられる	CH 接受帮助

문법 1 –습니다만

EN Grammar JP 文法 CH 语法

EN It is attached to the action verb or descriptive verb stem and is used for contrasting content, like '–지만.' It is the combination of the formal final ending '–습니다/ㅂ니다' and '–만.' If the action verb or descriptive verb stem ends in a consonant, '–습니다만' is used and if it ends in a vowel, '–ㅂ니다만' is used. For the past or present perfect tense, '–었습니다만/았습니다만/였습니다만' is used. It is used when speaking formally and respectfully.

JP 動詞や形容詞の語幹に付いて、'–지만'と同じ対照の意味をあらわす。格式体の終結語尾 '–습니다/ㅂ니다'に'–만'が結合した形態である。子音で終わる動詞や形容詞の語幹には '–습니다만'を、母音で終わる動詞や形容詞の語幹には '–ㅂ니다만'を、過去や完了をあらわすときは '–었습니다만/았습니다만/였습니다만'を使う。格式張って丁重に言うとき使う。

CH 用于动词或形容词词干后，跟"–지만"一样，表示对比。此格式由格式体终结词尾"–습니다/ㅂ니다"和"–만"结合而成。以辅音结尾的动词或形容词词干后用"–습니다만"，以元音结尾的动词或形容词词干后用"–ㅂ니다만"，表过去或完成时用 "–었습니다만/았습니다만/였습니다만"。在正式的场合，用郑重的语气说话时使用。

❶ I apologize, but please wait a moment.　申し訳ございませんが少々お待ち下さい。　不好意思，请您稍等。

❷ I want to help you, but I don't think I can because I am busy today.
手伝って差し上げたいですが今日は忙しくてできないようです。　我很想帮你，但今天太忙了，可能不行。

❸ It is Sunday, but I must go to work because there is something I must do.
日曜日ですが仕事があって会社に行かなければいけません。　虽然是星期日，但有事要去公司。

❹ I met that person once before, but I don't know his name.
前にその人に一度会いましたが名前はよくわかりません。　之前见过那个人一次，但是名字记不太清楚。

문법 2

EN Grammar JP 文法 CH 语法

–지 않으면 안 되다

EN It is attached to an action verb or descriptive verb stem to express that something must be done. It emphasizes that something must be done by using a double negative.

JP 動詞や形容詞の語幹に付いて、必ずしなければいけないということをあらわす。二重否定で強い肯定をあらわす。

CH 用于动词或形容词词干后，表示一定要做。双重否定表示强烈的肯定。

❶ You must keep your promise.　約束を守らなければいけません。　约定不得不遵守。

❷ You must exercise for your health.　健康のために運動をしなければいけません。　为了健康不得不运动。

❸ You must have good grades in order to receive a scholarship.
奨学金を受けるためには成績がよくなければいけません。　为了获得奖学金，成绩一定要优秀。

❹ I must wake up early tomorrow because there is a seminar in the morning.
明日は朝にセミナーがあって早く起きなければいけません。　明天早上有一个研讨会，不得不早起。

제 10 과

여가 생활

Chapter 10
Leisure Activity

第１０課　余暇生活

第１０课　业余生活

01 전공 책이 아니라 자격증을 따려고 보는 책이야

This is not a book for my major but to help me get certified

専攻書籍ではなく資格証を取ろうと見る本だ。

不是专业书而是为考取资格证看的书。

EN

Misun	What kind of book are you reading so diligently? Is it a book for your major?
Youngsu	It is not a book for my major, but to help me get certified. If I have a certification in something, it might help when I get a job. Do you want to study together?
Misun	I haven't decided yet whether to get a job or go to graduate school.
Youngsu	I see. There's still time left until graduation, so think it over.

JP

ミソン	何の本をそんなに一生懸命見るの。専攻書籍か。
ヨンス	専攻書籍ではなく資格証を取ろうと見る本だ。資格証があったら就職するとき役立つようだから。お前も一緒に勉強しないか。
ミソン	私は就職をするか、大学院に行くかまだ決められない。
ヨンス	そうなのか。卒業するまで時間が残っているからゆっくり考えろ。

CH

美善	你看什么书那么认真呢？专业书吗？
英洙	不是专业书而是为考取资格证看的书。有资格证的话，找工作时会有帮助。你也一起学吗？
美善	我还没决定是就业还是进入研究生院。
英洙	原来是这样。离毕业还有时间，慢慢想吧。

새 어휘

EN New Vocabulary JP 新しい語彙 CH 生词

자격증을 따다	EN to get a certification	JP 資格証を取る	CH 考取资格证
취직하다	EN to get a job	JP 就職する	CH 找工作/就业
도움이 되다	EN to be helpful	JP 役に立つ	CH 有帮助
대학원	EN graduate school	JP 大学院	CH 大学院
남다	EN to be left	JP 残る	CH 有

주제 어휘

EN Thematic Vocabulary JP テーマ語彙 CH 主题词汇

시간 활용 EN Time Usage JP 時間活用 CH 时间利用

시간이 나다	EN to have time	JP 時間ができる	CH 有时间
시간을 내다	EN to make time	JP 時間をつくる	CH 抽时间
시간을 활용하다	EN to use time	JP 時間を活用する	CH 利用时间
시간을 낭비하다	EN to waste time	JP 時間を浪費する	CH 浪费时间
계획하다	EN to plan	JP 計画する	CH 计划
계획을 세우다	EN to make a plan	JP 計画を立てる	CH 制定计划
계획을 짜다	EN to set a plan	JP 計画を立てる	CH 制定计划
계획표를 만들다	EN to make a schedule	JP 計画表を作る	CH 做计划表

문법 1

EN Grammar JP 文法 CH 语法

이/가 아니라

EN It is attached to a noun to state that it is not the former but the latter. If the noun ends in a consonant, '이 아니라' is used and if it ends in a vowel, '가 아니라' is used.

JP 名詞に付いて、前のことではなく後のことであることをあらわす。子音で終わる名詞には '이 아니라'を、母音で終わる名詞には '가 아니라'を使う。

CH 用于名词后，否定前句，肯定后句。以辅音结尾的名词用 "이 아니라"，以元音结尾的名词用 "가 아니라"。

1. My birthday is not today but tomorrow
   私の誕生日は今日ではなく明日です。 我的生日不是今天而是明天。
2. Michael is not American, but Canadian.
   マイケルはアメリカ人ではなくカナダ人だ。 迈克不是美国人而是加拿大人。
3. The lecture hall for the Tourism classes isn't Room 305,but Room 505.
   観光学の授業の講義室は305号ではなく505号です。 旅游学上课教室不是305而是505。
4. We didn't come to eat a meal but to drink tea.
   私たちは食事しに来たのではなくお茶を飲みに来たのです。 我们不是来吃饭的，是来喝茶的。

문법 2

EN Grammar JP 文法 CH 语法

-을지 -을지

EN It is attached to the action verb or descriptive verb stem in order to list the possible options and state that a choice has not been made. If the action verb or descriptive verb stem ends in a consonant, '-을지' is used and if it ends in a vowel, '-ㄹ지' is used.

JP 動詞や形容詞の語幹に付いて、選択が可能なことを羅列してどのことを選択するのか決定できないことをあらわす。子音で終わる動詞や形容詞の語幹には '-을지'を、母音で終わる動詞や形容詞の語幹には '-ㄹ지'を使う。

CH 用于动词或形容词词干后，表示罗列一些可选项，但没有决定选择哪一个。以辅音结尾的动词和形容词词干后用 '-을지'，以元音结尾的动词和形容词词干后用 '-ㄹ지'。

1. I'm thinking about whether to live in the dormitory or the boarding house next semester.
   次の学期に寄宿舎に住むか、下宿に住むか考え中です。 下个学期是住宿舍还是住寄宿家庭，还在考虑中。
2. I haven't decided yet whether to get a job or go to graduate school after I graduate.
   卒業してから就職するか、大学院に行くかまだ決められません。 我还没决定，毕业之后就业还是进入研究生院。
3. I'm wondering whether to tell my friend or not tell my friend.
   友達に言わなければいけないか、言うのをやめなければいけないか悩んでいます。 我在烦恼，该不该跟朋友说。
4. I don't know whether clothes or shoes are better as a gift.
   プレゼントで服がいいか、靴がいいかよくわかりません。 我不知道，作为礼物，衣服好还是皮鞋好。

02 그 식당 음식은 먹으면 먹을수록 자꾸 먹고 싶어져요

The more I eat the food at that restaurant, the more I want to eat it.

その食堂の料理は食べれば食べるほどしきりに食べたくなります。

那家餐馆的菜越吃越想吃。

EN

Amara	Misun, you know a lot of famous restaurants, don't you? Please recommend a good restaurant for me. I am meeting my hometown friends that I haven't seen in a year.
Misun	There is a good restaurant that I go to often. The more I eat the food at that restaurant, the more I want to eat it. It's a very famous restaurant that was even introduced on television.
Amara	Then there must be a lot of customers.
Misun	Yes, you usually have to wait in line.

JP

アマラ	ミソンさんはおいしいお店をたくさん知っているでしょう。1年ぶりに故郷の友達に会うのですが、いい食堂を紹介して下さい。
ミソン	私がよく行くおいしいお店があります。その食堂の料理は食べれば食べるほどしきりに食べたくなります。テレビにも出てとても有名な食堂です。
アマラ	ではお客さんが多そうですね。
ミソン	はい、ふつう並んで待つときが多いです。

CH

阿马拉	美善，你知道的美食店有很多吧？时隔一年，我见家乡的朋友, 推荐一下不错的餐馆吧。
美善	有一家美食店我经常去。那家餐馆的菜越吃越想吃。 还上电视了，是一家很有名的餐馆。
阿马拉	那客人应该很多吧。
美善	对，一般很多时候都排队等候。

새 어휘

EN New Vocabulary JP 新しい語彙 CH 生词

어휘	EN	JP	CH
맛집	famous restaurant	おいしいお店	美食店
자꾸	again and again	しきりに	经常
방송에 나오다	to come out on television	テレビに出る	上电视
유명하다	to be famous	有名だ	有名
줄을 서다	to be in line/to queue	並ぶ	排队

주제 어휘

EN Thematic Vocabulary JP テーマ語彙 CH 主题词汇

맛집 EN Famous Restaurant JP おいしいお店 CH 美食店

어휘	EN	JP	CH
인기가 있다	to be popular	人気がある	受欢迎
방송에 나오다	to come out on television	テレビに出る	上电视
추천하다	to recommend	推薦する	推荐
소문이 나다	to be talked about/famous	うわさが立つ	出名
인기 메뉴	popular menu	人気メニュー	热门菜
맛집 블로그	blog of top restaurants	おいしいお店のブログ	美食博客
맛집 투어	top restaurant tour	おいしいお店めぐり	美食之旅
비결	secret	秘訣	秘诀

문법 1

EN Grammar JP 文法 CH 语法

–으면 –을수록

EN It is attached to the action verb or descriptive verb stem to state that the more the situation or degree of the content in the first part of the sentence increases, the result or situation in the latter part of the sentence also increases or decreases proportionally. If the action verb or descriptive verb stem ends in a consonant, '–을수록' is used and if it ends in a vowel, '–ㄹ수록' is used.

JP 動詞や形容詞の語幹に付いて、前の文章の状況や程度がよりはなはだしくなる場合、後の文章の結果や状況もそれに比例して激しくなったり、激しくなくなったりすることをあらわす。子音で終わる動詞や形容詞の語幹には '–을수록'を、母音で終わる動詞や形容詞の語幹には'–ㄹ수록'を使う。

CH 用于动词或形容词词干后，表示当前一句的情况或程度变得严重时，后一句的结果或情况也相应的加重或减轻。以辅音结尾的动词或形容词词干后用 "–을수록"，以元音结尾的动词或形容词词干后用 "–ㄹ수록"。

❶ The more I study Korean, the more fun it gets. 韓国語は学べば学ぶほど面白いです。 韩国语越学越有意思。

❷ The more I listen to this song, the more I like it. この歌は聞けば聞くほどいいです。 这首歌越听越好听。

❸ The more I have money, the more comfortable life becomes.
お金は多ければ多いほど暮らすのが楽です。 钱越多生活越方便。

❹ The more time passes, the more familiar life in Korea becomes.
時間が過ぎればすぎるほど韓国での生活に慣れるでしょう。 时间过得越久越会熟悉韩国的生活。

문법 2

EN Grammar JP 文法 CH 语法

만에

EN It is attached to a noun that denotes time in order to state the time in which an action continuously took place, or the period in which an action came to an end and then started up again.

JP 時間をあらわす名詞に付いて、動作が起こって継続した期間をあらわしたり、あることが起こった後に中断してからまた起こるまでの期間をあらわす。

CH 用于表示时间的名词后，表示动作发生以后一直持续的时间或者表示间隔一段时间后又做某事所经历的时间。

❶ I finished that work in 3 days. 3日でその仕事をすべて終えました。 用三天的时间把那件事做完了。

❷ I am returning to my hometown in 1 year. 1年ぶりに故郷に帰ります。 时隔一年回故乡。

❸ It has been one week since I cleaned my room.
1週間ぶりに部屋の掃除をしました。 一个星期以来第一次打扫房间。

❹ It's been a long time. How long has it been since you came to Korea?
お久しぶりです。どれくらいぶりに再び韓国に来られたのですか。 好久不见。隔了多长时间再次来到韩国的?

03 야경을 볼 수 있어서 아주 좋더군요

It was very nice because I could see the night view.

夜景を見られてとてもよかったんですよ。

可以看到夜景，挺不错的。

EN

Nguyen	There are so many places in Seoul that I haven't seen yet, so once exams are over, I'm thinking about touring Seoul.
Erico	If you take the Seoul City Tour Bus, you can comfortably visit many places. You should ride it.
Nguyen	Have you been on the Seoul City Tour Bus?
Erico	Yes, the bus I took was a Han River night course. It was very nice because I could see the night view of the Han River and Namsan.

JP

ヌエン	ソウルでまだ行ったことがない所が多くて試験が終わったらソウル見物をしようかと思います。
えりこ	ソウルシティツアーバスに乗れば楽にいろいろな箇所を見物できるはずなので、一度乗ってみてください。
ヌエン	ソウルシティツアーバスに乗ったことがありますか。
えりこ	はい、私が乗ったバスはハンガンの夜間コースでしたが、ハンガンとナムサンの夜景を一度に見られてとてもよかったんですよ。

CH

阮	首尔还有很多没去过的地方，等考完试，我打算逛逛首尔。
惠理子	坐首尔环城旅游巴士能逛好多地方很方便，你坐坐看。
阮	你坐过首尔环城旅游巴士吗？
惠理子	是的，我坐的是汉江夜间线路，可同时看到汉江和南山的夜景，很不错。

새 어휘

EN New Vocabulary JP 新しい語彙 CH 生词

	EN	JP	CH
서울 시티투어버스	Seoul City Tour Bus	ソウルシティツアーバス	首尔环城旅游巴士
여러	various	いろいろな	好多
군데	places	箇所	地方
야간 코스	night course	夜間コース	夜间线路
야경	night view	夜景	夜景

주제 어휘

EN Thematic Vocabulary JP テーマ語彙 CH 主题词汇

시티투어버스 EN City Tour Bus JP シティツアーバス CH 环城旅游巴士

	EN	JP	CH
시티투어버스	City tour bus	シティツアーバス	环城旅游巴士
도심·고궁 코스	city · ancient palace course	都心·故宮コース	市区·古宫线路
안내 방송	announcement	案内放送	广播指南
외국어 서비스	foreign language service	外国語サービス	外语服务
2층 버스	double-decker	2階建てバス	2 层巴士
야간 운행	operating at night	夜間運行	夜间运行
요금	fare	料金	费用
순환하다	to circulate	循環する	循环

문법 1

EN Grammar JP 文法 CH 语法

-을 테니까

EN It is attached to the action verb or descriptive verb stem and shows the intention or speculation of the speaker in the latter part of the sentence. If the action verb or descriptive verb stem ends in a consonant, '-을 테니까' is used and if it ends with a vowel, '-ㄹ 테니까' is used. For the past or present perfect tense, '-었을/았을/였을 테니까' is used.

JP 動詞や形容詞の語幹に付いて、後の内容について話す人の意志や推測をあらわす。子音で終わる動詞や形容詞の語幹には '-을 테니까'を、母音で終わる動詞や形容詞の語幹には '-ㄹ 테니까'を、過去や完了をあらわす場合には '-었을/았을/였을 테니까'を使用する。

CH 用于动词或形容词词干后，表示说话人对后文内容的意志或推测。以辅音结尾的动词或形容词词干后用 '-을 테니까'，以元音结尾的动词或形容词词干后用 '-ㄹ 테니까'。 表示过去或完成时用 "-었을/았을/였을 테니까"。

❶ I will do that work, so don't worry. 私がその仕事をするので心配しないでください。 我来做那个事情就别担心了。

❷ There will be a lot of traffic since it's the weekend, so let's leave early.
週末で道路が混雑しているはずなので早く出発しましょう。 周末交通会很乱，赶紧出发吧。

❸ Teacher Kim is in a meeting right now, so let's ask someone else.
キム先生は今会議中のはずなので他の人に尋ねてください。 金老师现在可能在开会，你问问别人吧。

❹ The class is probably over by now, so let's call.
今頃授業が終わったはずなので電話してみてください。 这会儿可能下课了，你打个电话看看。

문법 2

EN Grammar JP 文法 CH 语法

-더군요

EN It is attached to the action verb or descriptive verb stem and is used when the speaker wishes to relay to the other person an experience that he/she had in the past and is expressing astonishment while speaking. For the past or present perfect tense, '-었더군요/았더군요/였더군요' is used.

JP 動詞や形容詞の語幹に付いて、話者が過去に直接経験して知った事実を今相手に伝えて、その事実について感嘆することをあらわす。過去や完了をあらわす場合には '-었더군요/았더군요/였더군요'を使用する。

CH 用于动词或形容词词干后，说话人在过去通过亲身经历而得知一些事情，现在把这个事情转达给对方，并对此事表示感叹。表过去或完成时用 "-었더군요/았더군요/였더군요"。

❶ Misun is really good at ping-pong. ミソンさんが卓球が本当に上手でしたよ。 美善打乒乓球打得真棒。

❷ I watched a movie a few days ago, and it was fun.
数日前に映画を見ましたが、映画がつまらなかったんですよ。 前几天看了一部电影，电影可没意思了。

❸ I called Yamada yesterday, and he was in the middle of a meeting.
昨日山田さんに電話をしましたが、会議中だったんですよ。 昨天给山田打电话了，那个时候他在开会呢。

❹ Maria didn't come to the meeting last time.
前回の集まりにマリアさんが来なかったんですよ。 上次聚会的时候玛丽亚没有来。

04 여행 전문가가 되는 게 꿈이에요

It is my dream to become a travel expert.

旅行の専門家になるのが夢です。

我的梦想是成为一个旅游专家。

EN

Michael Stefan, what do you do when you have time?

Stefan When I have time, I enjoy watching travel programs on television. Then, I can see all of the tourist attractions in various countries. Also, it's a nice change of pace.

Michael I watch travel programs often too. It is my dream to become a travel expert.

Stefan Really? Let's travel together later when we get the chance.

JP

マイケル　シュテパンさんは時間があるとき何をしますか。

シュテパン　私は時間があるたびに旅番組を好んで見ます。そうすれば世界のいろいろな国の観光地を見られます。それから気分転換にもなります。

マイケル　私も旅番組をよく見ます。私は旅行の専門家になるのが夢です。

シュテパン　そうですか。あとで機会があったら一緒に旅行をしましょう。

CH

迈克　斯蒂芬，你有空的时候做什么？

斯蒂芬　我有空的时候喜欢看旅行节目。那样的话可以看到世界各国的旅游景点。还可以转换心情。

迈克　我也经常看旅行节目。我的梦想是成为一个旅游专家。

斯蒂芬　是吗？以后有机会的话一起去旅行吧。

새 어휘

EN New Vocabulary JP 新しい語彙 CH 生词

즐겨 보다	EN to enjoy watching	JP 好んで見る	CH 喜欢看
세계	EN world	JP 世界	CH 世界
관광지	EN tourist attractions/ touristy places	JP 観光地	CH 旅游景点
기분전환이 되다	EN to have a change of pace/ surroundings	JP 気分転換になる	CH 转换心情
전문가	EN expert	JP 専門家	CH 专家

주제 어휘

EN Thematic Vocabulary JP テーマ語彙 CH 主题词汇

텔레비전 프로그램 EN Television Program JP テレビ番組 CH 电视节目

주제 어휘	EN	JP	CH
뉴스	EN news	JP ニュース	CH 新闻
드라마	EN drama	JP ドラマ	CH 电视剧
스포츠 방송	EN sports broadcast	JP スポーツ放送	CH 体育节目
건강 프로그램	EN health program	JP 健康番組	CH 健康节目
음악 프로그램	EN music program	JP 音楽番組	CH 音乐节目
여행 프로그램	EN travel program	JP 旅番組	CH 旅行节目
요리 프로그램	EN cooking program	JP 料理番組	CH 美食节目
생활 정보 프로그램	EN lifestyle information program	JP 生活情報番組	CH 生活信息节目
토론 프로그램	EN debate program	JP 討論番組	CH 讨论节目
예능 프로그램	EN entertainment program	JP バラエティ番組	CH 娱乐节目
다큐멘터리	EN documentary	JP ドキュメンタリー	CH 纪录片

문법 1

EN Grammar JP 文法 CH 语法

이/가 되다

EN It is attached to the noun and is used to express a change in status or position. It also shows a change in time, period, or state and is also used to state that the subject has changed into that noun. If the noun ends in a consonant,'이 되다' is used and if it ends in a vowel, '가 되다' is used.

JP 名詞に付いて、主語が新しい身分や地位をもつことをあらわす。またある時や時期、状態に至ったことをあらわしもし、主語がその名詞に変わったことをあらわしもする。子音で終わる名詞には'이 되다'を、母音で終わる名詞には'가 되다'を使う。

CH 用于名词后，表示主语有了新的身份或职位。有时，还表示到达某一时间或时期。或者表示主语变成了该名词。以辅音结尾的名词后用“이 되다”，以元音结尾的名词后用“가 되다”。

❶ I will become a good father. 私はいいパパになるつもりです。 我会成为一个好爸爸的。

❷ I want to continue to study and become an Economy professor.
これからずっと勉強して経済学の教授になりたいです。 今后将继续学习，想成为一个经济学教授。

❸ It has already become fall. もう秋になりました。 已经是秋天了。

❹ The temperature dropped, so the rain became snow.
気温が低くなって雨が雪になりました。 因气温下降，雨变成了雪。

문법 2

EN Grammar JP 文法 CH 语法

접속부사

EN It is used to connect the word, clause, or sentence that comes at the beginning with the word, clause, or sentence that comes at the end, while decorating the words that come at the end.

JP 前の単語や句、文章の意味を後の単語や句、文章につなげながら後のことばを修飾する。

CH 连接前后词语、短语和句子，并修饰后一句。

and

It is used when connecting the word, clause, or sentence that is of equal basis.
単語、句、節、文章などを並列的に連結するとき使う。
并列连接词语、短语、分句和句子。

but, however
It is used when the content of the first sentence is acknowledged as fact while introducing a content in the second sentence that is in contrast to the first.
前の内容を認めながら前の内容と後の内容が対立するとき使う。
肯定前一句的内容，同时又表示前一句和后一句的内容是对立关系。

And, but,
It is used when the speaker tries to change the subject in the second sentence while drawing connections with the first, or when the first sentence is opposite or contrasting to the second sentence.
話題を前の内容と関連させながら他の方向へ導いていくとき使ったり、前の内容と相反する内容を導くとき使う。
将后一话题引向跟前一内容相关的其它方向或引向跟前一内容相反的方向。

so
It is used when the first sentence becomes the cause of, reason for, or condition for the next sentence. A command or request cannot follow the first sentence.
前の内容が後の内容の原因や根拠、条件などになるとき使う。後には命令形や勧誘形がくることができない。
前一内容是后一内容的原因、依据和条件等。后一句不可以接命令式或共动式。

because of that / that's why / for that reason
It is used to express that something happened as a result of the actions stated in the previous sentence.
前の内容が後の内容の理由や根拠などになるとき使う。
表示前一内容是后一内容的理由或依据。

if that's the case / in that case / then
It is used when the first sentence is a premise, condition or cause of the second sentence.
前の内容が後の内容の条件になるとき使ったり、前の内容を受け入れたりそれを前提として新しい主張をするとき使う。
表示前一内容是后一内容的条件，又可以表示接受前一内容或以此为前提提出新的意见。

❶ I was very sick yesterday. Therefore I was absent.
昨日はとても具合が悪かったです。それで欠席しました。 昨天病得很厉害，所以缺席了。

❷ First, enroll as a member. And then order the product.
まず会員加入をしてください。それから品物を注文してください。 首先注册会员吧。然后订货吧。

❸ They said that it was going to rain this afternoon so thke an umbrella with you.
今日の午後に雨が降るだろうといいます。だから傘を持って行ってください。 听说今天下午要下雨。所以你带雨伞去吧。

❹ I bought a laptop last week. But there was a problem with the laptop yesterday.
先週ノートパソコンを買いました。ところが昨日ノートパソコンに異常が生じました。
上周买笔记本电脑了。但是昨天笔记本出现了异常。

YONSEI
ACADEMIC KOREAN
Vocabulary & Grammar
BEGINNING **2**

연세
대학한국어 어휘·문법 초급 II

편저자 연세대학교 한국어학당 교재편찬위원회
집필진 조현선·유연숙·윤정남·박진원·신느티·김보연
펴낸곳 연세대학교 출판문화원

주소 서울시 서대문구 연세로 50
전화 02) 2123-3380~2
팩스 02) 2123-8673
ysup@yonsei.ac.kr
http://press.yonsei.ac.kr
등록 1955년 10월 13일 제9-60호
인쇄 (주)동국문화
삽화 문춘경 외

2016년 7월 7일 1판 1쇄 2025년 3월 28일 1판 5쇄

ISBN 978-89-6850-156-2 (04710)
978-89-6850-154-8 (세트)

값 29,000원